旅游服务与管理专业"十三五"规划系列教材
国家示范院校专业建设项目成果

旅游资源开发与管理

主　编　刘　洋
副主编　蔡松梅
参　编　张辉海　郭扬波
　　　　廖永麒

蓬勃发展的旅游业可以为旅行社的创立创造良好的外部条件，我国改革开放以后特别是近几年旅行社数量的迅速增长，就得益于旅游业的迅猛发展；相反就可能抑制旅行社的发展

中国商业出版社

图书在版编目(CIP)数据

旅游资源开发与管理/刘洋主编. —北京：中国商业出版社,2018.3
ISBN 978-7-5044-7934-1

Ⅰ.①旅… Ⅱ.①刘… Ⅲ.①旅游资源开发-高等职业教育-教材②旅游资源-资源管理-高等职业教育-教材 Ⅳ.①F590.3

中国版本图书馆 CIP 数据核字(2012)第第269924号

责任编辑：刘万庆

中国商业出版社出版发行
010-63180647　www.c-chook.com
(100053 北京广安门内报国寺1号)
新华书店经销
北京市兴怀印刷厂印刷

* * * * *

787×1092毫米　开本:1/16　印张:17.75　字数:300千字
2018年3月第1版　2018年3月第1次印刷
定价:47.00元

* * * * *

(如有印装质量问题可更换)

总 序

　　随着中国经济的高速发展，人们的生活方式和生活观念也在悄然发生变化。在工作之余，越来越多的人们也把休闲旅游度假作为一种时尚生活方式。同时，人们也认识到，通过休闲旅游不仅可以让人身心放松，还可以增加见识，增长知识。正可谓"行万里路，读万卷书"。因此，未来我国更加需要大量旅游服务管理专业人才来为人们进行专业引导和服务，旅游市场大有可为。

　　放眼世界，各国旅游业经历了持续快速的发展，旅游业已成为世界上最大规模的产业，越来越多的旅游目的地对旅游者开放，使旅游业成为世界经济发展的重要推动力。在国际金融危机爆发的大背景下，旅游业虽然受到一定重创，但其产值仍然占全球 GDP 的 9.4 个百分点，为世界提供了 2.35 亿个工作岗位。世界每 11.8 个工作岗位中，就有 1 个是旅游业提供的。就全世界范围而言，旅游业已成为世界上最重要的绿色产业之一。从长远看，旅游业在推动世界经济发展中将继续保持领先的地位。同时在保障就业和消除贫困方面，也必定有更大贡献。

　　我国的旅游业，虽然起步较晚，但发展迅猛。2009 年底，国家出台《国务院关于加快发展旅游业的意见》（国发[2009]41 号），将旅游业定为全国战略支柱产业。2010 年上海世博会开园以来，每天接待游客达 40 多万人次，足以证明旅游业成就卓著。2012 年 10 月 1 日起，国务院对重大节日推行的小客车高速公路免通行费政策，从而又进一步推动了旅游产业的发展。再者，旅游业直接或间接带动的产业和部门多达 100 多个，其产业关联效应明显。目前全国已有 20 多个省、区、市把旅游业定为支柱产业优先重点发展。我们相信，政府的重视将使旅游业在国民经济增长和社会和谐发展方面扮演更加重要的角色。因此，我们特邀请全国部分旅游院校的领导和专家，齐聚北京，针对当前旅游业的发展和人才培养问题，进行了研讨，并组织编写了本套教材。

　　本套教材主要突出以下几个特点：
　　1. 针对性
　　本套教材为旅游院校教材，针对当前的旅游从业人员的特点，安排教材内容和体系，采取课堂教学和实际操作、校外指导相结合的教学方式，从而使授者易教,学者易学。

2. 实用性

本套教材以"必需""实用"为宗旨,既参考以前出版的教材内容,进行"取舍",又参考教育部教学大纲以及国家旅游局导游资格考试的新标准编写各科内容。使学生通过系统学习之后,能在掌握基础知识同时又能在工作中发挥实际作用。

3. 创新性

本套教材的内容编排,在总结专家学者经验的基础上,吸收和借鉴了如德国的双元制教学模式、澳大利亚的TAEF模式、加拿大的CBE教学模式、瑞士旅游酒店管理教学模式等国外先进的教学模式。编写时,摒弃了传统教材从概念到概念的写法,同时本套教材还配备PPT课件,以方便课堂教学。

虽然本套教材是示范院校教育教材改革与创新的阶段性成果,但仍难免有所不足。恳请广大专家、读者提出宝贵意见,以便日后修订时,使之不断完善。

旅游服务管理专业教材编委会
2018年3月

前　言

　　在过去的六十年中，旅游业经历了持续快速的发展，已然成为了世界上规模最大的产业。随着时间的推移，越来越多的旅游目的地对旅游者开放，越来越多的各类资本涌向旅游业，使旅游业成为了世界经济发展的重要推动力。2009年，在世界经济遭遇重大衰退的背景下，旅游业萎缩了4.8%，即使如此，旅游业仍然占全球GDP 9.4个百分点，为世界提供了2.35亿个工作岗位，世界每11.8个工作岗位中，就有1个是旅游业提供的。就全世界范围而言，旅游业已经成为世界上最重要的产业之一。从长远看，旅游业将在推动世界经济发展中保持领先的地位，同时在保障就业和消除贫困方面，旅游业必将有更大作为。

　　我国旅游业虽然起步较晚，但发展迅猛。特别是近30年来，随着国民经济的快速发展、人们收入的提高以及政府的大力扶持，旅游业得到了空前的发展和举世瞩目的成就。据《中华人民共和国2009年国民经济和社会发展统计公报》，全年国内出游人数达19亿人次，入境旅游人数12648万人次，国内居民出境人数达4766万人次；国内旅游收入10184亿元，国际旅游外汇收入397亿美元。中国已经成为全球最大的国内旅游市场，旅游外汇收入排名全球第四。旅游业是关联性很强的产业，直接或间接相关联的产业和部门多达109个，其产业关联效应明显。因此，目前全国已有24个省区市把旅游业定位为支柱产业、先导产业或重要产业。2009年底，国务院又出台《国务院关于加快发展旅游业的意见》(国发〔2009〕41号)，将旅游业定为全国战略支柱性产业，旅游业的地位益发重要。我们相信，政府的重视将使旅游业在国民经济增长和人民生活水平提高和社会和谐发展方面扮演更加重要的角色。

　　旅游资源是旅游业发展的基石，是旅游业开展的先决条件。我国幅员辽阔、历史悠久、文化灿烂，这些为旅游业的发展提供了良好的资源基础。但是，一地旅游业的健康发展不但需要具有良好的资源禀赋，还有赖于对旅游资源的科学合理开发。这就需要开发人员对旅游资源的内涵和价值进行正确认识和深刻把握了。无论是自然风光还是人文胜迹，对其地脉、文脉进行深度把握，在开发过程中注重历史的传承性和景观的协调性都是非常重要的。尤其重要的是，在旅游开发中要注重资源本身的民族独特性，深刻把握其文化内涵，要在景观开发中将其传统文化精神和民俗特色充分展示出来。我国目前的旅游资源开发理论主要是从国外引进的,这些先进的开发理论对于初期我国旅游业的发展曾做出了很大贡献,但部分开发人员在引入过程中过度注重功能性而忽视了开发的文化性,没能深入考虑我国旅游资源的特殊性,适履削足,急功近利,也做出了诸多焚琴煮鹤的蠢事,甚至破坏了我国的文化遗产,令人不禁扼腕痛惜!因此深刻理解我国的审美哲学和文化传统、深度把握旅游资源的文化内涵,用我们自身的审美哲学和传统习惯指导我国的旅游资源开发是新时期旅游资源开发的重要课题。而要做到这一点,就需要我们在掌握好旅游资源开发技术手段的同时深刻理解旅游资源的文化价值。

《旅游资源开发》正是基于这种考虑而编写的。同时,考虑到教材主要面向高职高专学生,因此我们在编写过程中简化了旅游资源开发理论的介绍,强化了旅游资源的文化解析。教材的编写主要以《旅游资源分类、调查与评价》(GB/T18972—2003)国家标准和《旅游规划通则》(GB/T18971—2003)为依据,参考和借鉴了本学科近年来(截至2010年3月)的最新研究成果,并将作者们多年的教学实践和思考融入其中,注重实用性、系统性、创新性和知识性,注重理论和实践的结合,注重教材的自学辅助功能,注重将教材拓展到课堂之外,以期满足高职高专旅游专业学生职业能力的培养的需求。在注重基础理论的介绍和系统的完整性的同时,教材特别加强了对典型和重要的旅游资源的介绍,并融入了一些经典案例、小知识和补充阅读资料,以扩大学生的视野。在每章的后面我们都附上了推荐阅读书目、文章和网站,既增加了教材的容量和丰富了教材的形式,同时又方便了学生进行扩展阅读。

本教材主要针对高职高专旅游景区管理、导游、旅行社管理、会展服务与管理等专业学生,也可供导游、景区管理人员等旅游相关从业人员参考。

本教材由四川工商职业技术学院刘洋负责全书的定稿和统稿,刘洋任主编,蔡松梅任副主编。刘洋负责第一章、第二章、第三章、第四章、第五章第五节、第六章的编写,张辉海负责第五章第一至四节的编写,蔡松梅负责第七章的编写,郭扬波、廖永麒负责第八章的编写。

本教材在编写过程中参考借鉴了大量优秀教材,在此一并表示感谢。虽然本书的编者在编写过程中都作出了很大努力,但由于作者精力和水平所限,书中仍有许多不足甚至错误之处,恳请广大读者朋友们提出批评和意见,以便及时更正。

刘洋
2018年3月

目 录

第一章 绪 论 … (1)
第一节 旅游资源学的研究对象与内容 … (1)
第二节 旅游资源开发的研究方法 … (3)
第三节 旅游资源开发的理论体系和地位 … (6)

第二章 旅游资源概述 … (9)
第一节 旅游资源的概念解析 … (9)
第二节 旅游资源的特征 … (13)
第三节 旅游资源的类型划分 … (18)

第三章 自然旅游资源 … (28)
第一节 自然旅游资源概述 … (28)
第二节 地文类旅游资源 … (36)
第三节 水域风光旅游资源 … (55)
第四节 生物类旅游资源 … (69)
第五节 天象与气象类旅游资源 … (78)

第四章 人文旅游资源 … (88)
第一节 人文旅游资源概述 … (88)
第二节 历史遗迹类旅游资源 … (94)
第三节 建筑类旅游资源 … (102)
第四节 社会风情类旅游资源 … (144)

第五章 旅游资源调查与评价 … (160)
第一节 旅游资源调查概述 … (160)
第二节 旅游资源调查的类型与内容 … (162)
第三节 旅游资源调查的程序和方法 … (166)
第四节 旅游资源评价概述 … (169)
第五节 旅游资源评价的方法 … (172)

第六章　旅游资源开发理论 ··· (188)
第一节　旅游资源开发概述 ··· (188)
第二节　旅游资源开发的理念 ··· (193)
第三节　旅游资源开发的基础理论 ······································· (199)
第四节　旅游资源开发的内容与程序 ····································· (209)

第七章　旅游产品与市场营销 ··· (215)
第一节　旅游产品 ··· (215)
第二节　旅游产品开发 ··· (226)
第三节　旅游市场营销 ··· (233)

第八章　旅游资源开发与可持续发展 ····································· (243)
第一节　旅游资源开发与保护 ··· (243)
第二节　旅游可持续发展 ··· (247)

附录
附录1：旅游资源分类、调查与评价（GB/T 18972-2003）················ (254)
附录2：中国的世界遗产名录表 ··· (264)
附录3：我国国家级风景名胜区名单 ····································· (267)

参考文献 ··· (270)

第一章 绪 论

【章节概述】
　　旅游资源是旅游业的基石，是旅游活动得以开展的先决条件。科学合理的开发旅游资源是旅游业得以发展的前提，因此，学习旅游资源的相关理论具有重要意义。旅游资源开发就是一门关于如何认识和利用旅游资源的学问，它涉及面广，涵盖地理、地质、气候、生物、水文、历史、社会、民俗、园林、建筑等诸多领域。学习这门学科首先就要弄清该学科的研究对象、内容与研究方法。

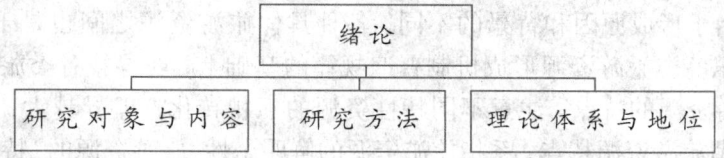

【目的要求】
1. 掌握旅游资源开发的研究对象与内容。
2. 弄清旅游资源开发的研究方法。

第一节　旅游资源学的研究对象与内容

一、旅游资源开发的研究对象

　　"科学研究的区分，就是根据科学对象所具有的特殊的矛盾性。因此，对于某一现象的领域所特有的某一矛盾的研究，就构成了某一学科的对象。"①某一现象的特殊矛盾作为学科研究对象成为划分学科的重要标准，学科的成立以研究对象的确定为前提。各学科有自身不同的特殊矛盾，构成学科的研究对象，不同的学科具有不同的研究对象。
　　旅游资源开发是专门研究旅游资源的属性、形成机制、分布规律、分类体系、调查评价、开发利用、合理保护的一门综合性的学科。②旅游资源就是其研究对象，该学科涵盖了地质学、地貌学、气候学、水文学、生物学、历史学、社会学、民俗学、考古学、建筑学、环境学、生态学、文学、美学等学科领域，涉及面十分广泛。

二、旅游资源开发的研究内容

　　一门学科的研究内容是由其研究对象决定的。根据旅游资源学独特的研究对象，其研究

---

① 中共中央文献编辑委员会编辑《毛泽东著作选读》，上册，人民出版社（北京），1986年版，第148页。
② 参见周骏一、李益彬主编《旅游资源与开发》，西南财经大学出版社（成都），2009年版，第14页。

的具体内容主要涉及旅游资源概念体系及其相关理论、旅游资源属性及分类、旅游资源形成及演化机制、旅游资源分布规律、旅游资源调查与评价、旅游资源开发与保护等。具体如下：

(一)旅游资源概念体系及相关理论

旅游资源的概念是旅游资源学的核心概念，因此准确定义旅游资源、弄清其概念内涵和外延，是建立旅游资源学概念体系的先决条件。概念是一门学问得以建立的基本构件，旅游资源学就具有一个严密的概念系统。这一系统以旅游资源为核心概念，围绕旅游吸引物、旅游产品、旅游规划、旅游容量、可持续发展等许多概念。在这些概念的支撑下，旅游学家们发展了旅游地生命周期理论、旅游容量理论、景观生态学理论、旅游可持续发展理论、区位论、旅游资源分类理论等旅游资源开发理论。

(二)旅游资源属性及分类

作为旅游资源开发对象的旅游资源，与其他资源相比具有自身独特的属性与特点。即使在旅游资源内，由于形成原因和背景的不同，各种具体旅游资源之间也是千差万别、迥然不同。因此，在认识各类旅游资源形成机制普遍规律的基础上，要寻找各类旅游资源之间的差异，找出不同旅游资源的特点，注意不同特性资源的互相转化。差异越大，特点越显，开发价值就越高。所谓旅游资源特点，系指旅游资源的鲜明个性、旅游资源的"特殊本质"。①对旅游资源特点的认识，要作深入的考察、科学的分析、广泛的对比才能实现。随着社会的发展变化，旅游资源内涵的延伸拓展，旅游资源的种类与数量越来越多。对旅游资源进行科学合理的分类，是认识与研究旅游资源的重要手段。

(三)旅游资源形成及演化机制

存在于一定地域空间的旅游资源有其自身的形成条件和发展过程。不同类的旅游资源，其形成原因也不相同，即使是同一类型的旅游资源，在不同地区或不同时间，其形成原因也存在差异。地理环境是形成旅游资源的基本条件，地理环境的差异是旅游资源差异的根本原因，由于千差万别的地理环境孕育了异彩纷呈的旅游资源。地理环境有自然地理环境和人文地理环境两类，它们的单独作用或交叉作用促成了不同种类旅游资源的形成。研究这些作用，对于把握旅游资源的形成与演化规律，进而充分认识旅游资源的历史、科学和文化价值，合理开发和保护旅游资源，都具有十分重要的意义。

(四)旅游资源的分布规律

掌握旅游资源的分布情况、把握旅游资源的分布规律，是旅游资源开发得以科学开展的基础。由于旅游资源具有强烈的地域性，因此认识和把握旅游资源要将旅游资源放置在一定的地域空间中进行考虑，只有这样，才能充分和准确认识旅游资源的独特性与重要价值。熟悉旅游资源的分布情况有助于我们深入认识旅游资源的"羡余"现象②，以便合理定位一地的旅游资源开发、科学厘定开发顺序、正确确定旅游地的功能分区。掌握旅游的分布规律，从宏观角度把握旅游资源的分布情况，对于我们统筹旅游资源开发，避免旅游资源重复开发和旅游产品的同质性现象的出现具有重要作用。

---

① 参见苏文才、孙文昌主编《旅游资源学》,高等教育出版社(北京),1998年版,第9页。

② 旅游资源的"羡余"现象：是用以描述本身具有较高资源品质却在经营中显得"多余"、"无用"的旅游资源。阴影效应、互代性、旅游效率的要求是产生羡余现象的原因，羡余的资源作为后备资源可在提高旅游地旅游资源的丰度等方面发挥作用。羡余概念在资源评价和资源开发中都有指导意义。参见金颖若撰《旅游资源的羡余现象》,《经济地理》(长沙),2004(9)。

（五）旅游资源的调查与评价

旅游资源的调查与评价是旅游资源开发的基础性工作，可以为确定旅游地的性质和开发规模、制定旅游规划提供科学依据。旅游资源的调查主要研究旅游资源调查的程序、方法、具体实施方式以及调查报告的编写。旅游资源的评价主要研究旅游资源的评价原则、内容和方法，如三三六评价法、八度指标评价模型、气候适宜度评价、层次分析法等。

（六）旅游资源的开发与保护

旅游资源的开发和保护是旅游资源学研究的落脚点，无论是进行旅游资源的概念界定与分类，还是进行资源调查与评价、把握资源地域分布规律等，都是为科学合理开发和利用旅游资源服务的。旅游资源开发是一个多学科知识交叉运用的创新过程，涵盖面广。迄今为止，国内外已经发展出许多的开发理论，其中主要有区位论、区域分异规律理论、系统论、景观生态论、旅游者行为理论、旅游目的地形象理论、旅游产品理论、可持续发展理论等。通过这些理论的应用，开发者可以将潜在和现实的旅游资源有序、科学合理地组合利用和有效保护，使其能持续发展，实现经济效益、社会效益和生态效益的协调发展。

旅游资源开发和保护是一对辩证的相对概念，旅游资源开发为旅游资源的保护提供资金和影响力支持，反过来，旅游资源的保护为旅游资源持续开发与发展提供保障。保护旅游资源，是维系人类生存环境条件，继承和延续人类文明成果的重要面向，是衡量一个国家和民族具有远见卓识和文明觉悟程度的重要标志。旅游资源的保护要从可持续旅游发展的高度来进行认识。1995 年通过的《旅游可持续发展宪章》指出：旅游可持续发展的实质是要求旅游与自然、文化和人类的生存环境成为一个整体，以协调和平衡彼此间的关系，在全球范围内实现经济目标与社会发展目标的统一。应当承认，经济发展与资源保护之间有一定的矛盾，但如果能正确规划、科学安排，是有可能在两者之间找到一个完美的结合点的：即实现经济发展与资源保护的统一。一般而言，科学合理的开发就是最好的保护，因此旅游资源保护要在旅游资源开发前就应该考虑。

第二节　旅游资源开发的研究方法

一门学科在发展过程中必然涉及相辅相成的两个方面：一是学科理论体系的构建，具有一个能被广泛认同的理论传统和学科体系；二是研究方法论体系的构建，具有一套精密的研究方法及方法论体系来指导研究。可见，研究方法在一门学科的建设中居于何等重要的地位。旅游资源学作为一门新兴边缘学科，其研究方法体系还没有完全建立。这里就目前研究所及，简要探讨旅游资源学的研究方法。

一、研究方法的哲学根底[1]

哲学是自然知识和社会知识的总结和概括[2]，因此，任何学科的研究方法都无法脱离哲学的影响。以辩证唯物主义为根本指导思想，旅游资源学的具体方法论的哲学基础是实证主义、

---

[1] 参考谢彦君著《基础旅游学》，中国旅游出版社（北京），2004 年版，第 25 页。
[2] 辞海编辑委员会《辞海（缩印本）》，上海辞书出版社（上海），1979 年版，第 746 页。

规范主义和实用主义三种哲学思想。当然，这里所提出的三种哲学思想都是证实意义上的，而不是发现意义上的。证实涉及知识可靠性的确定，而发现则涉及新知识的首次发现。

（一）实证主义

实证主义，又称实证哲学、实证论，由著名社会学家孔德最早提出。作为一种哲学，实证主义的中心论点是：只有基于感觉经验（sense experience）和事实证明（positive verification）的知识才是真实的。[①] "纯"实证主义甚至怀疑推理和理论在获得可靠知识上的有效性。旅游资源学研究的实证主义哲学强调旅游资源现象的客观性，强调可通过实地考察、观察、实验等方法来获取第一手资料，运用计量和数量表示，对旅游资源研究的结果进行反复检验。这可以使我们更能防止主观的、个人的倾向在形成旅游研究结论时所产生的不良影响。需要注意的是，在具体旅游研究工作中，应避免使该哲学思想走向极端。

（二）规范主义

规范主义，又称规范论或价值主张，是人类在社会发展过程中对社会过程、自然过程所形成的规则性认识的历史积累。规范主义哲学试图对正在发生的事和即将发生的事是否符合人们的理想作出判断。规范主义是价值主张的学术术语，是一种涉及价值判断的哲学。这种哲学产生于社会领域，也存在于经济领域，甚至在人类社会的各个角落。社会学领域的习俗、惯例、道德、伦理、公平等概念，与经济学领域的福利、收入、生活标准、生活质量等概念都属于规范性的。规范主义哲学实际上等于认为，在一定的时空背景下，条件和状况可以有好坏之别，但未必就一定也和正确与错误对应。规范主义哲学在对策性研究中占有突出地位，否则对策就难以形成。

二、旅游资源研究的一般方法

旅游资源学研究的一般方法主要包括归纳与演绎、分析与综合、历史分析和功能分析等研究方法。

（一）归纳与演绎

归纳和演绎方法是对旅游资源开发特殊现象和一般现象相互转换的认识过程，可以有效地发现和突破研究中各种现象和矛盾，提出新的理论和方法。

归纳法，是指从许多个别的事物中概括出一般性概念、原则或结论的思维方法。归纳可分为完全归纳法和不完全归纳法。完全归纳法是前提包含该类对象的全体，从而对该类对象作出一般性结论的方法。不完全归纳法又称简单枚举归纳法，是通过观察和研究，发现某类事物中固有的某种属性，并且不断重复而没遇到相反的事例，从而判断出所有该类对象都有这一属性的推理方法，数学上的穷举法就是完全归纳法。

演绎法，就是从普遍性的理论知识出发，去认识个别的、特殊的现象的一种逻辑推理方法。演绎的基本形式是三段论式，它包括：

(1) 大前提，是已知的一般原理或一般性假设；

(2) 小前提，是关于所研究的特殊场合或个别事实的判断，小前提应与大前提有关；

(3) 结论，是从一般已知的原理（或假设）推出的，对于特殊场合或个别事实作出的新判断。

除此之外，演绎法的形式还包括假言推理和选言推理。

---

① 翻译自维基百科，词条地址：http://en.wikipedia.org/wiki/Positivism

(二)分析与综合

分析与综合方法是旅游资源研究中对感性材料进行抽象思维的基本手段,可以从复杂旅游资源开发现象中过滤出旅游资源学的一般属性和关系,概括出旅游资源开发的基本特征。所谓分析,就是把研究对象分解为各个组成部分、方面、因素,然后分别加以研究,以达到认识其本质的一种方法。所谓综合,就是在思想中把事物的各个部分、各个方面、各种要素、各个阶段联结为整体进行考察的思维方法。

(三)历史分析法

历史分析法,是一种运用变化和发展的观点分析客观事物和社会现象的方法。旅游资源是发展、变化的,分析它就要将它发展的不同阶段进行比较,才能弄清其本质,揭示其发展规律。有些旅游资源开发中的矛盾或问题的出现,总是有它特定的历史背景和根源,因此,在解决这些矛盾和问题的过程中就需要将其放置在一定的历史背景中,只有这样才可能提出符合实际的解决办法。历史分析法可以探索旅游资源在不同的环境和历史时期的特点及其变化规律。

(四)功能分析法

功能分析法是自然科学和社会科学用来分析自然现象和社会现象的一种方法。任何事物和现象都是由两个或两个以上的部分、方面、因素所组成的,这些部分、方面和因素之间形成一种相对稳定的联系,这种相对稳定的联系称之为结构。相互联系的各个部分、方面和因素之间总是相互依存并相互作用的,这种事物或现象内部各个部分、方面和因素之间的相互作用和影响以及该事物或现象对于外部其他事物或现象的影响和作用,称之为功能。分享事物或现象的结构和功能的方法,称之为功能分析方法。①

运用功能分析法可以从系统的角度,把旅游资源开发视为由众多子系统构成的一个社会大系统,重点研究各子系统间的相互依赖关系及其对旅游大系统的作用和影响。②

三、旅游资源研究的具体方法

由于旅游资源学是一门综合的学科,涵盖旅游、地理、历史、园林、建筑等诸多的学科领域,因此具有丰富多样的来自各学科的研究方法。且不论数学、经济学、统计学等领域对旅游资源学研究方法的贡献,即使在最基本的层面,旅游资源学的研究方法也非常多。

(一)田野调查

这是一种在社会科学中广为应用的研究方法,也是一种实证性的方法。田野调查最早运用于人类学的研究,后来广泛运用于社会科学和自然科学研究的各领域,因此应用十分广泛。田野调查强调运用直接的观察、访问、记录和测量等手段,是"直接观察法"的实践与应用,是在研究工作开展之前为取得第一手资源的前置步骤。近年来,这种方法在旅游资源研究中应用广泛,尤其是评估旅游获得的社会文化影响(效应)等方面时,这种方式往往是最重要的方法。V.L·史密斯在1977年出版的《主人与客人:旅游人类学》中,就主要运用了这样的研究方法。运用田野调查,对我们研究旅游发展与社会文化变迁、环境演变、人民生计来源、传统技艺复兴或衰败、经济发展、社会结构变革、政治与宗教特征、艺术生活等方面的关系

---

① 参考中国调查研究网.理论研究部分,http://www.srchina.org.cn/Detail.aspx?infoId=130
② 克里斯·库铂等著《旅游学》,张莉莉、蔡利平等译,高等教育出版社(北京),2004年版,第14页。

都有很大的帮助,实际上也是获得这些方面的认识和知识的基本渠道。①

(二)社会调查

社会调查的研究方法在非物质旅游资源研究中应用广泛。它是一种对社会现象观察、度量及分析研究的活动。它主要采取经验层次的方法,如观察、访问、实验等,直接在现实的社会生活中系统地收集资料,然后依据在调查中所获得的第一手资料来分析和研究社会现象及其内在的规律。对旅游资源开发地区的社会经济状况、社会环境容量和文化影响等方面,对旅游资源开发决策过程中客源市场的定位与分析,对风俗民情、乡土文化等人文旅游资源的认识和利用,都必须进行深入的社会调查。社会调查可根据不同的目的采用座谈、访问、参与观察、社会测量、随机抽样等不同方法进行。②

(三)遥感技术

遥感兴起于20世纪60年代,是指用间接的手段来获取目标状态信息的方法。③ 但一般多指从人造卫星观测,是根据电磁波的理论,应用各种传感仪器对远距离目标所辐射和反射的电磁波信息,进行收集、处理,并最后成像,从而对地面各种景物进行探测和识别的一种综合技术。目前在旅游资源普查、旅游生态环境质量评价、旅游规划等方面,遥感技术有着广泛的应用。例如,一张航空图片,当比例尺为1:20000,像幅为$18 \times 18 cm^2$时,则它所摄地面的面积(截幅)约$13 km^2$。而卫星像片所包括的地面截幅为$185 \times 185 km^2$,近$3.4 \times 10^4 km^2$的面积,它相当于上述航空像片2600张所覆盖的面积。由于面积大,视野辽阔,信息丰富、真实、客观,便于了解全面,分清主次,类比研究,从而提高工作效率与工作质量。④

(四)统计分析

统计分析,是对旅游资源研究中的数据进行整理归类并进行解释的过程。凡资料是以数据形式呈现的,统计分析便不可缺少。一般统计工具可以解决大部分量化资料的分析处理,包括第一手资料和第二手资料。统计分析可以从取得第一手资料开始,经过构筑分析假设、检验假设、理论分析等过程,最终形成研究结论。统计分析方法常与实验、观察、测量、调查所得结果相联系,为研究作出正确的结论提供科学的途径和方法,是旅游资源开发研究者的必备研究工具。尤其是随着一些大型的计算机统计软件(如SPSS)的开发和应用,统计分析在研究中的价值更加明显。⑤

第三节 旅游资源开发的理论体系和地位

一、旅游资源开发的理论体系

旅游资源开发是一门综合的新兴边缘学科,是介于旅游资源学与旅游规划之间的一门学科。因此,该学科涵盖的内容广泛,理论边界也比较模糊,涉及旅游地理学、区域规划、园林

---

① 参考谢彦君主编《基础旅游学》,中国旅游出版社(北京),2004年版,第28页。
② 杨学峰主编《旅游资源学》,中国发展出版社(北京),2009年版,第9页。
③ 参考维基百科"遥感词条",具体见http://zh.wikipedia.org/wiki/遥感技术。
④ 苏文才、孙文昌主编《旅游资源学》,高等教育出版社(北京),1998年版,第10页。
⑤ 谢彦君著《基础旅游学》,中国旅游出版社(北京),2004年版,第30页。

设计、美学、市场营销等多个学科领域。和而观之,大体可以分为两大部分:其一,是关于对旅游资源的认识和理解的知识;其二,是旅游资源开发和利用的相关理论。

(一)对旅游资源的理解和认识

旅游资源是旅游资源开发的基础和载体,科学、深入认识旅游资源是旅游资源开发的根本。因此,教材的前半部分主要探讨关于旅游资源的问题,具体包括:

旅游资源开发学科的研究对象、内容及研究方法;

旅游资源的定义与分类;

自然旅游资源分类解读;

人文旅游资源分类解读;

旅游资源欣赏。

(二)关于旅游资源开发的理论

教材的后半部分主要探讨旅游资源开发的问题,即如何将现实的旅游资源经过开发、组合形成能适应旅游者需要的旅游产品,并兼顾开发的经济、社会和生态效益,主要涉及:

旅游资源的调查及评价;

旅游资源开发基本理论介绍;

旅游产品与市场营销;

旅游资源开发与可持续发展。

二、旅游资源开发的学科地位

旅游资源开发作为旅游学学科体系中重要的一员,地位十分重要。著名旅游专家杨振之先生认为,由于旅游资源的系统性以及旅游的综合性,旅游资源开发应作为旅游学科领域的新学科,专门研究旅游资源系统和旅游资源开发。由于旅游学是一门范围极广的综合性学科,其下有诸多方向不同,着力点各异的专业方向,因此在不同的专业中,旅游资源开发的地位不可避免存在差异,甚至是比较大的差异。在酒店管理专业,该课程可能仅是选修课程,因为酒店专业更加注重对客服务技巧和基础接待管理理论;而在景区管理、导游专业,该课程就应该是专业核心课程,旅游学概论、旅游市场学、旅游经济学是其基础,旅游地理学等课程是其先导;而在综合性强的旅游管理专业,该课程又是旅游学理论体系建构中重要的组成部分。因此,旅游资源开发的学科地位应根据专业方向和着力点而定。

【问题探讨】

1. 旅游资源开发的研究对象是什么?
2. 旅游资源开发的研究内容有哪些,它们之间有怎样的逻辑联系?
3. 历史分析法与功能分析法分别指怎样的研究方法,它们的区别是什么?
4. 什么是"田野调查",在旅游资源开发中这种方法有什么用途?
5. 简述旅游资源开发的理论体系。

【补充阅读建议】

书本

谢彦君：基础旅游学（第二版），中国旅游出版社，2004

苏文才、孙文昌：旅游资源学，高等教育出版社，1998

邹统钎：古城、古镇与古村——旅游开发经典案例，旅游教育出版社，2005

周骏一、李益彬：旅游资源开发，西南财经大学出版社，2009

论文

陈才：旅游学研究方法论体系研究——一种社会学视角的探讨，旅游学刊，2007(1)

王静、罗明义：旅游研究方法体系初探，桂林高等专科学校学报，2005(6)

厉新建、张辉、秦宇：旅游资源研究的深层思考，桂林高等专科学校学报，2003(6)

钟韵、彭华：旅游研究中的系统思维方法——概念与方法，旅游学刊，2001(3)

网站

http://www.cnta.com 中国国家旅游局官网

http://www.ctnews.com.cn 中国旅游新闻网

http://www.unwto.org 世界旅游组织官网

第二章 旅游资源概述

【章节概述】

旅游资源是旅游学的一个核心概念,在旅游学科知识体系构建中具有重要作用。在旅游资源的开发中,"旅游资源"为开发的逻辑起点,因此建构关于旅游资源的基础理论知识对于我们从事开发工作具有重要的奠基作用。要厘清旅游资源的基础理论,首先要弄清楚旅游资源的定义,以及其内涵和外延;其次,掌握要深入理解和分析旅游资源的特点;再次,为了便于深入理解门类繁杂、范围广泛的旅游资源,对其进行分类是最好的手段,旅游资源的分类是旅游资源开发学习研究的重要基础工作;最后,要把握旅游资源形成的内在成因。这一章节中,我们探讨的旅游资源的概念、特点、分类、成因四个问题构成了关于旅游资源的基础知识,为我们以后的深入学习奠定了理论基础。

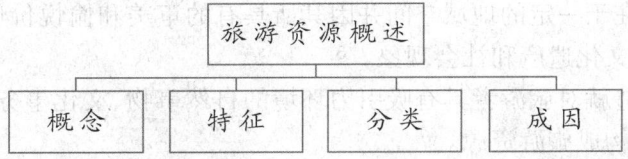

【目的要求】

1. 理解旅游资源概念的内涵和外延。
2. 了解旅游资源地位与作用。
3. 把握旅游资源的基本特征。
4. 熟悉《旅游资源分类、调查与评价》(GB/T18972—2003)关于旅游资源的分类。
5. 理解自然旅游资源和人文旅游资源的成因。

第一节 旅游资源的概念解析

旅游资源是旅游活动的前提和核心,是旅游业可持续发展的基础和旅游生产力增长的潜力之所在。[①] 但是,直到目前,对于旅游资源概念的认识还没有在学术界达到统一,旅游资源概念的泛化现象非常严重,这极大地阻碍了旅游资源开发的顺利进行和旅游研究的深入开展。令人欣慰的是,学术界对此问题引起了很高的重视。有学者认为弄清"旅游资源"的深刻含义,至少有如下重要意义:

其一,它有助于人们正确地认识旅游资源内涵,进而有助于人们正确地对其开发,促进旅游业的健康发展。

其二,它为人们对与之相关的问题展开进一步的研究,提供了坚实的基础,对促进这方

---

① 参见郭来喜、吴必虎撰《中国旅游资源分类系统与类型评价》,《地理学报》(北京),2000(5)。

面的理论研究,同样有着重要的意义。

其三,这也是旅游学界普遍认为应该加强的研究内容之一。①

一、我国旅游资源概念的研究进展

从20世纪70年代末开始,我国经济学、地理学和社会学等一批学者相继转入旅游科学的研究,以及20世纪90年代以来一批从国外学成归来的学者,他们在撰写论文或专著时都涉及到对旅游资源概念的理解和阐释,并从不同的角度对旅游资源下了定义。其中,以下几种说法较具代表性和影响力:

(一)凡是能为人们提供旅游观赏,知识乐趣,度假休闲,娱乐休息,探险猎奇,考察研究以及人民友好往来和消磨闲暇时间的客体和劳务,都可以称为旅游资源。②

(二)旅游资源是指对旅游者具有吸引力的自然存在和历史文化遗产,以及直接用于旅游目的的人工创造物。③

(三)自然界和人类社会凡是能对旅游者产生吸引力,可以为旅游业开发利用,并可以产生经济效益、社会效益、环境效益的各种事物和因素都可视为旅游资源。④

(四)客观地存在于一定的地域空间并因其所具有的审美和愉悦价值而使旅游者为之向往的自然存在,历史文化遗产和社会现象。⑤

(五)凡是能够造就对旅游者具有吸引力环境的自然事物、文化事务、社会事务或其他任何客观事物,都可以构成旅游资源。⑥

(六)所谓旅游资源,对于旅游者来说,就是旅游目的地及其有关旅游的一切服务和设施;对于旅游地来说,就是旅游客源市场,是关于旅游的主体、客体、介体的相互吸引向性的总和。⑦

就以上六种具有代表性的定义而言,研究者似乎已经逐渐在某些方面达成共识。大家一致认为吸引力是旅游资源最根本的属性,只是有些学者的外延过于宽泛,而有些学者注重在概念上对于外延的界定。这种统一符合国内此类研究的现状。但是他们的分歧体现了学界目前在界定旅游资源概念时的几种观点交锋:

其一,旅游资源是否应该为旅游业利用方可成为旅游资源;

其二,旅游资源与旅游业资源是否应该划等号;

其三,旅游资源是否等同于旅游吸引物;

其四,旅游资源是否需要具有效益功能,即很多概念谈到的经济效益、社会效益与环境效益;

其五,旅游资源概念应该从需求者的角度还是供给者的角度。

对于"旅游资源"概念的不同观点主要是基于学者们对于"旅游"这个关键概念的不同理

---

① 参见张立生撰《旅游资源概念及谱系研究》,《经济经纬》(郑州),2003(5)。
② 郭来喜:一门新兴的学科——旅游地理学,旅游地理文集,1982,第11—18页。
③ 参见保继刚主编《旅游地理学》,高等教育出版社(北京),1993年版。
④ 参见国家旅游局资源开发司和中国科学院地理研究所编《中国旅游资源普查规范》,中国旅游出版社(北京),1992。
⑤ 参见谢彦君著《基础旅游学》,中国旅游出版社(北京),2004年版,第100页。
⑥ 参见李天元主编《旅游学概论》,南开大学出版社(天津),2003年版,第119页。
⑦ 参见杨振之著《旅游资源开发》,四川人民出版社(成都),1996年版,第29~30页。

解。总之，到目前为止，旅游学术界对于旅游资源概念的定义还没有真正达成统一，各学者的定义仍存在着比较大的分歧。旅游资源、旅游产品、旅游吸引物这三个概念之间的界限的界定还没有大家都能接受的方案。但是李天元教授的《旅游学概论》（南开大学出版社第五版）对旅游资源的概念进行了深入分析，提出了概念泛化现象的解决办法，将旅游资源界定在旅游对象物这个范围中。谢彦君教授的《基础旅游学》（2003年第二版）在分析前人概念的基础上对旅游资源概念进行了深入的分析，科学划分了旅游资源、旅游产品和旅游吸引物的区别，在学科研究中具有划时代的意义，走得更远。

知识链接

如何判断概念定义的优劣？

根据《辞海》的解释，概念是对象本质属性的反映，任何概念只有当其具备以下特征时，方可称得上是比较成功的概念：一是，能反映对象的本质属性，这是我们界定概念的基本要求，同时也是所界定的概念区别于其它概念之处，保证了概念对象的独特性；二是，对对象的内容和本质属性要有高度的概括性，而不能仅仅是简单的罗列，以保证概念表述的概括性；三是，对对象表述的完整性，这包括对内容、本质属性及逻辑上表述的完整性，以保证概念的科学性。具备这三个条件的概念定义就是好的定义。

二、旅游资源概念的内涵

对于概念的理解，只要我们准确把握了该概念的内涵和外延，我们就走出了最坚实的第一步。而内涵涉及概念的本质属性，是使一概念区别于另一概念的关键。由于旅游资源是一个新兴的符合词组，其核心词是"资源"，"旅游"是该词组的修饰限制词，因此把握旅游资源的内涵，就必须从"旅游"和"资源"二词的含义入手。

（一）"旅游资源"中的"旅游"

"旅游"一词，是一个容易产生歧义的词语。无论是从英文的"Tourism"还是汉语的"旅游"，都具有"旅游活动"、"旅游业"、"旅游职业"等含义。正是这些差异，导致人们对旅游的不同认识，很难说谁对谁错，各自的逻辑依据都有其合理性。但就通常情况而言，到目前为止，无论是我国的旅游学术界还是实业界，在谈及旅游资源时，大都将其视为吸引旅游者来访的凭借物，因而实际上强调的是，旅游资源是旅游活动的对象物。正因为如此，旅游资源一语在中国已成为一个约定俗成的特定概念。在我国，几乎没有人将饭店、机场、公路、铁路以及其他各种各样的旅游基础设施和上层设施等为旅游业所使用的资源称为旅游资源。[①] 在这个意义上，国人是把"旅游资源"中的"旅游"理解为"旅游活动"的，这种从需求的角度理解旅游资源没有无限制地扩大其外延，对于学科体系的建立很有好处。

基于我们对"旅游资源"修饰限制词"旅游"的理解，我们可以得出一个结论：旅游资源是为旅游者旅游活动的开展提供凭借的，是旅游活动的对象物。因此，能为旅游活动提供活动对象就是旅游资源的理论核心。那么进一步说，旅游资源是如何提供这个活动对象的呢，它是通过自己的空间移动（如旅游购物品）主动满足旅游者的参观、欣赏、娱乐、学习的需求呢，还是通过自己的独特魅力使旅游者慕名而来（"拉过来还是吸引"）？很显然，属于后者，因为如果是前者，旅游活动存在的逻辑基础（异地性）就被瓦解掉了。根据以上的推论，我们对

---

① 参见李天元主编《旅游学概论》，南开大学出版社（天津），2003年版，第118页。

"旅游资源"概念的内涵理解有两点：

1. 旅游资源因其自身的独特魅力吸引旅游者来到旅游目的地，这种魅力就是一种对于旅游者的吸引力，此种吸引力构成旅游资源的核心，对旅游者没有吸引力，不能吸引旅游者前来目的地满足其旅游活动需求的资源不能算是旅游资源。因此，旅游资源必须具有吸引力。

2. 由于"旅游"作为"旅游活动"的修饰限定，旅游资源不能进行空间位移，它不可移动。因为旅游资源移动了旅游者就不用移动了，这使得旅游活动变成了休闲活动。[①]

（二）"旅游资源"中的"资源"

《辞海》对于"资源"的解释是，"资财的来源"。根据这一理解，"资源"不等于"资财"，是潜在的资财，因此，资源具有潜在性。"资源"是"旅游资源"词组的核心词，是该词组的落脚点，因此，旅游资源和其他资源一样同样具有潜在性。也就是说，旅游资源主要存在于一种潜在的待开发状态，同时也包括已开发但尚未耗竭其旅游开发价值（或尚未得到完全开发）的那一部分资源。

和而论之，旅游资源至少具有三方面的内涵：其一，吸引力是旅游资源的核心要件，是否具有吸引力是旅游资源存在的基础，而旅游资源价值的大小也与吸引力成正比，吸引力越高的旅游资源其价值越大；其二，旅游资源是存在于一定的地域空间的物象，它可以是有形的物质，也可是无形的社会现象、习俗、节庆等，但无论是有形或是无形，它都依托于一定的地域空间，具有不可移动性，这是由其旅游活动对象物的本质决定的；其三，旅游资源具有潜在的待开发性，它是没有加入人的物化劳动和活劳动的"原材料"，根据被开发的程度的差异，旅游资源分为原始状态的旅游资源和被部分开发的旅游资源两类。

三、旅游资源概念的外延

旅游资源是一个动态概念，其外延随着社会的发展不断拓展、丰富。随着社会经济的发展和科技的进步，人们的旅游需求不断变化，新的旅游需求和个性化的旅游需求不断产生，为适应需求的变化，旅游资源的范畴也进一步拓展。随着诸如工业旅游、乡村旅游、都市旅游、探险旅游、科考旅游、生态旅游、体验旅游等的迅速发展，作为旅游资源的外延不断延展，我们对旅游资源的认识不断深化和更新。据报道，2001年4月28日，60岁的美国富商丹尼斯·蒂托出资2000万美元，搭乘俄罗斯"联盟"号飞船前往国际空间站，进行了为期七天的"太空旅游"，使旅游资源的范围从地球的空间环境扩展到地球外的外太空。人类对旅游资源的认识已经突破地球的界限，延伸到了宇宙，随着航空航天技术的进步，外太空资源将进入旅游开发者的视野。

旅游资源的外延问题，因学界对旅游资源认识的角度不同而出现不同观点。一种观点是把旅游资源的范围限定为地球上的自然环境和人文环境的总合；另一观点对前面观点提出质疑，并从"能被人类利用的所有事与物都可以称为资源"这个观点出发，把旅游资源的范围从自然环境和人文环境的总和扩展到包括旅游服务（即劳务）、旅游设施，甚至客源市场在内的范围（杨振之，1996）。

根据我们对于旅游资源概念的内涵理解，我们反对把劳务、旅游设施、旅游市场作为旅游资源，因为这违背了旅游资源的不可移动和待开发的属性。我们认为旅游资源的范围应界定

---

① 关于这一点的阐释详见谢彦君著《基础旅游学》，中国旅游出版社（北京），2004年版，第99~100页。

在自然存在、历史文化遗产和社会现象,这里的自然代表的是一种非人工改造状态,是自然而然产生的,因此,前面的外太空其实也应属于这一类别。

综合起来看,我们给旅游资源下这样的定义:旅游资源,就是存在于一定地域空间的因其独特魅力而对旅游者产生吸引力的处于待开发或能够继续开发状态的自然存在、历史文化遗产和社会现象。

四、旅游资源、旅游产品和旅游吸引物

资源其本身只是一种客观存在,它之所以被称为资源就在于其对于人类社会有某种现实或潜在的用途,人们有可能直接地利用它,也有可能间接地将其转化为产品后再利用。一般而言,资源是生产产品的基础,而产品是资源的利用方向和结果。两者具有相同之处,也有明显的区别。[①] 类推到旅游资源和旅游产品也是同样的关系,旅游资源是旅游产品的原材料,是生产旅游产品的基础,而旅游产品是旅游资源的利用方向和结果。同时,旅游产品是一个经济学的概念,用于交换是它存在的前提,而旅游资源的经济价值总是潜在的。[②]

旅游吸引物是一个更为宽泛和松弛的概念,缺乏经济学的规定性,也较少有语意上的严格限制。它是一个系统,包含了旅游资源和旅游产品。内尔·雷铂(Neil Leiper)认为,旅游吸引物是一个综合系统,由旅游者或人的要素、核心的和中心的要素、标识或信息的要素三种要素构成。[③] 而核心的和中心的要素就包含了旅游产品和旅游资源。

第二节 旅游资源的特征

旅游资源是一种独特的资源,具有与其他资源不同的特征,具体特征有可观赏性、地域性、不可移动性、易损性、垄断性、潜在性、多样性、节律性等特性。

一、可观赏性

旅游资源的可观赏性是由旅游资源具有吸引力的本质属性决定的。旅游资源具有将旅游者从"家"吸引到"家外"富有旅游资源的地方的能力,即具有吸引力,而这种吸引性正是旅游资源的可观赏性赋予的。雪巘古梅、烟堤高柳、夜月空明、雨色空濛这些美妙的自然物象由文人赋予它们更高远、深远的意境,形成西湖巨大的可观赏价值,这种观赏价值使得西湖具有相当大的吸引力。

旅游者参加旅游活动的目的是获得愉悦,释放身心,增智益神,而旅游资源是旅游者得以达到这些目的的直接凭借。无论是名山胜水、奇石异洞、风花雪月,还是文物古迹、寺庙园林、风俗民情,都应该具有可观赏性。旅游资源的观赏性是旅游资源和其他资源相区别的重要特征,也是评价旅游资源的重要标准。一般而言观赏价值越高,则旅游资源的价值越大。由于旅游资源的种类异常繁多、旅游者爱好的各不相同,导致旅游资源的观赏价值的评价难

---

① 参见张立生撰《旅游资源概念及谱系研究》,《经济经纬》(郑州),2003(5)。
② 参见谢彦君著《基础旅游学》,中国旅游出版社(北京),2004年版,第121页。
③ Neil Leiper. Tourism Attraction Systems, Annals of Tourism Research, 1990, Vol 17.

以有统一的标准,也不可能科学合理的进行量化。高山的雄健伟岸、峡谷的幽秀曲折、大江的奔腾豪迈、旷湖的沉静渺远、古寺的幽远厚重、名园的精致朴雅、宫殿的崇丽肃穆、民居的素朴恬淡,种类不同,各领风骚,其价值高低殊难评定。达官显贵爱富丽堂皇、才子佳人爱风花雪月、文人墨客爱田野雅趣、贩夫走卒爱饱食安逸,人有不同,观赏点和欣赏能力也有很大差异,而旅游资源的观赏价值恰恰是兴趣不同的旅游者对于类别各异的旅游资源的不同主观心理感受。因此,考虑不同资源类型、不同客源主体,对于我们把握旅游资源的观赏性有重要意义。

同时,旅游资源的美学特征的欣赏,需要一定的审美能力。所以明末小品文大家张岱感叹:"世间措大,何得易言游湖!"有时自然之胜需要人文素材来点缀,自然人文交相辉映,旅游资源的观赏价值就大为不同了。所以郁达夫感慨:"江山也要文人捧,堤柳至今尚姓苏!"这些都说明旅游资源的观赏性是旅游资源的重要特性,旅游资源的观赏价值是旅游资源的核心价值,其他如科学与文化价值在旅游资源价值系统中只能处于附属的地位,开发时有大文章可做。

二、地域性

形态各异的地貌景观、异彩纷呈的地质奇景、江海湖泽、云海、温泉、日出、佛光、大熊猫、金丝猴、扭角羚等各种自然旅游资源都产生于一定的地理环境。自然美景的诸般精彩往往是独特的地域环境造就的。九寨沟的千般水景,如果没有雪山之水的源源补给,没有岩溶钙华的五彩本底,没有各色植被的点缀渲染,没有位于青藏高原东沿断陷峡谷的地势跌宕,没有藏族习俗的呵护,没有……没有这些地域环境就成就不了"九寨归来不看水"的豪情赞语。同样,国宝大熊猫的85%生活在四川西部山区,藏羚羊只生活在气候寒冷的青藏高原北部,佛光在峨眉的金顶出现频率最高,雾凇在吉林松花江畔最为壮观,我们可以举出太多这样的例证。这说明自然旅游资源具有强烈的地域性特征,我们经常用巧夺天工、鬼斧神工来说明环境对于奇异自然景观的塑造。

多姿多彩的民俗风情、奇特鬼怪的习俗信仰、节日庆典、文化艺术、建筑风格等各种人文旅游资源也由于产生于一定的地域空间,因此具有强烈的地域性。这主要是由于人类活动受到地理环境的影响与限制,人类在长期的生存发展中,为了求得较好的生存和发展,顺应自然、适应自然,生活方式、心理状态等都受到地理环境的强烈影响。[①] 因此,人文旅游资源也同样具有地域性。号称"彩云之南"的云南省,面积仅38万平方公里,只有新疆的四分之一,西藏的三分之一,却拥有中国93%的少数民族(52个),民俗风情绚丽多彩。如果没有远居"彩云之南"的远离中原,没有身处边陲的文化交流,没有崇山峻岭、高山深谷的交通阻隔,没有云南独特的地理环境,是不会有如此绚丽的少数民族文化的。生存的选择,往往造就文化的精彩!人类在适应自然、改造自然的过程中创造了形态各异的文化,这些扎根在地球各处的文化就构成了人文旅游资源的重要部分。

由此看来,旅游资源生存于一定的地域空间内,具有强烈的地域性,同时旅游资源又是构成地理环境的重要要素。不同的旅游资源都具有不同的地理环境,区域差异性是旅游资源的另一重要特征。区域差异性导致了旅游流的存在:正是由于不同地方的自然景物或人文风

---

① 参见高峻主编《旅游资源规划与开发》,清华大学出版社(北京),2007年版,第10页。

情存在差异才促使不同地域的旅游者到远离"家"的地方去欣赏不同的自然景观和人文风情，这导致了旅游流的形成。

旅游资源不论是以单体还是群组的形式存在，都必须依托于一定的地理空间，分布在与之相适应的地理空间内，带有强烈的地方色彩和地域特征，这正是旅游资源个性特征的体现。例如东北林海雪原、华东江南水乡、西北沙漠丝路、青藏雪域高原等景观的差异，以及黄土高原的窑洞、牧区的帐篷与毡房、西南地区的吊脚楼、华北地区的四合院、云南的"一颗印"、四川西部的藏族碉楼等民居建筑的差异，都受到了一定的地理环境的影响，并打下了地域特征的烙印。

三、不可移动性

旅游资源的地域性决定了旅游资源的不可移动性。一定地域的旅游资源由于受地域环境的选择被植入了强烈的地域色彩，主观地将旅游资源进行移动，就会造成"南橘北枳"的后果。正是由于旅游资源的强烈的地域性，就决定了旅游者必须暂时离开"家"到旅游资源所在地（即旅游目的地），来解决旅游资源不可移动的矛盾。可见，旅游资源的不可移动性与旅游的异地性是互为前提的，缺一不可。这一事实虽显而易见，但却基本上被人们忽视了。

旅游资源的不可移动性包含三方面的内容：一是旅游资源的本体不能朝向旅游者移动，否则就将在根本上消灭旅游者，该种资源也不成其为旅游资源（而成为可供当地人利用的普通休闲资源）；二是当旅游资源被开发成旅游产品并被出售时，资源乃至产品的所有权不能转移；三是旅游资源个体的小尺度搬迁（如塔、楼、亭、阁等的近距离迁移）并没有在根本上改变旅游资源的不可移动性。①

旅游资源的形成深受自然地理条件和与之相关的历史、文化的影响，即旅游资源在一定的自然条件和历史文化氛围中形成，这种条件不可能异地复制。旅游资源的区域差异性，导致旅游资源的不可移动，即使将某项旅游资源迁移他处，也会改变其固有特色，因为其所赖以生存的环境不能迁移。这就是为什么盆栽的生命力总是低于野生种植。离开了与之相适应的环境，旅游资源的特色和固有特性就会改变，旅游资源的吸引力也会大大降低。蒙古族的那达慕大会如果没有内蒙古广袤的草原做背景，没有成片的蒙古包做点缀，不是在草绿花红、马壮羊肥的阴历七、八月时节，客人就很难感受到浓郁的蒙古族文化气息；而把秦兵马俑运到外地去展出，脱离了八百里秦川的黄土背景，人们就很难感受到两千年前秦军兵强马壮、气势磅礴的阵容，也很难感受到秦始皇统帅百万大军叱咤风云、横扫六合、北却匈奴、南平吴越、统一华夏的丰功伟绩。中国的网师园"殿春簃"于1981年在美国纽约的大都会博物馆被原样复制，命名为"明轩"，但是美国人还是会千里迢迢跑到苏州网师园来看"殿春簃"，因为脱离了江南水乡的苏州，模样相同的"殿春簃"只能放在博物馆的"橱窗"里。事实上，有很多旅游资源也根本无法移动，如长江三峡、吉林树挂、云南石林、桂林山水、蜀南竹海等资源的特定地理环境，更无法用人工的力量来移动。

四、易损性

同传统的物产资源使用情况相比较，旅游资源属于非消耗性资源，只要管理利用得当，

---

① 观点参考谢彦君著《基础旅游学》，中国旅游出版社（北京），2004年版，第105页。

就可以取之不尽用之不竭。就是说,一般而言,旅游资源可以永续利用。对于旅游资源而言,旅游者购买的只是审美经历,带走的只是旅游体验和感受。整个消费过程既没有旅游资源所有权的转让,也不存在旅游者或旅游经营者对于旅游资源的直接消耗。旅游经营者出售的仅仅是景观印象和经历感受,而这种"印象"和"感受"似乎永远也卖不完。正是在这层意思上,旅游资源的利用具有反复性、永续性。[①] 这一认识在逻辑上并无不妥,关键是永续利用的前提——管理利用得当——在现实生活中和实际操作中很难得以有效的保证和实现。这主要有科学技术、政治经济、自然灾害的原因,也有开发者利益驱使的原因。

事实上,旅游资源的永续利用是很难做到的,因为旅游资源的存在是以一地的综合环境左右的,环境中的任何一个因素的改变都可能导致旅游资源的变化、损害甚至消亡。旅游资源生存环境的复杂性和脆弱性是旅游资源易损的重要原因。就自然旅游资源而言,由于生态环境的恶化、人为因素的破坏、气候变暖、大气污染严重、物种减少,有些自然旅游资源正面临变化、损害甚至消亡。峨眉山的圣灯景象越来越难于看到,佛光的出现的次数也在减少;洞庭湖的面积减小了,八百里洞庭早已成为历史;太湖变臭了,泛舟太湖,微风拂来,不再令人惬意。这些变化使自然旅游资源的观赏性大大降低,有些甚至消失掉了,这充分说明自然旅游资源的脆弱性、易损性。人文旅游资源由于人为的破坏、环境的变迁、过度的开发也极易破坏,有些破坏甚至是致命的。如敦煌莫高窟的壁画,由于游客增多,呼出二氧化碳与空气中的水蒸气融合,形成具有腐蚀性的碳酸,慢慢剥蚀着壁画,壁画的破坏严重;摩梭人的母系氏族传统在大量旅游者的冲击下,已经濒临消失;目前能懂东巴文的纳西族已经越来越少,基本上只有八十岁以上的老年人能懂,现在的年轻人由于没有交流的必要,都不会东巴文,东巴文濒临灭绝。这些都说明不论是有形的人文旅游资源,还是无形的人文旅游资源,如传统习俗、节日庆典等在现代文明的冲击下变得异常脆弱,有些文化已经永远消失了。

五、垄断性

旅游资源的垄断性是由旅游资源的区域性、不可移动性、易损性和观赏性决定的。由于旅游资源固着在一定的地域空间,被烙上了深深的地域特色印记,又具有极大的观赏性和吸引力,旅游者要想观赏这些自然奇观或人文胜迹就需要"主动上门"。因此旅游资源具有很强的垄断性,而且资源价值越大,垄断性就越高。

由于旅游资源具有不可移动性和强烈的地域差异,这意味着旅游资源难以模仿或复制。无论是我国的长城、埃及的金字塔、印度的泰姬陵、法国的埃菲尔铁塔,还是美国的黄石国家公园、英国的大笨钟,都无法模仿,它们已经成为一国或一地区的遗产和标志,它们的存在不仅仅以建筑形象存在,它们存在的地理历史文化背景也成为了其中的构成要素。而地理历史文化背景是绝对无法模仿的。这也是国际上的很多旅游学者称旅游资源为垄断性资源的原因。

六、潜在性

作为资源的一种,旅游资源和其他资源一样具有潜在性。这一特征使它同旅游产品概念有了分野。所谓潜在性,是指旅游资源是存在于一种未开发或可以继续开发的状态的自然存

---

① 参见罗兹柏、张述林主编《中国旅游地理》,南开大学出版社(天津),2000年版,第23~24页。

在、历史文化遗产或社会现象。可以被开发是旅游资源的一个重要属性,而旅游产品则不需要继续开发了,是可以直接进行销售的。资源是原材料,而产品是成品。

七、多样性

多样性体现的是旅游资源的表现形态。由于凡能吸引旅游者的资源都有可能成为旅游资源,因此旅游资源所涵盖的范围相当广泛。从无形的到有形的,从自然的到人文的,从海底到天空的,从静态的到动态的,凡是具有观赏价值的自然存在、历史文化遗产和社会现象都属于旅游资源的范畴。

旅游资源的多样化是为迎合旅游者多元化需求的。旅游者来自世界不同地方、讲不同的语言、拥有不同的民俗习惯和生活方式、具有各种各样的心理特点,因此其对于旅游资源的体认和理解存在很大差异。旅游者具有不同的年龄、性别、职业、教育背景、宗教信仰,因此他们会倾向于选择不同的旅游资源。美国人喜欢中国的自然奇观,如长江三峡、桂林山水、九寨黄龙等;英国人对中国的美食情有独钟;日本人则喜欢三国文化和寻根旅游;老年人倾向于文化内涵丰富的经典;青年人喜欢寄情山水;小孩子喜欢娱乐型旅游资源。不同的消费者会有迥然不同的消费取向,而多样化的旅游资源总是能满足旅游者的需求。

随着社会的发展,旅游者越来越不满足于传统的旅游资源品类,工厂农舍、矿井监狱、文教单位、科研基地等很多原本不属于旅游者青睐的地方,逐渐吸引了部分旅游者前去观赏,以满足他们求新、求奇、求知等需求。旅游资源的边界也从风景名胜向其它领域不断拓展。可以说,现在很难找出哪一类事物和现象绝对不能成为旅游资源,因为即使是垃圾堆,也不能绝对保证它对某类旅游者不具有吸引力。

八、节律性

由于旅游资源总是附着于一定的地域空间,而地域空间又具有一定的自然环境和人文社会环境,这种自然和人文社会环境会依存于一定的时间序列进行变化,因而具有明显的节律性。自然旅游资源具有节律性很好理解,所谓春兰秋菊、夏雨冬雪体现的就是一种自然界的季节变化规律。气候条件对于旅游者的旅游活动和自然景观有很大影响,而这种气候季节更替使得旅游资源具有了季节性特征和魅力。如苏堤春晓、曲院风荷、平湖秋月、断桥残雪就分别体现了杭州西湖四季景观的不同魅力。四川米亚罗和北京香山以红叶著名,这体现了它们秋的韵致。很多自然奇观不是旅游者随时都能看得到的,这需要在旅游观赏时抓住观赏时机,把握旅游资源的节律性,不然就会稍纵即逝。如佛光蜃景、日出雾凇。

人文旅游资源也会在一定的时间序列进行有规律的变化,即具有节律性。最明显的例子就是节日庆典,节日庆典都是因为文化传统的不同而有不同的固定时间,如汉民族的春节、中秋、端午等,这些节日具有明显的节律性,经过数千年的文化传承,不会轻易更改。南方农村小镇的"赶场"习俗也是一个很好的例子,通常,人们会选择一定的时间作为聚会交易的时间,如一四七、二五八等,具有明显的节律性。人文旅游资源虽然不同于自然旅游资源受气候的季节更替而体现其季节特征,但是它同样具有很大的时间差异性,它主要是受人类生活规律的影响。赛龙舟不会在每个月都进行,而只在五月进行,这是由人们的生活规律决定的,人们为纪念屈原选定农历五月初五为端午节,赛龙舟是为了纪念屈原的端午节配套活动。

自然和人文旅游资源的这种节律性导致旅游的淡旺季的分异,把握旅游资源的节律性对于旅游资源的开发具有十分重要的意义。

第三节 旅游资源的类型划分

一、旅游资源分类的目的及意义

由于旅游资源具有多样性,因此其涵盖的范围十分广泛而复杂,因此对旅游资源进行科学分类既具有理论意义,又具有实践意义。

(一)旅游资源分类的目的

分类是我们把握纷繁复杂的事物的最好办法,这样可以化繁为简、理清事物的不同类别,便于我们理解和把握它。为了深入认识与研究旅游资源,更好地开发和利用旅游资源,必须在认识各类旅游资源形成机制普遍规律的基础上,寻求各类旅游资源之间的差异,找出不同旅游资源的特点,对旅游资源进行合理的科学分类。

旅游资源的分类的目的,不仅是为了廓清旅游资源的理论体系,更重要的是通过分类,加深我们对于旅游资源整体或区域旅游资源属性的认识,掌握其特点、规律,为进一步开发、利用和保护提供支持。

(二)旅游资源分类的意义

旅游资源分类是开展旅游资源调查、制定旅游发展规划和确定旅游开发项目重点的基础性工作,对从事不同性质工作的旅游业决策和管理者都具有现实意义。具体如下:

1. 旅游资源分类可以使纷繁复杂的旅游资源系统化、条理化,为进一步开发和利用旅游资源及科学研究提供便利。

2. 通过旅游资源分类能够更好地把握旅游资源所具有的吸引力,更加有效地开发和利用旅游资源。不同类型的旅游资源面对的市场群体不尽相同,区分不同的旅游资源类型实际上是辨别吸引力的指向对象——潜在客源市场的过程;同时不同类型的旅游资源需要不同的开发方式,对开发主体的要求也不相同,开发工作的重点也不同,区分不同的旅游资源类型实际上也是辨别将吸引力转化为现实产品的途径——旅游资源开发方式的过程。

3. 对旅游资源进行分类的过程实际上是人们加深对旅游资源属性认识的过程。分类总是通过分析大量旅游资源属性的共性或差异性,分出不同级别的从属关系及联系。通过不断补充新的资料,提出新的分类系统,或通过不同的地区、不同要求的旅游资源分类,都可以从不同侧面加深对旅游资源的认识,甚至发现、总结出某些新的规律性认识,从而促进有关理论水平的提高。因此旅游资源分类也具有一定的理论意义。[①]

二、旅游资源分类的原则

对于旅游资源的科学分类一般应遵循以下原则:

---

① 参见周骏一、李益彬主编《旅游资源与开发》,西南财经大学出版社(成都),2009年版。

（一）整合性原则

整合性原则是指旅游资源的分类应保证旅游资源总体架构的整体性和完整性，即从不同角度将旅游资源分成几大部类，而这几大部类整合在一起仍能保持旅游资源基本架构的整体性与完整性。

（二）独立性原则

独立性原则是指旅游资源分类后划分的几大部类之间应该是相互独立的，分别具有完整性，部类之间不应有交叉和重叠现象。这一原则同时也成为分类优劣的评价标准，各部类没有交叉、界限明确的分类就是好的分类，可操作性也强，对实践具有更大的指导意义。

（三）实效性原则

实效性原则是指所进行的旅游资源的分类对于旅游资源开发或理论研究具有实际帮助或贡献，能产生实际的效能。旅游资源分类的实效性主要体现在良好的分类方案对于旅游资源开发或理论研究中的资源调查、分析、评价具有现实的指导意义和方便的可操作性。

（四）简明性原则

简明性原则是国内著名旅游地学专家保继刚（1999）提出的，是指分类体系应该尽量简单明了，不宜繁多。简明的分类便于研究者掌握和操作，可以为旅游资源开发和理论研究提供更多便利。

整合性、独立性、实效性、简明性是旅游资源分类的四大原则。总体来看，旅游资源的分类应该遵循这些原则进行操作，同时采用同一系统标准，不宜过繁，也不能过于简单，并要有利于旅游资源的开发。

三、旅游资源的分类方案

由于我国旅游业发展的现实需要，在各种力量的共同努力下，我国目前关于旅游资源的分类已经有好几种方案。但是其中影响最大的有两个方案，[1]其一是国家自然科学基金"九五"重点项目成果，郭来喜、吴必虎等的《中国旅游资源分类系统与类型评价》；其二是2003年国家旅游局制定的国家标准《旅游资源分类、调查与评价》（GB/T18972－2003）。第一种方案是学术研究型方案，学术水平较高；第二种是国家标准，分类体系较为简洁，更具有操作性。

（一）郭来喜、吴必虎等制定的方案

该方案是在中国国家旅游局和中国科学院地理研究所共同制定的《中国旅游资源普查规范》（试行稿）基础上制定的，属于国家自然科学基金"九五"重点研究项目。《中国旅游资源普查规范》（试行稿）（1992）是将旅游资源分为两个组分，共6类，74种基本类型。郭来喜、吴必虎等制定的新方案采取了新的旅游资源分类、分态、分级系统，将旅游资源分成景系（SERIAL）、景类（TYPE）、景型（PATTERN）三个层级，旅游资源系统更加细化，分为3个景系（大类）、10个景类、98个景型，最小尺度的旅游资源增加了32%。在表征资源单体规模时，用景域（FIELD）、景段（SEGMENT）和景元（SITE）三个等级来区分单体旅游资源的规模和重要程度。[2] 该方案学术水准较高，但仍然存在将旅游资源混同旅游业资源和旅游资源规模划分方

---

[1] 参见黄远水撰《简议我国旅游资源分类方案与评价模式》，《旅游学刊》（北京），2006(2)。
[2] 参见郭来喜、吴必虎等撰《中国旅游资源分类系统与类型评价》，《地理学报》（北京），2000(5)。

案不够妥当、不好操作等问题。①

(二)旅游资源分类国标

旅游资源分类的国家标准是指 2003 年 2 月 24 日,由中华人民共和国国家质量监督检验检疫总局发布,2003 年 5 月 1 日起开始实施的中华人民共和国国家标准 GB/T 18972—2003《旅游资源分类、调查与评价》(以下简称"国标")。国标相对于郭来喜、吴必虎等专家的研究性方案更加简洁、易于掌握和操作。国标根据旅游资源的性状,即现存状况、形态、特性、特征划分,分类对象包括稳定的、客观存在的实体旅游资源和不稳定的、客观存在的食物和现象,共三个资源层次:主类、亚类、基本类型,每个层次的旅游资源类型有相应的汉语拼音代号,共分为 8 个主类、31 个亚类和 155 个基本类型。②(详见表 2 – 1)

表 2 – 1　　　　　　　旅游资源分类表(GB/T 18972 – 2003)

主类	亚类	基本类型
A 地文景观	AA 综合自然旅游地	AAA 山丘型旅游地 AAB 谷地型旅游地 AAC 沙砾石地型旅游地 AAD 滩地型旅游地 AAE 奇异自然现象 AAF 自然标志地 AAG 垂直自然地带
	AB 沉积与构造	ABA 断层景观 ABB 褶曲景观 ABC 节理景观 ABD 地层剖面 ABE 钙华与泉华 ABF 矿点矿脉与矿石积聚地 ABG 生物化石点
	AC 地质地貌过程形迹	ACA 凸峰 ACB 独峰 ACC 峰丛 ACD 石(土)林 ACE 奇特与象形山石 ACF 岩壁与岩缝 ACG 峡谷段落 ACH 沟壑地 ACI 丹霞 ACJ 雅丹 ACK 堆石洞 ACL 岩石洞与岩穴 ACM 沙丘地 ACN 岸滩
	AD 自然变动遗迹	ADA 重力堆积体 ADB 泥石流堆积 ADC 地震遗迹 ADD 陷落地 ADE 火山与熔岩 ADF 冰川堆积体 ADG 冰川侵蚀遗迹
	AE 岛礁	AEA 岛区 AEB 岩礁
B 水域风光	BA 河段	BAA 观光游憩河段 BAB 暗河河段 BAC 古河道段落
	BB 天然湖泊与池沼	BBA 观光游憩湖区 BBB 沼泽与湿地 BBC 潭池
	BC 瀑布	BCA 悬瀑 BCB 跌水
	BD 泉	BDA 冷泉 BDB 地热与温泉
	BE 河口与海面	BEA 观光游憩海域 BEB 涌潮现象 BEC 击浪现象
	BF 冰雪地	BFA 冰川观光地 BFB 长年积雪地

---

① 参见郭来喜、吴必虎等撰《中国旅游资源分类系统与类型评价》,《地理学报》(北京),2000(5)。
② 参见国家旅游局编《旅游资源分类、调查与评价》(GB/T 18972 – 2003),2003 年版。

续表

主类	亚类	基本类型
C 生物景观	CA 树木	CAA 林地 CAB 丛树 CAC 独树
	CB 草原与草地	CBA 草地 CBB 疏林草地
	CC 花卉地	CCA 草场花卉地 CCB 林间花卉地
	CD 野生动物栖息地	CDA 水生动物栖息地 CDB 陆地动物栖息地 CDC 鸟类栖息地 CDE 蝶类栖息地
D 天象与气候景观	DA 光现象	DAA 日月星辰观察地 DAB 光环现象观察地 DAC 海市蜃楼现象多发地
	DB 天气与气候现象	DBA 云雾多发区 DBB 避暑气候地 DBC 避寒气候地 DBD 极端与特殊气候显示地 DBE 物候景观
E 遗址遗迹	EA 史前人类活动场所	EAA 人类活动遗址 EAB 文化层 EAC 文物散落地 EAD 原始聚落
	EB 社会经济文化活动遗址遗迹	EBA 历史事件发生地 EBB 军事遗址与古战场 EBC 废弃寺庙 EBD 废弃生产地 EBE 交通遗迹 EBF 废城与聚落遗迹 EBG 长城遗迹 EBH 烽燧
F 建筑与设施	FA 综合人文旅游地	FAA 教学科研实验场所 FAB 康体游乐休闲度假地 FAC 宗教与祭祀活动场所 FAD 园林游憩区域 FAE 文化活动场所 FAF 建设工程与生产地 FAG 社会与商贸活动场所 FAH 动物与植物展示地 FAI 军事观光地 FAJ 边境口岸 FAK 景物观赏点
	FB 单体活动场馆	FBA 聚会接待厅堂(室) FBB 祭拜场馆 FBC 展示演示场馆 FBD 体育健身场馆 FBE 歌舞游乐场馆
	FC 景观建筑与附属型建筑	FCA 佛塔 FCB 塔形建筑物 FCC 楼阁 FCD 石窟 FCE 长城段落 FCF 城(堡) FCG 摩崖字画 FCH 碑碣(林) FCI 广场 FCJ 人工洞穴 FCK 建筑小品
	FD 居住地与社区	FDA 传统与乡土建筑 FDB 特色街巷 FDC 特色社区 FDD 名人故居与历史纪念建筑 FDE 书院 FDF 会馆 FDG 特色店铺 FDH 特色市场
	FE 归葬地	FEA 陵区陵园 FEB 墓(群) FEC 悬棺
	FF 交通建筑	FFA 桥 FFB 车站 FFC 港口渡口与码头 FFD 航空港 FFE 栈道
	FG 水工建筑	FGA 水库观光游憩区段 FGB 水井 FGC 运河与渠道段落 FGD 堤坝段落 FGE 灌区 FGF 提水设施
G 旅游商品	GA 地方旅游商品	GAA 菜品饮食 GAB 农林畜产品与制品 GAC 水产品与制品 GAD 中草药材及制品 GAE 传统手工产品与工艺品 GAF 日用工业品 GAG 其他物品

续表

主类	亚类	基本类型
H 人文活动	HA 人事记录	HAA 人物 HAB 事件
	HB 艺术	HBA 文艺团体 HBB 文学艺术作品
	HC 民间习俗	HCA 地方风俗与民间礼仪 HCB 民间节庆 HCC 民间演艺 HCD 民间健身活动与赛事 HCE 宗教活动 HCF 庙会与民间集会 HCG 饮食习俗 HGH 特色服饰
	HD 现代节庆	HDA 旅游节 HDB 文化节 HDC 商贸农事节 HDD 体育节
数 量 统 计		
8 主类	31 亚类	155 基本类型

[注] 如果发现本分类没有包括的基本类型时,使用者可自行增加。增加的基本类型可归入相应亚类,置于最后,最多可增加 2 个。编号方式为:增加第 1 个基本类型时,该亚类 2 位汉语拼音字母 +Z;增加第 2 个基本类型时,该亚类 2 位汉语拼音字母 +Y。

2003 年版"国标"在 1992 年出版的《中国旅游资源普查规范(试行稿)》基础上,明确界定了旅游资源的类型体系、调查规范和评价方法等实用技术路线;为便于应用,对旅游资源类型的释义也作了简要说明。总体上,"国标"内容全面,技术规范,便于操作,是一部应用性较强的技术标准。但"国标"在旅游资源分类和评价方法上明显存在不足,如旅游资源分类存在的概念模糊、前后重复、类型缺项、细分不够等问题,对个别旅游资源类型的释义也不够准确,各地在应用的过程中也发现其存在诸多问题。[①]

(三)旅游资源分类的其他方案

旅游资源的分类方案五花八门,导致差异的主要原因是分类标准的差异。对于分类而言,不同的标准会有不同的结果。上面两种方案主要是根据旅游资源的本体性质和成因差异进行分类的。为了更进一步理解旅游资源,我们将继续介绍几种按其他标准分类的方案。

1. 按旅游资源的成因及本体属性分类

旅游资源的本体属性及成因是旅游资源分类的重要依据。因此,按旅游资源的本体属性及成因,将旅游资源分成自然旅游资源、人文旅游资源两大类,然后再将这两大类细分成很多小类。前面所提到的两种对我国旅游产业影响较大的分类方案就属于这种分类依据(虽然"国标"没有直接将旅游资源分成自然、人文两大类然后再细分,但其分类的依据仍是旅游资源的本体属性和成因,分类思路相同)。当然,也有人在自然、人文之外,再分一类的。如李天元根据常见的旅游资源表现内容的基本属性,将旅游资源划分为三大类。[②]

(1)自然旅游资源

自然旅游资源是指以大自然造物为吸引力本源的旅游资源,包括地质地貌、风光水体、动植物资源、气候条件等。

(2)人文旅游资源

[①] 参见何效祖撰《对国家标准<旅游资源分类、调查与评价>的若干修订意见》,《旅游学刊》(北京),2006(10)。
[②] 参见李天元主编《旅游学概论》,南开大学出版社(天津),2003 年版,第 118 页。

人文旅游资源是指以社会文化事务为吸引力本源的旅游资源,包括有形的(历史文化遗产和现代人有意识建造的人造旅游景观)和无形的(文化传统、民俗风情、节日庆典等)两种旅游形态。

(3)其他旅游资源

其他旅游资源是指除上述两种旅游资源以外的其他属性的旅游资源。通常包括那些能够反映或表现旅游目的地的社会、经济以及科学技术发展成就或特色,从而能对外来旅游者产生吸引力的各种事务或因素,如社会发展成就、经济建设成就、科技进步成就、目的地居民对外来来访者的友善与好客态度。

2. 按旅游资源的功能分类

功能即功用和效能,旅游资源的功能,是指旅游资源能够为旅游者的旅游需求提供哪些方面的满足。这种分类标准是根据旅游者需求的角度作为考虑基点的,这种标准的另一种说法是"旅游资源的利用方式和效果"[①]。具体分类如下:

(1)游赏型旅游资源

是指能够为旅游者提供游览、观赏对象的旅游资源,包括优美的自然山水、风景名胜、园林建筑、珍稀动植物、奇异气候气象景观等。这类旅游资源美学价值较高,旅游者能从中获得各种美感体验。

(2)知识型旅游资源

是指能够使旅游者通过观览与体验获得知识、开阔眼界、增长见识的旅游资源,包括文物古迹、宗教文化、博物展览等。这类旅游资源吸引的旅游者往往是一些相关方面的专业人士、学者,或者对某一文化感兴趣且有一定了解的人。

(3)体验型旅游资源

是指从旅游方式看,强调旅游者参与其中的旅游资源,如民风民俗、节日庆典、速滑攀岩、漂流划船、宗教仪式等。这类旅游资源强调旅游者的切身体验,参与互动内容较多,旅游者在体验民风民俗、风味美食、节庆活动、宗教仪式、集市贸易和家庭访问的过程中,同当地民众接触、交流,体会异国他乡文化。

(4)康乐型旅游资源

是指能满足旅游者追求健身和娱乐效果的旅游资源,它包括度假疗养、康复保健、人造乐园、文体旅游等。旅游者或从中得到体质的恢复与提高,或者得到对某种慢性病的治疗,或者在游乐活动中得到快乐。

3. 按旅游动机分类[②]

(1)心理方面的旅游资源

如宗教圣地、重大历史事件发生地、探亲地等。

(2)精神方面的旅游资源

如科学知识、消遣娱乐、艺术欣赏等。

(3)健身方面的旅游资源

如沙疗、温泉疗、各项运动等。

---

① 参见杨学峰主编《旅游资源学》,中国发展出版社(北京),2009年版,第10页。
② 参见杨学峰主编《旅游资源学》,中国发展出版社(北京),2009年版,第10页。

(4)经济方面的旅游资源

如各地土特产等。

(5)政治方面的旅游资源

如国家政体状况、各种法律等。

4. 按旅游资源的变化特征分类

根据旅游资源的变化特征,并结合资源性质、成因,傅文伟将旅游资源分为两大类:

(1)原生性旅游资源

原生性旅游资源是指在成因与分布上具有相对稳定和不变特点的自然与人文景观和因素,一般属于非再生的有限资源,具有强烈的地域垄断性和继承性。原生性旅游资源又可分为六类:山川风光、生物景观、气候资源、文物古迹、传统民族习俗和风情、传统风味特产。

(2)萌生性旅游资源

萌生性旅游资源是指在成因与分布上具有变化特征的自然与人文景象和因素,从总体和性质上说是在不断萌生和变化发展的旅游资源,具有再生性和变异性的特点,而且在地域上不具有垄断性。萌生性旅游资源又可分为七类:现代建筑新貌、现代体育文化与科技吸引及趣处、现代体育吸引及趣处、社会新貌与民族新风尚、博物馆与展览馆、名优特新产品及美食与购物场所、自然力新作用遗迹与人工改造大自然景观。

5. 按旅游资源吸引力级别分类

旅游资源的吸引力大小是由其规模、丰度、独特性、文化科学价值、美学价值、文化传播等多项因素决定的。不同吸引力的旅游资源其吸引力辐射范围不同,吸引力越大,其辐射范围也越大。根据其吸引力大小,旅游资源可分为四个级别:世界级旅游资源、国家级旅游资源、省市级旅游资源、地县级旅游资源。

(1)世界级旅游资源

这类旅游资源品位高、价值大,其价值关系全人类,其影响遍及全世界,对全球人民都具有很大的吸引力。其具体的评判标准目前并没有统一的标准,一般是根据是否获得某个国际组织的桂冠为标准的。这些桂冠包括:联合国教科文组织(UNESCO)世界遗产委员会(WORLD HERITAGE COUNCIL)的世界遗产名录(WORLD HERITAGE LIST),名录中有四种类型的世界遗产,即:文化遗产、自然遗产、文化与自然双重遗产、文化景观遗产,被列入世界遗产名录的旅游地都具有极大价值,具有世界级的吸引力;联合国教科文组织(UNESCO)科学部(SCIENCE)人与生物圈计划(MAN AND BIOSPHERE PROGRAMME,简称MAB);联合国教科文组织(UNESCO)世界地质公园(GLOBLE GEOPARK NETWORK)等。

截至2012年,我国已先后有43处旅游区被列入《世界遗产名录》(WORLD HERITAGE LIST),排名世界第三,其中自然遗产9项,文化遗产30项,文化与自然双重遗产4项。如峨眉山与乐山大佛和武夷山属于世界自然与文化双重遗产,云南三江并流、四川大熊猫栖息地则属于自然遗产,青城山——都江堰风景区、福建土楼则属于世界文化遗产。

截至2012年,我国被列入联合国教科文组织"人与生物圈"计划(MAB)的自然保护区已达31个。如珠穆朗玛峰自然保护区、亚丁自然保护区、佛坪自然保护区、五大连池自然保护区等。

截至 2012 年，全球已经有 88 个地质公园加入联合国教科文组织（UNESCO）建立的世界地质公园网络（GLOBE GEOPARK NETWORK），其中我国有 26 个列入其中[①]，是名副其实的世界地质公园大国。如安徽黄山、江西庐山、四川兴文石海、山东泰山、江西龙虎山等均属于世界地质公园。

（2）国家级旅游资源

该等级旅游资源的吸引力辐射全国，对一国的各地居民都有较大吸引力。各国对于国家级旅游资源有不同标准，一般以获得国家级桂冠为标志。我国的国家级旅游资源桂冠有国家级重点风景名胜区、国家级森林公园、国家级自然保护区、国家地质公园、国家级文物保护单位、国家历史文化名城、国家级历史文化名镇、国家 5A 与 4A 级旅游区等，名目繁多。所有的世界级旅游资源都获得过国家级桂冠，这一点很好理解。

（3）省市级旅游资源

该等级的旅游资源的吸引力辐射范围达一省、市的范围，包括各省、市已经审定和公布的省级重点风景名胜区、森林公园、自然保护区、文物保护单位等。

（4）地县级旅游资源

这类旅游资源的吸引力辐射范围一般在地市级、县级行政单位以下，其主要的客源几乎为本地居民，通常作为本地居民和周边地区居民平时及周末短途旅游的目的地。这类资源数量最大，覆盖面也较广。

6. 按旅游资源是否再生分类

（1）可再生旅游资源，如动植物旅游资源。

（2）不可再生旅游资源，如地质地貌、工程建筑等旅游资源。旅游资源中的绝大部分属于不可再生型旅游资源，因此在旅游开发时注意保护旅游资源是开发的重要课题，也是旅游可持续发展的重要议题之一。

（四）本教材的旅游资源分类方案

本教材根据前人的研究成果，结合我国旅游业的发展实际、我国旅游资源现状，并考虑教材所针对的学生群体对旅游资源进行分类。方案将旅游资源按其本体属性首先分为自然旅游资源与人文旅游资源，在此基础上将自然旅游资源细分为地文类、水域风光类、生物类、天象与气候类四类，将人文旅游资源分为历史遗迹、建筑类、社会风情类三类，然后再在每一类中进行细分，共有主类、次类、亚类、基本类型四个层次。详见表 2－2。我们在后面对于旅游资源的详细解读中，将按照这一分类标准分类叙述。

---

① 参见 http://www.globalgeopark.org/publish/portal1/tab133/。

表 2-2　　　　　　　　　　　　　旅游资源分类细目

主类	次类	亚类	基本类型
自然旅游资源	A 地文类	AA 地质旅游资源	AAA 岩石与矿物 AAB 生物化石 AAC 典型地层剖面 AAD 地震遗迹 AAE 火山遗迹 AAF 典型地质构造
		AB 地貌旅游资源	ABA 山岳 ABB 峡谷 ABC 洞穴 ABD 海蚀及海积地貌 ABE 特殊地貌
	B 水域风光	BA 河流	BAA 观光游憩河段 BAB 暗河河段 BAC 古河道段落
		BB 湖泊	BBA 天然观光游憩湖区 BBB 沼泽与湿地 BBC 潭池
		BC 瀑布	BCA 悬瀑 BCB 跌水
		BD 涌泉	BDA 冷泉 BDB 地热与温泉
		BE 海景	BEA 观光游憩海域 BEB 涌潮现象 BEC 击浪现象
		BF 冰雪	BFA 冰川 BFB 积雪地
	C 生物类	CA 植物	CAA 观赏植物 CAB 奇异珍稀植物 CAC 森林 CAD 观光农业
		CB 动物	CBA 观赏动物 CBB 珍稀动物 CBC 表演动物
	D 天象与气象类	DA 天象	DAA 日月 DAB 其它天象
		DB 气象	DBA 天气景观 DBB 气候旅游地
人文旅游资源	E 历史遗迹		EA 古人类遗址 EB 古文化遗址 EC 历史名人遗迹
	F 建筑类	FA 宫殿祠庙	FAA 宫殿 FAB 祠庙 FAC 宗教建筑
		FB 城防建筑	FBA 古城 FBB 长城 FBC 关隘
		FC 工程建筑	FCA 水利 FCB 桥梁 FCC 天文设施
		FD 民居建筑	FDA 传统民居 FDB 城镇 FDC 村落
		FE 陵墓	FEA 帝王陵寝 FEB 纪念性陵墓 FEC 风俗性陵墓
		FF 园林	FFA 帝王苑囿 FFB 私家园林 FFC 公共性园林
	G 社会风情类	GA 习俗	GAA 饮食起居 GAB 婚丧习俗 GAC 服饰习俗 GAD 节事演艺
		GB 文化艺术	GBA 戏剧音乐 GBB 绘画雕塑 GBC 语言文字 GBD 文学艺术
		GC 地方物产	GCA 器物 GCB 食物 GCC 药材

[注] 本分类表参考了现在已有的分类成果，但由于旅游资源类别繁复，专家学者对于其定义至今没有统一，因此分类难免挂一漏万，本分类旨在简化学习者对于旅游资源的类别掌握，而毋宁放弃些许学术的严谨。

第二章 旅游资源概述

【问题探讨】

1. 如何认识旅游资源的多种不同定义？
2. 你如何认识旅游资源概念的内涵与外延？
3. 旅游资源具有哪些特征，除了书本上的特征，你还能举出其它特征吗？
4. 理解旅游资源的特征有什么意义？
5. 了解旅游资源的分类原则，并列举几种分类方案。
6. 你怎么评价2003年国家旅游局制定的国家标准《旅游资源分类、调查与评价》（GB/T18972——2003）（见附录1）。
7. 了解什么是"世界遗产"、"人与生物圈"计划、世界地质公园、国家级重点风景名胜区、国家级自然保护区。

【补充阅读建议】

书本

李天元：旅游学概论（第五版），南开大学出版社，2003
谢彦君：基础旅游学（第二版），中国旅游出版社，2004
苏文才、孙文昌：旅游资源学，高等教育出版社，1998
杨振之：旅游资源开发与规划，四川大学出版社，2002
杨学峰：旅游资源学，中国发展出版社，2009
Chris Cooper、John Fletcher 著，张莉莉、蔡利平编译：旅游学（第三版），高等教育出版社，2007

论文

郭来喜、吴必虎等：中国旅游资源分类系统与类型评价，地理学报，2000(5)
何效祖：对国家标准《旅游资源分类、调查与评价》的若干修订意见，旅游科学，2006(10)
厉新建、张辉、秦宇：旅游资源研究的深层思考，桂林高等专科学校学报，2003(6)
钟韵、彭华：旅游研究中的系统思维方法——概念与方法，旅游学刊，2001(3)
金颖若：旅游资源的美余现象，经济地理，2004(9)
罗越富：旅游资源概念新视角，产业与科技论坛，2009 8(4)

网站

http://www.cnta.com 中国国家旅游局官网
http://www.ctnews.com.cn 中国旅游新闻网
http://www.unwto.org 世界旅游组织官网

第三章 自然旅游资源

【章节概述】

自然旅游资源是对旅游者具有吸引力的地质地貌奇观、水体景观、生物景观、天象景观等大自然的美妙物象与环境。作为旅游资源的重要组成部分,自然旅游资源不但是旅游者最重要的观赏对象,而且通过构成自然地理环境往往成为旅游活动的背景和平台。峰峦起伏,千峰难以尽奇;江河蜿蜒,万川难以尽秀;花草树木、飞禽走兽、风云光电、雾霭雨雪,千姿百态、异彩纷呈,构成了自然界最绚丽的画卷,成为吸引旅游者不竭的原动力。自然旅游资源不仅有绚丽奇幻的一面,也包含诸多科学的与富于教益的内容。理解自然旅游资源的成因、分布以及其美学特点等方面,是我们合理科学开发旅游资源的基础。

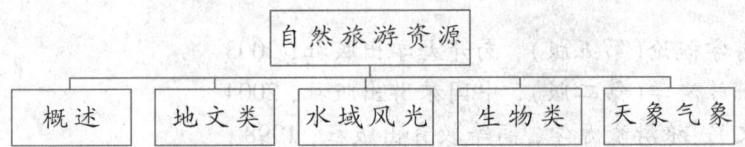

【目的要求】

1. 理解自然旅游资源的形成和演化过程;
2. 熟悉自然旅游资源的分布规律;
3. 掌握自然旅游资源的种类;
4. 弄清地文景观旅游资源的性质、内容、种类,掌握主要地质地貌的成因与特点;
5. 弄清水域风光旅游资源的特点,理解水体类旅游资源的吸引因素及重要作用;
6. 弄清生物景观旅游资源的性质、种类,理解生物景观对旅游的重要作用;
7. 熟悉气象气候景观旅游资源的分布,理解各种奇妙气象、气候景观产生的条件及分布规律。

第一节 自然旅游资源概述

自然旅游资源是对旅游者具有吸引力的地质地貌奇观、水体景观、生物景观、天象景观等大自然的美妙物象与环境。作为旅游资源的重要组成部分,自然旅游资源不但是旅游者最重要的观赏对象,而且通过构成自然地理环境往往成为旅游活动的背景和平台。峰峦起伏,千峰难以尽奇;江河蜿蜒,万川难以尽秀;花草树木、飞禽走兽、风云光电、雾霭雨雪,千姿百态、异彩纷呈,构成了自然界最绚丽的画卷,成为吸引旅游者不竭的原动力。

一、自然旅游资源与自然地理环境

自然地理环境是指人类在其中生存和发展的自然环境,是人类赖以生存的物质基础。自

第三章 自然旅游资源

然地理环境由大气、水、岩石、生物、土壤、地形等地理要素组成，这些要素通过水循环、生物循环、岩石圈物质循环等过程，进行着物质迁移和能量交换，形成了一个互相渗透、互相制约和互相联系的整体。自然旅游资源正是在这个系统中孕育、产生、发展起来的，并同时又成为这个系统的一份子。

（一）自然地理环境孕育了自然旅游资源

自然地理环境是人类生产、生活的背景和凭借，人类的生产生活资料均取之于这个天然宝库。这个宝库主要由岩石圈、水圈、生物圈和大气圈四个圈层构成。

岩石圈[①]包括地壳和上地幔的上部。岩石圈厚度不均一，大洋部分在洋中脊的最新部分只有6~8千米，而最老部分则有100千米；大陆岩石圈厚一些，大都在100~400千米之间。岩石圈厚度和地球的半径[②]比较，几乎可以忽略不计。由于地壳和上地幔[③]顶部都是由岩石组成的，所以地质学家们把它们统称为岩石圈。地壳为地球的表面部分，其体积只占地球的千分之八，按其性质可分为大陆地壳和海洋地壳。大陆地壳覆盖地球表面45%的面积，其平均厚度为33-35千米，我国青藏高原是大陆地壳最厚的部分，达70千米。海洋地壳极薄，从上到下主要由三部分构成：其一为平均厚度约300米的海洋沉积物层（在洋中脊[④]部分几乎为零）；其二为镁铁质火成岩层，厚度为1.7±0.8千米，主要以玄武岩和辉长岩组成；其三为海洋层，厚度为4.8±1.4千米，主要是地幔顶部水化形成的蛇纹岩。地幔是地球金属地核外的一层硅酸盐圈层，厚度达2800公里，分为上地幔和下地幔，上地幔主要由橄榄岩类组成，下地幔主要由铁镁氧化物组成。岩石圈是人类生活在地表的地质地貌环境的基础，自然旅游资源在此环境孕育生成。各类名山胜岳、幽洞平原就赋存于该圈层。

水圈是地球表层最活跃的部分，是一个连续但不规则的圈层，由江、河、湖、海、沼泽、冰川、地下水组成。地球表面71%被水覆盖，从万米高空俯瞰地球，就可以看到大气层中水汽形成的白云和覆盖地球大部分的海洋，因此，地球又称"蓝色的行星"。水的总量约有13.6亿立方千米，总质量1.66×10^{24}克，约为地球总质量的1/3600，其中海洋中的水是陆地水的35倍，如果地球表层没有起伏的岩石圈层，那么全球表层将被深达2600千米的水均匀覆盖，所以地球又称"水的行星"。水为万物之源，如果没有水圈，地球将不适合生物的生存。自然旅游资源中的奔腾江河、秀丽湖泊、冰雪胜景等都赋存在水圈中，水圈同时还塑造着岩石圈、大气圈中的旅游资源，更不用说，它是所以生物的生存环境了，如很多峡谷的奇妙风景就少不了水的冲蚀、渗透，如果没有水圈云海、雾凇等自然奇观是难以想象的，水圈还养育了各种生物。因此，水圈孕育、塑造了自然旅游资源。

生物圈[⑤]是地球上所有生物及其生存环境的总称，包括大气圈[⑥]的底部、水圈的全部、岩石圈的上部，约20千米厚（其中海平面以上约10000米，海平面以下约11000米）。如果把地

[①] 岩石圈是1914年巴雷尔根据板块理论提出的地球圈层概念。

[②] 地球的半径为6738千米。

[③] 我们生活其上的地球由地壳、地幔、地核三部分构成，其外为大气层包裹，为人类生存提供了适宜的温度和湿度条件。地幔又分为上地幔和下地幔，因此从地面到地心，地球由地壳、上地幔、下地幔、地核四部分构成。

[④] 洋中脊：又称中央海岭，在地貌上是一条海底山脉，在地质上是一条断裂地质构造带，是板块分离的地方，洋中脊热量巨大，火山地震频繁，新的地壳从这里生长。

[⑤] 生物圈的概念是由奥地利地质学家休斯（E. Suess）在1875年首次提出的，是指地球上有生命活动的领域及其居住环境的总称。

[⑥] 关于大气圈的内容，在接下来的段落介绍。

球比作一个足球的话，生物圈就是一张薄纸。即使是张"薄纸"，但是绝大多数生物并不生存在它的全部区域，而是生存在薄纸的中心的极小部分区间，即地表以上100米和水面以下100米的区域内，因为这一薄层可以获得充足的太阳光能，有适于生命活动的温度条件，有生物可以利用的大量液态水、氧气、二氧化碳以及氮、磷、钾等营养元素，这一薄层可以说是生物圈的核心。生物圈是地球最充满活力的部分，其间游鱼戏石、猛兽狂奔、飞禽高翔、百草丰茂、鲜花争妍，构成了一幅幅最吸引旅游者的生动画卷。生物圈是生物的家园，人们常说的生物包括动物、植物和微生物。据估计，目前存在的植物约40万种，动物约110万种，微生物约10万种。据统计，地球历史中共生存过10亿种生物，但是大多被自然界无情淘汰，这些被淘汰的物种有些留存在化石中，后来有幸被科学家发现，并一度成为科幻片的大主角（如恐龙），而大部分的物种成为了天空中倏忽而逝的流星，甚至我们没有来得及看到它的光亮。憨态可掬的大熊猫、生动淘气的峨眉山短尾猴、报春的迎春花、凌寒的腊梅等，这些独具魅力的自然旅游资源就赋存在生物圈中，为人类的生活增添了无限风光。因此生物圈培育了自然旅游资源。

　　大气圈是指地球表面由于地球引力而被吸引的厚达1000公里的完整气体包裹层，由地球表面到高空分为对流层、平流层、中间层、暖层、散逸层五个部分构成。大气圈主要由氮气（78.1%）、氧气（20.9%）构成，除此之外还有少量的二氧化碳、稀有气体（氦气、氖气、氩气、氪气、氙气、氡气等）和水蒸气。地球大气圈气体的总质量约为5.136×10^{21}克，相当于地球总质量的百万分之一（1/1,162,791）。由于地心引力作用，几乎全部的气体集中在离地面100公里的高度范围内，其中75%的大气又集中在地面至10公里高度的对流层范围内。大气层中的氧和氮是生物呼吸和营养的源泉。臭氧和二氧化碳含量虽少，但作用很大。臭氧可以在高空大量吸收太阳紫外线，保护地面生物免受强烈紫外线的伤害，而透射到地面上的少量紫外线却可以起到杀菌治病的作用。二氧化碳可以吸收和发射长波辐射，对大气和地面温度的调节产生重要影响。大气中的水汽和尘埃含量甚微，然而它们却是成云致雨，导致天气现象千变万化的重要因素。① 蓝天白云、云海日出、雾霭雨雪、霞光蜃景等自然奇观都是大气圈所造就的。大气圈是自然旅游资源形成的重要背景和因素。

　　综上所述，岩石圈、水圈、生物圈、大气圈共同构成的自然地理环境孕育和成就了五彩斑斓、奇幻美妙的自然旅游资源。

　　（二）自然旅游资源是自然地理环境中最亮丽的部分

　　自然旅游资源品类繁盛、奇光异彩，但都离不开自然地理环境作为底色，因为它虽然由自然地理环境孕育，但反过来，它又成为了自然地理环境的一部分。地文奇观、山光水色、名禽瑞兽、奇幻天象因为特别能吸引旅游者来观览赏鉴而成为旅游资源，这些作为自然地理环境一部分的自然旅游资源自然是自然地理环境中最具美学价值、最具观赏性的。自然地理环境中资源众多，但是那些吸引旅游者的部分（自然旅游资源）成为自然地理环境中闪耀的明珠，反过来照亮了原来的自然地理环境。如迎客松之于黄山，短尾猴之于峨眉，大熊猫之于蜂桶寨。所以，我们可以说，自然旅游资源是自然地理环境中最亮丽的部分。

---

① 参考自资源网 http://www.lrn.cn/science/nationalgeography/200709/t20070903_144859.htm。

二、自然旅游资源的形成①

大自然的鬼斧神工造就了吸引旅游者的众多旷世美景，而整个塑造过程却非一日之功，乃是经历了旷日持久的地质构造、风蚀、雨蚀、搬运、切割等作用，加上人类的改造而形成的，正所谓"罗马不是一日之功"。经过大自然日以继夜的改造，这些自然地理环境终于形成了对旅游者具有强大吸引力的自然旅游资源。这种改造就有地球自身演变、地质作用和自然地理环境三种因素的参与。

（一）地球的演变

地球自身的演变决定了自然旅游资源的内容及形态。

1. 地球的圈层结构孕育了不同的自然旅游景观

根据结构特点与空间差异，人类所生活的地球表层结构可分为岩石圈、水圈、生物圈、大气圈四个圈层，它们相互影响，共同塑造了人类的生存环境。由于地球各圈层结构特点的差异，分别形成了类别不同的自然旅游景观。岩石圈由于处于四圈层的最下端，与充满能量的地球内部相隔最近，因此其受到地球内部能量的巨大影响，如火山喷发、地震对岩石圈形成强烈的改造作用，加上风、水的搬运与切割等作用形成了奇异的地质地貌旅游景观。地球的生命摇篮水圈位于岩石圈之上，由于水体循环、地球引力、地势等原因形成了泉、溪涧、流瀑、静湖等水体旅游资源。生命活动领地的生物圈，由于气候、地理环境的不同，也形成了物种不同、形态万千的动植物旅游景观。大气圈如同厚厚的棉被包裹着地球，由于阳光、水汽、地理位置等条件的不同，形成了各种如梦如幻的天象景观。

2. 地球的演变历史决定了自然旅游资源的内容

地球的演变经历了亿万年的历史，据科学家估计，地球年龄大约有45亿年，而人类的历史却只有短短的200~300万年。说明人类的产生是地球演变的结果，现在的自然地理环境也是地球历经亿万年演变方成今日之形貌。不同的地球演变时期有不同的地形地貌、水体、生物类型和气象气候。地球通过化石、岩石、地貌等记录了地球的演变历史。

地球在45亿年的漫长演变中，经历了沧海变桑田的剧烈变化，在不同的时期形成了不同的自然旅游景观。根据地质学家的推断，我国大陆形貌在古生代、中生代和新生代发生了剧烈变化才发展到今天的形貌。大约在志留纪②末至泥盆纪的加里东运动③使我国阿尔泰山隆起；晚古生代的海西运动④使我国的天山、祁连山、南秦岭、大兴安岭等地槽褶皱回返，形成巨大山系；三叠纪末的印支造山运动⑤使我国地形地貌发生了翻天覆地的变化，它改变了三叠纪中期以前的"南海北陆"的局面，使川西、甘青南部的雪山地槽褶皱隆起，海水退至新疆南部、西藏和滇西地区，长江中下游和华南地区大部分由浅海变为陆地，全国大部分处于陆地

---

① 此部分参照丁华、郭威、董亚娟撰《论自然旅游资源的分类和形成》，《西安工程学院学报》（西安），2002(12)。
② 地质年代参见下面表格表3-1。
③ 加里东运动：古生代早期地壳运动的总称，主要是晚志留纪至泥盆纪形成北东向山地的褶皱运动，这一时期的地壳运动，使延伸于北爱尔兰、苏格兰和斯堪的纳维亚半岛的北东向格兰扁地槽、西伯利亚的萨彦岭地槽、中国东南部加里东地槽、澳大利亚的塔斯马尼亚地槽及北阿帕拉契亚地槽（古大西洋）形成褶皱山地。加里东运动的完成标志着早古生代的结束。
④ 海西运动：又称华力西运动，晚古生代地壳运动的总称。由德国海西山得名。这一运动使西欧的海西地槽、北美东部的阿帕拉契亚地槽、欧亚交界的乌拉尔地槽、中亚哈萨克地槽及中国的天山、祁连山、南秦岭、大兴安岭等地槽褶皱回返，形成巨大山系。此时北半球各古地台之间的地槽带变为剥蚀山地。海西运动的完成，标志着古生代的结束。
⑤ 印支造山运动：即印度支那造山运动，得名于印度支那半岛（中南半岛），是发生于三叠纪末期到侏罗纪早期的运动。

环境;侏罗纪末至白垩纪时期的燕山运动①基本奠定现今中国地貌的基础,陆地进一步扩大,燕山山脉隆起。还有其后的喜山运动②,喜马拉雅山脉隆起,四川盆地形成,我国现今地质构造和地貌轮廓基本完成。特别是第四纪以来的地球演化,对现代自然景观的形成具有划时代的意义,它奠定了现代地貌宏观格局和现代行星风系,促进了比以往地质时期更为复杂的地表形态结构、气象气候条件、河流大川和植物动物的形成。这些新近的自然产物决定了当今自然环境的面貌,实际上也控制着现代自然旅游资源所能展示的内容。

表 3-1 　　　　　　　　　　地质年代表③

宙	代	纪	同位素年龄(百万年)		生物进化阶段	
			距今年龄	持续时间	植物	动物
显生宙	新生代(Kz)	第四纪(Q)		2.5	被子植物	人类出现 哺乳动物
		第三纪(R)		64.5		
	中生代(Mz)	白垩纪(K)	2.5 67 137	70		
		侏罗纪(J)		58		鸟类
		三叠记(T)	195	35	裸子植物 蕨类植物	
	古生代(Pz)	二叠记(P)	230	55		
		石炭记(C)	285	65		爬行动物
		泥盆记(D)	350 400	50	裸蕨植物	
		志留纪(S)	440	40		两栖动物 鱼类
		奥陶记(O)	500	60		
		寒武纪(BH)	570 2400	70	菌藻类	
隐生宙	元古代(Pt)	震旦纪(Z)	4500	1830		无脊椎动物
	太古代(Ar)			2100		

(二)地质作用

地质作用是自然旅游资源形成的动力及本底。

1. 地质作用是自然旅游资源形成的动力

地质作用一般按照能源的不同分为内营力地质作用与外营力地质作用。地球表面千姿百态的自然旅游资源是内营力地质作用与外营力相互作用的结果。每一个自然旅游景观都有其自身的地质历史。

内营力作用是指引起地球表面形态和岩性的改变的地球内部能量,包括火山、地壳运动、岩浆运动、地震等。内营力作用对地球表面的形态具有决定性,如高山的隆起、江河的形成

---

① 燕山运动:得名于北京附近的燕山,是指侏罗纪末期至白垩纪(1.34亿年前至7000万年)我国大部分地区发生的大规模造山运动。

② 喜山运动:即喜马拉雅造山运动,泛指新生代(约3000万年以前)以来发生的造山运动,在亚洲广泛发育,期间,喜马拉雅山脉和阿尔卑斯山脉隆起,喜山运动后,现时的构造和地貌轮廓形成。

③ 此表据《辞海》1979年缩印版第452页"地质年代表"词条。

等。内营力可形成大的山脉、盆地、海洋等,同时也可以形成小规模的地形单元,如断崖、火山口湖等。外营力作用指引起地球表面形态和地壳结构构造改变的地球外部的能量,包括风化作用、剥蚀作用、搬运作用和沉积作用。它主要使各种物质成分不断破碎、分解、迁移,使地球表面趋于平缓。外营力作用以自己独特的方式刻蚀地表,塑造出各式各样的地貌及环境,从而在内营力作用基础上雕塑成各种各样的旅游资源。风蚀地貌就是外营力作用的典型。

2. 地质构造与岩石是自然旅游资源形成的本底

地质构造对自然旅游资源的景观类型与形成具有一定的控制作用。按板块构造观点,全球地壳可分为六大板块,若干个小板块,各个板块构造的不同部位形成不同的自然旅游资源。太平洋板块与欧亚板块俯冲带,形成火山与地震运动较密集的阿留申群岛—日本群岛—琉球群岛—菲律宾群岛俯冲带,旅游资源多以海洋、岛屿、火山、温泉为主;印度板块与欧亚板块的碰撞带,形成地壳厚度最大的青藏高原,旅游资源以高山、冰川为主。

从陆壳的大地构造单元看,不同大地构造历史与地质环境形成各具特色的自然旅游资源。地台区,地壳稳定,地层平缓,形成砂岩峰林、岩溶峰林、黄土高原等旅游景观;地槽区,造山运动剧烈,形成高山冰川、峡谷湍流等自然旅游景观。

空间小尺度地质构造及岩石对自然旅游资源形成提供了物质基础。特定的地层、岩石与小尺度的地质构造相结合出现特定的自然景观,例如,只有在坚硬的花岗岩及其冷凝过程中产生的节理基础上才能形成以险峻为特色的华山。

3. 地质作用及其遗迹可直接形成旅游资源

地质作用过程中形成的典型底层剖面、构造遗迹、化石、地震遗迹均可作为自然旅游资源进行利用。如1933年8月25日叠溪地震所形成的叠溪海子,2008年5月12日汶川大地震也产生了许多新的地震遗迹。

(三) 自然地理环境对自然旅游资源的形成有重大影响

1. 自然地理环境的差异决定了自然旅游资源的分布与特色

不同的自然地理环境会孕育出风格迥异的自然旅游资源,如前所述,岩石圈、水圈、生物圈、大气圈分别塑造与自身密切相关的自然旅游资源。同时自然旅游资源的形成根据自然地理环境的差异还呈现地带性差异,即虽在同一圈层,自然旅游资源的特殊也会有较大差异。纬度带的不同、地形地貌的差异、气候的差异都会造成不同风格的旅游资源。

2. 区域综合地理环境极大影响旅游资源的形成

区域自然地理环境是整个地球表面不同自然要素的综合。这些自然要素包括:地质、地貌、水文、气候、土壤、植被等,各种自然地理要素相互联系、相互制约对区域内自然旅游资源的形成非常重要。如没有云海做背景、没有无风的环境、没有阳光,峨眉山的佛光就无法产生,即使三者同时具备也不一定能看到佛光,因为金顶佛光产生综合的自然地理环境是无法完全概括的。

三、自然旅游资源的分布规律[①]

自然旅游资源的分布受到地球经度、纬度、气候干湿度、洋流等多种因素的影响,主要表现为地带性分布规律和非地带性分布规律两种。

[①] 参考周骏一、李益彬主编《旅游资源与开发》,西南财经大学出版社(成都),2009年版,第35~40页。

(一)地带性分布规律

1. 自然旅游资源的水平地带性分布

太阳辐射热能是产生水平地带性的根本原因,而离海洋的远近对水平地带性产生也会造成重要影响。自然旅游资源的水平地带性主要有纬度地带性和经度地带性两种。热能分布主要受纬度影响,因此纬度地带性是自然旅游资源水平地带性分布的基础规律。

(1)纬度地带性

自然旅游资源的纬度地带性是指自然旅游资源的特征随着纬度变化成有规律的变化,同纬度具有类似的特征,不同的纬度则表现出自然旅游资源的差异性。自然旅游资源发生这种差异的根本原因是地球的形状、运动及其在宇宙中的位置。由于太阳辐射因地表纬度不同而呈现差异,因此地表温度随纬度变化而成规律性改变,离赤道越远则温度越低,因此气候和生物均随之改变。自然地理要素沿纬度呈带状分布最终决定了它们孕育的自然景观也必然具有纬度地带性。不同纬度的植被、动物、地貌特点均有差异。

自然旅游资源的纬度地带性表现在:低纬度地区热带旅游资源丰富,海滩、阳光、潜水运动等吸引了大量过冬的北方游客,如北欧人冬天喜欢到地中海沿岸度假,我国东北人冬天喜欢到海南度假;高纬度地区寒带旅游资源丰富,冰雕、雪景、冰雪运动等吸引了大量南方游客去体验千里冰封、万里雪飘的美景,如我国南方人冬天喜欢到东北玩雪、赏雪。

(2)经度地带性

自然旅游资源的经度地带性是指随着经度的不同,自然旅游资源的特征呈规律性变化,相同经度的自然旅游资源具有某些相似性,而不同经度的则存在明显差异。这主要是由于自然旅游资源所处环境的干湿决定的。地球表面结构有海洋和陆地两个基本单元,大陆的水来自海洋,大陆离海洋越远降水越少,这样随着大陆离海洋的远近,干湿度呈现从湿润、半湿润、半干旱、干旱的梯度过度。干湿度不同对于自然旅游资源的特征有明显的影响,以我国为例,越往西部则风沙地貌越明显。该规律在北半球表现尤为明显。

2. 自然旅游资源的垂直地带性分布

自然旅游资源的垂直地带性是指自然旅游资源的特征随着山地海拔的不断增加而呈现规律性变化。在高山地区从山麓到山顶温度、湿度和降水随着高度的增加而变化,这就形成了山地垂直气候带。生物、土壤等受气候影响也相应地有垂直分布的规律性。自然带的这种垂直地带分布,称为山地垂直自然带。自然旅游资源因其规律性改变。如我国秦岭山地,长白山和西南部横断山等山地垂直自然带非常明显。

(二)非地带性分布规律

自然旅游资源的非地带性分布规律是指一定位置的地理环境由于受到坡向、洋流、巨大水体分布、地表岩石种类等因素的影响,使陆地自然旅游资源的分布不呈地带性分布,或者地带性表现不完整、不鲜明。自然旅游资源的非地带性的影响因素主要有:

1. 坡向

坡向就是因山脉走向造成的山地的方位差异。坡向对自然旅游资源的形成有很大影响,这主要是由于坡向的不同会造成太阳辐射和降水的差异。

根据太阳辐射的不同,山坡有阳坡与阴坡之分,阳坡为向阳的山坡,阴坡为背阴的山坡。一般而言,山体南坡光照最充足,其次东西坡,北坡光照最少。我国古代"山南水北谓之阳"是根据光照规律而定的。阳坡由于阳光充足、暖风微醺,利于植物生长。杜甫有"瘦地翻宜粟，阳坡好种瓜"①的句子。王安石也说"阳坡风暖雪初融，度谷遥看集翠重。"②"好种瓜"与"集翠重"都说明阳坡利于植被生长。植物的生长需要光照为其提供养料，光照的强弱会直接影响植物生长。但不同植物对于光的需求不同，因此阴阳坡会出现植物的品类、生长情况等差异，体现阴阳坡不同的自然风貌，进而塑造出不同的自然旅游资源。

根据山坡是否迎风，山坡又有迎风坡和背风坡的区别。迎风坡由于地形对暖湿气流的阻挡、抬升而降温，易成云致雨，降水丰富。背风坡盛行下沉气流而增温，难成云致雨，降水较少。降水的多少会极大影响植被的生长和自然地理环境的风貌，形成风格迥异的自然景观。如四川西部龙门山尾端至夹金山一带的迎风东坡降雨丰富，被称为"华西雨屏"，这一代气候温暖湿润、植被丰茂、一派南国风情，而其背风坡降雨稀少，气候寒冷干燥，似塞外风光。

山地的坡向不同会导致光照和降水的绝大差异，会影响植被的垂直景观分布，形成特色差异的自然旅游资源，使自然旅游资源的分布呈现出非地带性分布规律。

2. 洋流

洋流对海岸带的自然地理环境形成具有重要影响。信风带的大陆西岸，因受离岸风及沿岸洋流的影响在海岸带可以形成沙漠。如秘鲁西部狭长的沿海岸带分布的沙漠。此地沿岸分布着强大的秘鲁寒流。寒流控制的地区，气流以下旋为主，下旋气流本来就比较干燥，再加上处在冷下旋气垫面上的空气特别稳定，信风又从大陆内部吹来，水汽得不到相应补充，所以空气的湿度较小，天气寒冷干燥，陆地上的沙漠一直分布到海边，甚至有些海内的岛屿，也成了沙漠。同样是受洋流影响，俄罗斯的港口城市——摩尔曼斯克的港湾处在北极圈内却终年不冻，渤海湾北的大连处于北纬39°却终年温暖舒适、成为海滨度假胜地，这些都说明洋流对于自然旅游资源的形成具有很大影响，造成了自然旅游资源分布的非地带性。

3. 大型水体分布

大型水体的分布对于一地气候、生物生长、综合生态环境都有很大影响。这往往会改变自然旅游资源的地带性分布规律。如北半球的高纬度的寒苔原带和亚寒带针叶林带呈东西延伸，南北交替的现象十分明显，而南半球的同纬度却没有这两个自然带，它们的缺失就是因为南半球该纬度区绝大部分是海洋。不但海洋的分布极大影响自然旅游资源的地带性分布，大型湖泊或河流也对自然旅游资源的地带性分布有明显影响。

4. 地表岩石种类

地表的岩石种类对自然旅游资源的分布也有重要影响。如四川盆地的自然带为亚热带常绿阔叶林带，其典型土壤理应为红壤或黄壤，但由于盆地四周广布紫红色砂岩、页岩，经风化而形成紫色土，呈现出土壤的非地带性分布。再如，以云南路南石林为代表的中国南方喀斯特地貌，由于地表大面积出露石灰岩，形成特殊的喀斯特地貌景观，一般地表缺水、植被稀少、生态环境恶劣，与正常的亚热带常绿阔叶林景观不符。但贵州茂兰却是个例外，地表虽然也是山坡陡峭、基岩裸露、怪石嶙峋、土壤极少，但其上竟然生长着2万公顷郁郁葱葱的原生性常绿落叶阔叶混交林，因而被称为"石头上的森林"。

自然旅游资源的非地带性分布往往是诸多因素相互影响、共同作用的结果。山体坡向、洋流、大型水体分布、地表岩石种类大多对一地自然旅游资源形成综合影响。如果说地带性分布

---

① 见杜甫《秦州杂诗》十三。
② 见王安石《文师种松》诗。

规律体现的是自然旅游资源分布的普遍性规律,那么非地带性规律则反映了自然旅游资源分布的特殊性。特殊性寓于普遍性中,虽然使自然地理环境更加复杂,但同时却更增加了自然旅游资源的魅力,吸引了更多的旅游者。

四、自然旅游资源的类型

自然旅游资源的类型按照其本质和特征属性可分为地文类、水域风光类、生物类、天象与气候类旅游资源四大类。然后根据具体情况对其进行细分,具体如下表3-2:

表3-2　　　　　　　　　　自然旅游资源分类表

A 地文类	AA 地质旅游资源	AAA 岩石与矿物 AAB 生物化石 AAC 典型地层剖面 AAD 地震遗迹 AAE 火山遗迹 AAF 典型地质构造
	AB 地貌旅游资源	ABA 山岳 ABB 峡谷 ABC 洞穴 ABD 海蚀及海积地貌 ABE 特殊地貌
B 水域风光	BA 河流	BAA 观光游憩河段 BAB 暗河段 BAC 古河道段落
	BB 湖泊	BBA 天然观光游憩湖区 BBB 沼泽与湿地 BBC 潭池
	BC 瀑布	BCA 悬瀑 BCB 跌水
	BD 泉	BDA 冷泉 BDB 地热与温泉
	BE 海景	BEA 观光游憩海域 BEB 涌潮现象 BEC 击浪现象
	BF 冰雪	BFA 冰川 BFB 积雪地
C 生物类	CA 植物	CAA 观赏植物 CAB 奇异珍稀植物 CAC 森林 CAD 观光农业
	CB 动物	CBA 观赏动物 CBB 珍稀动物 CBC 表演动物
D 天象与气象类	DA 天象	DAA 日月 DAB 其它天象
	DB 气象	DBA 天气景观 DBB 气候旅游地

下面的章节根据分类进行介绍。

第二节　地文类旅游资源

地文类旅游资源包括地质旅游资源和地貌旅游资源,是自然旅游资源产生的基础和前提,也是人文旅游资源产生的背景,因此在旅游资源系统处于基础地位,非常重要。在自然景观中,无论是山峦、峡谷、洞穴,还是河流、湖泊和泉瀑,都是在特定的地质地貌条件下形成的,受各种地质地貌条件的影响。在人文旅游资源中,历史遗迹、古建筑和社会风情等各类旅游资源也是不同程度受到地质地貌条件的限制和影响。[①] 因此,无论是自然旅游资源还是人文旅游资源,地质地貌条件对旅游资源的形成都有重要影响,同时地质地貌也可以单独构成旅游资源。在具体条件下,地质旅游资源和地貌旅游资源又会对旅游资源的形成产生不同的影响。

---

① 参见苏文才、孙文昌主编《旅游资源学》,高等教育出版社(北京),1998年版,第14页。

第三章 自然旅游资源

一、地质旅游资源

地质泛指地球或地球某一部分的性质和特征。包括其组成的物质成分,如地层和岩体的性质,矿物特征,物理性质和化学性质,岩石和地层的形成时代,各种构造和变质作用及其现象,地层中所记录的地球历史中的生命演化情况以及有用矿产的赋存状况等。[1] 简单的说,地质就是地球的性质,但是这里的地球不是包括地球的全部,而是指对地球表面形态形成和生物生存产生重大影响的地球表层部分,即主要指地壳。地球的地壳是由大小和形态不一的岩石和矿床实体构成的,这种实体,在地质学中又称为地质体。它包括了岩石及矿物、生物化石、典型的地质构造及地层剖面、地震和火山遗迹等。由于这些地质体具有独特的造型功能和科学研究方面的价值,所以对旅游者产生了某种吸引力。因此,人们把具有观赏价值、科学考察价值等旅游吸引功能的地质体统称为地质旅游资源。它们又分为岩石与矿物、生物化石、典型地层剖面、地震遗迹、火山遗迹、典型地质构造七个类型。在了解地质旅游资源的基本类型前,我们首先要了解一下地质旅游资源是如何形成的。

(一)地质旅游资源的形成

地球的形成不是一蹴而就的,而是经历了几十亿年的变化方成今日形貌。在这漫长的过程中,曾经的海洋变成了高原,曾经的汪洋变成岛屿,曾经分离的汇聚在了一起,曾经汇聚的又彼此分离开来。如青藏高原曾经是古地中海的一部分,台湾岛晚至第三纪喜山运动[2]后才开始从海洋中隆起,曾经是冈瓦纳古陆的一部分的南亚次大陆原来与曾经是劳如西亚古陆的一部分的亚洲被 Rheic 大洋分开,而曾经同样是冈瓦纳古陆一部分的澳洲和南美洲却被太平洋分开了[3]。直到现在,地球每时每刻都在变化,只是有时候变化缓慢,我们不易察觉,而有时候,则会非常剧烈,如地震、火山。这种促使地球变化、促使组成地壳的物质成分、构造和表面形态等不断变化和发展的各种作用,叫做地质作用。地质作用是由地质营力引起的,力是能的表现,根据能的来源不同,地质营力可以分为内营力和外营力两种。而我们地球发生的改变通常就是由这两种力量促成的。

1. 内营力地质作用

内营力地质作用,又称内动力地质作用或内生地质作用。指由于地球自转、重力和放射性元素蜕变等能量在地壳深处产生的动力对地球内部及地表的作用。[4] 如地壳运动、岩浆活动、地震及变质作用等。它不仅使地壳内部构造复杂化,还加大地表的起伏和高差。

地壳运动,是指由于地球内部动力引起的地壳组成物质的机械运动。这种机械运动分为水平运动和垂直运动两种。这种机械运动平时非常缓慢,人们不易察觉,正如亚里士多德所说:"地球的变化同我们短暂的生命相比,是很缓慢的,因此,简直注意不到它的变化。"时间的力量是伟大的,在漫长的地质变迁中,地壳运动所引起的变化非常巨大,它使得沧海变成了桑田,使柔软的泥土变成了坚硬的岩石。如南宋名儒朱熹就已经认识到泥土可以沉积成为岩石,《朱子语类》中记载:"尝见高山有螺蚌壳,或生石中,此石乃旧日之土,螺蚌即水中之

---

[1] 参见地质矿产部地质辞典办公室编《地质大辞典(一)普通地质、构造地质分册(上)》,地质出版社(北京),2005年版,第1页。
[2] 是指 3500 万年前至 300 万年前的喜马拉雅造山运动。
[3] 科学家们认为早在 4 亿 2 千万年前,地球被广阔的 Rheic 大洋分成两大板块。南方的大陆称为冈瓦纳古陆,是一个包括南美洲、非洲、南亚大陆、澳大利亚和南极洲的超级大陆。北方大陆称作劳汝西亚古陆,包括北美洲、格陵兰岛、欧洲和亚洲的大部分。
[4] 参见地质矿产部地质辞典办公室编《地质大辞典(一)普通地质、构造地质分册(上)》,地质出版社(北京),2005年版,第23页。

物,下者变而为高,柔者却变而为刚。"从人造地球卫星拍摄的照片,使我们清楚地看到红海和亚丁湾两侧的海岸极其相似,简直可以吻合起来。据测量,红海正以每年1.5厘米的速度加宽着。从东非大裂谷在2500万年前形成至今,裂谷的宽度平均已扩展了65千米。如果我们把东非大裂谷加宽的速度定为每年1厘米的话,再过5000万年以后,裂谷的宽度就是565千米。裂谷以东的大片土地,就跟非洲大陆分离了。① 地壳不同部位受到强烈挤压、拉伸或扭动,会产生褶皱、断裂或扭曲,从而会塑造出不同的地质地貌景观,如峨眉山就是一座由于区域褶皱断裂而形成的背斜断块山。

变质作用,是指已经形成的岩石经过一定的物理或化学过程,改变其结构、构造、矿物成分,进而形成一种新的岩石种类的转变过程。岩石的变质作用的完成需要内外两种因素促成,内因是指岩石内部的矿物构成和性质,而外因则有温度的增高、压力的增大和具有化学活动性的流体(一般指岩浆)的侵入。在岩石特定矿物成分和性质的基础上,如岩石遭遇外部温度突然升高会导致其内部矿物的重结晶,或使岩石颗粒变粗或增加其内部物质的活动性,也使原来的矿物分解或化合,形成新的矿物;除温度外,压力也能导致岩石的变质;此外,由岩浆中分泌出来的气水溶液(热液),当其在岩石的孔隙或裂隙中渗流时,可将某些组分带入或带出,从而形成新矿物,使岩石发生变质。可见,变质作用是岩石内外因素共同作用的结果。一种富含铝而缺乏硅的岩石在高温的条件下就可以形成色彩美丽透明的刚玉矿物,就是人们喜爱的红宝石和蓝宝石。

岩浆活动,是指岩浆顺着地壳脆弱地带侵入上部,或沿着构造裂隙喷出地表的运动。主要表现为侵入作用和喷发作用。② 当岩浆沿地壳脆弱地带侵入上部就形成侵入岩,花岗石就是一种典型的侵入岩;当岩浆沿着构造裂隙喷出地表,冷凝后就会形成火山岩。岩石的种类差异会导致景观的绝大差异,如球状风化明显的花岗岩山体形成了黄山"猴子观海"、"仙人指路"等景观,也形成了厦门鼓浪屿、海南岛的"南天一柱"和"鹿回头"景观。流纹岩富于变幻造就了雁荡山的美景。火山喷发后也可以形成锥形山体、火山口凹陷、火成岩的柱状节理变幻出的各种奇特造型等。

地震,是指地球表面的快速急剧震动,与海啸、台风一样是一种常见的自然灾害。地壳岩层在无法承受地应力③作用的情况下,会突然破裂或断裂错动,同时将受力时积聚起来的巨大能量突然释放出来,产生地震。地震是对地壳表面形态和岩石特性改变的重要力量,地震后往往形成诸多具有较强吸引力的地质旅游资源。

2. 外营力地质作用

外营力地质作用,又称外动力地质作用。是指由地球以外动力所产生的改变地表形态、地壳结构构造和地壳岩矿成分的作用。产生这种作用的所需能源主要来源于地球以外,包括太阳辐射能、日月引力能、重力能及其通过大气、水、生物等所产生的各种能量。如陨石撞击地球形成陨石坑就是典型的外营力地质作用。在各种外营力中,太阳辐射能的作用最大。这种作用使地球表面各种物质成分不断破碎、分解、迁移、沉积,使地壳削高填低趋于平缓。这

---

① 参见苏文才、孙文昌主编《旅游资源学》,高等教育出版社(北京),1998年版,第17页。
② 陈福义、范保宁主编:《中国旅游资源学》,中国旅游出版社,2005年第二版,第45页。
③ 地应力:即地球中的天然应力,包括地热、重力、地球自转速度变化及其它因素产生的应力。地应力是使地壳克服重重阻力,不断发展变化的原因,地壳各处发生的一切形变都是应力作用的结果。

种作用对地壳的改造是与内营力地质作用相反的,内营力地质作用是使地壳不平的一种过程。通常外营力地质作用分为风化、剥蚀、搬运、沉积与固结成岩等。

风化作用,是指在温度变化、气体(氧和二氧化碳)、水溶液和生物等各种因素作用下,岩石的物理性状和化学成分发生变化的过程。作用的营力有太阳辐射、水、气体和生物。按岩石风化的性质分物理风化和化学风化两种基本类型。风化作用受温度和水分的影响较大。一般而言,在干旱的条件下,物理风化作用较大;而在湿润环境,化学风化作用较大。随着温度的升高,风化的作用强度会不断加强。在岩石风化过程中,物理和化学风化通常是同时进行,而且往往是互相影响又互相促进的。风化作用非常普遍,地表岩石普遍受其影响,即使坚硬致密的花岗岩(花岗岩硬度①大于摩氏6,可达8以上,一般小刀的硬度为5.5)也不例外。研究表明,花岗岩在地表600-3000年后,风化深度可达10厘米;②风化作用是岩石建筑物和某些摩崖石刻被破坏的重要原因,也是塑造某些奇特自然景观的魔术"造型师",比如似梦幻般的雅丹地貌和峭拔险峻的石英砂岩峰林都是风化作用的经典之作。

剥蚀作用,是组成地壳的物质受风力、地面流水、地下水、冰川、湖泊、海洋和生物等各种外动力地质作用的破坏和搬运等作用的总称。剥蚀作用在破坏组成地壳的物质的同时,也改变着地表的基本形态。③ 剥蚀作用根据所受外力的不同分为风蚀、水蚀、冰蚀、湖蚀、海蚀等,其作用范围广泛。岩石被风化和剥蚀后,往往被河流、冰川、风、海浪等搬运到其他地方,这种作用又被称为搬运作用。搬运作用与剥蚀作用通过共同的营力作用,搬运作用就是剥蚀作用的一部分。有剥蚀就有搬运,有搬运就能使剥蚀作用更加强烈。地面流水的剥蚀作用又称侵蚀作用。④ 自然界中的剥蚀作用,以河流的侵蚀作用最为常见和普遍。剥蚀作用塑造着地球表面的形态、改变了岩石的结构和成分,是自然界造型大师中一位功力深厚者。

沉积作用,是指被风化、剥蚀的物质经搬运作用而到达固定的场所,因条件变化而发生的沉淀、堆积的过程。沉积作用在地质作用中广泛存在,如晚第三纪(2500万年以前)以来,江汉平原地区缓慢下降,堆积了近1000米厚的堆积层;第四纪以来,渭河关中盆地缓慢下降,同期堆积了近1000米厚的沉积层。⑤ 如此看来,沉积作用在平原的行程中扮演着重要的角色。同时,岩石碎屑在堆积的过程中,由于挤压、渗透等作用重新形成新的沉积岩,这就是固结成岩作用。

(二)地质旅游资源的基本类型

地质旅游资源可以细分为岩石与矿物旅游资源、生物化石旅游资源、典型地层剖面旅游资源、地震遗迹旅游资源、火山遗迹旅游资源、典型的地质构造旅游资源等6个基本类型,下面分别叙述:

1. 岩石与矿物

通俗的讲,我们将地壳表面疏松的物质称为土或沙,而把山崖上坚硬的物质称为岩石。

---

① 摩氏硬度:奥国矿物学家摩氏(Frederich Mohs)创立一种硬度表,作为评判矿物硬度的标准。最软者为滑石,最硬者为金刚石,共有十种矿物,定为十级,分别为:滑石-1;石膏-2;方解石-3;萤石-4;磷灰石-5;正长石-6;石英-7;黄玉-8;刚玉-9;金刚石-10。

② 需要说明的是,岩石的风化强度并不完全与岩石本身的硬度成反相关,即岩石越软受风化作用影响越大,如硬度为3的大理石其风化深度达10cm仍需要约680-2400年。

③ 参见地质矿产部地质辞典办公室编《地质大辞典(一)普通地质、构造地质分册(上)》,地质出版社(北京),2005年版,第28页。

④ 参见苏文才、孙文昌主编《旅游资源学》,高等教育出版社(北京),1998年版,第16页。

⑤ 参见陈福义、范保宁主编《中国旅游资源学》,中国旅游出版社(北京),2005年版,第44页。

按照岩石学的定义,岩石是天然产出的由一种或多种矿物(包括火山玻璃、生物遗骸和胶体)组成的固态集合体。① 岩石是构成地壳的主要物质,是地球内外营力地质作用的结果。在自然旅游资源中,岩石或独立或与其它物质一起构成旅游吸引力因素,具有重要的观赏价值。由于形成的条件和环境的差异,岩石在具体的物质世界中呈现出千差万别的形象,或斑斓、或素朴、或神奇、或平凡,但无论如何,它们都是自然界的重要角色,是旅游观赏的重要对象。根据成因的差异,岩石可以分为岩浆岩、沉积岩、变质岩三种。

(1)岩浆岩

岩浆岩,又叫火成岩,是指主要有地壳深处或上地幔中形成的高温熔融岩浆,在侵入地下或喷出地表冷凝而成的岩石。② 在所有岩石中,岩浆岩数量最大,在地壳深至16公里范围内95%是岩浆岩,约占地球总体积的65%。岩浆岩种类繁多,仅目前所知的名称就达千余种,比较常见的岩浆岩主要有花岗岩、流纹岩、橄榄岩、玄武岩、安山岩等。

岩浆岩造就了我国的诸多名山胜岳,尤其是花岗岩,我国东北大小兴安岭、东南沿海一带都有成群的花岗岩分布。安徽黄山"四绝"之一的"怪石"就是花岗岩体经过漫长的地质构造运动形成的,我国著名画家刘海粟曾评价黄山怪石"岂有此理",将怪石之诡怪奇特描述得淋漓尽致。在陕西华山也可以看到花岗岩体被断裂切割成十分陡峭的地形,形成好像被斧头劈开一样笔直的百丈陡崖。玄武岩常形成广阔的台地,高原玄武岩是岩浆溢流形成的地貌景观,如我国的镜泊湖景区就有很多玄武岩景观。火山岩浆的黏度比玄武岩浆要大得多,不容易形成溢流,常喷发形成边坡比较陡的大型火山,如日本富士山、意大利维苏威火山就属于这种类型。流纹岩景观在我国雁荡山最为典型。雁荡山具有流纹质岩浆火山爆发、喷溢、侵出、侵入岩浆作用完整性,涵盖了陆上喷发流纹岩类中不同结构和成因的岩石,被誉为研究考察流纹质火山岩的天然博物馆。

(2)沉积岩

过去曾称水成岩。沉积岩是由成层沉积的松散沉积物固结而成的岩石。如碎屑岩(砾岩、砂岩、粉砂岩、风成岩、冰碛岩)是从来源区机械破碎的较老岩石的碎屑经过水或大气或冰的搬运及沉积形成的;化学岩(如岩盐或石膏)是从溶液中沉淀形成的,而生物岩(如某些石灰岩)是由动物及植物的遗体或其分泌物形成的。③ 沉积岩在地表分布最广,约占地球表面积的75%。但按地球总体积而论,沉积岩仅占0.02%。比较常见的沉积岩主要有石灰岩、砂岩、页岩等。与岩浆岩相比,沉积岩中的化石更易保存,因此是古生物考古研究的重要岩石。

沉积岩中石灰岩分布最广,著名的太湖石就是石灰岩的典型代表,此外,路南石林、桂林山水、贵州织金洞等岩溶地貌都是石灰岩经侵蚀而形成的独特地貌景观。砂岩景观最为著名的代表就是湖南的武陵源的石英砂岩峰林,其造型突兀峭拔、嶙峋古怪、千姿百态。红色砂岩很厚的地方还可以形成丹霞地貌,其"丹山碧水、灿若明霞"的独特景观构造最能吸引游人眼球。

(3)变质岩

形成岩浆岩的原料是地球内部的岩浆,形成沉积岩的原料是岩石碎屑、生物体等,而变质岩形成的原料也是岩石。它是对已有岩石的改造,它是通过高温高压、矿物质混合作用而

---

① 邱家骧主编:《岩浆岩岩石学》,地质出版社,1985年版,第1页。
② 参见地质矿产部地质辞典办公室编《地质大辞典(一)普通地质、构造地质分册(上)》,地质出版社(北京),2005年版,第28页。
③ 参见地质矿产部地质辞典办公室编《地质大辞典(二)矿物、岩石、地球化学分册》,地质出版社(北京),2005年版,第153页。

由一种岩石改变物理、化学性质与成分而"变质"过来的,故名变质岩。常见的变质岩有片麻岩、大理岩、板岩、片岩、蛇纹岩、石英岩等。我国的变质岩名山很多,如泰山、嵩山、五台山、庐山、苍山等。

矿物是由地质作用所形成的,分天然单质和化合物两种。我国目前已知的矿物有3000多种。有些矿物可以直接作为微观的观赏对象,它们大多具有较强的装饰性和较高的收藏价值,既可作为旅游资源,也可作为旅游商品,如水晶、玛瑙、翡翠、金刚石等。

2. 生物化石

生物化石作为地球古生物研究的重要材料,不但是科学考察的重要素材,同时也可以满足旅游者对于生命科学的好奇心,对某些旅游者具有极大吸引力,因此是一种特殊的地质旅游资源。我国最早对于化石的记载是在北魏时期[①],到了南宋时期,沈括已经能够通过化石推断古地理、古气候的变化。[②]

生物化石是指由于自然作用保存在地层中的某一地质时期的生物遗骸、遗迹、遗物等。遗骸如动物的骨骼、牙齿、贝壳和植物的根、茎、叶、花、果实、种子等;遗迹如虫迹、足迹、人类用火的灰烬等;遗物如人类使用过的石器、骨器等。生物化石是地球历史的天然记录者,对于人类研究和了解远古和亘古时代地球的变迁和生命的演变具有极其重要的意义。可以毫不夸张地说,生物化石是人类了解地球演变和生命起源和演进的唯一史书!这部写在石头里的史书不但其隐含意义对于热衷生命起源的旅游者有莫大的吸引力,而且其化石本身有时候也有独立和独特的美感。化石是凝固的生命,这种生命以石头为载体而流传千古!据估计,曾在地球上生活过的物种达5—10亿种,但是目前已知保存下来的生物化石只有13万种左右,不到万分之三的物种留下了化石标本(不考虑没有发现的生物化石种类)。可见化石的形成十分艰难。一般而言,化石的形成需具备三个基本条件:生物必须具有不易被风化、分解的坚硬部分;生物在死后避免被毁灭;生物在死后被某种防止其风化、分解的物质掩埋。我国的生物化石旅游资源众多,很多化石都被收藏在自然博物馆、地质博物馆和古生物博物馆中。兹列举几例典型的代表:

四川自贡大山铺是中国著名的恐龙化石产地,现已发现恐龙化石埋藏点58处。其恐龙化石埋藏集中、种类齐全(有陆生、水生、两栖和空中飞的恐龙,包括大型长颈椎蜥脚龙、短颈椎蜥脚龙、凶猛的肉食性恐龙、身躯细小的鸟脚龙、原始的剑龙等种类)、保存完好。更重要的是自贡恐龙化石填补了国际恐龙化石空白,具有极高的科学研究价值。全球恐龙化石仅有五分之一属于侏罗纪,缺乏侏罗纪早、中期(恐龙由原始到进化演变的关键时期)的化石,而自贡恐龙化石则主要属于这个关键时期,填补了恐龙研究资料的薄弱环节。

云南澄江动物化石群是1984年发现于云南省澄江县城东南帽天山早寒武世早期地层的动物群。以多门类海生软躯体和保存有软体部分的古无脊椎动物化石为代表。其发现被国际古生物学界誉为"二十世纪最惊人的科学发现之一",其化石群保存完整,门类多、层次分明、

---

① 北魏郦道元所著《水经注》记曰:"石色黑而理若云母,开发一重,辄有鱼形,鳞鳍首尾,宛若刻画,长数寸,鱼形备足"。这段记述记载了湖南湘乡县石鱼山的一处化石景观。参见地质矿产部地质辞典办公室编《地质大辞典(三)古生物、地史分册》,地质出版社(北京),2005年版,第4页。

② 北宋沈括(公元1031-1095)则根据陕北"土下得竹笋(注:指新芦木或拟木贼)一林,凡数百茎,根干相连,悉化为石",而提出"无乃旷古以前,地卑气湿而宜竹耶?"已根据化石推断古地理、古气候的变化,深刻地认识了化石的意义。参见地质矿产部地质辞典办公室编《地质大辞典(三)古生物、地史分册》,地质出版社(北京),2005年版,第4页。

分布广泛，为世界古生物化石群之最。

3. 典型底层剖面

底层剖面是地层中具有科学意义的典型剖面。在地球的发展过程中，曾经历了多次地壳运动，每次地壳运动都会在地层中留下若干变动的痕迹。科学家通过对地层剖面的分析，能更准确地划分地质年代和新老地层，恢复和还原当时的自然环境及其演化过程。我国地层出露较全，许多地层在国际上具有代表性。如我国第一个国际地层剖面——云南昆阳寒武系剖面，对探索生命起源以及与生物有关的矿产形成有重要意义。国家地质公园陕西省洛川黑木沟内，现存有世界闻名的第四纪黄土典型底层剖面，是不可多得的第四纪沉积及古气候变迁科普教育旅游资源。云南晋宁梅树村剖面，是反映全球前寒武系—寒武系界线的剖面。[1] 天津蓟县前寒武系陆相剖面，是一个反映地球早期19亿年前至8.5亿年前漫长历史的地质剖面，在这里可以看到连续10亿年的沉积物，出露完整，厚度达9200米，世界罕见；在这里还找到了10亿年前的动物遗迹，古孢子及微体古植物；还发现了距今18亿年的藻类真核生物化石，为生命科学研究提供了极其宝贵的资料。[2] 此外，四川江油龙门山泥盆系剖面，河北原阳泥河湾地层剖面等，都是重要的科学考察资料和旅游资源。

4. 地震遗迹

地震，俗称"地动"，是一种常见的自然灾害，全世界每年要发生多达500万次地震，其中人能感觉到的有5万多次，而能造成严重灾害的在10次以上。地震是地壳在快速释放能量的过程中所产生的震动，期间会产生地震波[3]。地震的产生过程是这样的：地壳内各板块之间在不断运动，不断积聚内应力，在内部营力的长期作用下，岩层会发生倾斜、弯曲，当积累起来的内应力超过岩层所能承受的限度时，岩层就会在瞬间发生错动甚至断裂，从而使由于地应力的关系而积累起来的能量得到迅速释放。释放的能量以弹性波的地震波的形式从岩层断裂处向周围传播。当地震波传到地面时，地面发生震动，这就是所说的地震。通俗地说，地震就是地球内部能量的瞬时释放，进而使地球表面产生振动，甚至破裂、错位。

广义地讲，地震可分为两类：天然地震和人工地震。天然地震是指由于自然作用产生的震动，根据产生的原因不同，可以分为构造地震、火山地震和其它地震（如洞穴坍塌引起的地震），我们一般所说的地震主要是指天然地震。人工地震是指由于人工的原因引起的地震，如人工爆破、工业开采等引起的地震。

强烈的地震造成了地球表面的巨大变化，形成许多新的自然景观和遗迹；同时，其强烈的破坏性使建筑物坍塌、变形，形成地震遗址这种灾害景观。这些地震遗迹最终成为黑色旅游[4]的重要凭借物。2008年5月12日14点30分，四川汶川发生了里氏八级地震，震源深度10千米～30千米，其破坏性之强、影响之广、人员伤亡之惨重极其罕见，在恢复重建的过程中，四川拟保留四处遗址遗迹，并建博物馆保留地震资料，为科学考察和科普教育研究提供

---

[1] 参见周骏一、李益彬主编《旅游资源与开发》，西南财经大学出版社（成都），2009年版，第48页。
[2] 参见陈福义、范保宁主编《中国旅游资源学》，中国旅游出版社（北京），2005年版，第48页。
[3] 地震波：地震发生时所产生的波动。分纵波和横波两种，前者速度比后者大。当震源深度不大时，还有沿着地表面传播的较显著的面波出现。由于地球是一个非均质体，地震波在地球内部的传播途径并不是一条简单的直线，而是非常复杂的曲线。地震波的传播速度与地球内部物质的密度和弹性有关，一般随着深度的增加而加大。地震波虽然有时给地面有强烈的摧毁作用，并给人们的生活造成了灾难性打击，但是其科学意义也相当重大，目前研究地球内部构造的最基本方法就是分析地震波。（参考自1979年缩编本《辞海》第521页）
[4] 黑色旅游（Dark Tourism）：指人们到死亡、灾难、痛苦、恐怖事件或悲剧发生地旅游的一种现象。

支持。这四处地震遗址遗迹,分别是汶川映秀镇地震震中纪念地、北川县城地震遗址博物馆、绵竹县东方电气公司汉王镇厂区的地震工业遗址纪念地、都江堰市虹口乡的地震遗迹纪念地。此外还有广元青川、成都彭州市等地的多处地震遗址遗迹。由于地震原因的多样性,使地震旅游资源具有多样复杂性的特点。如河北唐山市地震遗址属于现代建筑地震遗址、四川茂县叠溪地震遗址属于河流堰塞型地震遗址、海南琼州海底村庄属于陷落性地震遗址,此外还有一些古建筑地震遗址和构造断裂型地震遗址。

5. 火山遗迹

地壳之下 100 至 150 千米处,有一个"液态区",区内存在着高温、高压下含气体挥发份的熔融状硅酸盐物质,即岩浆。它一旦从地壳薄弱的地段冲出地表,就形成了火山,这个过程就是火山喷发。火山喷发是自然界的奇特现象,除了其本身可以形成对旅游者具有巨大吸引力的自然旅游资源外[1],火山喷发还形成众多的火山遗迹,吸引着大量追求奇异的旅游者和探究地球奥妙的科学研究者和爱好者。

火山遗迹的最普遍表现形式是形成火山。火山是地壳内部喷出的岩浆和碎屑物质堆积而成的山体,是火山喷发的结果。火山根据活动情况的不同可以分为活火山、死火山和休眠火山三大类,目前世界上已知的死火山有 2000 多座,已发现的活火山 523 座,其中陆地上 455 座,海底火山 68 座。[2] 典型的火山,在地貌上一般表现为顶部有凹形洼地的锥形孤立山峰,但因喷出物质的性质不同,可以呈现出不同的形态。山顶的洼地称火山口,有些火山口经长年积水而形成火山口湖,如长白山天池就是火山口湖。火山喷发的过程中,岩浆外溢、堵塞河道可以形成火山堰塞湖;岩浆喷涌冷凝后还会形成奇特绚丽的熔岩景观;火山喷发口附近丰富的地热资源还可以形成温泉。我国有许多火山地质遗迹地,这些火山遗迹是自然旅游资源中的灿烂篇章,形成了许多瑰丽的自然奇观。如黑龙江省的五大连池,曾获得"世界地质公园"和"世界人与生物圈计划"两项世界桂冠,是著名的火山遗迹地。它保存了火山爆发后的岩浆、火山石、火山灰在内的完整的地形地貌,火山锥、熔岩地貌、火山堰塞湖等各种火山遗迹品类丰富,观赏价值高。保护区内 14 座火山(其中 12 座是万年以前爆发的)拔地而起,石龙、石海、熔岩瀑布、熔岩暗道、熔岩钟乳、熔岩旋涡、象鼻熔岩、翻花熔岩、喷气锥碟、火山砾等微地貌景观异彩纷呈,被科学家称之为"天然火山博物馆"和"打开的火山教科书"。1719~1721 年,因两座新火山的爆发,熔岩堵塞了白河河道,形成了五个底部相连的火山堰塞湖,五大连池也因此而得名。这里冷泉(5℃~25℃)是蜚声中外的世界名泉,享有"神泉"、"圣水"的美誉,和法国的维希矿泉、俄罗斯北高加索矿泉并称为"世界三大冷泉",泉内含有镁、钾、钙、钠、锌、钼、镭、锰、铁、钡、锶、二氧化碳和碳酸氢根等 14 种物质,在民间已有上千年的医用、饮疗和洗疗历史,对康复疗养和人类的健康具有神奇的功效。[3] 除此之外,我国火山遗迹还有黑龙江镜泊湖、云南腾冲火山口温泉群、黑龙江省长白山张广才岭火山遗迹等。意大利的庞贝古城是世界闻名的火山遗迹旅游地。

---

[1] 夏威夷的火山国家公园是可以实景观赏火山喷发这种奇特自然景观的地方,游人如织,吸引了大量火山爱好者和猎奇观光客。
[2] 数据来源:新浪网 http://tech.sina.com.cn/other/2004-07-15/1559388222.shtml。
[3] 参考自百度百科:http://baike.baidu.com/view/25001.htm?fr=ala0_1。

6. 典型的地质构造①

地质构造，即构造运动，是因地球内营力作用导致的岩石永久变形和地壳形态改变或变位。地球构造运动主要有水平运动和垂直运动两种基本形式。水平运动是指地壳运动是沿着地球球面的切线方向进行的，它表现为地壳的挤压作用；垂直运动是指地壳运动沿着地球半径方向进行的，它表现为地壳的升降运动。这些地质构造的遗迹，不但具有较高的科学研究价值，同时还具有较大的旅游观赏价值。

地质构造按构造方式分类主要有水平构造、倾斜构造、褶皱构造和断裂构造四种类型。

（1）水平构造

水平构造，是指水平岩层虽经垂直运动而未发生褶皱，仍保持水平或近似水平产状者的地质构造。在未受切割时，同一岩层形成高原或平原面；受到切割但顶部岩层较坚硬时，则形成桌状台地、平顶山或方山。软硬岩层相交错时形成层状山丘或构造阶地。我国第三系红色沙砾岩产状平缓，遭受侵蚀后常形成顶平、坡陡、形状奇异而多样化的丹霞地貌。水平构造地质遗迹不仅在我国东部广泛发育，中西部地区也发育此类地貌。

（2）倾斜构造

岩层经构造变动后层面与水平面形成夹角时，即为倾斜构造。褶曲、断层或不均匀升降运动都可以造成岩层的倾斜。倾斜构造上部岩层比较坚硬时，经过剥蚀作用常形成单面山与猪背岭等典型地貌。单面山山脊走向与岩层走向一致，两坡明显不对称，与岩层倾向相同的山坡即顺向坡坡面平整、舒缓且坡体较稳定，与倾向相反的山坡即逆向坡坡面不平整、坡度较陡且坡体不稳定。猪背岭②因岩层倾角一般大于40度，脊峰更突出，但两坡面较对称。③

（3）褶皱构造

褶皱，是指岩层受到横向挤压而发生的连续弯曲构造过程。一般褶皱运动在地壳比较活动的地带，如地槽区表现剧烈，常形成线形褶皱；在地壳相对稳定的地区，如地台区则比较微弱，多形成不规则排列的开阔、平缓褶皱。它主要有两种基本类型：背斜和向斜。褶皱的面向上弯曲，两侧相背倾斜，称为背斜；褶皱的面向下弯曲，两侧相向倾斜，称为向斜。在未经外力作用下，一半是"背斜成山，向斜成谷"。褶皱构造的规模一般很大，对风景地貌往往起着直接的控制作用，在我国山地广泛分布，喜马拉雅山脉就是典型的褶皱带。

（4）断裂构造

断裂，是指岩层因受地球内外营力作用而发生的断错或破裂，是不连续性变形的地质构造。岩层破裂而破裂两侧没有发现明显滑动的叫节理；破裂而又发生明显位移的叫断层。

节理是断裂构造的基本形式之一，其存在可以加速各种外营力和侵蚀过程，是地质地貌旅游资源形成的关键。节理面可光滑平直，也可粗糙弯曲，有开张也有闭合。在重力和风化作用下，节理可逐渐扩大。在岩石露头上，到处能看到节理。如华山、太行山一些地区悬崖上的节理，斑驳陆离，显示出一种特有的自然纹理与质地，给你古朴、沧桑的美学感受。很多自然风景区如"试剑石"和"一线天"景观绝大多数是开张的节理面，我国的张家界石英砂岩

---

① 参见陈福义、范保宁主编《中国旅游资源学》，中国旅游出版社（北京），2005年版，第47页。
② 单面山与背猪岭：单面山指一面为陡坡或悬崖，另一面为缓坡或背坡的地形。出现在地层翘起的地区，由坚硬的盖顶层和形成峭壁的下伏软弱层的差异性风化侵蚀造成。倾斜坡角度为40°～45°的单面山，一般叫猪背岭。
③ 参见伍光和主编《自然地理学》，高等教育出版社（北京），2003年版，第38页。

峰林和路南石林就是岩节理侵蚀的产物。

断层是断裂构造的另一形式，是岩层因断裂而位置移动，移动后一部分上升，一部分下降，就形成了断层构造的地垒和地堑。突出于两个陷落间的地块叫"地垒"，常常形成块状山体，如五台山、泰山、天山等；两个地垒间的凹陷地块叫"地堑"，我国的关中平原、汾河平原和非洲的东非大裂谷都是有名的地堑。断层大小不一，规模不同，小的不足数米，大的断层可达数千公里。在断层带上往往岩石破碎，易被风化侵蚀。沿断层常常发育断崖、断层谷、断层海岸、断层瀑布等极具观赏美学价值的自然旅游资源。[1]

（三）地质公园

地质公园（Geopark），是以具有特殊地质科学意义，稀有的自然属性、较高的美学观赏价值，具有一定规模和分布范围的地质遗迹景观为主体，并融合其它自然景观与人文景观而构成的一种独特的自然区域。为了有效保护地质遗产，联合国教科文组织第29届大会决定在全球范围内选择地质有特色、景观优美、又有一定历史文化内涵的地质遗址区（点）建立世界地质公园，并将世界地质公园与世界遗产、人与生物圈一并纳入联合国教科文组织的管理网络。

1. 世界地质公园

1989年联合国教科文组织（UNESCO）、国际地科联（IUGS）、国际地质对比计划（IGCP）及国际自然保护联盟（IUCN）在华盛顿成立了"全球地质及古生物遗址名录"计划，目的是选择适当的地质遗址作为纳入世界遗产的候选名录。1996年改名为"地质景点计划"。1997年联合国大会通过了教科文组织提出的"促使各地具有特殊地质现象的景点形成全球性网络"计划，即从各国（地区）推荐的地质遗产地中遴选出具有代表性、特殊性的地区纳入地质公园，其目的是使这些地区的社会、经济得到永续发展。1999年4月联合国教科文组织第156次常务委员会议中提出了建立地质公园计划（UNESCO Geoparks），目标是在全球建立500个世界地质公园，其中每年拟建20个；并确定中国为建立世界地质公园计划试点国之一。[2] 截至2010年4月，我国已有22处地质公园被列入《世界地质公园网络清单》（GLOBE GEOPARKS NETWORK LIST）成为世界地质公园。

2. 国家地质公园

中国国家地质公园是以具有国家级特殊地质科学意义，较高的美学观赏价值的地质遗迹为主体，并融合其它自然景观与人文景观而构成的一种独特的自然区域。由国家行政管理部门组织专家审定，由国土资源部正式批准授牌的地质公园。到目前为止，中国已批准建立国家地质公园138个。

二、地貌旅游资源

地貌，又称地形，是内外营力地质作用下地球表面形态的总称。按其形态，地貌有山地、丘陵、高原、平原、盆地之分；按其成因，地貌可分为构造地貌、侵蚀地貌、堆积地貌、气候地貌等类；按动力作用的性质，地貌有河流地貌、冰川地貌、岩溶地貌、海成地貌、风成地貌、重力地貌之别。

---

[1] 参见周骏一、李益彬主编《旅游资源与开发》，西南财经大学出版社（成都），2009年版，第47页。
[2] 参见中国网：http://www.china.com.cn/zhuanti2005/txt/2004-07/19/content_5609043.htm。

地貌与气候、水文、土壤、植被一起相互依存又互相作用，共同构成综合的自然地理环境。而自然地理环境是一切旅游资源的基础本底，所有的旅游资源均要依托在一定的自然地理环境之上，即使人文旅游资源也不例外。所以地貌是旅游资源依存的背景，河流、瀑布、湖泊、花草树木、动物等需要依存一定的地貌条件。地貌对其它旅游资源的形成具有基础作用，而同时，地貌也在气候、水文、植被、动物活动等的影响下不断变化、发展。地貌也因气候、温度等而存在一定的地域差异，如雅丹地貌多分布在我国西北干旱地区，而喀斯特奇观则多分布在我国湿润的南方。正是由于这种地域的差异性，才引起了旅游者的兴趣，从而使地貌具有了独特的旅游美学价值。所谓地貌旅游资源，就是那些能够吸引人们离开自己的常住地前去游览观赏的各种地表形态形成的自然景观。

（一）地貌旅游资源的形成

地貌是地表形态的总体称谓，其形成原因有两个方面：内因和外因。

地貌形成的内因是地球的内营力地质作用，包括地壳运动、岩浆活动、变质作用等，这些因素是地貌形成的根本原因。如地壳板块的碰撞使板块边缘褶皱、抬升、隆起而形成山脉；岩浆的侵入是花岗岩山体形成的根本条件；而火山的形成则是在岩浆喷涌而出后，岩浆冷凝、山体碎屑、火山灰堆积的条件下形成的。

地貌形成的外因是地球的外营力地质作用，包括风化、剥蚀、沉积作用等，这些因素是地貌形成的外部原因，有时也是直接原因。如雅丹地貌的风蚀蘑菇直接就是干旱地区自然风剥蚀搬运的结果。

构造运动、岩浆活动、变质作用等形塑了地表的基本面貌，而风化作用、剥蚀作用、沉积作用等则不断地对这些基本面貌进行雕琢，从而塑造了无数的地貌奇观，产生了大量的高品位的地貌旅游资源。

（二）地貌与旅游

地貌不但直接提供了丰富的地貌旅游资源，而且还与水文、土壤、植被、气候等一同构成综合自然地理环境，影响其它自然旅游资源的形成，即使是人文旅游资源的形成也不可能说与地貌没有关系，因为，正是地貌提供的最基础的环境使得各种生物和动植物有所依托。可以说，是以地貌为基础的环境为旅游活动提供了活动空间和资源凭借。

1. 地貌是自然景观存在的基础和前提

地貌是自然景观构成的骨架，是自然旅游资源的基本要素。无论是水域风光还是动植物旅游资源都需要依托在一定的地貌条件之上。即使是天象旅游景观也离不开地貌条件，如峨眉山的云海就依托在广阔的山谷空间中。

同时，地貌条件又是很多自然旅游资源形成的必要条件，温泉的形成就需要特定的地貌条件。

2. 地貌可以单独形成旅游资源

自然界许多奇异的地貌本身就具有极高的旅游美学价值，对游客具有很大的吸引力。如色若渥丹、灿若云霞的丹霞地貌，山体形态万千、色彩异彩纷呈；如造型丰富的喀斯特地貌，石钟乳、石笋、石芽、石幔、石林、峰林、漏斗、石柱等层出不穷，令人惊叹。

3. 地貌是其它旅游资源的重要陪衬

地貌环境还可以作为很多自然景观的重要陪衬，黄山的奇松要是没有多样的山地地貌、嶙峋的绝壁、磅礴的云海，就无法体现出其奇异、坚韧、悠然的意蕴来。

一些人文景观，如果有相配合的地貌环境，不但可以丰富景观的内容，而且可以强化人文景观的美学特征，使人文景观、地貌环境相互辉映。如一些古典建筑、宗教圣迹、民俗风情等，若有独特的地貌相配，则可使情景交融，更好地表达人文景观的意境和韵味。深山峭壁之上存一古亭，待月迎风，境界顿出；幽谷溪流之间置一索桥，凌波戏浪，幽意立显。

（三）地貌旅游资源的基本类型

我国是世界上地貌旅游资源类型最丰富的国家①。地貌旅游资源的分类非常复杂，可以根据不同的标准进行划分，本教材不受分类束缚，主要介绍山岳、峡谷、洞穴、海蚀及海积地貌、特殊地貌五种类型。

1. 山岳

山岳是风景的骨架，是风景构成的基本元素，无论在五种常态地貌中，还是在地貌以外的其它构景因素中，它都是最基本的。山岳是造景、育景的风景舞台，气象气候、水体、动植物，均因不同的山体条件而呈现不同的景观形态。山岳又是其它景观不可缺少的背景和借景，如明米万钟的"更喜高楼明月夜，悠然把酒对西山。"就是将西山作为借景。山岳还具有科学研究价值，如桂林、阳朔、肇庆是研究岩溶地貌的典型场所；地层丰富的峨眉山和"五世同堂"的嵩山，是研究地球发展史、地质变迁和自然地理发展规律的典型场所。② 许多山岳还拥有丰富的文化遗产和人文内涵。早在春秋时期，我国的大儒孔子就提出"仁者乐山"，将山赋予人文魅力。自古以来，爱山赏山赋山的文化传统赋予了中国的山岳更多的灵动和内涵。中国的山岳注定要肩负更多的使命，它们不仅是自然地貌的表现形式，而且还是文人寄情其间的重要环境。中国的地貌有69%是山，我国的世界遗产中，以山为名的就有泰山、黄山、武夷山、峨眉山与乐山大佛、五台山、三清山、武当山、都江堰—青城山等多处。

我国的山岳旅游资源数量为全球之冠，其次是美国、欧洲和南美洲。山，又称山岳，陆地上海拔高度500米以上，相对高度200米以上，且具有明显的山顶、山坡和山麓组成的隆起高低，统称为山。如果是山峰、山岭、山谷组成的地区，就是山地，山地是众多山的统称。

山岳旅游资源按其高度可分为极高山、高山、中山、低山和基地山五种类型（详见表3－3）；按其岩性可分为岩浆岩山岳（如黄山、华山、衡山、普陀山、九华山、贡嘎山、贺兰山、六盘山等属于花岗岩山岳，长白山属玄武岩山岳；雁荡山属流纹岩山岳等）、沉积岩山岳（如张家界的砂岩峰林景观属于砂岩）、变质岩山岳（如梵净山、苍山）等；按旅游功能可分为观赏型山岳、度假型山岳、登山探险型山岳。

---

① 其次是俄罗斯、美国和巴西。参考自陈福义、范保宁主编《中国旅游资源学》，中国旅游出版社（北京），2005年版，第62页。
② 参见陈蔚德主编《导游讲解实务》，旅游教育出版社（北京），2004年版，第5~6页。

表 3-3　　　　　　　　　　　山岳类型①

类别	海拔高度（米）	相对高度（米）	特点	举例
极高山	>5000	>1000	主峰显著，脊峰险峻，终年积雪，冰川壮丽，冰川、雪峰与森林和草地形成鲜明对比，集中分布在兰州—成都—昆明一线以西	珠穆朗玛峰（8844.13m）贡嘎山（7556m）雪宝顶（5588m）梅里雪山（6740m）
高山	3500~5000	200~1000	主峰明显，坡陡峰险，从冬季积雪到终年积雪，植被随海拔高度呈垂直地带性分布，纬度越低景观类型越丰富	九顶山（4984m）山西太白山（3767m）螺髻山（4359m）
中山	1000~3500	200~1000	主峰较明显，群峰簇拥，冬季积雪，具有不同程度的人文文化特征，主要分布在我国东部地区，名山多属此类	泰山（1524m）黄山（1841m）峨眉山（3099m）
低山	500~1000	200~1000	主峰不明显，群峰竞秀，植被丰茂，具有不同程度的人文文化特征，主要分布于我国东部，也有不少名山	河南鸡公山（811m）莫干山（758m）
丘陵（极低山）	<500	<200	自然与人文景观区域性特征显著，人文化程度深，分布我国东部，大多为区域性或地方性名山	南京紫金山（448m）句容茅山（372m）

注：山岳按高度划分的标准并不统一，这里标准参照地质矿产部地质辞典办公室编辑《地质大辞典（一）普通地质、构造地质分册（上）》，地质出版社，2005 年版，第 46 页。表格特点条目参考罗兹柏、张述林主编：《中国旅游地理》，南开大学出版社，2000 年版，第 47 页。

（1）观赏型山岳

观赏型山岳在我国广泛分布，这类山岳拥有优美的自然景观、丰富的历史古迹、典型的科考价值，同时自然和人文景观和谐统一。② 此类山岳主要以中低山为主，主要分布于我国地势的二、三级阶梯。我国的名山基本属于这类，如五岳、五镇、四大道教名山、四大佛教名山等。

中国名山之说由来已久，《管子》中曰："天下名山五千七百七十。"《山海经》列出名山451座。近年国家测绘部门编制的《中国大山名山主峰图》记述了 779 座名山。名山因其优美的自然风光、悠久的历史和丰富的文化遗迹而名闻天下，均属于观赏性山岳。③

五岳五镇

五岳，即东岳泰山、南岳衡山、中岳嵩山、西岳华山、北岳恒山。它们是中国历代封建帝王封禅祭祀的地方，更是封建帝王受命于天、定鼎中原的象征。虽然五岳的海拔高度并不高，但都高耸在平原或盆地之上，因此显得格外高峻。五岳各具特色：泰山雄、衡山秀、嵩山奥、华山险、恒山奇。东岳泰山巍峨陡峻，气势磅礴，被尊为五岳之首。孔子曾有"登泰山而小天下"之叹，而唐代诗人杜甫则写下了"会当凌绝顶，一览众山小"的豪言壮语。南岳衡山地临湘水之滨，林木苍郁，景色幽秀，享有"五岳独秀"的美名。中岳嵩山雄险有之，奇秀有之，

---

① 山岳按高度划分的标准并不统一，这里的标准参照地质矿产部地质辞典办公室编《地质大辞典（一）普通地质、构造地质分册（上）》，地质出版社（北京），2005 年版，第 46 页。
② 参见陈福义、范保宁主编《中国旅游资源学》，中国旅游出版社（北京），2005 年版，第 63~66 页。
③ 参见罗兹柏、张述林主编《中国旅游地理》，南开大学出版社（天津），2000 年版，第 48 页。

似乎突出在一个"奥"字上:在嵩山留下了覆盖经济、文化、艺术、宗教、科技全方位博奥精深的历史文化遗产,"佛、道、儒"三教荟萃,"天、地、人"竞相生辉,"山、寺、貌"互补争艳。西岳华山,险居五岳之首。"自古华山一条路",登临犹比上天难,不吃豹子胆,只能望峰叹。北岳恒山则山势陡峭,沟谷深邃。交通不便,偏是深山藏宝,"悬空寺"便隐匿其中。① 清代魏源对五岳的描述有"恒山如行,泰山如坐,华山如立,嵩山如卧,唯有南岳独如飞"的说法,使五岳形象跃然纸上。

五镇,五镇之说始于《周礼·职方氏》,但直到宋朝时才正式有了五镇的说法②,千年以来,历朝历代帝王在五镇立祠建庙,封禅祭祀。五镇各镇一方,东镇为山东省临朐县的沂山,南镇为浙江省绍兴市的会稽山,中镇为山西省霍州市的霍山,西镇陕西省宝鸡市的吴山,北镇为辽宁省北宁市的医巫闾山。它们或云蒸霞蔚,或如诗如画,或谷幽石丽,或群峰竞秀,或层峦叠翠,各具特色。

佛教名山

佛教自东汉传入中土,其影响不断扩大,中唐以后,佛教文化更成为了我国传统文化的三大支柱(儒、道、释)之一。佛教讲"出世",因此远离尘世喧嚣、环境清幽、风景秀丽的山岳就成为佛教寺院盘踞之地。早在东汉,洛阳白马寺修建的第二年(汉明帝永平十一年,即公元69年)摄摩腾和竺法兰就法眼识圣地,看中五台山风水,并在此修建寺院,这是中国佛教占据名山的开端,此后,由于佛教迅速发展,我国的名山大多被僧人占据,因此有"天下名山僧占多"之说。其中最为著名的是中国四大佛教名山:山西五台山、安徽九华山、四川峨眉山、浙江普陀山。这四座佛山分别代表佛教教义中火、地、风、水"四大",是大智文殊菩萨、大愿地藏菩萨、大行普贤菩萨、大悲观音菩萨的道场。我国还有八小佛教名山,它们是北京香山、陕西终南山、河南嵩山、浙江天台山、云南鸡足山、湖南衡山、江西南山、江苏狼山。此外,汉地佛教发展到隋唐时,有八大宗派③,每一宗派均有自己的祖庭,这些祖庭大多建在风景名山之上,如天台宗的祖庭国清寺位于浙江天台山,三论宗祖庭栖霞寺建在南京栖霞山,禅宗的祖庭少林寺位于河南嵩山,净土宗祖庭东林寺建于江西庐山。以上还只是与汉地佛教有关的名山,如果加上藏传佛教和云南上座部佛教名山就更多了。

道教名山

道教是我国的本土固有宗教,追求云雾飘渺、神迹仙踪的神山圣岳、洞天福地。道教常与佛教争夺名山胜地,但往往落入下风,因此相传有位道人写过这样一副对联:"天下名山僧占多,也该留一二奇峰栖吾道友;世间好语佛说尽,谁识得五千妙谛出我先师。"但在青城山的争夺中,道教稳获全胜。④ 最早的道教名山就有青城山、鹤鸣山,因此鹤鸣山就成为了道教的祖庭,而青城山成为了道教天师道的祖庭。湖北武当山、江西龙虎山、安徽齐云山与四川青城山一起被称为中国道教四大名山。道教的洞天福地包括"十大洞天"、"三十六小洞天"、"七十二福地"等。"十大洞天"与"三十六小洞天",是道教所指处于大地名山之间,上天遣群仙统治的地方。据《云笈七签》卷二十七载,十大洞天是:第一王屋山洞、第二委羽山洞、第三西城山洞、第四西玄山洞、第五青城山洞、第六赤城山洞、第七罗浮山洞、第八句曲山洞、第九林屋山

---

① 参考自百度百科相关词条:http://baike.baidu.com/view/8692.htm。
② 据《宋史》卷一〇二《志五十五·岳渎》记载:"立春日祀……东镇沂山于沂州。立夏日祀……南镇会稽山于越州。立秋日祀……西镇吴山于陇州,立冬祀……北镇医巫闾山于定州,北镇就北岳庙望祭。土王日祀……中镇霍山于晋州。"宋朝山河破碎,幽云十六州始终没有收复,在长城之外的北镇便只好望祭,也是一种无奈之举。
③ 汉地佛教八大宗派有:天台宗、华严宗、三论宗、唯识宗、密宗、律宗、净土宗、禅宗。其余华严宗祖庭华严寺在西安、唯识宗祖庭大慈恩寺在西安,律宗祖庭大明寺在扬州市西北蜀岗中峰上、密宗祖庭大兴善寺在西安。
④ 唐开元中期,飞赴寺曾强占青城山道观延庆观(即天师洞),后道士告御状,唐玄宗于开元十二年(公元724年)下诏书令飞赴寺"观还道家,寺依山外旧所。"道教在这次与佛教的争夺中,大获全胜。

洞、第十括苍山洞；三十六小洞天是：霍桐山洞、东岳泰山洞、南岳衡山洞、西岳华山洞、北岳常山洞、中岳嵩山洞、峨眉山洞、庐山洞、四明山洞、会稽山洞、太白山洞、西山洞、小沩山洞、潜山洞、鬼谷山洞、武夷山洞、玉笥山洞、华盖山洞、盖竹山洞、都峤山洞、白石山洞、岣嵝山洞、九疑山洞、洞阳山洞、幕阜山洞、大酉山洞、金庭山洞、麻姑山洞、仙都山洞、青田山洞、钟山洞、良常山洞、紫盖山洞、天目山洞、桃源山洞、金华山洞。① 七十二福地是位于大地名山之间，上天命真人治理的山岳，其间多是真人得道之所。

自然风光名山

自然风光名山是指以瑰丽的自然景观闻名的山岳。如花岗岩名山、流纹岩名山、砂页岩名山、安山岩名山、玄武岩名山、喀斯特名山等。

花岗岩名山是指山体主要以花岗岩为主的著名山岳，在我国广泛分布。花岗岩，是由地幔上部的酸性岩浆，侵入到地壳内部的破裂层，冷凝后形成的岩石。岩石通过地壳运动、风化、剥蚀等地质作用形成造型多样极富美学价值的风景名山。我国的花岗岩名山有泰山、黄山、华山、衡山、九华山、三清山、天柱山、千山等，占我国风景名山的大半部分。

【知识加油站】

花岗岩山岳景观是如何形成的？②

花岗岩山岳景观的形成主要分为前后两个时期：

前期为山体基本形成阶段。此时，经岩浆运动、冷凝后花岗岩形成，之后，由于受地壳上升运动的抬升，使花岗岩地层和它上面原有的地层同时上升，当它上面的原有地层被全部风化侵蚀后，便成为单一的花岗岩山体。在地壳垂直运动中，在高温高压的条件下，花岗岩山体常发生断裂抬升而形成断块山。如果断裂的强度大，上升的幅度就很高；如果断裂的角度大，上升形成的坡度就很陡；当断裂的强度和角度都较大时，就形成了主峰明显、群峰簇拥、峭拔危立、雄伟险峻的花岗岩山岳。这一时期，主要是通过内营力（地壳运动、岩浆运动等）地质作用使山体基本形成。

后期为山体雕琢、塑型阶段。此时，形成的花岗岩山体沿节理风化侵蚀，逐渐塑型。由于地壳运动和岩浆冷凝成岩时不同部分的温度差异等原因，花岗岩形成了许多节理（裂隙），这些节理主要是垂直节理比较发育。正是这些节理把花岗岩分成许多正方体或长方体，一座花岗岩山体就是由许多正方体或长方体岩块堆叠而成的。在长期的风化剥蚀作用下，一些岩体沿垂直节理被破坏或崩塌，形成悬崖峭壁、谷峰突起或石柱林立的景象。又由于花岗岩的主要成分是石英、长石、云母等许多坚硬的颗粒状矿物晶体组成的，当它们被节理分化成岩块时，其棱角极易被风化。因此，日积月累，其棱角逐渐模糊，甚至方形岩块被风化成球形，这种现象就是著名的球状风化。花岗岩经过球状风化就形成了馒头状主峰和各种不同形状的石块，远处望去就出现了"猴子观海"、"仙人指路"、"犀牛望月"等独特的自然奇观。球状风化在花岗岩丘陵地带尤为普遍，如厦门"鼓浪屿"、海南"南天一柱"等。这一时期，是各种花岗岩景观最终形成阶段，主要是通过外营力（风化、剥蚀等）地质作用雕琢已经形成的初步形体，达到"塑型"的目的。至此，花岗岩山岳景观形成。

流纹岩名山，是指主要以流纹岩景观闻名的山岳景观。流纹岩为火山喷出岩，与花岗岩成分相当，由于来不及结晶便冷却凝结了，因此其基质一般为隐晶质或玻璃质，有时有球粒结构，常具流纹构造。流纹岩外表看，有许多流水状纹路。如果流纹岩的节理构造再经风化和剥蚀作用，便能形成许多奇峰、幽谷、异洞等丰富多彩的造型。这种山岳景观一般分布在我国东南沿海各省。浙江雁荡山、天目山、杭州的宝石山和孤山等都属于流纹岩名山。

---

① 参见黄海德、李刚编著《简明道教辞典》，四川大学出版社（成都），1991年版，第248~249页。
② 参见陈蔚德主编《导游讲解实务》，旅游教育出版社（北京），2004年版，第7~8页。

第三章 自然旅游资源

此外，自然风光名山还有砂页岩名山，如湖南武陵源、广东丹霞山、江西龙虎山；玄武岩名山，如五大连池周围名山；喀斯特名山，如桂林漓江边的名山等；安山岩名山，如日本富士山等。有关喀斯特名山、砂页岩名山、丹霞名山、雅丹名山等内容我们将在特殊地貌类型部分进行深入介绍。

（2）登山探险型山岳

为登山运动、探险运动、科学考察等开放的高大山峰就是登山探险型山岳。这类山岳一般海拔较高、地理位置较偏远、山体险峻峭拔、地形气候条件复杂。这些险要的山峰是一般游客难以到达的地方，却是登山爱好者、科学考察人员的理想去处。著名的珠穆朗玛峰、梅里雪山、玉龙雪山、贡嘎山、四姑娘山、希夏邦马峰、昆仑山、天山等就是这类山岳旅游资源的典型代表。

（3）度假型山岳

度假型山岳是为了游客休闲度假而开放的山岳旅游资源。这类山岳一般海拔不高、空气质量好、气候条件佳、地理位置不是特别偏远。这类山岳一般都具有良好的宜居环境，而且人们容易到达，很多位于大城市或中心城市不远处。如青城山、庐山、缙云山、峨眉山等。

观赏型山岳、度假型山岳、登山探险型山岳之间没有特别明显的界线，观赏型山岳可能同时具有休闲度假功能，而登山探险型山岳可能同时也具有极强的观赏性。如庐山，既是观赏型山岳也是度假型山岳，早在19世纪30年代，世界各国显贵就在此结庐度假，甚至定居，现在庐山的牯牛岭一带仍保留着二十多个国家风格不同的别墅，说明庐山不但风景独具，而且适宜休闲、度假。

2. 峡谷

"峡"者，两山相夹也，指两山之间的狭长地带或水道；"谷"者，两山间的夹道或流水道。"峡谷"就是指深度大于宽度、谷坡陡峻的夹道或水道。峡谷与山岳相对，有山必有谷。一般发育在构造运动抬升和谷坡由坚硬岩石组成的地段。根据形态峡谷可分为V形谷和U形谷。峡谷地貌旅游资源就是指对游客具有强烈吸引力的夹道的整体部分或部分区域。我国长江流域的三峡是世界闻名的峡谷，美国的科罗拉多大峡谷也以奇异、恢宏的峡谷景观而著称。长江流域还有虎跳峡、嘉陵江小三峡、乌江小三峡、巫山小三峡；黄河流域的刘家峡、三门峡、铜锣峡；还有雅鲁藏布大峡谷等都是著名的峡谷景观。峡谷一般与高山、河流、瀑布等互相配合，形成综合而丰富的景观。峡谷一般都有水景和它配合，或江河，或溪涧。当峡谷与江河相配时，常能展现宏阔磅礴的气势；当峡谷配搭溪涧时，也能体现幽谷雅意。也有峡谷没有水景配合，这种地貌就是干峡谷。

著名的峡谷旅游资源有我国的雅鲁藏布大峡谷、长江三峡、刘家峡、铜锣峡、虎跳峡等，其它国家有美国的科罗拉多大峡谷、东非大裂谷等。

3. 洞穴

洞穴是自然或人工形成的人可进入的空洞。洞穴旅游资源主要是指自然形成的天然洞穴。而人为原因（如开掘矿藏后或人类生活所遗留下的空洞）形成的空洞，在洞穴旅游资源中所占比重较小。由于我国国土面积中石灰岩和白云岩的出露面积达130万平方公里，约占国土面积的七分之一，加上这些可溶性岩石主要分布在我国的南方，温暖湿润，雨量充沛，喀斯特地貌极为发育，地下洞穴广泛分布。其分布区域北到黑龙江的伊春，南到海南的三亚市，西到西藏的狮泉河，东到通化、杭州，但主要分布在南方地区，尤其是西南地区。据估计，我国有洞穴约10万余个，其中洞道长度超过500米的岩溶洞穴在400个以上。截至2002年5月，中国实测长度超过3000米的洞穴有108个；被开发的游览洞穴总数约300个；具有重要考古价值的洞穴近百个。是个名副其实的洞穴王国。[①] 天然洞穴是地貌奇观，是地面下

---

① 参见俞锦标著《中国名洞》，中国旅游出版社（北京），1994年版，第1页。

的一道独特的风景线。幽洞多与峡谷、山岳结合，形成吸引力极大的旅游景观。同时，很多洞穴景观远离闹市、人迹罕至、地形复杂，也是探险、科考的理想目的地。

洞穴在我国很早就引起了关注，《山海经》和《神农本草经》中就有对于岩溶洞穴及其化学沉淀物的记载。不少洞穴在隋唐以前就有人游览观光，留下大量题记、石刻等遗迹。明代著名旅行家、地理学家徐霞客曾游览和考察过300多个洞穴，并留下大量的文字记述，成为世界洞穴探险与考察的先驱。[1] 目前已知最大的洞穴系统在我国广西乐业县，据中外专家考察，在不到20平方公里的范围内已查明天坑28个，在深度大于230m和容积超过1000万立方米的全球13个超大级天坑中，乐业天坑群便占了7个之多，因此被誉为"世界天坑之都"和"世界天坑博物馆"。此外，我国的洞穴景观还有辽宁本溪洞、贵州织金洞、重庆武隆芙蓉洞、重庆奉节小寨天坑、云南燕子洞等。

洞穴，每年吸引着大量的旅游者，我国接待旅游者的洞穴已经超过了200个。洞穴的独特魅力在于：人们生活和居住的环境一般都在地表，对地下的奇异世界充满了好奇心与神秘感；洞穴与古建筑、寺庙、宗教文化、诗文题刻结合，具有浓厚的文化气息，还给人们提供探险、科考、治疗慢性疾病的条件与机会。

4. 海蚀及海积地貌

海蚀，从字面意思讲，是指海水的侵蚀作用。地质学上是泛指海水对陆地的破坏作用的一个概念。其包括海水对陆地边缘的冲击侵蚀，海水对岩石的化学溶蚀，夹带沙砾的海水对陆地的摩擦、侵蚀。[2] 海蚀作用的强度与海浪的强度、海岸地势、海流的方向与地质构造等有关。海蚀地貌多发生在基岩海岸[3]，所形成的海蚀地貌有海蚀崖、海蚀台、海蚀穴、海蚀拱桥、海蚀柱等。我国的海蚀地貌主要分布在大连小平岛一带、宁波大榭岛西南和小港至算山一线、福州的平潭县、台湾东部海岸等，如台湾的清水断崖、野柳地质公园等。

海积，简单的说，就是海水的堆积、沉积作用。进入海岸带的松散物质，在海水的推动移动、堆积而形成的地貌就叫海积地貌。其类型主要有海底阶地、海底沙坝、沙滩、泻湖等。如杭州西湖就是著名的泻湖。我国著名海滩有大连老虎滩、北戴河沿岸、青岛海滨浴场、海南岛、深圳小梅沙等。地中海沿岸和加勒比海沿岸也广泛分布着海滩。

5. 其它特殊地貌

还有一些地貌，具有无与伦比的独特美学特征，它们或属于上面的某一类，或不完全属于上面的类别，这里专门将其单列出来进行深入解读。

（1）喀斯特地貌

喀斯特[4]地貌，又称岩溶地貌，是指由碳酸盐类（如石灰岩、白云岩）等可溶性岩石[5]，经过水的溶蚀、侵蚀、冲蚀、崩塌、搬运、堆积、沉淀等化学或物理作用而形成的各种地貌的总称。岩溶地貌的基本特征是：山奇洞奥，地表有石林、石柱、溶沟、天生桥、石芽、漏斗、落水洞与准平原[6]等；地下有溶洞、石幔、石钟乳、石笋、地下暗河等。

---

[1] 参考自百度百科：http://baike.baidu.com/view/432304.htm? fr = ala0_1_1。

[2] 参见地质矿产部地质辞典办公室编《地质大辞典（一）普通地质、地质构造分册》，地质出版社（北京），2005年版，第105～106页。

[3] 基岩海岸：是指由坚硬岩石组成的海岸。

[4] 喀斯特：为原南斯拉夫（现为克罗地亚）西北部伊斯特拉半岛上的石灰岩高原地名，那里有发育典型的岩溶地貌。因此后来就将岩溶地貌称作喀斯特地貌。

[5] 可溶性岩石：可溶性岩石包括碳酸盐类岩石，如石灰岩、白云岩和泥灰岩等；硫酸盐类岩石，如石膏、硬石膏；卤化盐类岩石，如岩盐与钾盐。按溶解度排序，卤化物盐类最大，硫酸盐类居中，碳酸盐类最小，但喀斯特地貌却主要发育在碳酸盐类岩石尤其是石灰岩分布区。这显然与其分布极广且常出露地表有关。（伍光和等：《自然地理学》，2000年第三版，高等教育出版社，第207页）

[6] 准平原：在山峦起伏的广大山地，经侵蚀、剥蚀、搬运作用而变成起伏平缓的地貌，成为准平原。

喀斯特地貌的形成应该具备四个条件:第一,具备可溶性岩石且其节理丰富;第二,水量充沛且流动性强;第三,当地空气和土壤中富含二氧化碳;第四,气温高。喀斯特地貌的形成主要依靠物质的化学作用和物理作用,化学作用主要是指岩石溶蚀、水中碳酸氢根离子分解的作用;物理作用主要是指水的搬运、重力坍塌、地质构造抬升、沉积等作用。在喀斯特地形的形成中,化学作用是最基本和最重要的(详见"知识加油站")。

【知识加油站】

岩溶景观是如何形成的?

一般而言,喀斯特地貌的形成主要分为溶蚀和堆积两个阶段:

第一阶段为**溶蚀**阶段。主要表现为化学反应的化合作用。在此阶段中,雨量充沛的地区,雨水降落形成大量流动的地表和地下水,这些流水与空气和土壤中的二氧化碳结合形成具有腐蚀性的碳酸。含有碳酸的水流经富含可溶性岩石(主要是石灰岩①,为介绍方便,后面以"石灰岩"代替"可溶性岩石")的地区,经石灰岩岩石的节理渗入,与石灰岩发生化学反应,形成碳酸氢钙。该过程的化学方程式是:$CaCO_3 + CO_2 + H_2O = Ca(HCO_3)_2$。这就是溶蚀作用。碳酸氢钙可溶于水,因此,水在流动的过程中又将被溶蚀的石灰岩(碳酸氢钙)带走。溶蚀作用的强度与二氧化碳、气温、水有关,当二氧化碳含量越高时,水中含碳酸的浓度增高,溶蚀作用越强;一般而言,水温每增加10℃,化学反应的强度增加一倍,当气温越高时,水温越高,溶蚀作用越强;溶蚀作用的强弱与水也有很大关系,当水量较大且流动性强时,其搬运能力就越强,其溶蚀的能力也相应增强。简言之,富含二氧化碳的水沿节理溶蚀石灰岩,形成碳酸氢钙,水在流动过程中又将化合的碳酸氢钙带走,形成对岩石的切割与剥蚀,经过漫长的地质演变,就形成了地面的石林、峰林、峰柱、漏斗、溶沟、落水洞、准平原和地下的暗河、湖泊、溶洞等。

第二阶段为**堆积**阶段。主要表现为化学反应的分解作用。上面所谈的溶蚀作用的化学过程,即水、二氧化碳与碳酸钙化合的化学反应,是个互逆反应。简单地说就是化合而成的碳酸氢钙($Ca(HCO_3)_2$)在加热的条件下照样可以分解成水、二氧化碳和碳酸钙。此外,水中的碳酸氢钙是一种活动性极强的物质,因此,在低温低压等条件下,水中二氧化碳被析出,水中的碳酸浓度下降时,碳酸钙中的碳酸氢根就会析出,碳酸钙此时就会结晶、沉淀。此过程的化学方程式是:$Ca(HCO_3)_2 = CaCO_3 + CO_2 + H_2O$。当富含二氧化碳的水溶蚀石灰岩的过程中,产生热量,刚刚化合成的碳酸氢钙又因为受热分解,加之波浪的推动,被分解的二氧化碳出离水面,进入空气,被分解的碳酸钙沉淀,沉积;或当富含碳酸氢钙的水流出洞穴和岩隙时,由于温度、压力降低,水中碳酸钙结晶、沉淀。由于由碳酸氢钙分解的碳酸钙在一定温度和环境条件下是粘结剂,因此在分解、结晶后沉淀、附着、堆积在河床及洞壁、边坝等地方,经过若干年的堆积形成形态各异的石钟乳、石笋、石柱、石幔、石花、钙华流(黄龙的金沙铺地)等景观。当富含碳酸氢钙的水流经断陷地带时,在断陷边缘,由于碳酸钙在水流波折处更容易沉积,因此钙华结晶不断堆积、沉淀,越积越厚、越堆越高,逐渐形成钙华梯池、钙华湖泊、钙华瀑布等景观。

喀斯特地貌的形成并不像我们介绍的那样按部就班。通常,其化合和分解的过程是同时进行的。此外,喀斯特地貌的形成还与地质构造等诸多因素有关。

---

① 石灰岩的主要成分的就是碳酸钙($CaCO_3$),其占我国可溶性岩石的绝大部分。

喀斯特地貌因地理位置、发展阶段的不同而呈现出不同的面貌。一般来说，喀斯特地貌景观的特征是：地面山地高度不大，石峰林立或孤峰突起，造型丰富；地下溶洞遍布，洞内常有地下湖泊、地下暗河、石钟乳、石笋、石柱、石幔、石花等千姿百态的洞穴景观。[①]

我国的喀斯特地貌主要分布在南方，尤其是西南地区。这一地区，雨量充沛、温度较高，湿热的环境[②]非常有利于喀斯特地貌的形成。云南、贵州、四川、重庆等区域有大量喀斯特景观分布，如云南的路南石林、九乡溶洞、贵州织金洞、广西桂林山水、重庆武隆芙蓉洞、重庆奉节小寨天坑等。其它地方也有分布，如辽宁本溪溶洞、浙江金华溶洞等。

（2）丹霞地貌

丹霞地貌一般指以赤壁丹崖为特征的由砂岩、页岩、砾岩交互成层，在风化等外力作用下形成的柱、塔、壁、方山等造型的红色陆相碎屑岩地貌。由于这种地貌最早发现于广东仁化县的丹霞山，故名。

由于红色沙砾岩有明显的层理结构、垂直节理和球状风化等特征，所以丹霞地貌有类似花岗岩地貌的特点；又因为红色沙砾岩内部多钙质胶结物，故丹霞地貌又有类似喀斯特地貌的一面，因此丹霞地貌形态万千、异彩纷呈。当丹霞地貌与山下清澈的水结合，便形成了丹山碧水、精巧玲珑的风景；当丹霞地貌与山上茂密的植被结合，便造就出翠岗红岩、苍翠艳丽的风光。

我国的丹霞地貌南北均有分布，而以南方最为典型且分布较多，如广东的丹霞山和金鸡岭，福建的武夷山、冠豸山，安徽的齐云山、江西的龙虎山和圭峰等；在北方，主要代表是河北承德的磬锤峰、罗汉山、僧帽山等，以及甘肃天水东南部的麦积山等丹霞景观。无论南北，丹霞地貌均有"赤壁丹崖"的特征，但在风格上又有"北雄"、"南秀"的差异。[③]

（3）石英砂岩峰林地貌

石英砂岩峰林地貌，是指纯石英砂岩经风化、侵蚀等外力作用形成的奇峰林立的地貌景观。其形成除受到地质构造运动的影响外，还受岩石性质、岩层组合、节理构造、地貌位置、气候条件、生物等因素的影响。[④] 石英砂岩峰林的形成是由古地理环境的滨海海滩经过沉积、挤压胶结而成砂岩，后因地壳上升成陆，又经过剧烈的地壳上升运动而进一步抬升成丘陵山地；后来经过长期雨水冲刷切割，高山不断被风化、侵蚀，岩层逐渐崩解剥落，河流又将风化的泥沙搬运，于是便形成了大片紫红色石英砂岩峰林。

石英砂岩峰林地貌奇峰林立、造型生动、植被茂密。最有代表性的景观就是湖南武陵源风景区的张家界，张家界的核心风景就是雄奇的石英砂岩峰林峡谷与繁茂的原始次生林所组成的魅力而神奇的天然画卷。

（4）雅丹地貌

雅丹，又名白龙堆。"雅丹"为维吾尔语，意即"险峻的土丘"。雅丹地貌，地理学上专指干燥地区古河湖相土状堆积物被风吹蚀、形态多姿的土丘。雅丹地貌系因强大的风力侵蚀和搬运、堆积作用而形成的地貌，常呈现风蚀垄脊、土墩、风蚀沟槽、洼地等形态。此种地貌出现

---

① 参见陈蔚德主编《导游讲解实务》，旅游教育出版社（北京），2004年版，第9页。
② 湿热条件下土壤中的二氧化碳比空气中高数十倍。
③ 参见陈蔚德主编《导游讲解实务》，旅游教育出版社（北京），2004年版，第10页。
④ 参见唐云松等撰《张家界砂岩峰林景观形成机制》，《山地学报》（成都），2005（05）。

于多大风、干涸的古湖盆或湖积平原和戈壁滩。在干涸湖底或河、湖堆积阶地上,定向风沿干缩裂隙吹蚀。后经间断的水流的冲蚀或大风吹蚀,裂隙逐渐扩大,使平坦的地面逐渐形成与主风向略成平行的不规则的相间排列的鳍形垄脊和宽浅沟槽。垄脊高约半米至数米,沟宽5-6米,沟槽最深达十余米,长数十米至数百米,风沙常充填沟槽,这种支离破碎的地面称为雅丹。①

雅丹的形成有两个关键因素:一是发育这种地貌的地质基础,即湖相沉积地层;二是外力侵蚀,即荒漠中强大的定向风的吹蚀和流水的侵蚀。干旱区的湖泊,在形成历史中往往包括反反复复的水进水退,因而发育了上下叠加的泥岩层和沙土层。风和流水可以带走疏松的沙土层,对坚硬的泥岩层和石膏胶结层却作用有限。不过致密的泥岩层也并非坚不可摧,荒漠区变化剧烈的温差产生的胀缩效应将导致泥岩层最终发生崩裂,暴露出来的沙土层被风和流水带走,演变为凹槽状;依然有泥岩层覆盖的部分相对稳固,形成或大或小的长条形土墩,雅丹地貌的形态逐渐凸现出来。形成雅丹的外力因素,一般认为是强大的盛行风在起主导作用,但这并不是单一的主导因素。比如在阿奇克谷地东段的三陇沙雅丹,其走向是南偏东,与盛行的西北风向垂直,而与山地洪水流的方向一致,这就说明在这一片雅丹中,洪水起了主导作用;另外,有的雅丹,是风和流水共同作用形成的,比如龙城雅丹。②

雅丹地貌奇幻无比、风景奇异,沟谷纵横、地形复杂、加之风沙极大,其风声似鬼哭狼嚎;其地形似城郭迷宫。雅丹地貌地形极为多样,如鼻、如岜、如锥、如柱、如覆舟、如垄岗、如方山,如麦垛、如宫殿、如城堡、如蜥蜴、如恐龙、如甲车、如战马……不胜枚举,以至我国的乌尔禾雅丹被称为"魔鬼城",而美国犹他州高原东南部的一条山谷被称为"怪物谷"。我国的雅丹地貌分布有2万多平方公里,主要分布在青海柴达木盆地西北部、疏勒河中下游和新疆罗布泊周围地区,其次克拉玛依等地也广泛分布。其中克拉玛依的乌尔禾魔鬼城、罗布泊的白龙堆雅丹、玉门关以西的三垄沙雅丹是最有代表性的三处雅丹地貌。

第三节 水域风光旅游资源

水是生命之源,是自然界最活跃的因素。它不但能以液态、固态和气态形式存在,而且还存在于大气、土壤、岩石、植物、动物之中,连人体内也含有65%以上的水分③。这里所说的水,专指由水体本身或以水为主与其它造景因素相融合而形成的具有旅游观赏价值的自然景观。水与山一样,同样是风景构成的基本要素,水既是造景、育景的风景舞台,也是塑造有关其它风景不可缺少的背景和凭借。有些水体还具有很高的科研价值和历史文化价值。

水域风光是自然旅游资源中最亮丽的一道风景,无论是雄壮的黄河壶口瀑布,还是秀丽的九寨沟诺日朗瀑布;无论是奔腾的长江水,还是娴静的漓江水;都深深的打动和吸引了来自五湖四海的游客。早在春秋时期,我国的大哲人孔子就站在河边,对水发出了千年一叹:"逝

---

① 参见地质矿产部地质辞典办公室编《地质大辞典(一)普通地质、地质构造分册》,地质出版社(北京),2005年版,第105~106页。
② 参考自百度知道:http://zhidao.baidu.com/question/8300957.html。
③ 成人体内含有65%的水分,新生儿体内的水分约占人体比重的70-75%。

者如斯乎,不舍昼夜!"孔子还说:"智者乐水。"说明那时孔子就已经对自然界最活跃的因子—水进行深度审美了。到了宋代,四川大文豪苏东坡曾经把西湖比喻成杭州城的"眼睛"。充分认识了水体在构景中的重要角色。

一、水域风光旅游资源的特点①

凡能吸引旅游者进行旅游观光、度假健身、参与体验等活动的水体资源,都可视为旅游资源。作为自然旅游资源的重要部分,水体旅游资源拥有与其它自然旅游资源不同的鲜明特点。

(一)易开发性

水体本身就是极具美学价值的旅游资源,其声、光、色都可以深深打动我们,易于开发。同时,水体旅游是以"水"为载体的旅游活动,因"水"制宜,也很容易推陈出新,开发出独具特色、吸引强度大的新颖旅游项目。如目前非常风行的"水上降落伞"、"摩托艇竞技"和"潜水旅游"等娱乐项目,在许多旅游点一经推出,便受到旅游者的广泛青睐。

(二)季节性

水体旅游资源因季节呈现不同的变化,尤其是四季分明的区域水体,具有显著的季节性。如在我国北方,冬季河流湖泊就会结冰,冰雪不但可以开展极具吸引力的冰雪运动,还可以以冰雪作为素材进行艺术创作,做冰雕等,吸引游人前来观赏。水体不但在不同的季节有不同的形态,而且在不同季节水体还会呈现出景观、色彩等的差异。如春夏季洪水期,水体充盈奔腾,多浑浊;秋冬季枯水期,水体舒缓,清澈。水体在不同季节由于气温的差异,所开展的活动也会有差异,夏季适合游泳,而冬季大多区域不适合这种运动。把握水体旅游资源的季节性对于开发水体旅游资源具有很好的指导意义。

(三)参与性

水体旅游资源极具参与性,无论是水上泛舟、温泉洗浴,还是滑雪溜冰,都能激起游客极大兴趣,成为旅游者旅游活动的难忘经历。水体可以为旅游者提供多种活动的物资凭借,如各种水上运动、冰上运动、雪上运动、温泉疗养等。人类本能爱水、亲近水,而且玩水要比观水更有情趣。这些说明,水域风光是一种极具参与性的旅游资源。

(四)风险性

"水能载舟,亦能覆舟"。可见,在旅游经营者组织和旅游者参与的水体旅游活动过程中,存在着一定的风险因素,在进行水体旅游项目的规划开发时,应将安全放在首位。例如参加"漂流探险"与"瀑布急速下落"等模拟冒险活动的旅游者,必须经过专门的行前辅导,在保证安全的前提下才能成行。

二、水域风光旅游资源的造景功能②

水体是构景的基本要素,是旅游观赏的重要观赏对象。水域风光旅游资源开发价值的大小主要取决于水域风光的造景功能,其造景功能主要有形态美、倒影美、声音美、色彩美、光像美、水味美和奇特美等七大方面。

---

① 参见袁林撰《水体旅游功能及开发初探》,《江西社会科学》(南昌),2004(04)。
② 参见陈蔚德主编《导游讲解实务》,旅游教育出版社(北京),2004年版,第38~40页。

（一）形态美

水体因呈现固态、气态和液态三种不同形态而表现出不同的美感。无论是以哪种形式出现，水的形态都会因其所固着的地形地貌差异而不同。气势磅礴的江河、波澜壮阔的海洋、蜿蜒曲折的小溪、一平如镜的湖泊、喷珠溅玉的瀑布、澄碧晶莹的泉水或奔流不息。或静谧安详；或宽阔无边，或狭窄如练；或凝聚山巅，或氤氲峡谷；形态千变万化、美不胜收。无论是那种形状的水体，水不在深，贵在曲。弯曲的水体富有表现力，自然天趣，给人以"曲径通幽"的感觉。①

（二）倒影美

水是无色的透明体，在光线的作用下，水体周围的树木、花草、山石、走兽、建筑、人物，天空的蓝天、白云、飞禽，映入水中，皆有倒影。水中岸边、水上水下真实物象与虚幻影像的照应，形成虚实相生的景观。当水体面积较大时，倒影能虚化景观的整个境界。如贺敬之的桂林山水歌"……是山城呵，是水城？都在青山绿水中……画中画——漓江照我身千影……"让人不知桂林城是山城还是在水中的城，这就是水的倒影虚化了整个桂林城。宋代蓟北处士描画桂林象鼻山水月洞的诗曰："水底有明月，水上明月浮；水流月不去，月去水还流。"描写的是水月洞的月夜倒影；清代袁枚的"江到兴安水最清，青山簇簇水中生，分明看见青山顶，船在青山顶上行。"描写的是兴安江的白昼倒影。唐代白居易的"松排山面千重翠，月点波心一颗珠。"将远望的月影比拟成一颗明珠，不但是景观的描写，更将作者喜爱之情表露无遗；宋代林逋的"疏影横斜水清浅，暗香浮动月黄昏。"将梅的倒影、月的倒影交织在一起，让人感觉如梦如幻。

（三）声音美

水体因其具有流动性，在其流动的过程中会发出各种不同频率和节奏的声响，这些或激昂或舒缓的声响可以愉悦游人的耳朵，成为重要的旅游资源。泉水激石、溪水潺潺、流瀑飞泻、惊涛拍岸、海潮涌动等水体的流动都能形成不同的声响效果，给人以不同的声响美感。水体声音对人的情绪也会有不小的影响。山间或溶洞中滴水的叮咚声，音色优美，速度均匀，给人以平稳感；山间溪流的淙淙声，音调悠扬、舒缓，刚柔适中，有流畅感；江边浪涛的拍岸声，音色粗犷，速度急剧，有雄伟感；海上的涛声、风声、雨声、雷鸣声等交织而成的和声，节奏急促，紧张有力，有高昂雄壮感。同时，不同的水体的声音给人不同的情与景，"禹门三级浪，平地一声雷"是描述瀑布的情景；"到处莺歌燕舞，更有潺潺流水"是描述戏水的情景；"丁丁冬冬泉，高高下下树"是描述流泉的情景；"远若素练横江，声如金鼓，近则亘如山岳，分如雷霆"是描述海潮的情景。

（四）色彩美

水体本来无色，但在不同的地理环境中，由于所含矿物质、水中悬浮物和洁净度不同，或受天色及周围自然景物的影响，可产生丰富的色彩，给人以不同的色彩美感。例如东海呈蓝色，渤海、黄海呈黄色，南海呈深蓝色；海在晴空万里的天气条件下呈湛蓝色，在云雾笼罩下呈灰暗色；黄河呈黄色，黑龙江呈黑褐色，鸭绿江呈鸭绿色，白龙江多呈白色；九寨沟五花海、黄龙五彩池颜色更加丰富多彩。

---

① 参见陈福义、范保宁主编《中国旅游资源学》，中国旅游出版社（北京），2005年版，第80页。

(五)光像美

水体由于自身的运动,在光线的作用下能产生美妙无比的光学现象,令人目眩神迷。如九寨沟的火花海,每当阳光照射水面,如火花喷溅,让人目眩;黄果树瀑布,"昼有彩虹,夜有月虹",美如仙境;秦淮河里,岸边的灯光、船上的灯光、天上的月光在水中摇曳,光影交错,使人神迷。范仲淹的"上下天光、一碧万顷"就是水的光像美景给人的美感。在日光、月光、灯光等的作用下,海洋、江河、湖泊、瀑布等水体呈现出来的各种光学景象多姿多彩、美妙绝伦。

(六)水味美

"扬子江中水,蒙山顶山茶。"水是品茗的重要部分,因此水味美是吸引游人的重要因素。游赏之时,须得行走奔劳,久则渴饿困累,此时驻足一亭之上,时有微风拂面,如有香茗一杯,则渴乏顿失,令人心旷神怡。

水虽是无味的,但是由于很多矿泉、溪流含有诸多矿物质和微量元素,因此,有些水甘冽无比,有些水则甜中微咸。这些水中的矿物和微量元素是对人体健康有益的物质,吸引很多游客去品味。浙江的虎跑泉、镇江的中泠泉、大理的蝴蝶泉、济南的趵突泉等都是甘冽醇厚的水。"地有名泉,必有佳酿",美味的泉水是酿酒、泡茶等饮料加工的理想水源。没有赤水河,就没有茅台酒的酱香浓郁;没有岷江水,就没有全兴酒的浓香四溢。

(七)奇特美

有的水体还呈现出奇特的现象,这些奇特的现象满足了游客求奇异的旅游心理需求,成为重要的旅游吸引物。如大理的蝴蝶泉,泉边蝴蝶成群,绕泉而飞,品类繁多的蝴蝶五颜六色,迷人眼球,引来无数的观光客;如四川广元的"含羞泉",一遇振动,泉水便似羞涩的村姑,悄悄隐去,待安静后泉水复出。除此之外,还有"笑泉"、"喊泉"、"间歇泉"和"鱼泉"等不一而足。这些都是因奇异的现象而成趣成景的。有的水体还具有奇特的作用,富含微量元素和矿物质的矿泉水,可饮、可浴、可赏、可医。庐山温泉,重庆的南、北温泉,主治风湿病和皮肤病;内蒙古阿尔山矿泉可治风湿病和神经衰弱症;五大连池的药泉,能治肥胖症、脱发症、疥癣等多种疾病,且效果良好。矿泉和温泉疗养已成为当今世界上重要的健身度假旅游活动。

三、水域风光旅游资源的基本类型

水域风光旅游资源分布广泛,其类别多样,主要有河流、湖泊、瀑布、泉、海景、冰雪六大类。

(一)河流

河流是水体的重要表现形式,并且河流是人类文明的发源地。世界的四大文明古国均发源于河流,古埃及文明发源于尼罗河畔、古巴比伦文明发源于底格里斯河和幼发拉底河流域、古印度文明发源于印度河和恒河流域、古中国文明发源于黄河和长江流域。河流是一种具有多种功能的地理实体,人类旅游离不开它所塑造的美景。河流旅游资源一般可以分为:观光游憩河段、暗河河段、古河道段落。

1. 观光游憩河段

观光游憩河段是河流旅游资源中所占比重最大、资源丰度品位最高的旅游资源。观光游憩河段是指,河流中因其瑰丽奇特的自然景观或适宜水上运动而吸引人们前去观赏、游憩的河流段落。我国的观光游憩河段分布广泛,南北东西均有分布,但相对而言东部、南部居多。

我国河流众多，流域面积超过 1000 平方千米的河流有 1600 条，大小河流总长度在 42 万千米以上，其总长度相当于赤道处地球周长的十余倍。有的咆哮奔腾如脱缰野马，有的蜿蜒曲折如悠悠蛇形，有点静谧含情，有的山水相依。河流的美学价值很高，常能激起游人游兴，引来文人墨客几多吟咏。其中最著名的当属苏东坡的《前赤壁赋》与《后赤壁赋》和《念奴娇·赤壁怀古》，寓情于景、亦古亦今、纵横捭阖、气势宏阔、境界高远！我国的观光游憩河段往往和丰厚的历史文化背景相融合，给人更多遐思，赋予了观光游憩河段更加丰富的人文内涵。

观光游憩河段除了本身是极其重要的观赏对象外，还可以成为人们旅游的凭借和依托。泛舟江河，不但可以实现交通的目的，还可以观江览山、游赏娱乐；适合游泳、漂流、帆板等的河段还可以实现人们亲水、玩水、度假休闲的目的。

我国的观光游憩河段数量大、质量高，人文与自然交相辉映。如黄河的九曲第一湾、青铜峡、刘家峡、三门峡等；长江的虎跳峡、三峡、采石矶、京口古渡口等；漓江从桂林到阳朔段；嘉陵江三江汇流处、嘉陵江小三峡段；乌江小三峡段；浙江富春江富阳至桐庐段；川南画稿溪与赤水河等等。风景迤逦或风景壮观，水质清澈或水温适宜。一般根据游赏的方式可以分为风景河段和游憩河段两大类。

（1）风景河段，是因其风景或秀丽、或壮观而吸引游客观览的河段。选择与开发风景河段，除区位条件、市场需求等因素外，还需要符合以下条件：

a. 河道应蜿蜒曲折，忌直顺，如黄河九曲第一弯，蜿蜒曲折、景观层次丰富、有韵味；

b. 夹岸宜有山岳、丘陵，或近岸有农舍、村庄，植被覆盖率高、景色宜人，如长江奉节处的夔门或漓江桂林至阳朔段，或雄壮或秀丽；

c. 河水清澈见底、无污染，如富春江富阳至桐庐段，水质清澈，游鱼细石、直视无碍、"船在山上行，人在水下游"；

d. 沿河有名胜古迹、奇山异石更佳，如长江湖北段的赤鼻矶、采石矶等。

（2）游憩河段，是可以为游客提供游泳、漂流、滑板等水上运动的条件的河段。根据游憩的项目不同，对河段的要求也不同。目前旅游开发中，开发得较多的项目是漂流。漂流是一项新兴的游憩运动。它以全程参与、有惊无险、野趣无穷等特点而吸引了越来越多的游客。除了要求河段"山明水秀"，漂流河段还要求：

a. 河道较直顺，急弯少，这主要为了游客安全考虑；

b. 水流速度快，很多漂流景点喜欢用"滩多浪急有惊无险"做宣传，因此适当的水流速度才能让游客感到刺激、惊险；

c. 水不宜太深，漂流河段以水深 0.5－1.2 米为宜，水太浅无法漂流、水太深则有危险；

d. 暗礁险滩少，河道、河底暗礁险滩要少，以免发生危险事故，暗礁多的如欲开发漂流旅游则应人工清除暗礁；

e. 水温适中，漂流过程中容易弄湿衣衫，水温太低容易使人体不适甚至感冒。

我国著名的漂流河段有湘西猛洞河、贵州马岭河、浙江天目溪、都江堰虹口等地。

2. 暗河河段

暗河，是指地下的河流，是岩溶地貌的一种典型景观。暗河河段由于伏行于地下，一般光线晦暗、险象环生，适合探险、科考。我国的暗河河段著名的有云南六朗洞的地下河、重庆奉节小寨的小寨河、重庆奉节的龙桥暗河、贵州龙宫暗河等。

3. 古河道段落

古河道，是指由于河流改道而留下的废弃河道。改道是古河道存在的直接原因，我国的河流改道现象十分普遍。如黄河的入海口就曾多次迁移，现在的入海口山东东营垦利县黄河口镇是1855年黄河决堤后的新入海口。镇江金山原来为长江的中心小岛，故有"扬子江中水，蒙山顶上茶"①之说。这些江河的改道对地理环境有重要改变，其中的一些遗弃河道就变成了古河道，而另一些继续演变而成为湖泊（就是河成湖），更多的部分是因为缺乏水分的补给而消失掉了。这些遗弃的古河道不但是地质地貌变迁的见证，同时也是重要的水体旅游资源，如广州荔枝湾古道、浙江兰溪市游埠镇游埠古河道、成都市的古河道等。

（二）湖泊

水体旅游资源中，河流、泉、瀑布、海景等多为动态水景，而湖泊是静态水景中分布较广、水体面积较大、景观美感程度较高的旅游资源。人们常常用"湖光山色"形容自然景色的静谧幽美、妩媚动人，湖泊在自然景观的构景中扮演着极为重要的角色。

湖泊主要是通过其形、色、影等因素和泛舟、垂钓、游泳等吸引游人前往观赏。由于人类具有亲水性特性，因此静谧的湖水为人们亲水提供了良好的场所。我国的湖泊众多，数量居世界第三（美国、加拿大并列第一，北欧第二，印度第四）。大湖泊浩瀚无比，水天一色，有烟波浩渺之势；小湖面娇小秀美，景色秀丽，有秀丽娇艳之姿；高山湖泊镶嵌在崇山峻岭之间，映照着蓝天白云，有高山秀湖的风姿。我国名湖委很多，自然和人文风景和谐相配，吸引着无数的观光客。

【知识加油站】

中国的湖泊②

中国是多湖泊的国家，面积在1平方千米以上的天然湖泊即达2800多个，总面积约8万平方千米，约占国土面积的8.3‰。其中淡水湖泊面积为3.6万平方千米，占总湖泊面积的45%左右。

中国的湖泊根据各地民族语言的译音和习惯称谓共约30种。一般在太湖流域称荡、漾、塘、沈；松辽地区称泡或咸泡子；内蒙古称诺尔、淖或海子；新疆称库尔或库勒；西藏称错或茶卡。

中国的湖泊分布范围广而不均匀，东起东经132°20′的兴凯湖（中、俄界湖）；西至东经78°50′的班公错；北自北纬48°57′的呼伦湖，南到北纬23°25′的大屯海。东部平原和青藏高原形成了两大稠密湖群。内蒙古高原、云贵高原、柴达木盆地和准噶尔盆地湖泊分布亦多。但长江上游、珠江流域和浙闽丘陵等地区湖泊寥寥无几。按湖泊的地理位置，可将中国湖泊分为东北、蒙（内蒙古）新（新疆）、青藏、东部和云贵5大湖区。

中国绝大部分湖泊属中、小型。面积大于1000平方千米的共11个。最大的淡水湖为鄱阳湖，最大的咸水湖是青海湖，最大的盐湖是察尔汗盐湖。藏北的青蛙湖湖面海拔5644米，是世界上海拔最高的咸水湖，海拔5386米的森里错，则为世界上海拔最高的淡水湖。海拔最低的湖泊是新疆吐鲁番盆地的艾丁湖，湖底海拔-155米。青藏湖区是世界上海拔最高的湖区。中国最深的湖泊是位于长白山主峰白头山上的天池，湖水深度最大达312.7米，也是中朝两国的界湖。

---

① 扬子江中水：扬子江为长江的扬州到入海口段的名称，"扬子江中水"绝非扬子江江中间的水，而是指镇江金山的中泠泉。原来由于金山位于长江之中，因此中泠泉就被称为"江中水"，后来长江改道，金山就位于长江的南岸了，后人故多不识"扬子江中水"为何意。

② 中国大百科全书总编辑委员会《中国地理》编辑委员会编：《中国大百科全书·中国地理》，中国大百科全书出版社，1998年版，第645页。

湖泊,即是地面洼地积水形成广阔的水域。湖盆和水是湖泊形成的两大重要条件,湖盆是湖泊形成的地貌基础,而水是湖泊形成的物质基础。两者很难得到良好的匹配,于是自然界经常出现有巨大的封闭盆地却缺水,如塔里木盆地、准噶尔盆地、柴达木盆地和广布于干旱半干旱的小盆地就属于这种情况;或者水量充沛而盆地却缺乏封闭性,如四川盆地。① 湖泊分类多样,按照成因可以分为构造湖、火山口湖、冰川湖、堰塞湖、潟湖、河迹湖(牛轭湖)、风蚀湖、溶蚀湖、人工湖等。

1. 构造湖

构造湖是由地壳运动形成的盆地和断裂凹陷积水而形成的湖泊。这类湖泊的特点是:湖岸平直、岸坡陡峻、湖形狭长、深度较大。如青藏高原的纳木错、色林错、加仁错、昂则错等;云贵高原的滇池、抚仙湖、阳宗海、洱海等;内蒙古高原的呼伦湖、贝尔湖、岱海等;新疆的罗布泊、马纳斯湖、艾丁湖、赛里木湖、布伦托海、巴里坤湖和博斯腾湖等;青海的可可西里湖、卓乃湖和青海湖等;台湾省的日月潭等。

2. 堰塞湖

堰塞湖,是因被火山熔岩、地震或山崩坍塌的岩石、冰碛物、泥石流等外来物质阻塞河道而形成的湖泊。如四川茂县的叠溪海子,是在1933年8月25日地震使山体崩塌阻塞岷江河道而形成的两个湛蓝的海子;四川绵阳唐家山堰塞湖是2008年汶川地震形成的新堰塞湖,汶川地震共形成了三十余个新的堰塞湖;黑龙江省的镜泊湖,是在距今1万多年前的更新世中晚期,由于该地发生火山喷发溢出大量的玄武熔岩阻塞牡丹江而形成的,该湖狭长,南北长45公里,东西最宽处仅6公里,是我国最大的火山堰塞湖;黑龙江的五大连池,也是16世纪初火山喷发的玄武岩熔堵塞白河河道而形成的,五个堰塞湖连珠串玉,故名"连池"。②

3. 火山口湖

火山口或破火山口③中蓄水所成的湖。湖水来源于降水或地下水,有时也有从地下的岩浆中分离出来的水,这种水中含酸类物质和矿物质较多,可以使湖水呈酸性并具有特殊的颜色。火山口湖一般都位于火山的顶端,但也有火山口湖因火山锥受到破坏,出现在较低的地方。④

这类湖泊的特点是:湖泊多呈圆形或马蹄形,面积较小,湖岸陡峭,湖水较深。如长白山天池就是火山口湖,1702年4月的一次火山喷发形成了天池的湖盆,后来逐渐积水而形成今天的长白山天池,其历史仅300多年;我国著名的火山口湖还有广东湛江的湖光岩、云南腾冲大龙潭火山口湖、兴凯湖、台湾省大屯山区的向天池(或称面天池)。

4. 潟湖⑤

又称海源湖、海成湖、海迹湖、残留湖,是海洋的一部分转化而成的湖泊。由于海洋沉积物或隆起地块的拦阻,海湾或内海与外海隔离而形成潟湖。它可能是咸水湖,也可能已淡化

---

① 参见伍光和等主编:《自然地理学》,高等教育出版社,2000年第三版,第165-166页。
② 参见苏文才、孙文昌主编:《旅游资源学》,高等教育出版社,1998年版,第32页。
③ 破火山口(Calderas):一种在火山顶部的较大的圆形拗陷,其直径往往大于1英里。通常是岩浆回撤、火山自身塌陷时形成,或浅部岩浆囊喷发而形成 的。大量岩浆的撤退可能是由于其构造支撑的丧失而造成的。
参见地质矿产部地质辞典办公室编《地质大辞典(一)普通地质、地质构造分册》,地质出版社(北京),2005年版,第111页。
⑤ 历史上,"潟湖"一词曾一度被写为"泻湖"(如1983年版《现代汉语词典》1276页),但现在已重新规范为"潟湖"(见1996年版《现代汉语词典》1354页),而在该版本《现代汉语词典》1395页的"泻湖"词条中写道:"泻湖,潟湖的旧称。"

成淡水湖。我国苏北射阳湖、无锡太湖、杭州西湖都是著名的潟湖。太湖是我国五大淡水湖之一,"雾吞日月,波涌天地",湖中有湖、山外有山,知名度颇高,无锡鼋头渚就是太湖边的著名景区。太湖历史文化璀璨、自然风光秀丽,是我国著名湖泊。西湖位于杭州,我国的风景名胜名湖,颇得我国文人墨客垂青,被写下了许多不朽名篇。唐代白居易的"未能抛得杭州去,一半勾留是此湖"将其魅力展露无遗;宋代苏东坡更是将其比为杭州的"眼睛",并留下了"水光潋滟晴方好,山水空濛雨亦奇。欲把西湖比西子,淡妆浓抹总相宜"的千古绝响;明末文学大家张岱爱西湖爱到发痴的地步,一生写了无数关于西湖和杭州美景、风物、人情的文章,并将其中的优美篇章选到其散文集《西湖梦寻》中,很多人了解张岱就是从其写西湖的文章开始的。西湖美,美在风景,更美在神韵。

5. 河迹湖

河迹湖是由河流改道变迁,蛇形河道裁弯取直分割后留下的旧河道而形成的湖泊。这类湖泊多呈弯月形或牛轭形,故又名牛轭湖,一般水深较浅。如湖北江汉平原地区,星罗棋布的大小湖泊,就是由长江、汉水带来的泥沙进入古云梦泽堆积分割旧河道而形成,其中最南部的洪湖就是其中最大的一个,因此有"千里洪湖"之谓。① 由于此类湖泊大多形如弯月,因此当地称为"月亮湖"。如内蒙古的乌梁素海,是黄河故道残留的河迹湖;月牙泉是党河改道遗留的河迹湖,其形似月牙,被沙丘围合而千年不干涸,为一大奇观,"银沙四面沙环抱,一池清水绿漪涟",早在东汉即为敦煌胜景。

【知识加油站】

月牙泉的成因之谜 ②

月牙泉位于甘肃省敦煌市城南 5 公里的鸣沙山之中,与鸣沙山一起被称作敦煌的两大自然景观。月牙泉因其形似月牙儿而得名。以往对其成因有"断层泉"和"牛轭湖"等多种解说,但始终没有做过专门的勘察研究。1997 年 7 月原地矿部邀请多名著名专家对月牙泉进行"会诊",经过一年多的地面调查和勘探工作,终于弄清了月牙泉的成因。原来月牙泉系古河道残留湖,是由党河地下水渗漏后形成浅层地下水补给的,由于地下潜流在此出露,形成众多泉眼,聚成水池。它拥有独特且畅通的补给、泾流、排泄通道,所以,即使在高温气候条件下,月牙泉也未干涸;加上月牙泉所处的三面环山,一面开口的特殊地形,使得月牙泉一直未被大量的风沙所掩埋。

但这一千古奇观正面临着消失的危险。据测量,20 世纪 50 年代月牙泉水域面积达 14652 平方米,平均水深 5 米,最深处达 7 米;而到 1998 年 9 月月牙泉水域面积仅有 5379 平方米,平均水深 1.2 米,最深处只有 2 米。专家们认为,按此萎缩速度,不出 3 年月牙泉将不复存在。其主要原因是当地大量开采地下水所致。

6. 风蚀湖

风蚀湖,是干旱地区、半干旱地区由强大风力作用形成的凹地积水所形成的湖泊。风蚀湖水体较浅,多为间歇湖或游移湖;矿化度高,多为咸水湖或盐湖。其水源可以由河流注入,或由风蚀作用使凹地低于潜水面,为地下水所补给。内蒙古的嘎顺诺尔湖、苏股诺尔湖均为

---

① 参见陈福义、范保宁主编:《中国旅游资源学》,中国旅游出版社(北京),2005 年版,第 91~92 页。
② 参考自 1998 年 11 月 23 日《光明日报》文"千古奇观月牙泉形成和萎缩之谜揭开"。

著名的风蚀湖。

7. 冰川湖

冰川湖，是由冰川剥蚀或冰碛物拥堵冰川槽谷而形成凹地积水而成的湖。由冰川剥蚀形成凹陷积水而成的叫冰蚀湖；由冰碛物拥堵冰川槽谷形成凹地积水而形成的叫冰碛湖。这类湖泊一般形体较小，海拔较高，形态复杂多样，湖岸离奇曲折。如西藏的帕桑错、川西的新路海、新疆的哈纳斯湖等。

8. 溶蚀湖

溶蚀湖是由岩溶作用而形成的湖泊。地下水或地表水溶蚀了可溶性岩石（诸如石灰岩、白云岩、石膏等），形成洼地，洼地积水成湖。其形成有两种情况：其一，由于溶蚀成的漏斗或落水洞的淤塞壅水成湖；其二，直接与地下水有联系的低洼地区引水成湖。其外形多呈圆形或椭圆形，湖水一般较浅，主要靠泉水补给，水量稳定。如贵州省的草海就属于溶蚀湖。

9. 人工湖

人工湖是由于人工挖掘成湖，或拦河筑坝壅水成湖。我国很多地方的水库属于人工湖，如四川的二滩水库，因修二滩电站拦河而成水库；四川南部的升钟水库，因水利灌溉的原因而挖掘出的储水水库；四川资阳的三岔湖也属于人工湖。此外，我国的古典园林所建湖泊多为人工湖泊，如颐和园的昆明湖、苏州园林中的湖池、武汉的东湖等。我国湖泊共24880余个，其中天然湖泊只有2800余个，其余全是人工湖泊，人工湖泊数量巨大。

（三）瀑布

瀑布是河流流经局部呈悬崖式河床时的一种河水倾泻现象。规模较小的叫跌水。瀑布有较强的侵蚀作用。河床在它长期作用下可造成陡坎的溯源后退，形成峡谷、壶穴等地形。[1]瀑布景观类型多样，或粗犷、或飘逸、或豪迈、或婉约，是水域风光中最丰富多姿的一个。由于瀑布的景观美观度较高，因此历代文人都有关于瀑布的描摹。其中最著名的当属唐代的李白和清代的袁枚。李白在其《望庐山瀑布》中写道："飞流直下三千尺，疑是银河落九天"，豪迈奔放，气势磅礴！袁枚在其《大龙湫》中曰："五丈以上尚是水，十丈以下全是烟。况复百丈至千丈，水云烟雾难分焉。"飘逸洒脱，超尘脱俗。我国瀑布众多，据统计，主要瀑布达200余处，其中贵州、台湾最多。[2]

1. 瀑布的类型[3]

分类标准不一，分类结果殊异。瀑布的分类方法众多，有的按瀑布环境条件差异划分；有的按瀑布分布特点划分；有的按流水性质和特点划分；有的按瀑布的跌水次数划分；有的按瀑布形态与规模划分；有的按瀑布成因划分。针对我国的具体情况，以及瀑布的本质性特征，从发生学角度出发，可将瀑布分为以下几类，是较为科学、并能充分体现出瀑布的旅游景观特色的：

（1）断层瀑布

断层瀑布，是由于地质构造运动使地层发生断层所形成的瀑布。当多级断层以地堑或地垒的形式出现时，则可形成多级瀑布。我国的著名构造瀑布有黄河壶口瀑布、庐山的三叠瀑

---

[1] 参见地质矿产部地质辞典办公室编《地质大辞典（一）普通地质、地质构造分册》，地质出版社（北京），2005年版，第71页。
[2] 参见苏文才、孙文昌主编《旅游资源学》，高等教育出版社（北京），1998年版，第34页。
[3] 参见金元欢主编《中国名瀑－中国旅游风光丛书》，中国旅游出版社（北京），1998年版。

布和石门洞瀑布、云南石林县大跌水瀑布、九寨沟的诺日朗和珍珠滩瀑布等。黄河壶口瀑布，是在地质历史时期，位于龙门地区的壶口一带曾发生强烈的地壳构造运动，形成走向东西的断层。当自北向南流淌的黄河经过此断层时，河床宽度由250米突然收缩到50米，河水被挤夹于壶口般的地形中，然后倾泻而下，便产生了瀑布急流，并将三迭系砂岩夹薄层页岩组成的黄河河床，逐渐冲蚀出一个深槽，黄河之水在此跌入深槽，从而形成了落差达34米的举世闻名的壶口瀑布。

(2) 喀斯特瀑布

喀斯特瀑布，是在可溶性岩石（如碳酸盐）分布区，由水流溶蚀作用使石灰岩断层、落水洞等发生断陷或钙华层在河道中不断堆积形成坝坎而形成的瀑布。我国的云南、贵州以及华南一些地区的瀑布，多半是这类喀斯特瀑布。

在我国众多的瀑布中，喀斯特瀑布占有重要的地位，它们是一种既有地表瀑布，又有地下瀑布的独特瀑布或瀑布群。众所周知的黄果树瀑布，就是喀斯特瀑布中的佼佼者。黄果树瀑布的形成过程，一般认为与白水河河床及瀑布下落水洞的演化有着密切的关系：在第三纪晚期，现在黄果树瀑布的前端，曾发育落水洞，当时黄果树瀑布尚未形成，而是地下伏流的形成跌入落水洞内。随着几百万年的冲蚀和溶蚀、黄果树伏流亦随着落水洞的崩坍，而出露地面成为瀑布，而后又堆积大量的钙华，水流亦产生分支，黄果树瀑布终于渐渐发育成目前的形态。

喀斯特瀑布之中还有更为独特的一种瀑布，它并不露在地表之上，而是深藏在洞穴之内，称为暗瀑。如贵州安顺龙宫的龙门飞瀑和浙江金华冰壶洞中的冰壶暗瀑等，均是我国著名的喀斯特暗瀑。安顺龙宫，是黔西南著名的喀斯特洞穴旅游胜地之一，龙门飞瀑就位于龙宫之洞的进口处。在游人搭乘小舟游览龙宫仙境时，首先要经过一个巨大的池塘，人称"天池"，"天池"之水经龙门翻落而流出洞外，形成一条宽约25米，高差达33米的龙门飞瀑。龙门飞瀑水量大，落差高，是我国目前已发现的较大的喀斯特暗瀑。从龙门前走过，只听见水声轰轰若雷鸣，烟雾茫茫如仙境，气势十分磅礴。

(3) 堰塞瀑布

堰塞瀑布，是当火山喷发，熔岩漫溢堵塞河道，或地震、山崩、泥石流等堆积物阻塞河道而形成的瀑布。我国著名的堰塞瀑布有黑龙江吊水楼瀑布、四川茂县叠溪瀑布等。吊水楼瀑布（又称镜泊湖瀑布），位于黑龙江宁安县境内。大约在距今4700年至8300年前，镜泊湖尚未形成，那时发生了5次强烈的火山活动，火山口喷发出来的熔岩漫地溢泻，势不可当，硬把流经两峰之间的牡丹江拦腰锁住了。冷却后的熔岩像一座巨大的拦河坝，把上游牡丹江水高高拦起，形成了熔岩堰塞湖——镜泊湖。江水亦不甘示弱，在熔岩较少的断缝裂隙夺路冲出，天长日久，竟将坚硬的玄武岩熔岩冲击成一个深约70米，圆径50余米的壶穴，在上游水量较丰时，则形成巨大跌水，产生了吊水楼瀑布的奇壮景观。

(4) 袭夺瀑布

此类瀑布由河流袭夺而造成。被袭夺的河流由于高于袭夺河的谷底，而跌落下来，形成袭夺瀑布。如黄果树瀑布群中的滴水滩瀑布、蜘蛛洞瀑布和绿湄潭瀑布等。

(5) 差异侵蚀瀑布

当两种不同抗冲能力的岩层在一起，并同时受到一条河流的冲蚀，则会产生差异侵蚀瀑布。可以说，在没有断层、袭夺或堰塞的情况下，大多数瀑布是由差异侵蚀造成的。如云南叠水瀑布等。

(6)悬谷瀑布

此类瀑布往往以古冰斗为积水潭,再经由冰斗边缘的陡坎,夺路飞泻跌落而成。一般这种古冰斗,现在已没有任何冰川的活动。

2. 瀑布的景观要素

古往今来,在人类的审美经验中,瀑布美指的都是多种动态水景观之美,它融形、色、声之美于一体,瀑布景观的美不仅要考虑其形态而且也考虑其体量。瀑布的性状、成因、组成与结构,是构成瀑布具有独特性的内因,不同的地势和成因决定了瀑布的形态,使之有了壮美和优美之分。壮美的瀑布气势磅礴,似洪水决口、雷霆万钧,给人以恢宏壮丽的美感。优美的瀑布水流轻细、瀑姿优雅,给人以朦胧柔和的美感。① 除了瀑布的形态和体量,瀑布的幽秀程度、奇特程度和历史文化内涵也是瀑布景观要素的重要组成部分。

(1)瀑布形态

瀑布形态是瀑布给游客的最直观印象,其主要包括瀑布的空间状态和水流状态等。瀑布景观形态有三个层次:造瀑层、瀑下深潭和潭前峡谷。其形态或飞泻直下、或数级跌落而下、或窄而高、或宽而低、或又宽又高,形态不一而足,各有妙境。当瀑布多级跌落时,其观赏价值就非常高,著名的例子有庐山三叠瀑布、广西德天瀑布、四川松潘扎嘎瀑布。

(2)瀑布的体量

瀑布的流量、落差和宽度是考量瀑布体量的重要标准,也是瀑布景观价值的重要指标。当瀑布高度和宽度均较大时,即使水流量不大,也可显示出它雄伟气势。雁荡山瀑布群中的大龙湫瀑布,平时水流量不大,但高度达190米,气势非凡。黄果树上游的陡坡塘瀑布,是我国瀑面宽度最大的瀑布,宽达105米,高度仅21米。当水流量较小时,它显得十分清秀妩媚;当洪水来临,又变得异常雄壮。当瀑布的水量较大时,即使瀑布的高度宽度都不大,也能展示出瀑布的雄姿,黄河壶口瀑布就是一例。

(3)瀑布的幽秀程度

瀑布景观的美学价值还取决于瀑布清浊度、瀑布周围的树木深秀程度等。水流的清浊度取决于含沙量和有机质含量的多少,树木的深秀程度取决于植被覆盖率的高度。② 瀑布的幽秀程度主要由瀑布水质和瀑布的周围环境两个方面决定。

(4)瀑布的奇特程度

瀑布奇特程度是衡量瀑布景观价值的又一重要考量标准,越奇特,越能满足游人求新奇的心理需求,因此景观价值也越高。如浙江金华冰壶瀑布,国内外罕见。冰壶洞洞口朝天,口小肚大,海拔高程445米,为一竖井式溶洞。从洞口俯身下视,洞不见底。瀑布落差约15米,从洞顶倾泻而下,瀑声轰隆,震耳欲聋。从洞底仰望洞口,一缕阳光,犹如彩帘垂挂;水珠四处飞溅,犹如满天星斗,既神奇又壮丽。又如绍兴五泄,一道清澈的山泉从悬崖峭壁间奔流而下,形成五级瀑布,故名为五泄。这五级瀑布,各具壮观:一泄隽永奇巧,二泄珠帘飘动,三泄姿态备出,四泄烈马奔腾,五泄蛟龙出海。吴中四才子之一的徐祯卿赋诗一首:"此来不枉登攀苦,踏遍五泉无一同。"③

---

① 参见江璐明等撰《瀑布旅游资源评价与广州增城白水仙瀑开发》,《地域研究与开发》(郑州),2008(04)。
② 参见苏文才、孙文昌主编《旅游资源学》,高等教育出版社(北京),1998年版,第35~36页。
③ 参见苏文才、孙文昌主编《旅游资源学》,高等教育出版社(北京),1998年版,第36页。

（5）特有文化内涵

瀑布，历来是文人骚客的吟颂对象，历代诗人写下了许多流传至今的优美诗篇。瀑布奇特的自然景观如与名人吟颂、民风民俗、奇闻趣事等相辉映，则景观价值更高，更能吸引游客的光临。"飞流直下三千尺，疑是银河落九天"，大诗人李白让庐山瀑布名震中外。"五丈以上尚是水，十丈以下全是烟"，清代性灵派的袁枚让雁荡山的大龙湫瀑布享誉华夏。广东肇庆鼎湖山飞水潭瀑布，像一条玉龙天降，蓦然跌入深潭。1917年，孙中山先生曾在飞水潭中游泳，并题写了"众生平等，一切有情"的木匾。1979年，宋庆龄又为此亲笔题书："孙中山游泳处"。潭边崖壁上，还有章太炎的手迹"涤瑕荡垢"四个大字。增添了飞水潭瀑布的文化氛围，提高了飞水潭瀑布的观赏价值。贵州黄果树瀑布的观瀑亭有一幅对联"白水如棉不用弓弹花自散，红霞似锦何用梭织天生成"将黄果树瀑布的美景刻画无遗。自然景观、风景名胜和文学、典故、历史结合起来，就更加生动多情了。难怪郁达夫感叹："江山也要文人捧，堤柳至今尚姓苏！"不但是文人吟咏、题刻、典故、历史，而且还有民俗风情也是点缀瀑布的重要景观素材，黄果树瀑布与苗族村寨、苗族风俗结合则更能显示其丰富的韵味。

（四）泉

泉是地下水的天然露头（人工开挖的叫"井"），是地下含水层或含水通道呈点状出露地表的地下水涌出现象，为地下水集中排泄形式。它是在一定的地形、地质和水文地质条件下产生的。泉是地下水补给地表水的主要途径，是优良的饮用水。它通常以其独特的动态美和康体健身价值而备受人们青睐，而各种奇异独特的泉现象，如喊泉、间歇泉、鱼泉、乳泉等，更是吸引了喜好猎奇的旅游者，具有极大的观赏价值。

1. 泉的旅游功能

（1）泉可以直接成景

泉因其独特的声、形、色、味可以吸引游客的观览、游赏、品味，可以直接成为游人观赏的旅游景观。尤其是名泉，如"天下第一泉"等；还有奇特的泉源也可直接吸引旅游者，如乳泉、喊泉、间歇泉、蝴蝶泉、鱼泉等等。

（2）泉可以美化环境，点缀其它景观

泉不但可以独立成景，而且还可以配合其它景观，成为其它景观的背景。如陕西华清池、山西太原晋祠泉、云南大理蝴蝶泉等，因其美景，还可以点缀其它景观，使其成为一个综合的景观系统。

（3）泉与茶文化、酒文化相结合

我国的茶文化非常注重对水质的要求。按照传统的说法，水越轻越适合泡茶，因此乾隆皇帝搜集全国各地名泉水，一一拿来称，结果发现北京的"玉泉"最轻，因其亲自将其命名为"天下第一泉"。我国的酒文化也与泉有密切关系，广西的乳泉酒就是用乳泉水为水源的。名酒还须名泉配，名茶也不例外，如杭州的虎跑泉配龙井茶，真是"二名相迓，锦上添花！"

（4）矿泉具有康体健身的功能

矿泉具有疗养的功能，如洗浴、品饮等。

2. 泉的分类

按照泉水出露时水动力学性质，可将泉分为下降泉和上升泉两大类。下降泉由潜水或上层滞留水补给，地下水在重力作用下溢出地表，在出露口附近水流往往做下降运动，一般从侧向流出。泉水流量和水温等往往呈明显的季节性变化。上升泉由承压水补给，在泉出口附近水流在压力作用下呈上升运动,由地下冒出地面,有时可喷涌高出泉口数十厘米。上升泉流量比较稳定,水温年变化比较小。如江苏镇江金山的中泠泉。

按照泉水的温度不同,可将泉水分为冷泉、温泉和热泉。20℃以下为冷泉,20℃～37℃为温泉,37℃以上为热泉。

按照泉水的矿化度,可将泉水分为淡水泉和矿泉。矿化度是指泉水各种元素离子、分子、化合物的总含量。小于1克/升的为淡水泉,大于或等于1克/升、含有一定的矿物质和微量元素并具有医疗和饮用价值的为矿泉。

3. 我国名泉

我国名泉众多,分布广泛。最具代表性的有:山东济南泉水(有108处,最著名的有趵突泉、珍珠泉、黑虎泉、五龙潭四大泉群),江苏镇江中泠泉,江苏无锡惠山泉,浙江杭州虎跑泉,江西庐山谷帘泉,河北邢台百泉,山西太原晋祠泉,平定娘子关泉,浙江绍兴半月泉,云南大理蝴蝶泉,台湾北投温泉,昆明黑龙潭,南京汤山温泉,西安骊山华清池,内蒙古阿尔山温泉,承德热河泉,青岛崂山矿泉,黑龙江五大连池药泉,北京玉泉等等。[1]

此外,还有一些观赏及科研价值较高的奇异泉,如四川广元市的含羞泉,广西桂平县的乳泉,河北涞水县的鱼泉,广西平果县的虾泉,四川丹巴县的发酵泉等。

(五)海景

海洋以它的宏阔而有无穷魅力,无论是湛蓝的海水、柔软的海滩,还是汹涌的海涛、海水壮观的海潮,对旅游者都具有很大的吸引力。声、光、色、形,海洋的美景成为了水域风光中最博大的一种。

我国位于世界上最大的大陆和最大的大洋的交汇处,海岸线曲折悠长,从北仑河口到鸭绿江口海岸线蜿蜒一万八千余千米,气势磅礴。海岸带滩涂20余万平方千米,岛屿6500余个,管辖海域近300万平方千米(含内水、领海、毗连区、专属经济区),沿岸已开发有1500余处旅游娱乐景观资源。[2]而且我国的海洋景观类型多样、层次丰富。

1. 海景旅游资源的特点[3]

(1)具有多种成因

海景旅游资源是在水陆气候生物及人文等多种因素作用下产生的,其中水陆的相互影响尤为重要。如潮汐、洋流、海浪、水温、盐度、颜色以及岩性构造、火山、地震、地貌、河流等水陆因素相互作用,产生具有旅游观赏和康体疗养的沙滩、海岛、观潮胜地等。

(2)类型上的多层次

横向旅游层次有:滨海划艇、水浴、观潮、赏浪、海岛观日、远洋考察、探险等;纵向的有:热带、亚热带、温带、寒温带海滨风光和富有不同特色的水上体育运动等;垂直向的有:高潮线海滨带的观光、避暑疗养活动;中高潮线的海滨沙浴、划艇等水上活动;低潮线之下的海底探险、潜水等活动。

(3)季节上的多变化

海洋景观在季节上也多呈现季节性变化,不同季节景观不同。

---

[1] 参见陈福义、范保宁主编《中国旅游资源学》,中国旅游出版社(北京),2005年版,第98～99页。
[2] 参见贾跃千、李平撰《海洋旅游和海洋旅游资源的分类》,《海洋开发与管理》(北京),2005(02)。
[3] 参见陈福义、范保宁主编《中国旅游资源学》,中国旅游出版社(北京),2005年版,第99～100页。

2. 海景旅游资源的基本类型

海景旅游资源类别多样,根据其旅游功能主要有以下几类:

(1) 休闲疗养、度假娱乐类

海景旅游资源复杂多样,引人入胜的海岸风光,如沙滩、浅海、海边崖壁等;多姿多彩的岛屿,神奇的海底奇观,海上观日出、观潮等活动,对旅游者有极大的吸引力。基岩海岸岸线曲折、岬湾交错、峭壁断崖、气势雄伟,如台湾东海岸的清水断崖,青岛海滨的石老人,福建笏石半岛和大陈岛的海蚀穴、海蚀柱,厦门一带和雷州半岛的海蚀台,普陀的潮音洞、梵音洞、洛伽洞等;泥沙质海岸形成海滨沙滩等,如北戴河海滨、大连老虎滩、大连金石滩、渤海湾海滨、青岛海滨、普陀山海滨、深圳海滨、北海海滨、海南三亚等;珊瑚礁海岸和红树林海岸,自然景观独具特色,风景奇特。

(2) 观潮、观日类

观潮、观日是海景旅游资源的重要内容,观潮气势磅礴壮观,海边观日出对旅游者也有较大吸引力。

潮汐,是指海水周期性的涨退现象。它是由月球和太阳的引潮力引起的。引潮力的大小与天体的质量成正比,与地球和天体间距离的三次方成反比。月球的引潮力是太阳引潮力的 2.17 倍。潮汐的周期为 24 小时 50 分,在一个周期内,海水发生两次涨潮和两次落潮。也就是说每隔 12 小时 25 分出现一次高潮,每次高潮以后 6 小时 12.5 分,出现一次低潮。潮汐除这种日变化外,还有月变化和年变化。当朔、望日(农历初一、十五)时,月、日、地三个天体中心大致位于同一直线上,月球和太阳迭加合成的引潮力在一个月内是最大的,故高潮特高,低潮最低,潮差最大,称为大潮或朔望潮。当月相处于上、下弦(即农历初八、二十三)时,日、月、地三者位置形成直角,月球和太阳的引潮力相互抵消一部分,合成的引潮力最小,形成的高潮不高,低潮不低,潮差最小,称为小潮。这种变化周期都是半个月。当地球运行到近日点时所产生的潮汐,要比地球运行到远日点时所产生的潮汐约大 10% 左右,它们的变化周期为一年。除天文因素外,实际上各地的潮汐现象还要受当地海底地形、气象气候等自然地理条件的影响,因此在一个周期内,潮汐会有不规则的现象出现。

陡立、水花飞溅,潮流上涌的潮汐现象,称涌潮或怒潮。我国钱塘江口,呈喇叭形河口。它出海处宽约 100 千米,到澉浦宽约 20 千米,到盐官宽仅 3 千米。钱塘江在澉浦以东,潮波变形尚不显著;当潮波传至澉浦以西,由于河槽变窄,河底迅速升高,大量水体涌入河道,潮波能量高度集中,使潮峰传播速度大于潮谷速度,到大尖山附近,潮峰追上了潮谷,潮波前坡陡立,波顶倒卷而破碎,水位暴涨,流速迅急,形成为涌潮。最大潮差曾达 8.91 米。1953 年 9 月的大潮竟把 3 千多斤重的"镇海铁牛"抛出 10 多米。真有"翻江倒海"之势。除了钱塘潮气势特雄伟外,海宁观潮也独具特色。[①]

(3) 海底风光类

海底拥有各种色彩斑斓、形态各异的海洋生物,鱼类、参类、贝类、藻类、珊瑚等,同时海洋地貌也凹凸不平,形态多样。潜水到海底一览海底风光也别有风味。湛江、海南岛是我国主要的潜水基地。此外,广东电白放鸡岛、海南三亚湾等地建立了十几个海底风景游览点。海滨公园、水产馆、海洋馆,也是游人乐赏之地。如台湾的鹅銮鼻公园、香港的海洋公园、大连

---

① 参见苏文才、孙文昌主编《旅游资源学》,高等教育出版社(北京),1998 年版,第 38 页。

的海洋馆等。

(4)海岛类

海岛是海洋旅游资源的重要部分。如大连的蛇岛、黄海北部的虾岛等。各种岛屿风光不同,各有特色。

(六)冰雪

"北国风光,千里冰封,万里雪飘",冰雪世界格外晶莹剔透、纯洁无暇,吸引着人们赏冰雪、玩冰雪。冰雪旅游资源季节性很强,主要是冬天的旅游资源。除了可以游赏冰雪世界、欣赏冰雕,还可以在冰雪上开展许多运动项目,如溜冰、滑雪、狗拉雪橇、冰球等。

第四节 生物类旅游资源

自然界主要分为生物和非生物,有生命的物体叫生物,无生命的物体叫非生物。生物是一切具有新陈代谢的物体,如动物、植物、微生物、细菌、病毒,甚至细胞。其中,能够吸引旅游者前来观光游赏的,主要是指动物和植物。其它如微生物、细菌等由于形体太小,有些甚至要用显微镜才看得到,所以无法成为旅游者观赏的对象。地球上大约有150多万种动物,30多万种植物,这些生物为自然界增添了无尽的活力。各种各样的生物不但是自然界的一部分,而且还因其绚丽的色彩、独特的形体、悦耳的声响、芳香的气味吸引人们去欣赏它和亲近它。这些生物物种大多具有较强的区域性,总是分布在某一独特的区域,因此,它们有条件形成旅游资源吸引旅游者前去观览。

生物类旅游资源,是指因其观赏价值、休闲娱乐价值、康体健身价值、科考价值等吸引人们前去观赏或娱乐休闲的动植物单体或群落。生物是自然界最具活力的组成部分,多姿多彩的生物使地球生机勃勃。生物不但可以单独成景,还可以起到装点山水、美化环境、分隔空间、塑造意境的作用,同时,生物对维护大自然的生态平衡也有很重要的作用。

生物类旅游资源具有自身独特的特点,深入把握其特点,对于我们合理开发利用生物旅游资源具有十分重要的意义。生物类旅游资源不但种类繁多、丰富多彩,而且各具特色、季节性很强;生物由于其悦人的外形、绚丽的色彩、悦耳的音响而具有很强的观赏性;与独特的历史文化结合,生物被人类赋予了独特的人文内涵,因此观赏品味生物还可以陶冶情操;同时,又因生物具有繁殖能力而有再生性;但是,生物物种由于对环境有很大的依赖性而具有脆弱性,如恐龙曾在中生代猖獗一时,但在白垩纪后期遭致整体灭绝。[1]生物旅游资源主要包括植物和动物两大类别。

一、植物

植物是生物界的重要成员,在地球的陆地上,除了南北极和沙漠地区,广泛分布着各种各样的三十余万种植物。它们或是如"雪巘古梅"傲然的一枝,或是如"烟堤高柳"繁茂的一排,或是如"松排山面千重翠"的郁郁苍苍的一整片。无论以哪种形貌出现,植物总是默默地装点着我们美丽的地球,甚至启迪着我们的情思。

---

[1] 参见苏文才、孙文昌主编《旅游资源学》,高等教育出版社(北京),1998年版,第40~42页。

(一)植物的造景功能①

植物类旅游资源因其品种、特征的不同,分别以其独特的形、色、香、声、古、幽、光、影、奇、寓意美愉悦着我们的视听,启发我们的心智、情思。

1. 形

植物种类繁多、形态各异,本身就具有天然的形态美。如果通过人工蟠扎、嫁接还可以塑造各种独特的植物造型。我国传统的植物观赏,重姿态,不重品种,使植物的形态成为最为重要的造景功能。各种不同植物通过殊异的造型达到悦人的目的。因此,观花就要讲究花姿花形;看也要分别单叶、复叶、全叶、裂叶;树形有挺拔俊俏、有婀娜多姿、有奇异诡怪;果形有圆、扁之别。

2. 色

植物因其种属、季节、年龄、部位的差异而呈现不同的色彩。不同的色彩不但可以构成各具美感的景观,而且还可以引人联想、愉悦心情。春天柳条抽新绿给人以生机勃勃、充满希望之感,雪峰之巅古梅的暗褐色给你以浑厚苍劲、韵味无穷之感。色彩作为物体的基本属性,对人的感官冲击很大。植物的各种色彩构成缤纷的五彩世界,对旅游者有独特的吸引力。春天的菜花黄,夏天的荷叶绿,秋天的红叶赤,各呈异彩,即使在冬天植物也是不甘寂寞的,不用说冬天还有许多常绿树木、开花花卉,即使是那些褪尽残妆的植被,古雅的褐色将天空装点得更加洁净空明。而植物的色彩中,成片的、成层的最富美感,如我国各地著名的红叶景区就是成片的红色美景;而九寨沟的彩林则是成层的,各种色调,一层一层的,相互搭配,色彩绚烂,成为九寨一绝。

3. 香

有些植物的花、果、叶、茎、根等可以发出独特的香味,给人以嗅觉美,从而调解身心、有益健康。有些植物还可以提取香料,装点我们的生活,其中云南的香料植物最多。除了使用价值,有些植物的香味还具有很高的审美价值。如"芳菲菲兮袭人"的幽兰,不但幽香暗送,而且具有君子高德的隐喻。武夷山流香涧峭壁上的石蒲,清香阵阵,令人陶醉;成都平原春天到处菜花成阵,芳香四溢,令人感到无限的田园风情。

4. 声

植物的茎、叶在各种外力的作用下会发出各种美妙的声响,奏出悦耳的乐章。"留得残荷听雨声",是文人利用植物的声响审美的典范;"衙斋卧听萧萧竹",则是士人利用植物声响警策自己的绝响。此外,如雨打芭蕉、松落棋盘、林海松涛……各种不同声响给人以不同的美感。

5. 古

古是指植物生存的时间长。有些古树名木年代久远,其植被本身记录了很多地质年代、生命环境的信息。这种植被不但具有较大的考古、科研价值,而且岁月留给它的痕迹使其姿态别具、古味十足,加之某些古树名木还成为某些民族的崇拜对象,因此具有极大的观赏价值。我国的古树多是"养在深闺人未识",位于偏远的大山深处、人迹罕至,也有少数在人口聚居区,这些就多既是古树,也是名木了。我国的名木古树多与古寺庙、古祠堂、古陵墓和名胜古迹融为一体,共同构成综合的美景区域。

---

① 参见陈蔚德主编《导游讲解实务》,旅游教育出版社(北京),2004年版,第49~53页。

6. 幽

"蝉噪林逾静,鸟鸣山更幽",幽是植物最重要的造景功能。"山幽"离不开"林静",林静是植物浓密、吸收噪音所致。植物的绿色也最能妆点山的幽静,"青城天下幽"就是因为"翠于其表",所以才"幽于其意"。① 幽主要有以下几种含义:其一,林茂树密、森林茂盛,给人"幽深"之感;其二,植物葱葱郁郁,给人"幽暗之感";其三,植物通过其生长空间,给人以"幽静"、"静谧"、"僻静"之感;其四,植物以上述各种因素的综合给人"幽雅"的感觉。植物的幽,还可以利用在城市绿化上,起到屏蔽噪音,还居民宜居空间的作用。

7. 光

光是指植物表面的光泽,或者是带光泽的植物在日光或月光下呈现的各种光亮现象。有的植物具有蜡质光泽,有的则具有半透明状态的光泽。在不同的时辰,日月的光照射在植物的表面,会呈现出各种奇妙的光现象。如蜡质表面的植被成片生长时,在夏季阳光的暴晒下,发出熠熠的光。

8. 影

影是植物在阳光、月光,甚至灯光的照射下在陆地、水面形成的影像。尤其是斜照,其影像有更丰富的表现力和多样的变化。光线形成的树影、花影随光线斜射的角度而使景物的影子长度发生变化,使景物的意境更高,如"月移花影上栏干",就是在月光斜照中形成的意象。日光下,柳影婆娑;月光下,疏影横斜;影像给人很多美好的意象,难怪崔莺莺用"隔墙花影重"暗示张生,于是又引出一段佳话。

9. 奇

大自然无奇不有,植物的奇形异状和奇异生理特性是游人追赏的目标。奇是指植物形态或生理奇特,引人游观。如安徽黄山的"迎客松",多倚于绝壁,且枝条向斜下方生长,而且通常不对称,像极了主人作揖迎客的形象;西双版纳有种会流油的树叫"布罗香";黑龙江、吉林两省交界处有棵会产盐的树"木盐树";云南临沧县有会长白菜的"白菜树";陕西山阴县有一颗高大的"三层果树",其主干为栗子树,上层是桂花、松柏,中层是核桃、大枣、桔子,下层是石榴、桃树,"八树一体",春季千姿百态、鲜花争妍,秋季果实累累、瓜果飘香,冬季松柏苍翠、郁郁苍苍。

10. 寓意美

我国人民自古就有通过植物来寄托字迹的情感和理想的传统。春兰秋菊,虽在形态、芳香上各有千秋、不分轩轾,但在人们的心目中却有不同的寓意,兰花因其僻处幽谷有君子之谓,而菊花有隐士之称。各种不同的植物都被我国人民赋予了不同的寓意,使得观赏我国传统花木,总不是观其形、嗅其味而止,还需味其意蕴。如苍松有高洁、坚毅、长寿的寓意,孔子就有"岁寒,然后知松柏之后雕也"之句,以此形容苍松的坚毅,传统中也有"寿比南山不老松"的祝寿辞;如竹有清高、虚心、刚毅的寓意,苏东坡一生爱竹,有"宁可食无肉,不可居无竹"的名句,毛泽东也有"山间竹笋嘴尖皮厚腹中空"的联句;荷花有洁身自好的寓意,北宋著名理学家周敦颐还专门作文"爱莲说"一篇,以资阐发其寓意。我国传统名花木众多,有寓意者不胜枚举。

---

① 青城山植被覆盖率达95%以上,且多为常绿植物。老舍先生曾以一字概括青城山的特色:"翠"。国民党元老吴稚晖概括其特色是:"幽",并最早提出"青城天下幽"。笔者融合二人观点,认为青城山是:"翠于其表,而幽于其意"。

（二）植物的旅游功能

植物为山岳之毛发，不但妆点着山川，还美化了我们的生活。植物直接或间接构成旅游景观，吸引人们前去游赏、观览。

1. 观赏功能

植物因其形、色、香、声、影、寓意等具有很大的观赏价值，在旅游活动中，具有供游人观赏的功能。

2. 造园功能

植物本身可以构造植物园，此外，植物还可以作为园林的绿化、点景、障景花木，妆点园林，与园林形成综合的旅游景观。

（三）植物旅游资源的基本类型

植物旅游资源根据其特性可分为观赏植物、奇异珍稀植物、森林、观光农业四个基本类型。

1. 观赏植物

观赏植物是指以其外形、内涵而吸引人们前来游赏观光的植物旅游资源。我国地域广阔，地理环境多样，观赏植物繁多。[1] 观赏植物有可分为观赏外形和观赏韵涵两种。观赏外形和韵涵往往不能截然分开，两者相依相存，只是侧重点有所不同，而这两种之间也有不少交叉的现象存在。之所以这样分，是考虑到注重挖掘植物旅游资源的文化韵涵。

（1）观赏外形类植物

植物的外形因其具有不同形态而吸引旅游者，按其吸引的外形部位不同，分为观花植物、观叶植物、观果植物、观枝冠植物四种。需要特别说明的是，植物是一个综合整体，是无法按照这种方式将其截然分开的，之所以分为观花、观叶等诸端，只是侧重点不同而已。

观花植物。花是植物最亮丽的部分，也是植物最引人注目的器官。赏花是我国传统习俗的重要部分，传统的花朝节[2]就是专门赏花的节日。花姿、花色、花香、花韵是花的四大美学特征。若同时具备这四大特征则花卉的观赏价值就非常高。我国名花众多，分布广泛。最具观赏价值的有我国十大名花（见表 3-4）和各省市的省花、市花（见表 3-5），此外，还有"园中三杰"（玫瑰、蔷薇、月季）、"花中四友"（山茶花、梅花、水仙花、迎春花）、"花中四雅"（兰花、菊花、水仙、菖蒲）、"三大名花"（报春花、杜鹃花、龙胆草）等各种。我国各种花卉分布广泛，以市花为例，天津、郑州、大连、常州、宜昌、衡阳、平顶山、蚌埠28个北方和南方城市均选择月季花作为市花。青岛、长沙、无锡、九江、丹东、嘉兴、珠海、三明等10多个城市均选择杜鹃作为市花。

---

[1] 我国花卉的数量位居世界首位，其次是南美、西欧、北美；珍稀古树数量位居世界第二，美国第一，印度和马来西亚列第三和第四。（据陈福义主编《中国旅游资源学》，高等教育出版社（北京），2005年版，第128页）

[2] 花朝节：亦称"百花生日"。日期倒有三个：洛阳以二月二日为花朝节，又为挑菜节；东京以二月十二日为花朝，作扑蝶会，成都以二月十五日为花朝，也有扑蝶会。……总之，花朝总在二月是肯定；正如东汉张衡《归田赋》所谓"仲夏令月，时和气清，原隰郁茂，百草滋荣"，百草既已滋荣，百花也即萌芽起来。（摘自周瘦鹃《花影》卷首语，山东画报出版社，2003年版）

表3-4　　　　　　　　　　　　　中国传统十大名花

名称	雅称、别称	栽培历史(年)	著名产地
梅花	雪中高士、寒客、花魁、清客	2500	杭州、无锡
牡丹	花中之王、百两金、伊洛传芳	1500	洛阳、菏泽
菊花	花中隐士、寿客、女华、日精、金蕊	2000	北京、上海
兰花	幽谷佳人、花中君子、幽客、香祖	2500	广州
月季	花中皇后、紫华、痴客、斗雪红	1000	北京、常州
杜鹃	花中西施、躑躅	1500	云南、西藏
山茶	花中妃子、玉茗	1500	云南、浙江
荷花	花中君子、菡萏、金芙蓉、芙蕖	3000	武汉、杭州
桂花	花中仙客、木樨、仙客	2500	江苏、湖北
水仙	凌波仙子、金盏银台、雅客	1200	漳州、上海

＊注：表3-4系据陈蔚德主编《导游讲解实务》，中国旅游出版社(北京)，2004年，第54页表格修改。

表3-5　　　　　　　　中国的省(自治区、直辖市、特别行政区)花

地名	花名	地名	花名	地名	花名	地名	花名
北京市	月季、菊花	天津市	月季	上海市	白玉兰	重庆市	川茶花
安徽省	紫薇、黄山杜鹃	江苏省	芍药、琼花	山东省	牡丹	湖北省	梅花
四川省	兰花、木芙蓉	云南省	云南山茶	广东省	木棉花	河北省	太平花
贵州省	珙桐、杜鹃花	江西省	杜鹃花	山西省	榆树梅	辽宁省	天女花
山西省	百合花	青海省	绿绒蒿	福建省	水仙	台湾省	蝴蝶兰
河南省	腊梅、牡丹	吉林省	君子兰	湖南省	荷花	浙江省	玉兰
广西壮族自治区	桂花	黑龙江省	丁香、玫瑰	西藏自治区	报春花	宁夏回族自治区	枸杞
内蒙古自治区	马兰、金老梅	香港特别行政区	紫荆花	澳门特别行政区	荷花	新疆维吾尔自治区	雪莲花
甘肃省		海南省					

＊注：表3-5系据陈蔚德主编《导游讲解实务》，中国旅游出版社(北京)，2004年，第54～55页表格修改。

观叶植物。观叶主要观叶色和叶形，绿色虽为叶之本色，但有不少植物的叶色随季节而呈现变化，极具观赏性。还有温室、庭院栽培的彩叶观赏植物，最富色彩，也最具魅力。古人就有"看叶胜看花"的诗句。季节性观叶植物，当其进入深秋，叶色多变为红色、红紫色、黄色、橙黄色等各种颜色，当中尤以红色最具观赏价值。[①]"停车坐爱枫林晚，霜叶红于二月花"，深秋赏红叶也是雅事一件！我国各地观叶植物颇多，如黄栌、山杏、椴树、花楸、槭树、乌桕、枫树、柿树、丝绵树、连香木、黄连木等。我国观叶旅游以四川九寨沟的彩林景观最为亮丽。北京香山、南京栖霞山、四川米亚罗都是不错的红叶观赏地。

[①] 参见陈福义、范保宁主编《中国旅游资源学》，中国旅游出版社(北京)，2005年版，第129页。

【小知识】

九寨沟的彩林①

九寨沟莽莽林海,随着季节的变化而呈现出瑰丽的色彩变幻。入冬,白雪皑皑,冰幔晶莹洁白,林海似玉树琼花,银装素裹的九寨沟显得洁白高雅,像是放置在白色瓷盘中的蓝宝石。初春的山间丛林,红、黄、紫、白各色杜鹃点缀其间。其后,山桃花、野梨花相继吐艳,夹杂着嫩绿的树木新叶,使整个林海繁花似锦。盛夏则是绿的海洋,新绿、翠绿、浓绿、黛绿,绿得那样的丰富,显出旺盛的生命力。最美的就是深秋了,深橙色的黄栌、浅黄色的椴叶,绛红色的枫叶,殷红色的野果,深浅相间,错落有致,真可谓万山红遍、蔚为壮观。在暖色调的衬托下,湖水显得更蓝,蓝天、白云、雪峰、彩林倒映于湖中,呈现出光怪陆离的水景。那么,这无比绚烂的彩林景观是如何形成的呢?

新中国成立后,九寨沟曾为林场,原生林均为常绿针叶林的云杉、冷杉。后来林场砍伐掉一些树木。这时,以喜光树种桦树、槭树、椴树、黄栌、山槐等落叶阔叶林得以生长,形成次生林,加之喜水的沿沟杨柳、杜鹃,遂使九寨沟林海的植被变得非常多样。每年寒露一过,常绿的乔木依然葱茏,而黄栌却换上了橙色的新装,枫树和山槐也摇丹缀红的火起来,山杏被秋光染成鲜紫,椴叶被风吹得金黄,一时层林尽染,翠湖叠彩,秋色满沟,山谷生辉,呈现五彩斑斓的绚丽景观。真可谓"童话世界,人间仙境"!

观果植物。红、黄、紫、绿的各种色彩,圆扁大小不一的各种形状,酸、甜、鲜、香的各种味道,是成熟果实吸引人们观赏的重要内容。果实以色彩观之,以红色、紫色最具观赏性,如荔枝、苹果、樱桃、桃、红枣、枸杞、李子、番茄、辣椒等;黄色次之,如橙子、杏子、柿子等;青色再次,如青枣、青苹果、猕猴桃等。

观枝冠植物。树木的枝冠之美主要取决于树冠外形。树冠形态通常有塔形、伞形、球形、水平形、下垂形等。其中塔形(如冲天柏)、下垂形(如垂柳)、水平形(如雪松)具有较高的观赏价值。② 黄山松就是以其奇异的枝冠形象而独具美学价值。

(2)观赏韵涵类植物

植物不仅因其外形而备受游客青睐,更多的植物还因其风韵和与文化的密切联系而使其景观价值更加丰富。很多植物因其花、叶、果实、枝条而具有独特的风韵,并被人们赋予其各种象征意义。植物的寓意、风韵使得植物的观赏价值变得更加丰富。当这种寓意广为人知的时候就会代代相传,有时甚至成为某一地区的精神象征或某类人群的象征,这就成了市花、省花(参见表3-5)、国花。

如梅花,被誉为"雪中高士",有"寒客"、"清客"等多个雅号,受到历代文人墨客的吟颂赞誉。各种梅花具有独特的风韵,甚至形成了一种的文化。古人曾说"水陆草木之花,香而可爱者甚众,梅独先天下而春,故首及之。"先天下而春就是梅的可爱与可贵之处。古人还说,梅具四德:初生蕊为元,开花为亨,结子为利,成熟为贞。又有人说,梅花五瓣,是五福的象征:一是快乐,二是幸运,三是长寿,四是顺利,五是和平。③ 古人写梅之句俯拾即是,如王安石的"遥知不是雪,为有暗香来";崔道融的"香中别有韵,清极不知寒";陆游的"二十

---

① 参考自章小平主编《九寨沟完全手册》,四川人民出版社(成都),2003年版,第32页。
② 参见陈福义、范保宁主编《中国旅游资源学》,中国旅游出版社(北京),2005年版,第130页。
③ 参见周瘦鹃著《花影》,山东画报出版社(济南),2003年版,第126页。

里路香不断,青羊宫到浣花溪";王冕的"不要人夸颜色好,只留清气满乾坤";而其中最有韵味的就是"梅妻鹤子"的林逋了,其写梅诗"疏影横斜水清浅,暗香浮动月黄昏"成了写梅绝响。

其它如"岁寒三友"(松、竹、梅)象征高尚;"桃李"象征学生;"红豆"象征思慕;"椿树"象征长寿;"柳枝"象征依恋等等。

2. 奇异珍稀植物

奇异珍稀植物旅游资源,是指或因具有不同于一般植物的形态或生态特征,或因其稀少珍贵、具有较高的科研价值,或因其具有独特的文化意涵而吸引人们前来观赏游览的植物资源。其包含奇异植物、稀有植物、名木古树三类。

(1)奇异植物

是指具有奇特的形态或生态特征。如我们前面所谈的"黄山迎客松"、白菜树、木盐树、"三层果树"等。其主要特点是形态奇异、生态奇异。

(2)稀有植物

地球在演进过程中,经历了五次生物大灭绝,大量生物在这五次大灭绝中消失。最为著名的就是白垩纪末期恐龙的消失,与恐龙一起消失的还有大量的植物。第四纪冰川的移动也导致了大量物种消失,只有极少数的物种能幸存。随着环境的变化,有的植物甚至不能自然繁殖,濒临灭绝。这些珍稀濒危的植物不但具有极高的科学考察价值,而且具有很大的旅游观赏价值。如我国特有的珍稀物种水杉,诞生于距今约1亿年的白垩纪,原来广泛分布于世界各地,第四纪冰川后,其它地方的水杉全部灭绝,科学家均以为水杉已经在全球灭迹,直到1941年我国科学家在湖北与重庆交界处发现了野生水杉,轰动全球,成为了名副其实的植物"活化石",水杉不但具有巨大的科学价值,还因其形态优美而极具观赏性,现被50余国引种,银杏、银杉与水杉一起被称为世界三大植物"活化石"。此外,我国被称为活化石的珍稀植物还有珙桐、鹅掌楸、桫椤等。

【小知识】

地质史上五次物种大灭绝[①]

科学家普遍认为,在地球演进的历史中,曾经历过五次物种大灭绝:第一次,是奥陶纪——志留纪之交的物种大灭绝,发生在大约4.4亿年前,全球气候骤然变冷导致了85%的物种灭绝;第二次,是晚泥盆纪弗拉斯期-法门期之交的生物大灭绝,发生在大约3.65亿年前,70%的物种灭绝;第三次,是二叠纪——三叠纪生物大灭绝,发生在大约2.5亿年前,这次大灭绝导致生物科数减少52%,物种数量减少90%,是最大的一次生物大灭绝;第四次,是三叠纪——侏罗纪之交的生物大灭绝,发生在大约2.08亿年,物种数量减少25%;第五次,是白垩纪—第三纪之交的物种大灭绝,发生在大约6500万年前,75%~80%的物种灭绝。其中最广为人知的就是第五次生物大灭绝,因为在这一时期称雄一时的恐龙灭绝。

(3)古树名木

古树名木,是指留存时间很长或知名度很高的树木。如黄帝陵前5000多年历史的"轩辕柏"(相传为黄帝手植)和2000多年的"挂甲柏"(相传黄帝挂过战甲);孔庙内2000年以上的

---

① 参考自"五次物种大灭绝事件",《大自然探索》,2007.02,第17页。

"孔子桧"(相传孔子手植);泰山千年树龄以上的"五大夫松"(秦始皇登泰山所赐);河南嵩阳书院三棵周柏(传说汉武帝游嵩山时戏言封之为"大将军"、"二将军"、"三将军","三将军"明末毁于火,现存两株);台湾阿里山具有3000多年树龄的"神木"红桧树(高52米,树围23米,直径4.5米);四川青城山天师洞旁有株树龄1800余年的银杏树(相传为张天师手植);四川都江堰离堆公园中的"张松银杏"也已有1800余年(相传为张松手植)。我国历史悠久、地域广阔,古树名木不胜枚举。

3. 森林

森林可以防止水土流失、可以调节气候、可以防风固沙……在植物群落中,森林是用途最为广泛的一种,是人类忠实的好朋友。此外,成片的森林还可以成为旅游景观,或者为开展特种旅游项目提供场地(如森林浴)。我国森林资源分布广泛,从北方的长白山到南方的西双版纳,我国拥有100多个国家级森林公园。森林公园自然景观千姿百态,历史遗迹丰富多彩,对游人很有吸引力,是游客登山野营、骑马打猎、采集标本、科学考察、休闲疗养、回归自然的好地方。①

4. 观光农业

观光农业是把农业与旅游业结合起来的一种旅游活动。我国是农业大国,农业历史悠久,现在很多地区还保存着千年以前的农业耕作方式,具有很大的观赏价值。加之农业种植园、农村风情、田园风光返璞归真,对旅游者也有很大的吸引力。

二、动物

动物是自然界最富活力的一份子,与植物相比,动物能运动、会发声、通人性。不少动物的体态、色彩、姿态和声音都极具美学价值,世界各地历来就有观赏动物的传统。目前世界上已知的动物物种约有150万种,它们可以分为"脊椎动物"和"无脊椎动物"两大类。

(一)动物的造景功能②

1. 奇异

奇特是指动物在形态、生态、习性、繁殖、迁徙及活动方面的奇异表现。可满足游人猎奇的旅游心理。奇异的动物在世界范围看非常多,如在夜间行动的太阳熊;面部只有鼻子和眼圈部位是黑色的白面粗尾猿;雌雄同体形态怪异的盲鳗;鼻子长如茄子的长鼻猴;外形酷似布娃娃的蝶螈;长着尖尖长长的一只角的独角鲸;红红的面部秃秃的头的秃头猴;四川峨眉山的琴蛙和枯叶蝶;台湾省高雄"蝴蝶山谷"的蝴蝶会和大理蝴蝶泉的蝴蝶会,湖南衡山龙池的"蛙会"等。

2. 珍稀

珍稀和奇异有时候往往交织在一起。珍稀,是指动物中特有的、珍贵稀少的,甚至濒临灭绝的,往往成为人们关注的中心。如武夷山的"角怪"、人见人爱的大熊猫、绿孔雀、扬子鳄、褐马鸡、朱鹮、丹顶鹤、黑颈天鹅等。

3. 表演性

在人工饲养和训练下,某些动物会模仿人类动作或在人们指挥下做出某些技艺表演。我

---

① 参见陈福义、范保宁主编《中国旅游资源学》,高等教育出版社(北京),2005年版,第132页。
② 参见陈蔚德主编《导游讲解实务》,中国旅游出版社(北京),2004年版,第55页。

国古代就有斗鸡、斗蟋蟀、斗狗、耍猴、耍蛇、养鸟、放鹰、赛马等以训练动物为特色的娱乐活动。直到今天,这些活动,如马戏团的猴、狗、老虎、马的表演,依然对游客具有非常大的吸引力。

(二)观赏动物的旅游功能[①]

1. 观赏性

观赏动物的奇特性、珍稀性、表演性和特殊的寓意,成为人们游赏活动的重要内容之一。人们在观赏中满足其猎奇心理、获得愉悦。

2. 造园功能

与观赏植物一样,动物也有造园功能。建造各类动物园,这是发挥动物观赏功能的另一种途径。人工动物园多建造在城市或城郊,便于市民就近观赏。如上海动物园汇聚了世界各地具有代表性的动物和珍稀动物200余种,一万余头(只)。

(三)动物旅游资源的基本类型

动物旅游资源根据其吸引旅游者的不同内容可以分为三个部分:观赏动物、珍稀动物、表演动物。三种类别之间没有截然界限,只是侧重不同。

1. 观赏动物[②]

观赏动物,是指动物的体态、色彩、运动和发生等方面的特征具有独特美学价值能吸引人们观览的动物。根据观赏动物的主要美学特征,可以分为观形动物、观色动物、观态动物、听声动物四大类。

(1)观形动物

形貌是动物最明显的外部特征,是人类最容易捕捉的信息。由于动物品类极多,因此动物外形千差万别、各具魅力。如大象,体型硕大,却温和沉静,给人以沉稳之感;雄狮,体型健硕,尤其是头部很大,显得威武雄壮,不愧具有"兽中之王"的气度;骏马,头颅高昂、鬃毛飘逸、体格结实,给人以洒脱之感;颈项修长、外形斑驳的长颈鹿给人典雅华贵的感觉;尤其是尾巴似马而非马、角似鹿而非鹿、蹄似牛而非牛、颈似骆驼而非骆驼的"四不像"麋鹿,其体形更耐人寻味,极具观赏性。

(2)观色动物

动物的色彩是动物吸引游客的重要因素。有的色彩艳丽,有的色彩淡雅,有的色彩丰富,有的色彩单一。如雪一样白的北极熊;乌金一样黑的黑叶猴;黑白条斑排列极具韵律的斑马;顶部只有一点红的丹顶鹤;黑白两色搭配相宜的大熊猫等等。

(3)观态动物

动物的行动也能引起人的美感。如大熊猫的模特步,憨态可掬;绿孔雀的开屏,艳丽无比;骏马奔腾的矫健;大雁过蓝天的整齐、鱼游水中的自由、猿猴攀援的灵巧。有些动物,经过训练,还可进行复杂的动作表演,更具观赏娱乐性。

(4)听声动物

袁枚有诗曰:"鸟语花落,皆与神通,人不能悟,付之飘风!"鸟的语言可与神相通,其魅力可以想见。动物悦耳的声响能激发人们的听觉美。雄狮愤怒时振聋发聩的吼叫,给人以雄壮美;画眉悠扬婉转的声音如同美丽的乐章;黄山八音鸟的叫声,音调尖柔多变,一声能发出八个

[①] 参见陈福义、范保宁主编《中国旅游资源学》,高等教育出版社(北京),2005年版,第126页。
[②] 参见苏文才、孙文昌主编《旅游资源学》,高等教育出版社(北京),1998年版,第47~48页。

音;善于模仿的鹦鹉能发出更多的声音,非常讨人喜爱;峨眉山的琴蛙,叫声如琴声悠扬;云南鸡足山的念佛鸟发出"弥陀佛"的叫声,更令人啧啧称奇;布谷鸟的"布谷"声颇有文化意味。

2. 珍稀动物

珍稀动物由于数量稀少,又具有物种的代表性而极具科研价值。由于稀少,珍稀动物的观赏价值也非常高,因为其稀有性可以满足游客猎奇探异的心理需求。我国珍稀动物品种较多,如哺乳动物中的大熊猫、金丝猴、白鳍豚、白唇鹿被称为"四大国宝",此外,哺乳动物中还有黑麂、野牦牛、藏羚羊、台湾猴等;鸟类中有鸳鸯,山西、河北的褐马鸡,甘肃、四川的蓝马鸡,台湾的蓝腹鹇、锦鸡、黄腹角雉、绿尾虹雉等;两栖类以长江中下游的扬子鳄和大鲵最为珍贵。

3. 表演动物

动物不但具有自身的形态、习性,而且在人工驯养下,某些动物还能够模仿人的动作后在人的指挥下完成某些技艺表演。如狗、马、海豹、猴子、大熊猫、大象等能做出可爱又可笑的模拟动作;有的鸟类则可以模仿声音,如画眉、鹦鹉、百灵等。

第五节 天象与气象类旅游资源

我们生活的地球穿了一件厚厚的"衣服",这就是厚达约6400千米的大气层。大气层里面有生物生存所需的空气,同时大气层还有水气和尘埃。由于有了大气,才使射进来的阳光遇到大气分子后产生散射。对于低层的分子来说,主要是散射蓝色光,从而使天空成为蓝色。有了大气层,在昼夜交替的过程中,我们才能欣赏到晨光明霞、黄昏夕照的壮丽景色。晨光名霞、黄昏夕照、雾锁横江、月迷津渡等等这些天象与气象景观,是大自然最亮丽的杰作,吸引着大量旅游者观赏游览而成为自然旅游资源中最变幻莫测和神秘的部分。

天象是指天体到了某个特定位置所造成的现象。如当月球运行至太阳与地球之间时,就会发生日食这种天文现象。气象是指发生在天空中的风、云、雨、雪、霜、露、虹、闪电、打雷等一切大气物理现象的总称,其包括天气和气候。"天气",是指影响人类活动瞬间气象特点的综合状况。气候是指整个地球或其中某一个地区一段时期或多年的气象状况的综合特点。宋代画家郭熙曾说:"山以水为血脉,以草木为毛发,以烟云为神彩。故山得水而活,得草木而华,得烟云而秀媚。"独特的天文现象、气象现象瑰丽奇特、变幻无穷,不但可以造景,而且还可以育景。有些甚至成为某地的最吸引人的魅力因素,如吉林的雾凇每年都会吸引大量游人前去观赏。

一、天象、气象旅游资源的特点

与地文旅游资源、水域风光旅游资源、生物类旅游资源相比,天象、气象类旅游资源由于与神秘的宇宙天体和变幻不居的大气有关,因此呈现出自身的特点。

(一) 无形性

天象、气象旅游资源,或是一种天文现象,或是大气物理现象。不同于地质地貌、水域风光以及生物具有一定的实体,天象、气象多呈现出无形性,没有相对稳定的实体。气候的寒暖变化、云彩的聚散浓淡、月亮的阴晴圆缺,都是我们的视觉映像,无法触摸。这种无形性使得天象与气象旅游资源大多只能作为旅游景区的配景。如"灌阳十景"①之一的"离堆锁峡",这种晚霞景观就必须依托离堆的自然风光。

(二)依赖性

由于天象、气象旅游资源具有无形性,使对其进行开发往往必须和其它旅游资源相配合。这是天象、气象旅游资源具有依赖性的特征。如我国处于热带长夏无冬的地域不少,但不都适合开发成避寒胜地,除气候条件优越外,蓝天、沙滩、民风风情等都是重要的组景因素。

(三)变幻性

天象、气象景观与天体的运行和大气的运动等直接相关,而天体的运行速度非常快,大气的运动变化也非常迅速,因此这些景观可能瞬间消失,也可能迅速变化。如天边的流星雨就是稍纵即逝的天象景观,而彩虹的形成和消失也是很短暂的,天气的晴明晦暗也变化多端,很难把握。把握这一特点对于我们开发天象、气象旅游资源具有非常重要的意义。这种变幻性既让天象、气象神秘莫测,引起人们的好奇心,同时又一定程度地使其具有不确定性。

(四)地域性

天象、气象旅游资源受海拔高低、海陆分布、纬度区位、地貌类型等地理环境的制约。不同的地理环境有不同的天象和气象旅游资源。尤其是一些特殊的天象、气象景观需要特定的地点才能出现,因而成为一地特色。如黄山云海、泰山日出、吉林雾凇、蓬莱的蜃景等。

(五)季节性

气象气候有明显的季节变化,而天文现象也因季节不同而不断变化。因此,不同的天象、气象景观呈现明显的季节性变化。著名的黄山云海主要出现在秋季至春季,太白山的平安寺云海主要出现在夏秋季,云南大理点苍山玉带云主要出现在夏末秋初,峨眉佛光主要出现在冬春季等。

二、天象、气象旅游资源对旅游活动的影响②

天象、气候是一地自然环境的重要组成部分,同时还是决定环境特征的主导因素。适宜的气候条件是人们选择居住环境的重要指标,也是旅游者选择度假地的重要影响因素。因此,天象、气候旅游资源对旅游活动的各个方面产生了重要影响。

(一)旅游流的分布

旅游流在时间和空间上分布的不均衡性,虽然与旅游资源分布情况、交通便捷状况、居民收入水平和空闲时间等多方面原因有关,但目的地的气象、气候条件无疑也是一个重要的影响因素。气象、气候条件是决定旅游者选择目的地的重要考量标准,旅游流在时间、空间上的分布就与旅游者选择目的地的气候条件相关。如夏季选择避暑度假地的旅游者,肯定会选择气温凉爽宜人山地或高纬度地区;而冬季选择避寒度假地的旅游者,则更多倾向于选择气候温暖的海滩或低纬度地区,这使海南成为了著名的避寒度假地。

---

① 灌阳十景:源自清初灌县(今都江堰市)县令马玑的一首诗《灌阳十景》-青城描不尽,客赏意何穷。翠竹窝栖凤,寒潭卧伏龙。离堆崖锁峡,洞口石生风。晚渡江沙白,灵岩灯火红。竹林飞夜雨,圣塔响晨钟。老人村尚在,不见白头翁。灌阳县为都江堰市,此十景是图画青城、翠竹栖凤、寒潭伏龙、离堆锁峡、洞口生风、白沙晚渡、灵岩灯灯、竹林夜雨、圣塔晨钟、长寿老人村。其中大多现已不存,马玑写诗时就已感叹"不见白头翁",最后一景那时就已不存。

② 参见陈福义、范保宁主编《中国旅游资源学》,高等教育出版社(北京),2005年版,第107~109页。

（二）影响旅游区旅游功能的发挥

旅游区旅游功能的发挥会受到气象气候条件的制约。如雨天对旅游活动的开展直接构成干扰，尤其是大雨、暴雨的出现更会直接中断旅游活动；天气变化也会直接影响某些旅游项目的开展，如天空乌云密布则不适合开展空中滑翔运动。构成旅游区旅游景观的天象、气象景观的发挥则更直接影响旅游区的旅游功能发挥。如秋冬季专程去吉林看雾凇，但是天气条件无法形成雾凇，则此次旅游则会败兴而归，旅游区的旅游功能得不到发挥。

（三）影响景观季相变化和空间景观结构

天象、气象环境是旅游目的地综合环境中的重要组成部分，它有时直接成为旅游景观的重要内容，更多的时候则是作为旅游景观形成的背景条件。正由于此，天象、气象旅游资源影响了很多旅游地的景观季相变化，使大多旅游区都呈现出景观的强季节性差别。如九寨沟的彩林景观就是旅游景观季相变化的典型。同时，天象、气象的强变幻性使得某种景观今年在这个地方，明年可能又到了另一地方，影响了景观的空间结构。如日食现象等天文景观就会因时间的不同而变换最佳观赏地点。

（四）影响旅游区布局和旅游项目的选择

天象、气象旅游资源是旅游区的重要组成部分，其旅游区布局应该充分考虑当地的天象和气象条件。尤其是诸如避暑地、避寒地、天文观赏地等的开发应充分考虑天象和气象的影响因素。同时，在选择旅游项目时，也应根据当地天象、气象具体条件因地制宜进行开发。如，重庆奉节的小寨天坑是岩溶景观的典型代表，在开发过程中出现了交通难的问题，当时就考虑用热气球来沟通县城和小寨的交通，并作为一种特色旅游项目，但因为风向问题，此旅游项目后来被搁浅。可见，选择旅游项目时，考虑天象、天气旅游资源是非常基础和重要的。

三、天象、气象旅游资源的基本类型

天象、气象旅游资源变幻莫测、神秘诡异，这些宇宙奇观对旅游者有很大的吸引力。其中最有名者有：沧海日、赤城霞、峨嵋雪、巫峡云、洞庭月、彭蠡烟、潇湘雨、广陵潮、匡庐瀑布[①]、蓬莱蜃景、吉林树挂、黑河极光等。具体而言，天象、气象旅游资源可以分为天象和气象两大类别。

（一）天象

天象，就是天文现象。是由于天体运动而形成的现象。主要有关于日月的天象景观和关于其它宇宙形体的天象景观两部分。

1. 日月

（1）日出与晚霞

旭日东升、霞映澄塘是自然界天象景观中的两大美景，曾引发无数墨客吟颂。如"日出江花红胜火，春来江水绿如蓝"、"海日生残夜，江春入旧年"、"余霞散成绮，澄江静如练"、"夕阳无限好，只是近黄昏"等。日出与晚霞是很多风景名胜区的代表性景观。泰山的"旭日东升"和"晚霞夕照"是其"四绝"之二（其余两个是"黄河金带"和"云海玉盘"）。游客去北戴河度假，争登鹰角亭观日出；上黄山，观日出也是多数游客安排的景点。由于各地自然环境的差异，日出的形与色也会有变化。例如黄山，观赏的是云海日出。黄山云海常铺，薄雾犹如

---

① 清代篆刻大家邓石如曾为自己书斋题过一副对联："沧海日赤城霞峨嵋雪巫峡云洞庭月彭蠡烟潇湘雨广陵潮匡庐瀑布合宇宙奇观绘我斋壁；青莲诗摩诘画右军书左氏传南华经马迁史薛涛笺相如赋屈子离骚收古今绝艺置吾山庄。"

屏幕,适量的水汽和尘埃,能使阳光散射成多种色彩,衬映出遥远天穹中日出的景致。人们所看到的是红日从这薄雾淡云的"海洋"中喷薄而出的景象。若在海边观日出,能观赏到红日从海平线上冉冉升起,红日色彩也渐渐变幻,金光万道,光彩夺目。

当日落西山时,近地平线处的红光照射云层,许多风景名胜区的群峰与烟云都被披上多彩的霞光,形成为霞海奇观。在黄山等地看晚霞,游人能真切地感悟到"夕阳无限好"的美妙享受。①

(2) 月色

"天上一轮才捧出,人间万姓仰头看",观赏月亮是传统中国人重要的夜生活休闲娱乐方式。并在数千年的观赏中,形成了许多的文化传统和习俗。古人也赋予月很多优美的别称,如玉盘、婵娟、明镜、望舒、桂殿、银台……无数的文人墨客书写了不可胜数的关于月亮的诗文。如"举头望明月,低头思故乡"、"我寄愁心与明月,随风直到夜郎西"、"但愿人长久,千里共婵娟"、"海上生明月,天涯共此时"、"今夜月明人尽望,不知秋思落谁家"、"举杯邀明月,对影成三人"、"掬水月在手,弄花香满衣"……月亮已经成为人们遥寄相思、直抒胸臆的重要凭借。同时,月色还被广泛运用于园林造景中,使月色与景物搭配成为著名的美景。西湖的"三潭映月"、"平湖秋月","潇湘八景"中的"洞庭秋月"②,燕京八景中的"卢沟晓月",无锡的"二泉映月",天津八景的"海门夜月"等等。我国的各处"八景"、"十景"中大都有月色的一席之地。此外,还有很多地方以月而名,如四川西昌就被称为"月亮城",桂林有"月亮山",敦煌有"月牙泉",仅以"月亮湖"命名的名胜地就有辽宁省营口市的月亮湖公园、吉林大安市月亮湖、内蒙古阿拉善盟月亮湖、重庆市石柱县月亮湖、浙江省江山市月亮湖、河北省承德市月亮湖、贵州省赤水市月亮湖等多处。可见,人们对月色的喜爱程度。

(3) 日食、月食

日食,又作日蚀,在月球运行至太阳与地球之间时发生。如果三者正好处在一条直线时,月球就会挡住太阳射向地球的光,月球身后的黑影正好落到地球上,这时发生日食现象。在地球上月影③里的人们开始看到阳光逐渐减弱,太阳面被圆的黑影遮住,天色转暗,全部遮住时,天空中可以看到最亮的恒星和行星,几分钟后,从月球黑影边缘逐渐露出阳光,开始发光、复圆。由于月球比地球小,只有在月影中的人们才能看到日食。月球把太阳全部挡住时发生日全食,遮住一部分时发生日偏食,遮住太阳中央部分发生日环食。发生日全食的延续时间不超过 7 分 31 秒。日环食的最长时间是 12 分 24 秒。日食只发生在在农历每月朔日(初一)前后。

月食是一种特殊的天文现象,指当月球运行至地球的阴影部分时,在月球和地球之间的地区会因为太阳光被地球所遮闭,就看到月球缺了一块。此时的太阳、地球、月球恰好(或几乎)在同一条直线上。月食可以分为月偏食、月全食和半影月食三种。月食只可能发生在望日(十五)前后。

(4) 极昼和极夜

---

① 参见苏文才、孙文昌主编《旅游资源学》,高等教育出版社(北京),1998 年版,第 61 页。
② 八景:"八景"之说源于宋代,据沈括《梦溪笔谈》十七·书画》载:度支员外郎宋迪是高手,最善画平远山水画,其得意的山水画作品有八幅,谓之"八景"。这就是著名的"潇湘八景",为以后各"八景"之鼻祖。
③ 月影:月亮投射到地球上产生的影子。

极昼，又称永昼，是指只出现在地球南北极圈内的太阳终日不落的现象。极夜，又称永夜，是指只出现在地球南北极圈内的终日不见太阳的现象。由于地球在公转过程中，地轴与公转轨道平面始终保持66°33′的夹角，使除赤道上和春、秋分日外，其它地区都随纬度不同而产生昼夜长短的变化，且纬度越高，昼夜长短变化越显著。在极圈内，则出现极昼和极夜的现象。每当春分、秋分日后，极昼、极夜分别出现在北极点和南极点；夏至日时，整个北极圈内都出现极昼，南极圈内都出现极夜。冬至日时的情况相反。自南、北极圈起，随着纬度的升高，极昼、极夜的时间逐渐增长，在南北极，每年有半年极昼和半年极夜。① 极昼和极夜现象只有在南北极圈才能看到，如我国的黑龙江省的漠河、加拿大的巴芬岛、格陵兰岛等。

(5) 极光

极光，是由于太阳风（即太阳带电粒子）进入地球磁场，在地球南北两极附近地区的高空，夜间出现的灿烂美丽的光现象。在南极称为南极光，在北极称为北极光。极光是自然界一种瑰丽的景象：高高的天空中出现了五彩缤纷的亮光，有的像条条彩带，有的像美丽的帷幕，有的像高悬在头顶的圆柱，十分炫目、光怪陆离、美艳动人。

极光的形成是这样的：由于从太阳上常常有很多高速的带电粒子飞出，在太阳上黑子爆发的时候，这种跑出来的带电粒子特别多。这些带电粒子到达地球，受到地球磁场的作用，纷纷在两极落下，和两极上空100~1000公里高处的稀薄空气碰撞，使部分大气发光。不同的气体发出的光是不同的，如氖气发红光，氩气发青光、蓝光。这些光就形成光艳夺目的极光现象。②

极光一般只出现在地球的南北两极，但是偶尔也会出现在其它的高纬度地区。如据我国古书《通鉴大全》记载，元朝时期，北京曾发生过极光现象；二十世纪以来，我国东北和内蒙古一些地区也曾见到极光。我国的极光观赏地，主要是黑龙江北部的三月、九月左右。其余美国的阿拉斯加北部、加拿大北部、冰岛北部、挪威北部也多出现极光。

2. 其它

(1) 流星

流星，是指行星际空间的小块物质闯入地球上层大气，同大气分子摩擦燃烧产生的光迹。特别明亮的叫火流星，流星体未烧尽落到地面即是陨石。当流星群与地球相遇时，从一点迸发出烟火般的流星现象，称为流星雨。

中国古代有丰富的流星观测记录，并且有最早的流星雨记录。《竹书纪年》载有"夏桀十年，五星错行，夜中星殒如雨"。但这条记录尚待考证，大约是公元前1609年的流星雨记录。而可靠的记录是《春秋》中对于公元前687年流星雨的记录："鲁庄公七年夏四月辛卯夜，恒星不见，夜中星陨如雨。"这次流星雨发生在天琴座。而《宋书》中对公元443年4月9日宝瓶座流星雨的观测记录就已十分详细："有流星大如桃，出天津，入紫宫，须臾有细流星或五或三相续，又有一大流星从紫宫出，入北斗魁，须臾又一大流星出，贯索中，径天市垣，诸流星并

---

① 参见张琪、董学文编著《高中地理实用词典》，中国国际广播出版社（北京），1989年版，第21页。
② 参见王辑梧著《空气的故事》，上海教育出版社（上海），1965年版，第94页。

向北行,至晓不可称数。"对这次流星雨的时间、方位、路线、数量等等都有所描述。中国古代对流星雨的记录,约有180多次。现已证认的对天琴座、英仙座、狮子座的流星雨记录均有多次。① 1533年纪录的最多,共有137次。1976年3月8日,我国吉林降落了一场流星雨,降落范围达500平方公里,共收集到200多块陨石,其中最重的一块重达1770公斤,是世界上迄今发现最大的陨石。流星、流星雨、流星未燃烧尽的残体—陨石、陨石撞击地球形成的陨石坑,不但具有重要的天文研究价值,也是吸引旅游者的重要资源。

(2)彗星观测

彗星,因其形似扫帚,民间又称其为扫帚星。这扫帚状的东西是它的尾巴,称为慧尾,是构成彗星的极稀薄的物质(大都是一些气体离子)被太阳光的压力压向一边形成的。慧尾具有极强的观赏性。因此,观测彗星也成为了重要的天象旅游资源。彗星有两种,一种是太阳系的"过客";另一种周期性环绕太阳,被称为"周期彗星",其中76年回归一次的哈雷彗星就是属于周期彗星。

(二)气象旅游资源

气象是指一切大气物理现象的总称,包括瞬间气象特点综合状况的"天气"和一段时间气象状况的综合特点的"气候"。云海、雾气、烟雨、蜃景、佛光、冰雪等都是属于天气景观;某地舒适的气候条件形成康乐型气候和某地极端的气候条件形成的极端气候,都对旅游者有不同程度的吸引力,这些都属于气候旅游资源的范畴。

1. 天气旅游资源

(1)云海

云是一种常见的天气现象,是空气中水汽在空中的凝结物。云是雨雪形成的必备条件,同时也是大自然馈赠给人类的美妙景观。正如宋代著名画论家郭熙所言"山……以烟云为神采",云是山地景观的点睛之笔、不可或缺的重要部分。"去留无意,看庭前花开花落;宠辱不惊,望天上云卷云舒。"云不但是一种景观,也是一种心态、一种境界!而当高山深谷间大量的云团聚集,在一定条件下形成云层,并且云顶高度低于山顶高度时,人们于高山之巅俯瞰云层,只见簇簇云团漫无边际铺展到我们的视线以外,使人如临大海之滨,海涛翻滚、浪花飞溅、波谲云诡、十分壮观。因此称这种现象为"云海"。当日出和日落时所形成的云海色彩尤其斑斓,称为"彩色云海",最为瑰丽、壮观。

我国山岳名景众多,其中很多地方可以观赏云海景观。最为著名的就有作为黄山"四绝"的"云海",作为泰山"四绝"的"云海玉盘"。此外,峨眉十景中的"萝峰晴云"、天子山"四奇"中的"云雾"、阿里山"三奇"中的"云海"、九华山十景的"蓬峰云海"、太白山八景的"平安云海"、蓬莱十景的"狮洞烟云"、天童山十景的"太白生云"、庐山的"瀑布云"、大理苍山的"玉带云"等都是著名的云雾景观②。

---

① 参见北京大学国情研究中心编《世界文明百科全书》,山西教育出版社(太原),1992年版,第630页。
② 雾是接近地面的大气中的水蒸气,是接近地面的云。

【小知识】

黄山的云海①

"黄山自古云成海",云海是黄山一大奇观,黄山"四绝"之一。古人形容为:"十步一云、五步一松;松埋云上,云掩松中。"黄山的云海十分著名,素称"黄海"、"云雾之乡"。一年之中,黄山竟有二百多天沉浸在云雾的怀抱。如在宿雨初晴之日,云铺深壑、絮卷危岩,眼前汪洋一片,远方海天相接!融为一体,只有几座高耸的山头露出海面,恰似海洋中的孤岛。此时如大风乍起,海潮上涨,云水从你身边漫去,甚至全身淹没在迷茫之中,还听到嘘嘘的流动声,正是峰向雾中消,云奔山欲摇,半天浮海市,平地起风潮。但不要多久,又会潮退云消,阳光普照,真是出没无常。黄山云海之妙,妙在非海,而又似海。云来雾去,越味良多。

黄山云海按形成的区域划分,有五大云海区,即东、西、前(南)、后(北)海和中间的天海。看云海最理想的地方是:玉屏楼观前海,清凉台观后海,白鹅岭观东海,排云亭观西海,光明顶观天海。云海的形成,需要一定的气候条件和地理条件。从地理条件讲,黄山地域广阔,山高谷深、树木葱茏,雨水充沛,地近海洋。山间沟壑和林木繁衍之地,阳光照射较少,水分不易蒸发,因而温度大、水汽多,林木又将从地下吸入的水分通过枝叶散发到空中,加之从海洋吹来的大量水蒸气被高峰阻滞,使山间水汽更加充沛。在低温和高压对流掺合影响之下,低层水气容易凝结成云雾。水气越多,云雾也就越多,是黄山一年四季都有云海可观的原因。从气候条件讲,夏季气温高,空气的热对流强,容易破坏云层稳定,所以,这时出现云海的机会少些,而春、秋、冬季较多。观云海最好的季节是从十一月到翌年五月,尤其是在雨雪天气之后的日出或日落时最为理想。这时,黄山的云海景观最为瑰丽壮观。

(2)雾凇、雨凇②

雾凇是大自然雾现象中最独特的一种,是指雾气遇低于0℃的地面物体凝华而成的小冰晶,俗称"树挂"。雨凇是指过冷却液态降水遇到地面物体后直接冻结而成坚硬的冰层,当这些冰层悬挂在树枝上时,晶莹剔透,形如树上挂满水晶。雾凇和雨凇都是冰雪景观。

雾凇在我国北方十分普遍,尤其是吉林的松花江畔,雾凇景象十分壮观。从当年11月至翌年3月间,松花江上游水库里的水从发电站排出时,水温在4摄氏度左右。这样,松花江流经市区的时候,非但不结冰,而且江面上总是弥漫着阵阵雾气。每当夜幕降临,气温骤然下降到零摄氏度以下,这雾气笼罩着堤岸树木。由于树木温度低,雾气遇树木枝条凝华成小冰晶,并逐渐堆积,清早,树枝上就挂满了洁白的小冰晶,如琼枝玉树,真是"忽如一夜春风来,千树万树梨花开"。到了正午,这些挂在树上的小冰晶因受热而逐渐融化,从树枝上落下来,如万朵银花簌簌落下,十分美观。根据其形成过程,就形成了"晚看雾,早看挂,近午看落花"的赏景规律。吉林雾凇由于其独特的美学价值而与长江三峡、桂林山水、路南石林一同被誉为我国四大自然奇观。此外,吉林长白山天池一带、峨眉山等很多南方山区也能观赏到雾凇奇景。

---

① 参见陈基余著《黄山灵胜甲天下》,香港书画出版社(香港),1988年版,第17~19页。
② 气象学把雾滴、冰粒、水汽及雨滴等发生相互碰冻和凝华在物体上的现象称为"结凇"。

雨凇是在低温条件下，小雨滴附着于地面物体之上冻结形成的半透明、透明的冰层、冰块。雨凇的产生，必须是底层空气中有逆温现象，小水滴从上层气温高于零摄氏度的空气中，下降到下层气温低于零摄氏度的空气中，处于过冷却状态，过冷却的水滴附着在寒冷的物体表面，立即凝结成冰层或冰块，形成雨凇。我国峨眉山雨凇最多，此外，庐山、衡山、九华山也有雨凇景观。①

(3) 烟雨

从气象学看来，烟雨是降雨的一种类型，是指从层积云和层云中降落的大量小雨滴或极小雪花组成的降水，其降水程度不超过0.25毫米每小时。旅游资源学中，烟雨又是一种天气旅游资源，它俗称"毛毛雨"，大多出现在我国南方。杜牧的"南朝四百八十寺，多少楼台烟雨中"、苏轼的"一蓑烟雨任平生"、陆游的"细雨骑驴入剑门"，烟雨在我国诗词中能营造独特的意境：一种凄迷、一种迷茫、一种朦胧……正因为此，烟雨在旅游观赏中同其它很多自然物象一样超越了本身，而成为了一种能熔铸文化精神与内涵于其中的旅游资源。其主要的代表从大范围看，有"江南烟雨"、"巴山夜雨"等；从小范围看，有峨眉十景中的"洪椿晓雨"、潇湘八景中的"潇湘烟雨"、蓬莱十景中的"漏天银雨"、灌阳十景中的"竹林夜雨"、鸡公山十景中的"云头观雨"、广元的"剑门细雨"等。

烟雨作为旅游资源开发，贵在与山水、植被、古建筑等其他旅游资源相配合。烟雨游漓江、游杭州九溪十八涧，给人以烟雨迷离、景物朦胧、时隐时现、浓淡适宜的一幅幅富有诗意的山水画。那些含而不露、时有时无的景象给人留下了更多回味和思索的空间。产生了"隔而不隔"的艺术欣赏效果，塑造了距离美的最佳尺度。

(4) 佛光

佛光是一种独特的气象景观，是一种光的衍射现象，每当雨过天晴而无风之日，云海较为平稳，阳光照射在云层中的细小冰晶上产生衍射光，衍射光穿过云层时产生折射，在云层上面形成一个七色光环，它边缘是红黄色，其次是淡蓝色和紫色，中央镜面为金黄色，阳光照过人头顶，正好把人的影像阴影投在光环之中，仿佛一佛居于万道金光之中。古人无法解释这一现象，便认为佛祖显灵，接引"众生"，古称"佛光"，又称"宝光"。佛光出现在我国的南部山地地区，但以峨眉山最为典型。峨眉山金顶是观赏佛光之地，每年以12月至翌年2月最多，平均每月可出现9~11次。在四川瓦屋山、山西五台山、安徽黄山等地也能看到佛光。

(5) 蜃景

在平静无风的海面、湖面或沙漠上，有时眼前会突然耸立起亭台楼阁、城郭古堡，或者其他物体的幻影，虚无缥缈，变幻莫测，宛如仙境，这就是海市蜃楼，简称蜃景。它是一种大气光学现象，是光线经过不同密度的空气层后发生显著折射，使远处景物显示在半空中或地面上的奇异幻景而形成的。常发生在海上或沙漠地区。古时传说这种幻景是海里的蜃吐气而成的，故名。

蜃景现象稀有、奇特，出现的条件极为苛刻，需要独特的地理位置、环境、气象特点的综合配合方能形成。我国观赏蜃景地主要有山东蓬莱、塔克拉玛干沙漠等。

2. 气候旅游资源

一地独特的气候环境也是吸引人们前往的重要因素，如夏季到庐山避暑，冬季到海

---

① 参见周骏一、李益彬主编《旅游资源与开发》，西南财经大学出版社（成都），2009年版，第94页。

南避寒等。

(1) 避暑气候旅游资源

一般地区，炎炎夏日，酷暑难当，而在某些高海拔地区、高纬度地区或海滨，则气候宜人。这种适宜人们躲避暑热的气候，称为避暑气候。这种夏季拥有较低温度、空气清新、环境优雅或可亲水的地域逐渐被人们利用来休闲度假、躲避酷暑，因此，被称为避暑旅游地。如果历史悠久、人文氛围浓郁则可称为避暑胜地了，如江西的庐山、四川的青城山就是著名的避暑胜地。

避暑旅游地因其所处的环境可分为三种类型：其一，高海拔型，主要分布在高山高原地区，如江西庐山，其海拔高出九江城1500余米，夏季山上温度比九江低5.6℃，此外如峨眉山、武夷山、昆明等均属于这种类型；其二，高纬度型，因纬度高，气温较低，如我国漠河、挪威的哈莫菲特等地；其三，海滨型，由于海洋的影响，海滨地带夏季气温比内陆低，以温和湿润为其特点，因而宜于避暑。如中国的大连、青岛、北戴河等。

(2) 避寒气候旅游资源

很多地区，气候的季节性明显，冬季严寒，而在某些低海拔、低纬度或海滨地区，则气候温暖、阳光充足。这种适宜人们躲避严寒的气候，称为避寒气候。生活在中高纬度地区的人们，在寒冷的冬季常会选择避寒地进行避寒旅游。避寒旅游不仅能躲避寒冷，还能欣赏美景、享受阳光，体验大自然的温暖气息，也是一种休闲疗养方式。

世界上的避寒旅游地，主要分布在南北纬20°之间的热带或亚热带气候区，这里阳光充足、气候宜人。此外地中海沿岸，虽然纬度偏高，由于独特的地理环境，冬季温和，也适宜开展避寒旅游。许多北欧人冬季都选择地中海沿岸进行避寒旅游。我国海南岛纬度低，气候属海洋季风性气候，年平均气温在22～26℃，一月份，大部分地区平均温度仍在19℃以上；最热的七月平均温度在28～32℃之间。气候终年温暖，非常适合进行避寒旅游。此外，东南亚的马来西亚、新加坡、泰国，中美洲的尼加拉瓜，澳大利亚的悉尼海滨，美国的夏威夷群岛等都是著名的避寒旅游地。

(3) 极端气候旅游资源

极端气候是指极冷或极热不太适宜人类生存的气候条件。如我国黑龙江漠河最低气温曾达零下52.3℃，一月平均气温零下30余度，格陵兰岛北部一月平均气温达零下35℃，但在这些极冷区依然有人居住；我国的吐鲁番号称"火焰山"，七月平均气温达33℃，而最高气温曾达48.9℃，而非洲埃塞俄比亚的马萨瓦七月平均气温达35℃。这些极端气候都不太适宜人居住，但是这些地方又都生活着某些民族。这些极端的气候使那些探奇寻异的旅游者充满向往。

【问题探讨】

1. 请叙述自然旅游资源是如何形成的。
2. 请分析自然旅游资源有怎样的分布规律。
3. 内营力地质作用是有哪些，外营力地质作用又有哪些，它们如何共同作用促成了地质旅游资源的形成？
4. 花岗岩山岳景观是如何形成的？
5. 什么是喀斯特地貌，它的形成过程是怎样的，在我国主要分布在哪些区域？

6. 丹霞地貌有何特色,它主要分布在我国的哪些地域?
7. 了解什么是石英砂岩峰林地貌和雅丹地貌。
8. 请思考,水域风光有怎样的造景功能。
9. 按成因划分,湖泊有哪些类型,它们分别有怎样的景观特色?
10. 请思考,瀑布的景观要素有哪些,我们如何评价一处瀑布景观旅游价值的高低?
11. 了解植物旅游资源的造景功能及分类。
12. 了解日出、晚霞、日食、月食、流星雨等天象景观是如何形成的。

【补充阅读建议】

书本

陈蔚德主编:导游讲解实务,旅游教育出版社,2004

苏文才、孙文昌:旅游资源学,高等教育出版社,1998

陈福义、范保宁主编:中国旅游资源开发,中国旅游出版社,2005年8月第二版

中国大百科全书总编辑委员会《中国地理》编辑委员会编:中国大百科全书·中国地理,中国大百科全书出版社,1998年10月

伍光和等编著:自然地理学,高等教育出版社,2003

周骏一、李益彬:旅游资源开发,西南财经大学出版社,2009

地质矿产部地质辞典办公室编辑:《地质大辞典》,地质出版社,2005年版,

论文

张序强:地貌的旅游资源意义及地貌旅游资源分类,资源科学,1999(11)

罗浩、陈敬堂、钟国平:丹霞地貌与岩溶地貌旅游景观之比较研究,热带地理,2006(2)

周绪伦:地质环境恶化对九寨沟景观的影响,中国岩溶,1998(9)

江璐明、金利霞、唐光良、梁国昭:瀑布旅游资源评价与广州增城白水仙瀑开发,地域研究与开发,2008(4)

网站

http://www.kepu.net.cn/gb/index.html 中国科普博览网

http://whc.unesco.org 联合国教科文组织世界遗产委员会官网

http://www.unwto.org 世界旅游组织官网

第四章 人文旅游资源

【章节概述】

人文旅游资源是指能够吸引人们前来观览、游赏的各种与人类活动有关的事项,既包括古代的也包括现代的,既包括有形的也包括无形的。其内容主要包括历史遗迹、建筑、社会风情三大类。作为旅游资源中与人相关的部分,人文旅游资源不但是人们旅游观赏的直接对象,而且还通过构成人文地理环境成为旅游活动的背景和依托。人文旅游资源是记录人类历史的物质和精神的精彩片段,是某一历史时期,人类和自然环境抗争、适应的见证和结果。"逝者如斯",曾经的历史不会重复,因此任何人文旅游资源都不可能复制,它们是与某一历史环境密切联系的不可分割的组成部分。同时,自然环境不自觉的影响着人类活动,人类在特定自然环境中不断调试和反抗,人类活动因而不可避免地带有某一自然环境的烙印,因而使人文旅游资源带有强烈的地域性,进而表现得非常多元。历史遗迹的片片瓦砾、建筑的木石史书、社会风情的种种习俗,这些有形的遗迹、建筑怀揣着无形的历史与风情,共同谱写了一首人文诗篇,构成了旅游资源中最绚丽多姿的部分。人文旅游资源不但有厚重多彩的一面,其蕴含的丰富文化意涵和教益内容极大的丰富了旅游资源。深入把握人文旅游资源的特点、形成原因、分布规律,以及其独特的美学特征是我们理性、合理地开发旅游资源的前提和基础。

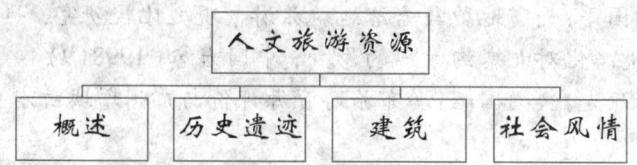

【目的要求】

1. 理解人文旅游资源的特征。
2. 了解人文旅游资源的分布规律。
3. 熟悉人文旅游资源的分类。
4. 了解历史遗迹旅游资源的分类、特征、分布与美学特征。
5. 掌握建筑类旅游资源的基本类型、特征、分布及其美学特征。
6. 掌握社会风情旅游资源的基本类型及其美学特征。

第一节 人文旅游资源概述

人文旅游资源是与人类活动有关的并可以吸引人们前来观赏、游览的各种事项的总和,其既有古代的也有现代的,既包含无形的也包含有形的。其内容主要包括历史遗迹类旅游资源、建筑类旅游资源、社会风情类旅游资源三大类。"吴宫花草埋幽径,晋代衣冠成古丘",历

第四章 人文旅游资源

史遗迹的片片瓦砾下埋藏着几许人类初始文明的灰烬、断壁残垣中蕴含了多少亘古的过往;"昔人已乘黄鹤去,此地空余黄鹤楼",建筑的木石史书里尘封了多少故事、层层楼台上令无数仁人志士怆然而泣下;"东边日出西边雨,道是无晴却有晴",社会风情的句句竹枝词传唱了多少人文风情、种种习俗中传承了几许绵延文化的薪火。这些历史遗迹、建筑、社会风情共同构成人文旅游资源,极大的丰富了旅游资源的内容。

人文旅游资源是古今人类各种社会文化活动的结果,其形成与分布不但受历史、民族、意识形态等方面因素的制约,而且还会受到自然地理环境的深刻影响,并形成鲜明的地域特色。① 这种特征一方面使人文旅游资源具有不可复制性,曾经的历史碎片、化为灰烬的建筑已经无法再拼凑还原,即使留存的碎片、灰烬也需好好保存,一旦再遭破坏就将灰飞烟灭、不复存在。同样,无形的人文习俗更加脆弱,文化的变迁使得曾经的文化面貌不复存在,也无法复原。另一方面,人文旅游资源受多方面因素制约,具有鲜明地域特色的特征也使其呈现出多元性。仅从民族而言,全世界有两千多个民族,各个民族都有自己独特的文化,这使得世界人文旅游资源绚丽多姿、十分丰富。②

一、人文旅游资源与人文地理环境

人文旅游资源以人文地理环境为依托,是人文地理环境的重要组成部分。人文地理环境是人类为了生存和发展的需要改造和利用自然而形成的。其最初的目的是为了人类的生存,并不是为了旅游活动的开展而形成的。因此,人文地理环境具有自在性,即无需依靠旅游而存在,它是人类生存的环境。人文旅游资源是能够吸引人们前来游览观赏的与人类活动相关的各种事项。这些与人类活动相关的事项属于人文地理环境,并重塑人文地理环境。

(一)人文地理环境孕育了人文旅游资源

人文地理环境是人类生存的基本环境之一,它与自然地理环境共同构成人类的生活舞台。人文地理环境是人类为了适应、改造自然地理环境而逐渐形成的成果。人文地理环境从两方面影响旅游活动:

其一,作为人文背景,人文地理环境促进或限制着旅游活动的开展。人文地理环境包括社会经济发展水平、社会治安与卫生环境、人口素质、民族宗教、社会习俗、社会制度等多方面。这些人文地理环境要素对旅游活动有重要影响:社会经济发展水平极大的影响旅游的发展,因为旅游开发需要一定的资金、技术的支持,尤其是包括基础交通在内的旅游公共设施,更是大规模开展旅游活动的先决条件;社会治安保障人们的安全,旅游者的安全需求是其最基本的需求,没有安定的治安,就无法有健康发展的旅游业;因为旅游活动是一种高级享受活动,洁净的环境是从事旅游活动的基本条件;其它如人口素质、民族宗教、社会习俗、社会制度等都会制约或促进旅游活动的开展。

其二,各种人文地理环境要素也可以成为旅游资源,吸引人们前往参观游览。较高的社会经济发展水平、良好的社会治安与卫生环境、较高的人口素质、独特的民族宗教、多彩的社会习俗等本身也可以构成文化旅游资源,从而吸引人们前往游览。

人文地理环境要素本身可以构成文化旅游资源,说明人文地理环境孕育了人文旅游资源

---

① 参见谢彦君著《基础旅游学》,中国旅游出版社(北京),2004 年版,第 108 页。
② 参见江玉祥撰《人文旅游资源的可持续利用》,《中国文化论坛》(成都),2000(2)

的形成与发展。

(二)人文旅游资源是人文地理环境的独特部分

人文旅游资源是与人类活动有关的各种事项,这些事项同时具有旅游吸引功能。人文旅游资源是在特定的地域环境和历史条件下形成的,而不同的历史阶段、不同民族、不同社会制度、不同的国家和地区,所处的社会、经济、文化等各方面的环境存在地域差异。这种地域差异是旅游资源形成的根本原因。

但是并非所有的人文地理环境因子都可以形成旅游资源。事实上,只有那些具有旅游吸引功能的人文环境部分才能成为旅游资源。所以,人文旅游资源是人文地理环境的组成部分,并且是独特部分。①

(三)人文旅游资源重塑人文地理环境

成为人文旅游资源的人文地理环境因子,因为其具有旅游吸引功能而不断被旅游业所利用。在此过程中,这些文化因子不断涵化②或者变迁,变成另外的形态。由这些变化了的文化因子构成新的人文地理环境,因此,我们说人文旅游资源重塑了人文地理环境。这种例子不胜枚举,如摩梭文化的变迁使摩梭人的人文地理环境改变,九寨沟藏民的文化变迁也使得九寨沟人文地理环境改变,周庄因为人文地理环境因子的功能转变,使得其极具商业味,使江南水乡变成了铜臭味十足的现代场镇。这些都是人文旅游资源重塑人文旅游资源的例子。

二、人文旅游资源的形成与演变

人文旅游资源是人文地理环境的一部分,其形成和演变不但直接由人类发展历史决定,而且还要受到自然地理环境和人文地理环境的综合制约。

(一)人文旅游资源的形成与演变

人文旅游资源的形成可以追溯到人类的产生,可以说,没有人类的产生就不可能存在人文旅游资源。人文旅游资源是人类活动的结晶,其形成必须涉及人类的参与。最早的人文旅游资源就是古人类遗址,随着人类的发展人文旅游资源的内容更加充实、丰富。

1. 人类的历史决定了人文旅游资源的演变轨迹

达尔文的进化论认为,人类是由类古猿发展而来的,后来人类学家根据对于古人类化石的研究得出人类起源的大致轨迹:原人③→能人④→直立人⑤→智人⑥→旧石器时代晚期人类→现代人。原人已经开始直立行走;能人开始制造工具,并成为最早的人类;直立人开始增加肉食量,并学会了狩猎技术,还会组织群体进行围猎;智人脑量大大增加,可以进行复杂的思维活动和语言交流;旧石器时代晚期的人类具有与当今人类相似的体智特征。⑦ 以上对于人类起源历史的描述都根源于科学家对类人猿、古人类化石的研究。这些化石是最早的人文旅游

---

① 参见周骏一、李益彬主编《旅游资源与开发》,西南财经大学出版社(成都),2009年版,第96~97页。
② 涵化:人类学术语,是指由于两个社会之间发生密切而直接的接触,人们被迫作出重大的文化改变。
③ 原人:是指包括人和近似人的灵长目亚科,已经直立行走,但没有完全放弃爬树,其最著名的代表是100-420万年前的南方古猿。
④ 能人:人属中的最早的人种,先于直立人,而且是后者的祖先,"能人"的意思就是"手巧的人",因此能人已经开始学会制造工具,其化石证据在240万年前,这一时间通常也被认为是人类起源的时间。
⑤ 直立人:在智人之前,并且是智人祖先的人种,开始利用火,具有狩猎的技术,并具有组织群体狩猎的能力。
⑥ 智人:指现代人种,脑量大大增加,可以进行复杂的思维活动,并在小群体中进行语言交流。
⑦ 参见威廉·A.哈维兰著《文化人类学(第十版)》,瞿铁鹏、张钰译,上海科学出版社(上海),2006年版,第78~86页。

资源，是证明人类起源的重要证据，不但具有极高的科学价值，而且还吸引人们去探究人类的起源，从而成为重要的人文旅游资源。此外，诸多石器作为人类劳动工具也成为直接的人文旅游资源。最早至旧石器时代晚期，人类已经可以进行艺术创作，如法国阿尔代什距今约3.2万年前的肖维岩画、约1.5万年前的拉斯科洞穴岩画以及西班牙和南非的岩画艺术。这些岩画是人类最早的艺术作品，使具有高度复杂审美感的人文旅游资源开始产生，具有划时代的意义。后来随着人类历史的发展，人类改造自然和创作艺术的能力大大加强，人文旅游资源无论是在门类还是数量上急剧增加。因此，人类旅游资源，无论从数量、门类还是美学价值方面，其发展都与人类的起源与发展历史密切联系，同步演进。人类的历史决定了人文旅游资源的演变轨迹。

2. 人文旅游资源的演变受自然地理环境和人文地理环境的制约

人文旅游资源的演变轨迹不但由人类的历史决定，而且还要受到自然地理环境和人文地理环境的双重制约。自然界的山川、河流、物产、气候等对人类有至关重要的影响，它们构成人类的生存环境，从而模塑着人类的生活方式，并影响人文旅游资源的形成。如傣族的干栏式建筑就是适应炎热潮湿的气候的。人类社会的社会经济发展水平、人口素质、民族宗教、社会制度等人文地理环境也极大的影响着人们的生活，从而影响人文旅游资源的形成与发展。如因为丹巴藏族紧张的族群关系，丹巴人为了抵御外晦大量修建高大的碉楼，从而形成了"千碉之国"的亮丽风景。如我国的社会制度不允许博彩和性旅游合法化，其对应旅游资源就是受社会制度和伦理风尚的制约而无法形成、发展。

3. 人文旅游资源记录了人类历史，反映了人类文明的高度

人文旅游资源从人文地理环境中孕育发展而来，由人类历史演变历程决定其发展轨迹，同时受自然地理环境制约。它是人文地理要素中的佼佼者，是被广大人民普遍认可承认的。其价值的高低，由旅游者用时间和金钱投票。人文旅游资源，有些反映了某一历史时期人类文明的发展水平，而有些其历史文化意义具有超时空性，反映了整个人类文明的高度。人文旅游资源是祖先留给我们的珍贵遗产，而其中的某些精彩部分被全世界所认同，因而成为世界遗产①（见附录2）。更大的部分成为了国家的珍贵资源，被命名为"全国历史文化名城"、"全国重点文物保护单位"等（我国从1961年至2006年已批准6批全国重点文物保护单位，共2343处）。

（二）中国人文旅游资源的地理环境

中国地处东亚、背山面海、物华天宝、人文荟萃，拥有五千年没有断代的历史，因此人文旅游资源十分丰富。独特的地理环境孕育了独特的文化类型，也因此造就了独特的人文旅游资源。中国人文旅游资源的发展演变过程在中华独特的自然地理环境和人文地理环境中，因此而与众不同。

1. 自然地理环境②

（1）中国地处东亚，背山面海，处于一片封闭的独立地理空间，易守难攻。因此形成了

---

① 世界遗产：世界遗产是指被联合国教科文组织和世界遗产委员会确认的人类罕见的、目前无法替代的财富，是全人类公认的具有突出意义和普遍价值的文物古迹及自然景观。

② 参见中国大百科全书总编辑委员会《中国地理》编辑委员会编《中国大百科全书·中国地理》，中国大百科全书出版社（北京），1998年版，第3~8页。

比较完整连续的文化体系，使得文化旅游资源的演变有着比较连续的传承。

（2）中国是个多山的国家，山地面积占总面积 2/3 以上，平地面积不到 1/3。海拔在 500 米以上的地区约占全国陆地面积的 3/4（其中海拔在 3000 米以上的占 1/4），如此多的山地使我国名山旅游资源丰富。山地往往构成一个相对独立的地理环境（特别是在交通不便的传统中国），这不但为文化的传承提供了独立的环境，而且在政治动荡时期，还为不同文化提供了庇护所，这使得我国的人文旅游资源品类也非常繁多。我国的佛教、道教等宗教文化传承多选择著名山岳，就是因为山岳远离尘嚣；我国历史上经历了四次灭佛事件，但是佛教的根基并没有完全消灭，佛教甚至比本土宗教的道教还发展得好，偏远山岳的庇护是重要原因。

（3）我国地形西高东低，从西到东分为三级阶梯，以昆仑山、祁连山、横断山脉围合的青藏高原为第一级阶梯，大兴安岭—太行山—巫山—雪峰山一线以东为第三级阶梯，一级阶梯和三级阶梯之间为第二级阶梯。第三级阶梯大多为丘陵平原地貌，地势低平、水利发达，适宜农业发展。因此，这一区域文化发达，是人文旅游资源的集中分布区；第二级阶梯人文旅游资源的集中度次之；第三级阶梯由于海拔高、气候严寒人文旅游资源分布稀少，但也不缺乏世界级的高品位人文旅游资源。虽然二三级阶梯人文旅游资源不如第一级阶梯集中，但是人文资源的品种和多元化远远超过第一级阶梯区域。

（4）由于地理位置、大气环流、地势高低等因素，我国分为东部季风区、西北干旱半干旱区、青藏高寒区三大自然地理区域。其中东部季风区由于降水充沛、地势较低成为人文旅游资源集中分布的区域；而西北干旱半干旱区人文旅游资源集中度次之，青藏高寒区集中度最低。虽然西北干旱半干旱区和青藏高寒区人文旅游资源集中程度不如东部季风区，但是其文化的多元化和原生性则远远超过东部季风区。

2. 人文地理环境

（1）从人口分布看，我国黑龙江瑷珲到云南腾冲一线是著名的"胡焕庸线"，该线以东 36% 的国土居住着 96% 的人口，汉族人口占绝大多数。而该线以西 64% 的国土仅居住 4% 的人口，少数民族占绝大多数。这对于我国人文旅游资源的分布有很大影响。"胡焕庸线"以东人文旅游资源密集、集中度高，而该线以西因人口稀少，人文旅游资源稀少、集中度低。

（2）从民族分布看，占我国的中部、东部、南部地区居住的民族少，绝大部分是汉族；西北部、西南部等区域居住着大量的少数民族。汉族地区文化变迁快，大量文化传统在现代化过程中变迁，甚至灭绝。而少数民族地区文化保存度高，文化传统保留较好，因此其文化的旅游价值更高。我国西南的云南省是少数民族最多的省，达 25 个，因此文化非常绚丽，民俗文化旅游资源丰富。

（3）从经济社会发展看，我国的黄河和长江中下游一直是经济发达区，其文化非常发达，因此历史遗迹众多，人文旅游资源非常密集。古人类遗址、古文化遗址、古建筑、宗教文化等星罗棋布。

（4）从政治中心分布看，我国的政治中心主要集中在黄河流域，北方多于南方。如西安、洛阳、郑州、安阳、许昌、北京等。因此，我国的政治文化遗迹多分布于黄河中下游地区及以北，古都位于北方居多。

（5）从商业分布看，我国的经济中心从魏晋开始向南方迁移，商业中心主要分布在黄河中下游及以南区域，商业南方较北方发达。商业文化旅游资源主要分布于南方。

三、中国文化旅游资源的分布规律

（一）南北差异明显

《晏子春秋》说："古者百里而异习，千里而殊俗。"我国南北差异是文化区域差异的主旋律。哲学上有"南老北孔"，语言上有"南繁北齐"，文学上有"南骚北风"……（参见表4-1）综合而言，以哲学、语言等为元素的中国人文旅游资源大致随纬度方向产生有规律的南北变化，呈现"北雄、南秀"的鲜明地域分布特点。所谓"雄"者，相当于西方美学范畴中的"崇高"，意指雄奇、壮美或阳刚之美；所谓"秀"者，相当于西方美学范畴的"美"，意指婉秀、优美、阴柔之美。① 我国的民族性格、体格、语言、习俗、建筑、园林、文学、艺术等等南北有别，风格差异明显。如南方的人性格细腻、北方人粗犷豪放，南方的语言婉转柔美、北方的语言直率爽朗，南方的建筑灵动轻巧、北方的建筑拙重大气，南方的园林极尽精巧、北方的园林注重气势。

表4-1　　　　　　　　　　中国文化的南北差异要目②

1. 南繁北齐	南方语言繁杂，北方语言比较划一
2. 南细北爽	南方人说话比较婉转，北方人比较直率
3. 南老北孔	南方是老庄学说的发源地，北方是孔孟学说的发源地
4. 南顿北渐	南方佛学禅宗有顿悟说，北方佛学禅宗讲渐修说
5. 南骚北风	南方文学以浪漫色彩的《离骚》为首篇，北方文学以现实主义的《诗经》为首篇
6. 南柔北刚	杏花春雨江南，南曲如抽丝；古道西风冀北，北风如抢枪
7. 南拳北腿	南方武术以拳见长，北方武术以腿见长
8. 南骗北抢	南方多"智力型"经济案件，北方多"暴力型"抢劫案件
9. 南文北武	南方多文才，北方多武将
10. 南米北面	南方人爱米食，北方人爱面食
11. 南甜北咸	南方人口味偏甜，北方人口味偏咸
12. 南敞北实	园林建筑南方多敞口，北方多封闭严实
13. 南经北政	南方经济文化发达，北方政治军事活跃
14. 南上北下	南方意识形态多次挺进中原，北方政治军事八次统一大陆

（二）东西差异显著

因为我国东部与西部在资源、交通、地形、地势、人口、民族等各方面存在显著差异，因此其人文旅游资源也有着很大的不同，其大致随经度方向产生有规律的东西变化。虽然，在历史上，我国主要是中原地区、江淮地区、成都平原、湖广地区经济发达，而东部、南部沿海和西部山地高原长期较低，历来为蛮荒之地。而现在，经济发展程度随着东部沿海向西部内地的纬度变化而逐渐降低。不但经济有东西部的分布，在民族心理与特征、人才分布、思想观念、教育水平、建筑、艺术等各方面都存在着东部地区和西部地区的巨大差异。东西差异现在已经

---

① 参见王柯平著《旅游美学纲要》，旅游教育出版社（北京），1997年版，第177页。
② 参见胡兆量、阿尔斯朗、琼达等编著《中国文化地理概述》，北京大学出版社（北京），2006年版，第50页。

逐渐超过南北差异的表现程度。

（三）山区有别于平原

不同的海拔高度在人文文化的表现上也存在不同。在社会、经济、交通、文化等各方面，山区与平原差别较大。在山高谷深的山区，农业呈现出立体布局，农作物与耕作制度随海拔高度的增加而有规律变化，这在西部山区表现尤为突出，在云南的某些山地，同一座山上居住着不同民族的人群。如，同是气候寒冷地区的民族舞蹈，在低海拔平地的动作幅度大，运动剧烈；而地处高海拔的青藏高原藏族舞蹈动作幅度小、运动和缓（高原缺氧，动作幅度小、和缓可减轻疲劳程度）。同是山歌，山区民歌的音量、音调都高于平原。[①]

四、人文旅游资源的分类

人文旅游资源可以分为历史遗迹类、建筑类、社会风情类三大类，具体如下表4-2：

表4-2　　　　　　　　　人文旅游资源分类表

E 历史遗迹		EA 古人类遗址 EB 古文化遗址 EC 历史名人遗迹
F 建筑类	FA 宫殿祠庙	FAA 宫殿 FAB 祠庙 FAC 宗教建筑
	FB 城防建筑	FBA 长城 FBB 关隘
	FC 工程建筑	FCA 水利 FCB 桥梁 FCC 天文设施
	FD 聚落	FDA 传统民居 FDB 城镇 FDC 村落
	FE 陵墓	FEA 帝王陵寝 FEB 纪念性陵墓 FEC 风俗性陵墓
	FF 园林	FFA 帝王苑囿 FFB 私家园林 FFC 公共性园林
G 社会风情类	GA 习俗	GAA 饮食起居 GAB 婚丧习俗 GAC 服饰习俗 GAD 节事演艺
	GB 文化艺术	GBA 戏曲音乐 GBB 绘画雕塑 GBC 语言文字 GBD 文学艺术
	GC 地方物产	GCA 器物 GCB 食物 GCC 药材

第二节　历史遗迹类旅游资源

历史遗迹类旅游资源属于文物范畴，是指人类社会发展历史过程遗留下的遗址、遗迹、遗物或遗风。主要包括人类居住和活动的遗址、遗物及其它有历史与纪念价值的遗迹。此类旅游资源因其独特的历史和文化价值而吸引游客，包括古人类人遗址、古城镇村落遗址、军事活动遗址、商贸活动遗址、商贸活动遗址、交通遗址、生产活动遗址、文化活动遗址、历史纪念地等多种类型。综合起来，历史遗迹类旅游资源可分为古人类遗址、

---

① 参见周骏一、李益彬主编《旅游资源与开发》，西南财经大学出版社（成都），2009年版，第99页。

古文化遗址、历史名人遗迹三类。

历史遗迹形成于历史发展的各个不同阶段,是人类活动的产物,其多表现为没有继续发挥功能和效用的历史遗存和遗迹。这些遗址、遗物、遗迹反映了一定历史时期的经济和社会及文化发展面貌,其蕴含的诸多内容甚至是人类不曾用文字记录下来的,既珍稀,又能补益我们的历史研究。很多历史遗迹是通过考古等方式发现的,与考古学的关系密切。

在我国漫长的历史长河中,曾留下了无数的历史活动和人类活动的记忆碎片,它们斑驳陆离,有些掩藏在荒草中,有些掩埋在地底下。人们不经意的发现或考古工作者的发掘使它们重放异彩,成为吸引游客的重要因素。如成都平原的三星堆和金沙遗址就属于这种类型。当然还有一部分历史遗迹虽存在于社会生活中,但由于我们的知识水准和认识水平的制约,没有发现其价值,通过科学家或考古学家的调查才认识到其历史文化价值的。

一、古人类遗址

古人类是指从人类起源到有文字记载以前的人类,即化石人类。人类起源的直接证据来源于化石,科学家运用比较解剖学,通过对化石研究推测出的人类起源与演进的历史。就目前掌握的化石而言,人类经历了原人、能人、直立人、智人到现代人的发展过程(参见本章第一节相关内容)。而原人是人类的最早阶段,最具代表性的就是距今100～400万年的南方古猿。古人类遗址是指从人类起源到有文字记载的人类活动遗址包括古人类化石、原始聚落遗址、原始人生产与生活器具、原始艺术及劳动产品等。① 它们是人文旅游资源中年代最久远的一类。古人类遗址是人文旅游景观中年代最古老的形态表现,它记录和反应了人类起源以及进化过程中的居住环境、生活习惯、生产和生活工具等方面的特点,可以帮助人们了解和认识人类进化史。由于古人类遗址的远古性和反应人类起源的独特特征,对旅游者具有很大的吸引力。

我国具有悠久的历史,但在人类起源的研究中却是近代晚期才起步的。1929年12月2日裴文中发现了中国第一个北京猿人头盖骨化石,当时震惊全世界,其发现平息了关于爪哇猿人的争论②,不但奠定了中国古人类研究基石,同时对世界古人类研究也做出了十分重要的贡献。后来在北京周口店以及全国其他很多地方陆续发现了很多古人类化石,这些都说明我国也是古人类重要的发源地。古人类遗址分为旧石器时代和新石器时代古人类遗址两种。

(一)旧石器时代古人类遗址

旧石器时代,是指考古学上石器时代的早期阶段(约1～300万年前)。共历二、三百万年。当时人类使用比较粗糙的打制石器,过着采集和渔猎的生活。相当于人类历史上从原始群到母系氏族公社出现的阶段。③ 我国旧石器时代的古人类遗址现已发现数十处,但主要集中于黄河中下游地区。

目前发掘到的最早的是重庆"巫山人"遗址(距今约204万年)。著名的有云南元谋人遗址(距今约170万年),陕西"蓝田人"遗址(距今100万年),湖北"郧县猿人"遗址(距今约100

---

① 参见罗兹柏、张述林主编《中国旅游地理》,南开大学出版社(天津),2002年版,第81页。
② 爪哇猿人的争论:是指19世纪80年代,荷兰古人类学家Eugene Dubois(1858-1940)在印度尼西亚特里尼尔发现了一个头盖骨化石,1894年Eugene Dubois撰写论文称其为直立猿人,这填补了达尔文进化论从猿到人的关键一环,但其成果不被世人接受,这就是著名的关于爪哇猿人的争论。
③ 参见辞海编辑委员会编《辞海(缩印本)》,上海辞书出版社(上海),1979年版,第1372页。

万年),北京周口店"北京人"遗址(距今约 68~78 万年),陕西"大荔人"遗址(距今约 20 万年),广东"马坝人"遗址(距今约 13 万年),湖北"长阳人"遗址(距今约 20 万年),陕西襄汾"丁村人"遗址(距今约 16~21 万年),山西阳高"许家窑人"遗址(距今约 10~12.5 万年),四川"资阳人"遗址(距今约 5 万年)等,其中北京人遗址发掘化石、考古层最丰富,价值非常高,其化石反映的猿人特征最具代表性,1987 年 12 月北京周口店北京猿人遗址被列入《世界遗产名录》。1929 年发现的北京人第一个头盖骨化石在抗日战争期间流失国外,至今仍为考古史上的悬案。此外,宁夏灵武水洞沟遗址、山西朔县峙峪遗址、河南安阳小南海遗址、北京"山顶洞人"遗址也较为著名。发现的旧石器时代古人类居住的岩洞主要有:距今约 20~100 万年的辽宁营口金牛山岩洞、湖北大冶石龙头岩洞、湖北郧县梅铺岩洞、贵州黔西观音洞等;距今约 4~20 万年的辽宁喀左鸽子洞、贵州桐梓岩灰洞等;距今约 1~4 万年的北京周口店龙骨山岩洞、河南安阳小南海、浙江建德乌龟洞等。

　　旧石器时代经历了原人、能人、直立人、智人阶段,此一时期又可分为旧石器时代早期、中期和晚期,其不同时期考古发现的文化都有不同特点,详情参见表 4-3。①

表 4-3　　　　　　　　我国旧石器时代古人类遗址表②

时代	时间	文化特征	典型代表
旧石器时代早期	约 20~300 万年前	(1) 已学会制作简单粗糙的生产工具,多为打制石器; (2) 居住方式从巢居阶段转为穴居或半穴居阶段; (3) 学会用火取暖及防御野兽袭击; (4) 多以狩猎为生。	重庆巫山人遗址 云南元谋人遗址 陕西蓝田人遗址 北京周口店北京猿人遗址 ……
旧石器时代中期	约 5~20 万年前	(1) 能根据不同用途制作不同工具(能制造比较定型的工具); (2) 已经学会人工取火; (3) 生产水平有所提高,采集在经济中的比重增加。	广东马坝人遗址 陕西大荔人遗址 山西许家窑人遗址 陕西丁村人遗址 ……
旧石器时代晚期	约 1~5 万年前	(1) 能制造各种石器,磨制简单的骨椎、骨针; (2) 学会打孔技术,懂得用贝壳制成装饰品来打扮自己; (3) 开始出现原始宗教观念,有了迷信色彩和一种超现实的存在意识; (4) 生活方式为狩猎+采集+捕鱼,渔猎已经占有重要位置,还会使用弓箭。	北京山顶洞人遗址 广西柳江人遗址 四川资阳人遗址 内蒙古鄂尔多斯高原南部河套人遗址 ……

　　(二)新石器时代古人类遗址

　　新石器时代,是考古学分期中"石器"时代的最后一个阶段,距今约 1 万~4000 年前。已经发明农业和畜牧业,生活资料有较可靠来源,开始定居生活。广泛使用磨制石器,已能制

---

① 参见陈福义、范保宁主编《中国旅游资源学》,中国旅游出版社(北京),2005 年版,第 156~157 页。
② 此表据陈福义、范保宁主编《中国旅游资源学》,中国旅游出版社(北京),2005 年版,第 158 页表 8-2 修改。

第四章 人文旅游资源

造陶器和纺织。① 我国发现新时期时代古人类文化遗址有7000多处,但主要分布在黄河中下游地区的关中、晋南、豫西、山东等地和长江中下游的太湖平原、江汉平原。

新石器时代最具有代表性的古人类遗址是河南渑池的"仰韶文化"遗址和山东章丘"龙山文化"遗址,此两处遗址被认为是华夏文明的起源。此外,著名的还有:陕西西安半坡遗址、山东秦安"大汶口文化"遗址、浙江余姚"河姆渡文化"遗址、河南新郑裴李岗遗址、重庆大巫大溪遗址、内蒙古赤峰"红山文化"遗址、浙江余杭"良渚文化"遗址、湖北京山"屈家岭文化"遗址、四川新津"宝墩文化"遗址、四川都江堰"芒城文化"遗址等。新石器时代的古人类栖居形态有岩洞式的北京周口店龙骨山岩洞,干栏式的浙江余姚的河姆渡,穴居式的河南岩石汤泉沟,半地穴式的陕西半坡遗址等。

新石器时代遗址中出土了大量的农业工具(如有大型的磨光石斧、石刀、石镰、石铲等)、谷种遗存、兽骨遗存、彩绘红陶(如盆、碗、瓮、甑、盉、杯、尖底瓶等)、玉器、早期铜器等。这些被发现的生产、生活器具对于我们了解新石器时代人类的发展具有十分重要的佐证作用。② 具体而言,新石器时代古人类遗址还可以细分为早、中、晚三个时期(参见表4-4)。

表4-4 我国新石器时代古人类遗址表③

时代	时间	典型代表	文化特征
新石器时代早期	约1万~7000年前	河南"裴李岗—磁山文化"	(1) 石器比较细致; (2) 出现了红陶为特色的陶器; (3) 产生了原始畜牧业。
新石器时代中期	约7000~5000年前	河南渑池"仰韶文化"	(1) 出现原始农业,进入锄耕阶段; (2) 制陶业有所发展; (3) 出土大量磨光石器。
		陕西西安"半坡文化"	(1) 典型母系氏族公社村落遗址; (2) 出土"人面鱼纹彩陶盆"。
新石器时代晚期	约5000~4000年前	浙江余杭"良渚文化"、山东章丘"龙山文化"	(1) 父系氏族公社时期; (2) 收割工具数量增多,跨入了犁耕阶段; (3) 轮制陶器及冶铜手工业; (4) 贫富分化,随葬品多寡悬殊。

古人类遗址是人类文明之滥觞,也是旅游资源中最古老的形态。直到今天,对于人类的起源问题也没有弄清楚,参观古人类遗址可以满足人们探奇、求知等旅游心理需求。加之这部分旅游资源历史久远,其本身不但是珍贵稀有的考古文化资源,同时也是难得的旅游资源。此外,我国传统文化中还有许多文明早期的传说、故事,如盘古开天辟地、女娲造人、女娲补天、伏羲演八卦、燧人钻石取火、神农氏教稼穑制医药等等,都是可以利用的旅游资源。

---

① 参见辞海编辑委员会编《辞海(缩印本)》,上海辞书出版社(上海),1979年版,第1487页。
② 参见陈福义、范保宁主编《中国旅游资源学》,中国旅游出版社(北京),2005年版,第158-160页。
③ 此表据陈福义、范保宁主编《中国旅游资源学》,中国旅游出版社(北京),2005年版,第160页表8-4修改。

二、古文化遗址

古文化遗址是指人类有文字记载以来的，古代人类从事政治、经济、文化、科教、军事、艺术等多活动的场所遗址。这类遗址往往历史感强，文化内涵丰富，表现形态众多，主要有古城镇村落遗址、古战场遗址，同时因为人口扩张、自然灾害或其它原因，城址或变迁或增加，因此古城镇的数量庞大。这些古城镇遗址很多在历史的发展中，因为人们的生存选择而被废弃，大多只剩下废墟、遗址。如殷商王朝的都城殷墟遗址，周朝都城丰镐遗址，秦都咸阳遗址、秦阿房宫遗址，汉代都城长安遗址、汉三宫遗址，唐大明宫遗址，四川的古蜀国都城三星堆、金沙遗址等；以及西域古国楼兰都城遗址，高昌王国国都高昌故城，车师前国都城交河故城，大夏赫连勃勃建都的统万城遗址，元代察合台国都城阿力麻里遗址等。这些遗址都曾经是当时的政治、经济、交通、文化中心，如今随意荒废或被埋地下，但遗留有大量文物，有些还保留有当时城市的轮廓和部分建筑遗址。①

表4-5 夏主要都城②

禹	安邑(山西夏县)、阳城(河南登封)、阳翟(河南禹县)、平阳(山西临汾)
启	夏邑(河南禹县)
太康	斟寻(河南偃师)
相	帝丘(河南濮阳)、斟灌(山东观城)
少康	纶(山东济宁)、原(河南济源)
杼	老丘(河南陈留)
胤甲	西河(豫西陕东，一说河南内黄)
桀	斟寻(河南偃师)

我国传统上一直是农业大国，农村人口一直是我国人口的大多数，农村人口多聚群而居，因此拥有大量村落。这些村落或因为自然灾害、或因为人口扩张、或因为沙漠化等等原因而被迫废弃，这些村落规模虽不及城镇、文物也不及城镇丰富，但是它们是我国最大多数人口居住的地方，对这些遗留下来的村落进行了解对于我们了解真实的历史、大多数人的历史具有极其重要的参考和借鉴作用。

表4-6 商主要都城③

契——蕃(山东滕县)	灭夏后：
昭明——砥石(河北元氏县南槐河)	汤——西亳(河南偃师)
昭明——商丘(河南商丘)	中丁——隞(河南郑州)
相土——东都(泰山下)	河亶甲——相(河南内黄)
相土——商丘	祖乙——邢(河北邢台)
上甲微——殷(河南安阳小屯村)	南庚——奄(山东曲阜)
(殷侯)——商丘	盘庚——殷(河南安阳小屯村)
汤——南亳(山东曹县)	

---

① 参见罗兹柏、张述林主编《中国旅游地理》，南开大学出版社(天津)，2002年版，第82~83页。
② 参见邹逸麟主编《中国历史人文地理》，科学出版社(北京)，2006年版，第300页。
③ 参见邹逸麟主编《中国历史人文地理》，科学出版社(北京)，2006年版，第301页。

第四章　人文旅游资源

(一) 古战场遗址

军事是各派势力、各国实力较量的最剧烈表现形式,这种较量在文明程度越低的时代和地域,其发生的可能性就越高。我国的各朝代更替、诸侯群雄角逐、抵御外侮时多发生战争,战争最频繁的是在我国的战国时期(因战争多而名)、魏晋南北朝、唐末两宋、鸦片战争后的19世纪、抗日战争时期。我国发生了不少征战,其中著名的就有百次之多,因此各地分布了大量战争遗址—古战场遗址。这些古战场一般都有险要的地形,并留有一些战争遗迹、战争事件和大量相关传说具有丰富的文化内涵,吸引了众多游客前去登临凭吊、怀古观赏。虽然我国古代战役众多,但是由于破坏严重,因此留存下来的能辨认的实物非常稀少,需要考古发掘。如河北阪泉(黄帝与炎帝的阪泉之战)、河北涿鹿(炎黄联盟与蚩尤大战之地)、河南荥阳广武山(楚汉鏖战之地)、湖北赤壁市赤壁(三国吴刘联军破曹军的赤壁之战所在地)、湖北黄州赤鼻矶(赤壁之战文化的衍生地,并非赤壁之战所在地)、陕西岐山五丈原(诸葛亮驻兵攻魏之地)、河北中牟(曹操与袁绍官渡之战古战场)、安徽寿县(淝水之战古战场)……徐州东部30公里大运河北岸的台儿庄(中国抗日战争第一次重大胜利"台儿庄大捷"所在地)……

(二) 古道路遗址

道路是指通行车辆和行人的各种通道的总称,是连接不同区域的纽带。物资交流的需求在第三次社会大分工后变得非常迫切和频繁,随着商业的产生,地域人群间的往来越来越频繁,道路随着不断发展起来。正如鲁迅所说"世上本没有路,走的人多了也便成了路",因此道路的数量非常庞大。不过我们这里指的主要是交通、贸易、文化大通道,主要是区域间的,当然也有跨越国家的(如丝绸之路),但属于少数。由于战争、经济发展、交通方式变更等原因,曾经繁荣的道路渐渐荒废、废弃,因此留下了很多道路遗址。这些道路线或经济发达、文物繁多,或地势崎岖、山水秀丽,因此古道路遗址及其沿途景观、古交通工程、古交通设施和古交通工具具有很高的旅游美学价值。

我国很早以前就开始修筑和开凿道路,夏禹东巡会稽、周穆王驾八骏周游西域、战国古蜀道(如金牛道、褒斜道、子午道等)……秦始皇统一全国之后,曾将战国以来零乱错杂的交通道路进行统一和改建,大修驰道,开凿沟通湘漓二水的灵渠,形成以咸阳为中心的辐射全国各地的水陆交通网。汉代兴起,又在此基础上加以扩展和延伸,陆路有汉武帝开通穿秦岭的故道、子午道、褒斜道,通往蜀、滇的西南夷道,通往西北的回中道等,水陆有武帝时开凿的关中漕渠等。隋唐之后水运、漕运、海运更加发达,水陆交通网络更加复杂,四通八达,明代郑和下西洋开辟了我国海洋航运的先河。此后逐渐有了公路、铁路等新的道路体系,废弃的古代道路、公路、铁路等交通成为了交通旅游资源的重要部分,它们沿途商贸、文化发达,也留下了许多圣迹,这些都为旅游业的开展提供了资源基础。

【补充知识】

我国秦汉时的交通干线[①]

秦统一中国以前，我国的交通网络零乱错杂，各诸侯国内均有自己的独立交通线，但由于诸侯混战、割据，没有形成统一的辐射全国的较大范围的交通干线。秦始皇统一中国后，交通有了巨大改善，无论是陆路还是水路都有质的飞跃。汉代又在秦朝的基础上发展，于是我国秦汉时期的交通四通八达，甚至发展了通向西域和欧洲的道路线。秦汉时，形成的主要交通干线有：

1. 西北干线

由长安向西，沿渭水河谷或泾水河谷，逾陇山或六盘山，贯通河西走廊通往西域各地，甚至到达了古罗马。这就是著名的丝绸之路[②]的源头。

2. 北路干线

有两条：一条是秦始皇为了抵御匈奴所开的直道。自咸阳北面淳化为起点，北由子午岭上进入鄂尔多斯草原，至今包头市西南秦九原郡治所至今尚有断续遗迹可寻，汉时仍被利用。一条从长安(或咸阳)东出，沿渭水至蒲津渡口，沿汾河河谷而上，经平阳、太原，以至云中、代郡。原战国时的秦晋交通本多由此道。

3. 西南干线

由渭水流域向南穿秦岭间河谷，由故道、褒斜道、子午道等栈道进入汉中盆地，再由战国时秦国所开金牛道入蜀。秦灭蜀即由此道。自此再循秦汉时所修五尺道或称西南夷道入滇。

4. 南路干线

由长安东南出武关，经南阳盆地出襄阳，下汉水至江陵，由荆江溯湘水经灵渠下漓水、郁水(今西江)至番禺(今广州)。由此入海，再往南海诸国。另外还有从长江溯湘、赣等水而上，越过五岭的几条山道如横浦关(今梅岭关)、阳山关、湟溪关等，进入岭南地区。

5. 东路干线

从长安东出函谷关至洛阳，东经成皋、荥阳，循济渎抵定陶，又顺济、淄以达东方大都会临淄。这条路线是战国以来中原地区东西交通的干线，也是秦汉帝国的动脉。

6. 东北干线

从长安至洛阳，再由洛阳渡河，沿着太行山东麓，经邺、邯郸，以通涿、蓟，复向东北至辽东地区。

7. 东南干线

由洛阳东经成皋、荥阳至陈留，沿着战国时魏国所开凿的鸿沟南下，由颖水入淮，逾淮由肥水、巢湖以抵达长江，渡江由胥溪运河进入太湖地区。另一支线即由济渎经定陶出菏水，由泗水入淮，复沿吴国所开邗沟抵达江干，渡江至太湖流域。

8. 长江干线

这是唯一一条不由首都出发的水运干线。长江流量稳定，是理想的水运航道。干流自宜昌以下均可通航。公元前308年秦将司马错率巴蜀众十万，大船万艘，米600万斛，浮江伐楚。公元前210年秦始皇自云梦一带浮江而下，过丹阳，至钱塘(即今杭州)。

[①] 参考自邹逸麟主编：《中国历史人文地理》，科学出版社，2006年，第315页。

[②] 丝绸之路：古代横贯亚洲的交通道路。亦称丝路。其主要线路：东段起自渭水流域，向西通过河西走廊，或经近新疆境内塔里木河北面的通道，在疏勒(今喀什市)以西越过葱岭，更经大宛(今费尔干纳盆地)和康居南部(今撒马尔罕附近)西行，或经今新疆境内塔里木河南面的通道，在莎车(今莎车县)以西越过葱岭，更经大月氏(今阿姆河上、中游)西行，以上两条西行的路线会于木鹿城(今马里)，然后向西经和椟城(今里海东南达姆甘附近)、阿蛮(今哈马丹)、斯宾(今巴格达东南)等地以抵地中海东岸，转达罗马等地。约自公元前二世纪以后千余年间，大量中国丝绸和丝织品皆经此路西运，古称丝绸之路。其它的商品以及东西方各种经济和文化交流，在整个古代和中世纪时亦多通过此路。(参考自 辞海编辑委员会：《辞海(缩印本)》，上海辞书出版社，1979年版，第53页。)

三、历史名人遗迹

中华民族历史悠久、文化灿烂，是一个伟大的民族。在悠悠历史长河中，有无数英雄人物对中华民族乃至整个人类的发展都做出了杰出的贡献。这些英雄人物是中华民族的脊梁。在麦克·哈特提出的影响人类历史进程的100人中，中国占7席，其中孔子排名第5、蔡伦排名第7、秦始皇排名第17、成吉思汗排名第29、老子排名第73、隋文帝排名第85、毛泽东排名第89。[1] 当然，这还只是外国人的观点，其实中华民族产生的优秀人物何止千万。这些英雄、伟人在神州大地到处留下他们的事迹和遗迹。这些胜迹与秀丽山川比又有着别样的魅力。历史名人大多在史书上有记载，这些名人的事迹不但被广为传唱，还成为世人楷模。因此与他们有关的建筑、山川、遗物等都变得神秘而富有价值。这些历史风流人物不但本身的历史功绩极具吸引力，而且其生活居址、游历地点等多濡染上他们的色彩。正如刘禹锡所谓"山不在高，有仙则名；水不在深，有龙则灵"。这些尘世之仙、人中之龙点染了江山，并因此产生了丰富的旅游资源。如秦皇汉武都多次游览泰山，并在泰山进行封禅大典，因此留下了许多胜迹；白居易在西湖修筑白堤，苏子瞻在西湖修建苏堤；李白游天姥山、峨眉山、庐山、白帝城等；玄奘法师于西安大雁塔译经多年等。

历史名人包括思想家、教育家、帝王将相、文学艺术家、宗教人士、科学家等等。他们不但点染江山，在后人缅怀他们的同时，他们曾经居住过的地方也成为了著名的名胜。如毛泽东故居、邓小平故居、陈毅故居、三苏故居、曲阜三孔等等，不胜枚举。参见表4-7。

表4-7　　　　　　　　　　　部分名人胜迹

名人	朝代	故居纪念地	其它纪念地	墓地
孔子	春秋	山东曲阜孔庙、孔府	北京孔庙、资中孔庙、全国各地孔庙	山东曲阜孔林
老子	春秋	河南鹿邑县太清宫、老君台	成都青羊宫、全国各处道观	
屈原	战国	湖北秭归屈原纪念馆	湖北武昌屈原纪念馆	秭归屈原衣冠冢，湖南汨罗屈原墓、屈原祠
司马迁	西汉	陕西韩城司马迁祠		韩城司马迁墓
诸葛亮	三国	湖北襄阳古隆中、山东沂南诸葛亮纪念馆	河南南阳卧龙，重庆奉节白帝城，成都、汉中、甘肃礼县祁山武侯祠，湖北赤壁市赤壁、陕西岐山五丈原	陕西勉县定军山下武侯墓、武侯祠
陶渊明	东晋	江西九江陶渊明纪念馆	湖南桃源"桃花源"	江西九江市陶渊明墓
李白	唐朝	四川江油李白纪念馆	湖北安陆李白纪念馆、安徽马鞍山李白纪念馆、山东济宁李白纪念馆、四川绵阳李白祠、山东济宁太白楼	安徽当涂青山李白墓、安徽当涂采石矶李白衣冠冢
杜甫	唐朝	河南巩义市杜甫故里纪念馆	成都、西安、奉节杜甫草堂	河南巩义市杜甫墓
苏轼	北宋	四川眉山三苏祠	湖北黄冈赤壁苏东坡纪念馆、杭州西湖苏堤、海南儋县东坡书院、常州东坡公园	河南郏县小峨眉三苏坟
岳飞	南宋	河南汤阴岳飞庙，岳飞纪念馆		杭州岳坟、岳王庙
文天祥	南宋	江西吉安故里	北京文丞相祠	吉安文天祥墓
杨升庵	明	四川新都杨升庵祠、桂湖	云南昆明杨升庵纪念馆	四川新都状元坟
毛泽东	近代	湖南韶山毛泽东纪念馆		北京毛泽东纪念堂

---

[1] 麦克·哈特：《影响人类历史进程的100名人排行榜》，南海出版社，1999年版。

第三节 建筑类旅游资源

"安居乐业"是汉语中的一个使用频度很高的成语,是指安定愉快的生活与工作,也是人们的美好愿望。"安居"在前,"乐业"在后,生活安定了才能愉快工作。可见,传统中国一直非常重视住宅的重要性。建筑与大众的关系非常密切,人们的工作、学习、休息、娱乐都离不开建筑。建筑也因此成为老百姓生活中最重要的内容,是传统中国人人生的一件大事,作为象征为死后修墓地也是生前安居理想的延续。帝王将相将建筑看成是一国大事,因此祠庙、城池、宫殿、陵墓、园林等应有尽有,传统中国老百姓要服劳役,就是为了修筑这些建筑。从下至上,各个阶层的中国人都很重视建筑,因此建筑是中国人的头等大事。秦始皇穷极一生、举全国之力修陵墓、修长城、修阿房宫最后耗尽国力,就是为了建筑。因为建筑如此重要,所以五千年厚重的华夏文化为炎黄子孙留下了许多建筑精品和丰富的建筑文化。

建筑是人类物质文明的重要内容,法国著名文学家雨果说,建筑是"用石头写成的史书",它无言地记载人类的光荣与梦想。当然,中国的建筑肯定应该称为"用木石写成的史书"!这是作为世界三大建筑体系①的中国古建筑的最显著的特点之一,即以木头为主要的建筑材料。建筑作为人类的生存空间,其实用性是其根本,如会客有起居室、睡觉有卧室、用餐有餐厅、烹饪有厨房、方便有卫生间。这时作为一般老百姓而言,满足其吃喝拉撒睡的基本需求。此外,满足精神信仰的有祠堂(祖先崇拜)、寺庙宫观,满足休闲娱乐需要的有棋牌室、亭阁。文人还有专为读书写字的书房,行政人员还有办公室等等不一而足。国家为了抵御外晦的需要还会修建城池、长城等。这些都是建筑为满足人们某些实用性需求而修建的。但是建筑不仅仅是有实际用途的房舍、城墙,人们在为满足自己实际需要而修建建筑时,还总是会增加屋面曲度、雕塑、彩画等以增加建筑的可观赏性。所以,它还是一种艺术,而且是美学价值很高的艺术。在人们根据自己的实际需要和审美眼光以及经济实力构筑建筑时,建筑实际上也反映了某一时期某一国家或地域人们的生产力水平、建筑技术、需求和喜好,因此它综合的反映了某一时期某地域的文化,故而是一种具有历史厚重感和丰富内容的文化。建筑是需要、是艺术、是文化,这些都决定了建筑对于人们具有强烈的吸引力,尤其是历史悠久、建筑艺术高超、民族色彩浓郁的建筑。这些注定成为吸引人们前去观赏的重要吸引物因素,故而成为了一种十分重要的旅游资源。

建筑根据历史时期可以划分为古建筑与现代建筑;根据地域可以划分为中国建筑、欧洲建筑、阿拉伯建筑、美洲建筑等;根据建筑类型可分为宫殿、坛庙、宗教建筑、陵墓、园林、民居、聚落、工程等。虽然中国目前实用建筑中现代建筑居多,但是具有较高审美价值的居少,多是简单移植西洋建筑体系,缺乏民族文化的魅力。因此我们谈建筑类旅游资源主要是谈中国古建筑。

一、中国古建筑的历史

中国建筑历史悠久,遗存十分丰富,类型多样,规模宏大,造型科学,具有明显的历史时代风貌,无论在造型艺术、形态结构,还是在雕塑绘画、色彩风貌等方面,都反映了当时的历

---

① 中国建筑、伊斯兰建筑、欧洲建筑被公认为世界三大建筑体系。

史发展阶段和水平。① 中国古建筑是中国传统美学、哲学、伦理学、建筑学的完美结合，或体现天人合一的哲学思想和环境装饰艺术，或展示建筑造型的节奏感和科学性，或表现建筑规模的等级观念和崇拜思想。古建筑不仅反映出中华民族的悠久历史、灿烂文化、古人的智慧、发达的科技，而且为人类现代建筑艺术等方面的创造提供了必要的借鉴，也成为现代旅游的重要组成内容，满足了游客多种心理需要，如访古、求美、求奇、求异、求知等。② 古建筑具有非常高的旅游美学价值，无疑是我国人文旅游资源中的数量最大、价值最高的一部分。

(一) 中国古建筑发展简史③

从构木为巢、掘地为穴到庙宇高敞，中国古建筑经历了漫长的发展史，经历了原始社会、奴隶社会、封建社会三个时期，其中封建社会是古建筑发展的最重要时期。

原始社会时期是中国古建筑的萌芽时期。原始社会早期，原始人类曾根据具体条件的不同选择天然的或半天然的巢穴作为居所。如在山地区域，他们选择天然洞穴作为居所；在南方的平原，因潮湿选择森林树木，在其上构筑巢穴以遮蔽风雨或躲避猛兽；在北方的平原，因较干燥多选择掘地为穴。到了原始社会晚期，原始人就开始由穴居发展到半穴居，甚至能够搭建简单的木架、草泥的房子。

秦汉时期为中国古建筑的形成时期。经过了奴隶社会三代夏、商、周的发展，中国古建筑的体系此时已经形成。当时的人们已经掌握了材料的制作方法(如砖与瓦)，房屋的木结构技术已经完善，并开始对石材的利用有了初步的认识。这一时期建筑遗址主要有宫殿(阿房宫、长乐宫、未央宫等)、陵墓(秦始皇陵、茂陵等)、万里长城、驰道④和水利工程(灵渠、郑国渠等)。

魏晋南北朝是中国古建筑的发展时期。此时人们对于制作建筑材料的技术已掌握得较为成熟，砖瓦的质量都得到了提高；木结构技术也有进步；并兴建了大量的佛教建筑，如寺庙、佛塔、石窟等；同时还出现了大量精美的建筑雕塑和壁画。这一时期留下的建筑基本为佛教建筑，如河南嵩岳寺塔、甘肃敦煌莫高窟、甘肃天水麦积山石窟、山西大同云冈石窟、河南洛阳龙门石窟等。

隋唐时期是我国古建筑的成熟期。之所以说成熟是因为：当时，无论是材料的制作和运用都有了新的发展，如开始烧制琉璃、更加广泛地运用砖；建筑构件比例渐趋定型化，说明建筑技术已经成熟；建筑与雕刻装饰和谐统一，说明建筑艺术发展到了新高度。这一时期遗留下来的各种建筑式样(殿堂、陵墓、石窟、塔、桥及城市宫殿遗址)无论是布局还是造型都具有较高的艺术水平和技术水准，同时还产生了大量精美的雕塑和壁画。此时堪称中国古建筑封建社会前期的顶峰。

宋代是我国古建筑的大转变时期。其转变主要体现在：当时的古建筑规模向小型精美的方向转化；还出现了各种形式复杂的殿台楼阁等建筑式样；建筑开始标准化，其主要的标志是1103年北宋政府为了管理宫室、坛庙、官署、府邸等建筑工程而颁布了建筑的政府标准——《营造法式》；并且，此时古建筑的装饰更加注重色彩的表现，建筑装饰绚丽多彩。

元代是我国古建筑的又一发展时期。其发展主要体现在：此时出现了规模巨大、规划完整

---

① 陈福义、范保宁主编：《中国旅游资源学》，中国旅游出版社，2005年第二版，第167页。
② 李晋宏编著：《导游知识背景的理论与实践》，中国旅游出版社，2006年版，第198页。
③ 全国导游人员考试教材编写组：《导游基础知识》，旅游教育出版社，2001年版，第100－101页。
④ 驰道：是指皇帝专用道路，始建于秦，秦时曾建造9条驰道。

的都城——元大都；由于元朝是蒙古人所统治，因此大量其他宗教在我国广为流传，如藏传佛教、伊斯兰教和基督教，这些宗教纷纷建立寺庙，使少数民族、西域甚至国外的建筑艺术和技术逐步影响到全国各地，使古建筑出现了一些新的趋势。

明清时期是我国古建筑的最后一个高峰时期。当时的建筑艺术和技术有如下表现：对于材料制作的掌握已经达到了顶峰，尤其是琉璃的制作，同时砖的制作技术也有长足发展，如南京明城墙很大部分的砖经历了六百余年依然坚固如初；官式建筑的高度定型化，其代表是清朝前期编修了清工部《工程做法》74卷；建筑理论有了新发展，出现了园林建造的理论性著作——《园冶》；并且，此时的民间建筑的类型和样式增多，质量也有很大提高。

中国古建筑的发展简史请参见表4-8。

表4-8　　　　　　　　　　中国古建筑沿革表①

历史阶段	特征	表现
原始社会至汉	萌芽	①原始社会早期：穴居、巢居；②原始社会晚期：木架和草泥的简单房子；
	形成（秦汉时期）	①掌握了夯土、烧制砖瓦的技术；②建造了石建筑（说明开始对石材的技术认识）；③木架构结构技术逐渐完善（主要结构方式成熟）。
魏晋南北朝	发展	①砖瓦的产量和质量提高；②木构架技术提高；③兴建大量佛教建筑，出现许多寺、塔、石窟；④大量精美雕塑和壁画。
隋唐	成熟	①砖的运用更加广泛；②琉璃的烧制；③建筑构件比例渐趋定型化；④建筑与雕刻装饰和谐统一。
宋	大转变	①规模小型化但更秀丽绚烂而富于变化；②出现各种复杂形式的殿台楼阁；③建筑装饰绚丽多彩；④建筑的标准化定型（1103年颁布的《营造法式》）。
元	又一发展	①出现规模巨大、规划完整的元大都；②出现许多宗教寺庙（藏传佛教和伊斯兰教）；③外来文化的冲击和技术的传入使建筑出现新趋势。
明清	最后高峰	①制砖手工业的发展使砖的运用更为广泛（长城、城墙）；②琉璃瓦的制作技术达到顶峰；③官式建筑高度标准化、定型化；④民间建筑类型数量增多，质量提高；⑤建筑理论发展（明《园冶》、清《工程做法》）。

（二）现存历代木结构建筑及特点

由于建筑材料选择的独特性，我国的古建筑目前留存下来的非常少，尤其是建筑艺术最高超的木结构建筑。这主要是因为木结构材料容易发生雷击、火灾等原因。但即使这样，我国还是有数量不小的木结构古建筑精品留存了下来，其中我们最早可以追溯到唐代五台山南禅寺和佛光寺的部分建筑。其余现存木结构建筑及特点参见表4-9。

---

① 此表格根据全国导游人员考试教材编写组：《导游基础知识》，2001年版，第100-101页。

表 4-9　　　　　　　　　　　　现存历代木结构建筑及特点表

朝代		实物	特点
唐		五台山南禅寺和佛光寺部分建筑（最早）	风格庄重朴实： 屋顶坡度平缓、出檐深远、斗拱比例较大、柱子粗壮，多用板门和直棂窗。
宋辽	宋	山西太原晋祠圣母殿 福建泉州清净寺 河北正定隆兴寺 浙江宁波保国寺	风格渐趋柔和： 屋顶坡度增大、出檐不如前代深远、重要建筑门窗多用菱花隔扇。
	辽	天津蓟县独乐寺 山西大同善化寺和华严寺	风格近唐： 运用"减柱法"梁架构变化。
元		山西芮城永乐宫、洪洞广胜寺	普遍使用"减柱法"，梁架结构有新创造，许多构件多用自然弯材稍加砍削而成。
明清		北京明清故宫 辽宁沈阳故宫	出檐较浅，斗拱比例缩小，"减柱法"只用于小建筑。

二、中国古建筑的特点

中国古建筑作为世界三大建筑体系之一具有自己独特的魅力和特征，这不仅表现在结构取法的物质方面，更表现在文化艺术的精神方面。正是因为我国古建筑因地制宜，根据我国的实际情况进行选材和构建；正是因为我国古建筑以我国传统哲学、美学为指导思想，使得我国古建筑屹立于世界建筑和艺术之林，具有鲜明的民族性和厚重的文化感。

（一）结构取法的物质特征

由于受地理位置、物质资料、运输等方面的综合影响，中国古建筑在物质特征上呈现出与欧洲建筑和阿拉伯建筑等外国建筑体系不同的特色。

1. 以木材为主要的建筑材料

中国古建筑的第一大特色就是以木材作为主要的材料。"蜀山兀，阿房出"，古建筑一般采用各种各样的木材建造，利用榫卯结构、螺栓、销等连接手段进行建筑部件的连接。选择木材作为建筑材料的原因有各种推测，如我国地域盛产木材而缺乏石材（尤其是北方）、木材便于施工和运输①、对石材的认识利用水平低、木材代表生命而石材代表死亡（墓穴用石材）等。无论是何种原因，以木材为主要建筑材料使得我国建筑在总体风格上较西方灵动、轻巧，不同于西方的稳重、厚实。

2. 采用框架式结构

框架式结构，是指建筑墙体不承重，而主要通过立柱、梁承托屋顶构成房屋的主要框架的结构方式。中国古建筑主要是木架构结构，即采用木柱、木梁构成房屋的框架，屋顶与房檐的重量通过梁架传递到立柱上，墙壁只起隔断的作用，而不承担房屋重量。"墙倒屋不

---

① 砍伐木材比开山取石、制坯烧砖要简便得多，而且可以大大缩短工期。如意大利佛罗伦萨大教堂 1420 年动工，1470 年完成；而我国同时期的明紫禁城（1407—1420）只花了 13 年时间，其占地面积达 72 万平方米，建筑面积达 16 万平方米，大小房屋 8600 余间。

塌",概括地指出了这种框架结构的最重要特点。因为这种结构,可以使房屋在不同气候条件下,满足生活和生产所提出的千变万化的功能要求,灵活的进行空间分隔。同时,由于房屋的墙壁不负荷重量,门窗设置有极大的灵活性。此外,这种结构还可以使建筑具有很强的抗震作用,如辽清宁二年(1056年)建造的应县木塔是世界上最高的木结构建筑,其虽历经近千年,经历了七次大地震,但依然屹立,非常神奇。框架式结构是中国古代建筑在建筑结构上最重要的特征。

3. 以斗拱为结构的关键构件

斗拱是位于柱子顶端与梁枋间的一种中国古建筑独特建筑构件,其主要作用是承重或增加柱子间以及屋檐的跨度。斗拱是一种综合构件,严格讲,斗拱仅指斗与拱两种构件,斗,是形如斗状的方体木块;拱,是十字交叉置于斗上,形如屈肘的长方体木块。笼统讲的斗拱,是由多种不同形状的部件叠加而成。它可以是单层,也可以用双层、三层。①

4. 大屋顶兼崇厚台基衬托

屋顶在整个木结构建筑中占有很大比重,乃至在古代如唐代,屋顶高度占到总体高度的一半。② 这种中国古建筑所特有的大屋顶是中国古建筑在建筑形态上最显著的特征。因为中国建筑采用的是木结构体系,用木料构成的屋顶部分在房屋整体体型中就显得相对的大,房屋面积越大,屋顶也越大。这种屋顶不但体型硕大,而且还是曲面形式,飞檐翘角、形貌轻巧灵动,正如《诗经》所说"如鸟斯革,如翚斯飞"!③

与硕大屋顶对应的就是崇厚台基。中国古建筑的台基很高,主要是因为:其一,木结构建筑在修建高大建筑时会受到限制,世界最高的木结构建筑应县木塔只有63米,而西方石结构教堂动辄百余米,如科隆大教堂高达157米,受此限制,为了表现建筑的高大而把台基修得高大些;其二,因为木结构建筑总体不高,因此台基显得高大。

我国古建筑可以分为屋顶、屋身、台基三部分,大屋顶、崇厚台基在高度上占有整个建筑很大比重,甚至是超过一半的。

5. 形制装饰多样

古建筑在单体建筑上形制非常多样。从形制上看,古建筑屋顶有庑殿顶、歇山顶、硬山顶、悬山顶、卷棚顶、攒尖顶等,同时屋顶又有单檐与重檐之别;台基有普通台基、较高级台基、更高级台基(须弥座)、最高级台基(三层须弥座)之分;窗户有方形、圆形、菱形的区别,直棂窗、板棂窗、花窗等多种样式。从装饰看,古建筑的屋顶有装饰瑞兽的有不装的,有用琉璃瓦的有用一般青瓦的;窗户有各种花型;门、窗、柱、台基还有各种各样的彩画和雕塑等,样式非常多样。

6. 组群分布、主次分明

中国古建筑一般不会是单体,通常为殿、台、楼、阁、亭、榭等多种建筑的组合搭配,而且建筑单体之间主次分明,有焦点也有点缀。与西方建筑总是纵向的延伸不同(特别是教堂),中国古建筑总是横向的铺展。

(二) 文化艺术的精神特征

1. 体现"天人合一"的思想

---

① 刘耀、白祯祥等主编:《五台山旅游辞典》,团结出版社,1993年版,第71页。
② 王发堂:《建筑审美学》,东南大学出版社,2009年版,第122页。
③ 楼庆西:《中国古建筑二十讲》,生活·读书·新知三联书店出版,2004年版,第6页。

中国古建筑的总体指导思想是追求"天人合一"的境界。在影响建筑发展的诸多因素中，天人合一的观念是根本性的。"天人合一"强调天（有意志有人格的最高主宰）与人的关系紧密相连、不可分割。因此，中国古建筑体系中与天进行沟通（祭祀）的建筑占有绝对重要的地位，不仅规格最高、最富丽堂皇，而且占据建筑族群的中心地位，如坛庙、祠堂等。

2. 体现严格的等级观念

严格的等级观念是中国传统文化伦理差序结构在建筑中的体现。建筑中的每一个细节都要体现主人身份地位的差异。如台基、屋顶样式、用色、彩画形式、建筑开间和进深等。详见表4-10。

表4-10　　　　　　　　中国古代建筑的等级制度的历史沿革①

周代	（1）宫室的外门：天子可成城门状，门外建一对阙，诸侯宫室门内建单阙； （2）宫室的影壁：天子建门外，诸侯建门内，大夫、士不准建，用帘帷代替； （3）屋顶、柱色：天子重檐庑殿顶，红柱，斗拱等可加彩画，诸侯、大夫、士只能两坡屋顶，柱黑、青、黄色柱。
汉代	（1）宫室门的阙：除宫殿外，重要的官署、官吏墓前也可建阙，天子三重子母阙；诸侯两重，一般官吏单阙； （2）形制：皇帝宫殿前后殿相重，门前后相对，地面赤色，窗用青琐文； （3）门：皇帝宫殿、陵墓可四面开门；其他王公贵族两面；列侯、三公的大门允许宽三间，有内外门塾。
唐代	（1）屋顶：仅宫室可建有鸱尾的庑殿顶，用重拱藻井； （2）正堂：五品以上官吏开间不超五间，进深不超九驾，可建工字厅，歇山顶，饰悬鱼、惹草，六品以下开间三间、进深四至五驾，只可悬山顶，不准加饰； （3）城门：都城每城门三门洞，大州正门两门洞，县城一门洞，城中道路宽度也有规定。
宋代	（1）屋顶：除庑殿顶外，歇山顶也为宫殿、寺庙专用，官民只用悬山顶； （2）架构：殿堂架构限用于宫殿、祠庙、衙署、官民宅只用厅堂架构，城市、衙署也有等级差别。
明代	（1）正堂：公侯至亲王开间七间，五品以上五至七间，六品至平民三间，进深也有限制； （2）琉璃瓦：宫殿黄色，亲王绿色； （3）其他：对油饰彩画、屋顶瓦兽也有规定，地方衙署建筑也有等级差别。
清代	（1）与明代大致相同，但规定亲王府门五间、殿七间，郡王至镇国公府门三间，堂五间； （2）在门和堂的重数上有差别。

注：此表格据傅熹年文"中国古代建筑等级制度"（中国百科网，http://www.chinabaike.com/article/1/78/423/2007/20070514112092.html）制定

---

① 中国古代建筑体现了严格的封建等级观念，主要是从建筑的规模和形制上体现建筑所有者的身份地位。这种制度最迟在周代的时候已经开始产生了。

3. 不求原物长存的观念

不求原物长存，是指我国古建筑文化传统中不刻意追求建筑物的永久性，不追求用人工的力量去延长建筑物的生命。因此，中国自始至终没有如同古埃及刻意追求永久不灭的建筑工程。中国古建筑文化认为建筑也应依循自然物自生自灭的道理，认为古建筑如同车辆马匹衣服等应去旧存新，偶尔更换。因此中国古建筑体系的历史虽然有四五千年之久，但是现存最古老的木结构建筑只能追溯到唐代，最古老的石阙砖塔只能追溯到汉唐，如果追溯到先秦就只剩下土垣残基了。①

4. 注重建筑群体组合之美

中国古建筑在美学追求上非常讲究建筑群体组合之美，即注重不同功能、高度、样式的建筑之间的搭配，或以对称式庭院布局、或为自由式园林布局。不强调某一单体建筑之高、之美，而是强调通过不同建筑的协调搭配营造出一种氛围和意境。不同单体建筑有自己独特的功能，但又是整个建筑群组中的一部分，形成高低错落、主次分明、虚实相生、层层递进的建筑群体。每一部分都不是可有可无的，抽掉其中任何一部分，也会损害整体效果。这种群体不仅可以保证建筑多种功能的发挥，同时又可以满足一个大家庭聚居一处。

5. 注重对平易、中和、含蓄而深沉的美的追求

中国古建筑深刻地体现了中国人自身的道德价值观念和对艺术的追求，十分重视对平易、中和、含蓄而深沉的美的追求。建筑艺术的一切构成因素，如尺度、节奏、构图、形式、性格、风格等，都是从建筑同时代人的审美心理出发，为世人所能欣赏和理解，没有大起大落、怪异诡谲、不可理解的形象。同时，中国古建筑注重建筑群体的总体平衡，无论是否讲究中轴对称（礼制建筑讲究中轴对称、园林不讲究中轴对称），其整体布局都非常平衡和协调；如园林建筑，虽然不讲究中轴对称，但是其布局、结构谨慎，非常注重园林中细小单元的相互照应、虚实相生。

6. 建筑技术不重书籍传授

中国古建筑的建筑技术向来称为匠学，非士大夫所为。而熟谙建筑技术者多不习文字，因此其传承主要是通过师徒言传身教，而不是通过文字书籍。流传下来的建筑技术书籍非常少，在四千余年的建筑实践历史中，仅留存有宋清两朝的官方准则两部（宋《营造法式》、清工部《工程做法则例》），明代关于园林的建造技术一部（《园冶》）。

中国古建筑扎根于华夏大地，深深地受到炎黄子孙的文化传统的影响，具有强烈的民族文化特色，是旅游资源中最富有吸引力和最具有开发价值的一部分。中国古建筑的总体特征参见表4-11。

---

① 梁思成：《中国建筑史》，百花文艺出版社，2005年版，第12页。

表4-11　　　　　　　　　中国古建筑的特点表

结构取法的物质特征	文化艺术的精神特征
以木材为主要的建筑材料； 采用框架式结构； 以斗拱为结构的关键构件； 大屋顶兼崇厚台基衬托； 形制装饰多样； 组群布局、主次分明。	体现"天人合一"的思想； 体现严格的等级观念； 不求原物长存的观念； 注重建筑群体组合之美； 注重对平易、中和、含蓄而深沉的美的追求； 建筑技术不重书籍传授。

三、建筑类旅游资源的基本类型

建筑是"无声的音乐"，是人类文明的结晶。我国古建筑不但是我国古代文明高度的证明，而且还是传统文化的精华，对旅游者有很大的吸引力。建筑类旅游资源主要包括宫殿祠庙、城防建筑、工程建筑、聚落、陵墓、园林几个大的类别。

（一）宫殿祠庙

宫殿，封建最高统治者的朝会与居住的场所，是古建筑中等级最高、最富丽堂皇的一种，是行政中心所在地。"国之大事，唯祀与戎"，祭祀被认为是封建帝国最重要的两件大事的第一位。因此，为了从事祭祀活动（或为民间传统，或为宗教信仰）所构建的坛庙建筑也非常重要，它是国家的精神所系、是人们的信仰所系，是信仰与精神中心的基地。宫殿和坛庙是古建筑中建筑成就、艺术价值最高的部分。此外，这一类别还包括祠堂、会馆、书院、宗教建筑等类别。

1. 宫殿

宫殿建筑又称宫廷建筑，是历代帝王为显示其煊赫的地位和权势，集中大量的财富、最好的建筑材料、最高级的匠师、最精湛的技艺修建的建筑群。这类建筑规模宏大、气势雄伟，大都铺金嵌玉，富丽壮观。先秦时期，宫为一般房屋建筑的称谓。从秦朝开始，"宫"成为皇帝居住地的专用名词，宫殿则成为皇帝处理朝政和生活起居的地方。

（1）宫殿的布局

a. 布局体现阴阳五行学说。阴阳，是指宇宙间对立统一的一对哲学概念。阴阳学说认为，宇宙万事万物都有阴阳之分，是既对立又统一的。五行，是指宇宙存在五种基本物质：木、火、土、金、水。五行学说认为，宇宙万物都是由五行构成的，万事万物的产生与发展都受五行运动的影响，五行相生相克引起世界物质的发展及人生祸福的产生。我国宫殿建筑的布局则受阴阳五行学说影响。如宫殿建筑布局中有"外朝""内廷"之分,"外朝"属阳,故采用奇数,形成"三朝五门"的格局;"内廷"属阴,故采用偶数,形成"两宫六寝(即东西六宫)"的制度。①

　　b.严格的中轴对称。宫殿建筑为体现庄严肃穆的氛围和至高无上的权利,整体分布四平八稳,其建筑群沿一条中轴线对称左右铺开。中轴线为整个建筑群的视线焦点,因此在此线上建造外形高大华丽的建筑,两边的建筑矮小简单,这样形成强烈的反差,突出了中线建筑的高大华贵。中轴线纵向延伸则体现了帝王宫廷的深邃与威严。

　　c.前朝后寝。前朝后寝是指宫室自身布局分为两部分:前面的朝会部分、后面的生活部分。前朝,即位于宫殿前面的帝王上朝议政、举行大典的朝会部分。后寝,即位于宫殿后面的帝王、后妃与王子公主们生活起居的生活部分。

　　d.三朝五门。三朝五门是指宫殿布局的规制,即整个宫殿建筑群的"外朝"部分有三朝、五门。三朝即,外朝、内朝、燕朝;所谓五门是指皋门、库门、雉门、应门、路门。

　　e.左祖右社。尊崇祖先、提倡孝道,祭祀土地与粮食神,这两个内容都是中国礼制思想的重要内容。所谓左祖右社,是指在宫殿左前方设立祖庙,是为"左祖";右前方设立社稷坛,是为"右社"。祖庙是帝王祭祀祖先的地方,因为是天子的祖庙,因此又称"太庙"。社为土地、稷为粮食,社稷坛就是帝王祭祀土地和粮食神的地方。

　　(2)宫殿的陈设②

　　a.华表。是古代设在宫殿、城垣、桥梁、陵墓前作为标志和装饰用的大柱,体现皇家尊严。

　　b.石狮。狮子为兽中之王,宫殿门前都置有一对石狮,用以显示"尊贵"和"威严"。

　　c.日晷。即日影,它利用太阳的投影和地球自转的原理,借指针所生阴影的位置来显示时间。用以表现帝王似太阳普照天下。

　　d.嘉量。古代标准量器,含有统一度量衡的意思,象征国家统一强盛。

　　e.吉祥缸。古称"门海",置于宫殿前,盛满清水,以防火灾。

　　f.轩辕镜。悬挂于帝王御座上方,一说用以显示帝王是轩辕后裔子孙,一说为了辟邪。

　　(3)我国现存宫殿

　　我国现存的宫殿主要是北京故宫和沈阳故宫两处,北京故宫于1987年12月被联合国教科文组织列入《世界遗产名录》,沈阳故宫于2004年7月作为明清皇宫文化遗产增补项目列入《世界遗产名录》,至此我国两处现存宫殿建筑均成为世界遗产。

---

　　① 国家旅游局人事劳动教育司编:《全国导游基础》,旅游教育出版社,1995年版,第169页。
　　② 陈福义、范保宁主编:《中国旅游资源学》,中国旅游出版社,2005年第二版,第171页。

第四章 人文旅游资源

【补充资料】

故宫[①]

故宫，顾名思义为"曾经的宫殿"，这里专指目前我国留存下来的两处宫殿建筑群，即北京故宫（紫禁城）和沈阳故宫。下面对北京故宫进行简单的介绍。

北京故宫，位于明清北京城内正中，从明朝永乐十九年（1421）直至清末（1911）是明清两朝的皇宫。古代皇宫是禁地，又有紫薇垣为天帝所居的神话，故称宫城为紫禁城。它是中国现存最巨大、保存最完好的古建筑群。1925年在此建故宫博物院后，通称故宫。

故宫占地72万平方米，建筑面积达15万平方米，房屋8600多间，南北长961米，东西宽753米，周围以10米高的城墙，其外有52米宽的护城河，在冷兵器时代可谓"固若金汤"。原来进入紫禁城要经过大明（清）门、承天（天安）门和端门，目前午门是故宫的正门，午门上有五座楼，人们习惯叫它五凤楼。由午门进去，首先映入眼帘的是内金水河，这条河曲折有致，形似玉带绕与故宫腰间，故又称玉带河。河上有汉白玉桥，名金水桥。过桥，经过太和门，就是故宫最著名的三大殿建筑，即太和殿、中和殿、保和殿。这三座大殿立在八米高的汉白玉基座上，基座分为三层，每层都有汉白玉栏杆围绕，远望如琼宫仙阙，蔚为壮观。

紫禁城内有一条南北中轴线，自午门经太和门、乾清门、宣武门，同北京城的中轴线重合。整个建筑群按使用性质分为"外朝"和"内廷"两部分，按中轴线对称地布置着若干大小院落。前面的部分称"外朝"，是皇帝举行重大典礼和发布命令的地方，主要建筑有三大殿，三大殿东西对称分布着文华殿和武英殿。后面部分为"内廷"，也叫"后庭"。这一部分建筑主要有后三宫（乾清宫、交泰殿、坤宁宫）和御花园。内廷的东西两侧是东西六宫，是皇帝处理政务和后妃们居住的地方。东西六宫后面为乾东西五所，即东西六宫之北，隔一东西巷道，各建五所并排的院落，为皇子居住的地方。

在建筑布置上，紫禁城强调中轴对称，在中轴线上布置外朝内廷最主要的建筑——前三殿和后三宫。其余东西六宫、乾东西五所对称布置左右，拱卫中轴线上的建筑。它也利用院落的大小、建筑的广狭区分主次。前三殿是全宫最大的建筑群，占地面积为宫城的百分之二十，后三宫为前三殿的四分之一，其它各类建筑按主次依次减小，以突出前三殿和后三宫的主体地位。

在建筑形式上，主要通过开间数多少和屋顶形式、彩画样式等来区分主次，开间以十一为最，屋顶等级依次为庑殿顶、歇山顶、悬山顶、硬山顶，最重要者加重檐。通过这些手法，将宫中大量的院落组成一个主轴突出、主从分明、统一和谐的整体，把君臣、父子、夫妇等封建伦常关系，通过建筑的空间形象体现出来。《清宫史续编》又称内廷部分的乾清、坤宁象征天地，乾清宫东西庑日精门、月华门象征日月，以东西六宫象征十二辰，以乾东西五所象征十天干等，故宫运用大量的象征手法通过建筑形式表现封建皇权的至高无上的权威。[②]

---

① 参考自国家旅游局人事劳动教育司编：《导游知识专题》，中国旅游出版社，2006年版，第149－150页。
② 中国大百科全书总编辑委员会《建筑·园林·城市规划》编辑委员会编：《中国大百科全书·建筑、园林、城市规划》，中国大百科全书出版社，2004年版，第595－597页。

2. 坛庙

坛庙,是中国古代用于祭典诸神、祖先及先贤的建筑,是寄托国家和民族精神的地方。故而是皇家建筑中最受重视的建筑类型之一。封建帝王作为国家最高统治者,在祭祀活动中扮演着至高无上的发言人的角色。每年的不同时节,皇帝都要亲自参与相关的祭祀典礼活动,为祈求丰收、太平、江山永固、长生不老而朝拜天地众神和祖先先贤。祭祀对象等级不同,其中最受重视的是天地、社稷和祖先,其次是高山、大海和大河。中国从汉代以来就确定了对泰山等五岳、东海等四海、长江等四渎的祭拜制度,并在当地修建祭庙。①

(1)坛

是中国古代主要用于祭祀天、地、社稷等活动的台型建筑。坛既是祭祀建筑的主体,也是整组建筑群的称谓。坛的形制多以阴阳五行学说为依据,如天坛与地坛主体建筑分别采用圆形和方形,来源于天圆地方之说。现存天坛所用石料和尺寸都采用奇数,是采用古人以天为阳和以奇数代表阳性的说法。天坛祈年殿有三重檐,分别覆以三种颜色琉璃瓦:上檐为青色象征天、中檐为黄色象征地、下檐为绿色象征万物。②(乾隆十六年,改为三层均为青色,使其完全成为象征苍天的建筑,取得了形式与内容的统一)我国现存坛类建筑最有代表性的有北京天坛、先农坛、地坛、日坛、月坛、社稷坛等。

(2)庙③

这里的庙不是佛教的寺庙,而是中国古代的祭祀建筑。庙要求形制严肃整齐,主要有分别用于祭祀祖先、奉祀先贤、祭祀山川神灵的三类。

宗庙。中国古代用来奉祀祖先的建筑称为宗庙,帝王的宗庙称太庙。太庙是规格最高的建筑,为九开间五进深,重檐庑殿顶,北京天安门内东边的太庙为建筑实例。

先贤庙。奉祀先贤的庙称为先贤庙。我国最著名的先贤庙是奉祀孔子的孔庙,又称文庙。孔子为儒教教主、历代文宗,影响我国数千年。汉代以后,历代帝王多崇奉儒学,敕令在京城和各州县建文庙,明代我国有文庙1560所,清代达1800余所,这还不包括海外的千余所,数量非常可观,可见孔子影响力之大。山东曲阜的孔庙规模最大,此外,江苏南京夫子庙、北京孔庙、四川资中文庙、天津文庙、福州文庙、泉州文庙等都比较有名。奉祀三国名将关羽的庙称关帝庙,又称武庙。还有地方建三义庙,合祀刘备、关羽和张飞。许多地方还奉祀名臣、先贤、烈士、节烈等。如四川成都、陕西汉中、河南南阳奉祀诸葛亮的"武侯祠";浙江杭州和河南汤阴县奉祀岳飞的"岳王庙"。

祭祀山川、神灵的庙。中国从古代就崇拜天地山川等自然物并设庙祭祀。著名的有奉祀五岳的神庙,其中泰山的岱庙规模最大。此外,还有大量源于各种宗教和民间习俗的祭祀建筑,如城隍庙、土地庙、龙王庙、财神庙等。

3. 祠堂

建立祠堂、定时祭祀、景仰节烈、昭彰后世,是中国的传统伦理行为。④ 祠堂是祭祀祖先或先贤的规模稍小(相对于庙)的庙堂,分为先贤祠、宗祠和神祠。先贤祠和神祠是为了祭奠

---

① 国家旅游局人事劳动教育司编:《导游知识专题》,中国旅游出版社,2006年版,第150－151页。
② 中国大百科全书总编辑委员会《建筑·园林·城市规划》编辑委员会编:《中国大百科全书·建筑、园林、城市规划》,中国大百科全书出版社,2004年版,第416页。
③ 同①第327页。
④ 王世仁:《中国古建探微》,天津古籍出版社,2004年版,第254页。

古代先贤和神灵而设立的。宗祠建筑，习惯称为祠堂，是供奉祖先神主并进行祭祀的场所，被视为宗族的象征，是族权和神权交织的中心。我国最有名的祠堂有山西太原晋祠、广东广州荔湾区的陈家祠堂、安徽绩溪龙川胡氏宗祠等。

4. 会馆

会馆，是明清时期广泛存在于我国各大都会、城市的一种城市公共建筑类型。大型会馆是拥有会场、剧场、宴会厅，并具有办公和居住等功能的建筑群。我国会馆数量很大，仅北京一地清光绪时就有 392 所①；到 1949 年北京市民政局调查，还有 391 所；直到 1992 年《北京日报》公布北京会馆 491 所。② 此外四川各地的会馆也不少，民国时期，犍为县四乡仅粤、赣、闽三省会馆即达 45 处；华阳县四乡仅粤、赣会馆即达 15 处。③ 会馆可分同乡会馆和行业会馆两种类型。

同乡会馆，是中国人乡土观念在建筑形式上的表现，是一种为同乡聚会、维系乡谊等目的而修建的建筑类型。其建筑形式大致与大型住宅类似，多在正厅或专辟一室设立祠堂供奉乡贤。正厅为同乡聚会宴饮之处，其余房屋供同乡借居。清代一些同乡会馆规模很大，设有戏楼。如北京的江西会馆、奉天会馆、四川会馆和湖南会馆，天津的广东会馆，四川洛带的湖广会馆、自贡的西秦会馆等。

行业会馆，与同乡会馆的风格不同，但总体布局仍与住宅建筑类似，馆内多供奉行业祖师或神祇。有戏台或戏楼专供演戏酬神之用。④ 行业会馆多讲究装饰，常用复杂的雕刻和金彩装饰。

5. 书院

书院，是私人或官府设立的供人读书、讲学的场所。我国的书院源于唐代，盛于宋代。书院建筑非常注重建筑环境，多选择风景幽雅秀丽的地方，同时也热衷于打造书院的优美环境。书院选址以山环水绕、清秀之地最为理想。所谓"山端正而出文才"，"水清纯，涓涓不息则百川学海无可不至"。书院一般由讲学、藏书、供礼三部分建筑构成。中国历史上有著名的四大书院：江西庐山白鹿洞书院、湖南衡山岳麓书院、河南嵩山嵩阳书院、河南睢阳书院。

6. 宗教建筑⑤

宗教对人类历史影响非常大，中国也不例外。在漫长的五千年文明史中，我国曾出现过多种宗教，其中影响较大的有佛教、道教、伊斯兰教和基督教。此外还有摩尼教、祆教、苯教……这些宗教在传播的过程中兴建了大量精美绝伦的建筑，在我国建筑史上留下了浓墨重彩的一笔。

（1）佛教建筑

我国最早的宗教建筑是佛教建筑，早在东汉永平十一年（68），我国第一座佛教寺院白马寺就已建成。中国的佛教建筑是从印度传入的，佛教建筑包括佛寺、佛塔、石窟、石幢、石灯等。佛教建筑在初期受到印度的影响，但很快就开始中国化的进程，表现了中国人的审美观和文化性格，充满了宁静、平和而内向的氛围。寺院、佛塔、石窟被称为三大佛教建筑，在我

---

① 据光绪时《朝市丛载》卷三的名单，共有行业会馆 8 所，地方会馆 384 所，合计 392 所。
② 同①第 248－249 页。
③ 黄友良：四川同乡会馆的社会功能，中华文化论坛，2002（03）
④ 国家旅游局人事劳动教育司编：《导游知识专题》，中国旅游出版社，2006 年版，第 154－155 页。
⑤ 参见国家旅游局人事劳动教育司编：《导游知识专题》，中国旅游出版社，2006 年版，第 170－183 页。

国佛教建筑中，有诸多寺院、佛塔和石窟建筑精品，它们不但是佛教僧侣传道、生活的居所，同时也是佛教文化与传统中国文化碰撞、交织、融会的精彩表现。

a. 石窟。石窟是随着佛教从印度传入的一种佛教建筑形式，它利用天然峭壁或人为加工的石壁，在其上开凿洞窟，洞窟内运用石刻、塑像、壁画等手法，通过塑造佛教人物形象或讲述故事的形式宣讲教义、传播文化，是我国的宗教文化艺术宝库。在印度，石窟是僧人用来集会、诵经、修行的地方，即僧房。中国的石窟主要是用来供奉佛和菩萨。最早开凿的石窟寺在在今新疆地区，可能始于东汉；十六国和南北朝时经由甘肃传到中原，达到高潮；唐宋时，达到顶峰，并开始衰落；元明以后凿窟的风气逐渐停息下来。中国现存石窟寺的分布范围西至新疆西部、甘肃、宁夏，北至辽宁，东至江苏、浙江、山东，南达四川、云南。其中最著名的有甘肃敦煌的莫高窟、甘肃天水的麦积山石窟、山西大同的云冈石窟、河南洛阳的龙门石窟。这四处石窟又称为中国佛教的"四大石窟"。

b. 寺庙。寺庙，又称"寺院"（"寺"为古代官署名称，"院"为寺内院落），是一种主要的佛教建筑形式，是佛教僧侣供奉佛像、舍利（佛骨），进行宗教活动和居住的处所。寺庙在中国历史上还有浮屠祠、招提、兰若、伽蓝①、精舍、道场、丛林②、禅林、神庙、塔庙、寺、庙等多种名称，或为梵文音译、意译，或为假借、隐喻，或为某种类型的专称、别号，到明清时期统称"寺"、"庙"。佛教在中国流行近2000年，佛寺建筑大概可以分为三个阶段：其一，东汉至东晋时期，此时的寺庙为"塔院型"，即以佛塔为中心，四周用堂、阁围成方形院落；其二，南北朝至五代时期，此时的寺庙有前期延续的"塔院型"和新的"宫室宅第型"两类，随着历史发展，"塔院型"逐渐被淘汰，"宫室宅第型"逐渐成为主流，"宫室宅第型"寺庙有明显的中轴线（从主要出入口"三门"开始，沿轴线纵列数重殿阁，中间连以横廊，划分成几进院落）、塔的位置由全寺中心演变为殿前左右置双塔

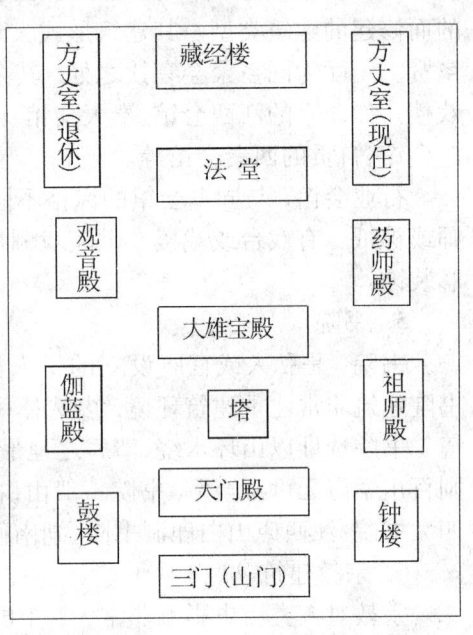

图4-1 一般汉地佛教寺庙布局

或于主体殿庭前方两侧分立塔院、较大寺院在主体殿阁两侧对称排列若干较小的"院"（原成都大慈寺有20多个院，五台山大华严寺有15个院，原长安章敬寺有48个院、4130余间房）、主院和各小院均饶以回廊甚至附建配殿和配楼；其三，宋代至清末，均为"宫室宅第型"，但有很多改变，增加了大量藏传佛教和小乘佛教的特色佛教建筑，同时汉地佛教的布局也有所变化，最有代表性的就是汉地佛教禅宗的"伽蓝七堂"制度，即一座禅宗寺庙需具备三门、佛殿、法堂、僧堂（禅堂）、库房、西净、浴室七种建筑。

虽然不同时代、不同宗派的寺庙在建筑上存在差异，但大体都是以佛殿或佛塔（见 c. 佛塔）为主体，辅以讲堂、经藏、僧舍、斋堂、库厨等建筑，布局上沿袭中国传统的庭院形式（详见

---

① 伽蓝意为众院，兰若意为空闲之处，招提为四方僧房。
② 丛林：又称禅林，指禅宗寺院；"丛林"一词取寺院多建于幽静林地之意，一说僧人聚居如林木丛集不乱生长，表示其中有规矩法度之意，又有人才所出之意。

图4-1)。佛寺的宗教活动具有群众性,因而戏场、集市(庙会)等相伴出现。建在山林的寺庙则多与风景名胜相结合。中国寺庙虽是宗教建筑,却和世俗生活密切相关,具有一定程度的公共建筑性。佛教寺庙是我国宗教建筑中数量最大的一种,北魏末年,都城洛阳有寺1367所,外地有30000余所;北齐邺城有4000余所,全境共达40000余所;唐代更多,唐武宗"会昌灭法"①拆除境内佛寺44600所;清中叶,仅黄教在藏族地区就有4000余所寺院,在内蒙古就有1000余所。② 经过历史的淘汰,尤其是晚清至新中国成立这段时期,我国的佛教寺庙大多衰落、废弃或改作他途,即使这样,目前留存的佛教寺院仍然不少,全国公布的国家文物保护单位中寺庙及相关设施就占了半壁江山,这些佛寺不但是佛教信徒进行宗教活动的场所,同时也是我国传统文化的重要保存地。现存著名佛寺有佛教"祖庭"(又称"释源")河南洛阳白马寺,山西应县佛宫寺③,北京雍和宫,天津蓟县独乐寺,北京潭柘寺,四川成都昭觉寺,四川乐山凌云寺、乌尤寺,广东韶关南华寺,我国佛教"天下四大丛林":江苏南京栖霞寺、湖北当阳玉泉寺、山东长清灵岩寺、浙江天台国清寺,"江南四大丛林":江苏常州天宁寺、江苏镇江金山寺、江苏扬州高旻寺、浙江宁波天童寺,"长江流域四大丛林":四川成都文殊院、四川成都宝光寺、江苏镇江金山寺、江苏扬州高旻寺,④藏传佛教格鲁派(黄教)六大寺:西藏拉萨哲蚌寺、西藏拉萨甘丹寺、西藏拉萨色拉寺、西藏日喀则扎什伦布寺、青海湟中塔尔寺、甘肃夏河拉卜楞寺……此外,我国各大名山都有著名寺庙,尤其是我国四大佛教名山名寺众多,如四川峨眉山的报国寺、伏虎寺、华藏寺等,山西五台山的南禅寺、佛光寺等,安徽九华山的"九华四大丛林"(祇园、东崖、万年、甘露)等,浙江普陀山的"三大寺"(普济禅寺、法雨禅寺、慧济禅寺)和"十八庵院"(不肯去观音院、紫竹林庵、大乘庵、福泉庵、隐秀庵、杨枝庵、悦岭庵、双泉庵、慈云庵、梅福庵、圆通庵、观音洞庵、灵石庵、伴山庵、祥慧庵、西方庵、梵音洞庵、善财洞庵)等。

c.佛塔。⑤ 佛塔,是用来供奉或收藏佛舍利(佛骨)、佛像、佛经、僧人遗体等的高耸型点式建筑,它们大多拔地而起、戟指蓝天、巍然屹立,加之佛塔造型精美,佛教僧徒又曾用金、银、琉璃、玛瑙等加以装饰,往往成为人们视线的焦点,因此又称"宝塔"。塔起源于古印度,中国古代据梵文stupa和巴利文thupo音译为"窣堵波"和"塔婆",简称塔,也常称为"佛图"、"浮屠"、"浮图"等。"窣堵波"原意为"覆钵式建筑"、"坟"。释迦牟尼逝世后,各地弟子筑坟分藏他的舍利,以为纪念,窣堵波遂成为一种佛教建筑形式。汉末三国之际,丹阳人笮融"大起浮屠,上为金槃,下为重楼",是中国造塔的最早记载。此后陆续有新的佛教建筑形式传入中国,如"支提"、"大精舍"、"瓶式塔"、"金刚宝座"等。它们同中国固有的建筑形式结合,衍化出多种类型。塔遂成为中国古代建筑中数量极大、形式最为多样的一种建筑类型。

印度的窣堵波是由台基、覆钵、宝匣、相轮四部分组成的实心建筑。传到中国后,经过改

---

① 又称"会昌法难",是指唐武宗会昌五年(845)的一次灭佛运动,中国历史上共有四次灭佛事件,这是第三次,也是最规模最大、对佛教打击最沉重的一次,至此以后佛教寺庙的发展再没有超过之前的发展。
② 中国大百科全书总编辑委员会《建筑·园林·城市规划》编辑委员会:《中国大百科全书·建筑、园林、城市规划》,中国大百科全书出版社,2004年版,第143-145页。
③ 应县木塔,全称"应县佛宫寺释迦塔",位于山西应县佛宫寺内,是我国现存最高最古的一座木制塔式建筑,建于辽清宁二年(1056),塔高67.31米。
④ 方广锠:《中国佛教文化大观》,北京大学出版社,2001年版,第281页。
⑤ 中国大百科全书总编辑委员会《建筑·园林·城市规划》编辑委员会:《中国大百科全书·建筑、园林、城市规划》,中国大百科全书出版社,2004年版,第410页。

造和与中国传统建筑形式的融合，遂成为由地宫、塔基、塔身、塔顶和塔刹组成。地宫藏舍利，位于塔基正中的地面下。塔基包括基台和基座。塔刹在塔顶之上，通常由须弥座、仰莲、覆钵、相轮和宝珠组成；也有在相轮之上加宝盖、圆光、仰月和宝珠的塔刹。中国现存塔2000多座，按性质分，有供膜拜的藏佛物的佛塔和高僧墓塔两种；按所用材料有木塔、砖塔、石塔、金属塔、陶塔等；按结构和造型分有楼阁式塔、密檐式塔、单层塔、金刚宝座塔、花塔等。

  中国的诸多佛塔中，楼阁式塔为主流。这种塔是对我国传统多层木结构建筑的仿造，其主要形式就是传统中国的楼阁为塔身，加上窣堵波的塔刹。楼阁式塔与窣堵波最大的不同，是实体部分是中空的，而且建造成数重楼阁的楼阁形式，内有楼梯，可以登临远眺，外形纵向升高，给人挺拔崇高之感；而窣堵波为覆钵式，实心的，不能容人，体量虽然也不小，但给人更多是厚重而无崇高感。楼阁式塔的代表有：陕西西安的大慈恩寺塔、兴教寺玄奘塔，开封佑国寺塔，湖北当阳的玉泉寺铁塔，山西应县的佛宫寺释迦塔（即应县木塔），河北定县开元寺塔等。密檐式塔也很常见，这类塔底层较高，第二层起层高骤然降低，形成层檐密接的形式，上面有密檐5~15层（7~13层最常见），而且只有单数层，大多不供登临远望，建筑材料一般用砖、石，在辽、金时期最为兴盛。这类塔的代表有：河南登封嵩岳寺塔，陕西西安荐福寺塔，北京云居寺金仙公主塔、天宁寺塔，大理崇圣寺千寻塔，南京栖霞寺舍利塔，辽阳白塔等。金刚宝座塔，造型独特，外形十分美观。这种塔是仿造印度佛陀伽耶大塔的形制建造的，下部为方形高塔，上部为五座塔，中间一座最大，其它四座塔稍小分列四角拱卫中间大塔。这类塔仅建于明清两代，数量较少。著名代表有北京正觉寺金刚宝座塔，内蒙古呼和浩特燃灯寺塔。

  （2）道教建筑

  道教是我国土生土长的宗教，其产生已经历1800余年的历史。在此期间，道教建筑从无到有，从初创期简陋的茅屋土坛，到唐宋的殿宇宫观，直到清代的逐渐与民居建筑结合，这些转变反应了道教在不同历史时期的不同命运和发展状况。[①] 道教建筑在创立初期模仿佛教，因此道教建筑在结构布局上有大量对佛教建筑的模仿。如佛寺山门设金刚力士，道观则设龙虎神像；佛寺天王殿设四大天王，道观则设四值功曹像；佛寺大雄宝殿供三世佛，道观三清殿则供老子一气化三清像；佛寺有戒坛、转轮藏，道观也有同类建筑。但道观中没有佛寺中某些特殊的建筑，如大佛阁、五百罗汉堂、金刚宝座塔等。可以看出，对佛教建筑的大胆借鉴是道教建筑的第一大特色。其二，由于道教神仙体系庞杂，其体系的规范排列一直没有真正统一，因此道教建筑的内容也是因时因地而异、不拘一格，往往因供奉对象不同而灵活设置殿堂，如陕西芮城的永乐宫内宫门、龙虎殿、三清殿、纯阳殿、重阳殿五座建筑自南向北排列在一条直线上，将属于祭祀俗神的吕洞宾和王重阳的殿堂与属于尊神的三清殿排在同一轴线上。[②] 其三，道教建筑的选址分为两种情况，一是选择山林名胜清幽之地，如道教就有十大洞天、三十六小洞天、七十二福地（具体参见第三章"道教名山"）；一是选择城镇内，便于接近群众，传经布道，为一般注重礼教、道法的群众采用。其四，道教的布局分为轴线对称式和自由均衡式两种，轴线对称式一般用于平坦地形、崇奉道教尊神和敕建的宫观，如苏州玄妙观、

---

  ① 孙大章主编：《中国古今建筑鉴赏辞典》，河北教育出版社，1995年版，第16页。
  ② 道教神仙体系庞杂，主要分为尊神（包括三清四御、日月星辰、四方之神）和民间信仰的俗神（包括雷公、门神、灶君、土地、城隍、药王、蚕神和成道仙君，如八仙、关帝、文昌等）。

芮城永乐宫、岱庙、中岳庙等,这类建筑受佛教影响比较大;自由均衡式多用在山林之地,成片平地较少,故依山就势,灵活布局,如都江堰市二王庙、青城山、武当山宫观,宫观选址多在地形绝险之处,视野开阔,清幽自然。建筑体量及位置随意自由,高低错落,不受限制。同时将交通台阶与建筑物组合在一起,增加上下、明暗、内外等空间景观感受的变化性。在山区环境中尤其是重视宫观入口空间的引导作用,以及周围山林的环境加工,以亭、桥、廊、门等丰富整个景区,使之成为宫观建筑的重要辅衬。其五,道教建筑的装饰图案有一套特定的纹样,这些纹样与其教义及经传故事有着相当密切的关联,鲜明地反映出道家追求长生不老、羽化登仙、吉祥如意等的宗教愿望。其中以八仙图案及八卦、太极、四灵、动物中的龙、鹤、龟、蝙蝠,植物中的松、竹、灵芝、仙草,自然现象中的日月星云等较为常用。这些图案都有一定的寓意,但多离不开长生不老、成道成仙等主题。[1]

中国的道教建筑较为著名的主要有四大道教名山(青城山、武当山、龙虎山、齐云山)的建筑,道教十大洞天、三十六小洞天、七十二福地的建筑,各地著名城隍庙、土地庙等。此外北京的白云观,成都的青羊宫,苏州的玄妙观,芮城的永乐宫,都江堰的二王庙等也非常著名。

(3)伊斯兰教建筑

伊斯兰教自唐代(大约8世纪)传入,经历了千余年的历史,先后被回、维吾尔、哈萨克、克尔克孜、东乡、塔塔尔等十个民族信仰。经历了从纯阿拉伯建筑风格到阿拉伯建筑风格和中式建筑融合的发展过程,主要可以分为两个体系:一是以广大内地回族为主的木架构瓦屋顶类型,以礼拜寺和教长墓(拱北)为代表;一是以维吾尔族为主的密肋平顶类型,以礼拜寺和陵墓(麻扎)为代表。伊斯兰教建筑主要有礼拜寺(清真寺)、教经堂、教长墓几种类型。

因宗教需要,一般礼拜寺有礼拜殿(祈祷堂)、邦克楼(唤醒楼)、浴室、教长室、经学校、大门等建筑组成。[2] 其建筑特色主要有以下几个方面:其一,按伊斯兰教教义规定,教徒都要朝向麦加朝拜,因此,不论寺的大门朝向如何,大殿的神龛必须背向麦加(因麦加在中国之西,故神龛背向西方)这样往往出现大门在大殿的背后或两侧的情况;其二,礼拜堂内不设偶像,其规模取决于附近教民的数量(因为按教规,教徒除每天礼拜五次外,每周五是聚礼日,所有教徒都必须聚集在礼拜堂中礼拜),往往出现面积较大的礼拜堂,其平面布局多样,殿内铺满地毯,教民做礼拜要脱鞋进入;其三,殿内神龛前左侧建宣谕台,位置固定,但形式多样,没有定制;其四,邦克楼[3]形式多样,由于各地风俗习惯及传统技法的影响,邦克楼形式不同,如维吾尔族建筑的邦克楼与大门结合在一起,成为大门造型的一部分,而回族建筑的邦克楼多与望月功能结合,又称望月楼,或与二门相结合,形成一种多层的门楼式建筑;其五,装饰独具特色,主要以几何图案、文字或植物纹为主要题材,而不用动物纹样。[4]

我国的伊斯兰教建筑的代表有沿海四大清真古寺:广州怀圣寺、杭州凤凰寺、泉州圣友寺、扬州仙鹤寺,此外还有北京牛街清真寺、东四清真寺,天津清真大寺,新疆喀什的艾提卡尔大寺(又称艾提尕清真寺)、吐鲁番苏公塔大寺,青海西宁东关清真寺,宁夏银川大寺、同心清真大寺,西安化觉巷清真大寺、大学习巷清真寺等。

---

[1] 孙大章主编:《中国古今建筑鉴赏辞典》,河北教育出版社,1995年版,第17-23页。
[2] 中国旅游文化大辞典编辑委员会编:《中国旅游文化大辞典》,江西美术出版社,1994年版,第37页。
[3] 教徒每日五次礼拜,分晨、晌、脯、昏、宵五礼,礼拜时由阿訇在寺中一高塔形建筑上呼唤,称为"叫邦克",这个塔形建筑就是邦克楼,又叫唤醒楼。
[4] 同[1]第27-29页。

(二)城防建筑

城,围绕城邑建造的一整套防御构筑物,以闭合的城墙为主体,包括城门、墩台、楼橹、壕隍等。也指边境的防御墙和大型屯兵堡寨。可见,"城"本身就是一个防御概念。我国的城防建筑主要是指用于防御外敌的一系列古建筑,包括古城、长城和关隘等。

1. 古城

古代的城市,又称为"城池"、"城郭","池"是指城外护城河,"郭"是指城墙,一般有两重:里面的称城,外面的称郭。中国古代上至天子诸侯的都城,下至州府郡县的治所都有城墙围绕。在冷兵器时代的封建社会时期,城墙及各种防御工事对于抵御外晦具有十分重要的意义。因此,我国早在四千年前就可以筑城,为了巩固统治者的统治和保护老百姓的生命财产安全,筑城成为了我国古代的一个传统,王朝更替一般都会重新筑城。古城的城防建筑因此成为人文旅游资源的重要内容,如,南京古城墙建于元至正二十六年(公元1366年)至明洪武十九年(公元1386年)。原建宫城、皇城、外郭城已毁,仅剩都城城垣。城垣内侧周长33公里,不仅是全国第一,而且为世界第一。城垣用巨大的条石砌基,用巨砖砌成,以糯米拌石灰灌浆作粘合剂,十分坚固。原有城门十三座,其中聚宝(中华)、石城、神策、清凉四门保存至今。聚宝门规模最大,是我国现存最大、最为完整的堡垒瓮城,在我国城垣建筑史上占有极其重要的地位。此外,明西安城墙、明平遥城墙也是著名的城防建筑。①

【知识加油站】

我国古城的组成部分有哪些

城是城墙围合起来的一系列防御工事的总称,在我国古代,城主要是一个防御概念,其主要由城墙、城门、瓮城、马面、敌楼和站棚、团楼、城壕、羊马墙、雁翅城等组成。

城墙,古代称墉,墙体土筑,断面为梯形,其高宽比各代不同,唐宋边城的上底、下底、高之比为1:2:4,都城的为2:3:2。墙体外侧还用木椽固定起来,防止崩塌,称为姓木。南宋以后改用砖石包砌城墙,以防止炮火,个别城墙还用糯米灰浆砌筑。城墙顶部外侧砌垛口,内侧砌女墙(矮小的防护墙)。墙身每隔一定距离筑突出的马面(向外突出的附城墩台,每隔约60步筑一座,主要为阻止攀登城墙的敌人)。马面顶上建敌楼(马面上防御用的掩体),城墙顶部每隔十步建战棚。敌楼、战棚(城墙上防御用的掩体,建在城角弧形墩台上的防御用掩体称为"团楼")和城楼供守御和瞭望之用,统称"楼橹"。

城门,城楼下为夯土墩台,用木柱、木梁为骨架,构成平顶或梯形顶的城门道,台顶上建城楼,便于瞭望守御。火药用于战争后,南宋后期城门道改用砖砌券洞。

瓮城,围在城门外的小城,或方或圆,方的又称"方城"。瓮城高与大城相同,城顶建战棚,瓮城门开在侧面,以便在大城和瓮城上从两个方向抵御攻打瓮城门之敌。正面的战棚在南宋时改为坚固的建筑,布置弓弩手,称为"万人敌",到明代发展为多层的箭楼。瓮城门到明代又增设闸门,称闸楼。

城壕,即护城河,无水的称隍。一般宽两丈,深一丈,距离城墙30步左右。在城门处有桥。有的在桥头建半圆形城堡,称"月城"。

羊马墙,城外沿城壕内岸建的小隔城,高8尺至一丈,上筑女墙。羊马墙内屯兵,和大城上的远射配合阻止敌人越壕攻城。

雁翅城,又称"翼城",是指沿江沿海有码头的城邑,自城沿码头两侧至江边或海边筑的城墙。②

---

① 全国导游人员资格考试教材编写组编:《导游基础知识》,旅游教育出版社,2001年版,第115-116页。
② 中国大百科全书总编辑委员会《建筑·园林·城市规划》编辑委员会编:《中国大百科全书·建筑、园林、城市规划》,中国大百科全书出版社,2004年版,第41页。

2. 长城

长城，是在冷兵器时代主要由国家或政府在边疆地区主持修建的一种巨型军事防御工程体系。是由绵延伸展的一道或多道城墙，一重或多重关堡，以及各种战斗设施、生活设施、报警烽燧、道路网络等组成。是一条以城墙为线，以关隘为支撑点，纵深梯次相贯，点线结合的巨型军事工程体系——它体现了天然险阻与人工设防的巧妙结合。[1] 我国从春秋战国时期直至明代，历经两千七百余年，曾有二十多个朝代和诸侯国修建过长城，超过一万里的历史记载就有三个朝代：其一，是秦始皇时期修筑的西起临洮东至辽东的万里长城；其二，是汉代修筑的西起今新疆东至辽东的内外长城和烽燧，长达二万余公里；其三，是明代修建的西起嘉峪关东至鸭绿江，长达一万四千七百余公里的长城。[2] 早期各代长城多残毁不全，一般人所谓"长城"，是指明长城。长城不仅我国有，其它国家也有类似建筑，比较著名的就有英国"哈德良长城"（公元117年古罗马为抵御外族侵略而修建于英格兰和苏格兰之间的古城墙，长达200公里）、德国的长城（由罗马人在莱茵河和多瑙河之间修筑的防御墙，至今长达600余公里），此外印度、朝鲜也有长城。[3] 长城这类建筑，通常举一国或某地区民族之力而建，范围较广，冷兵器时代用于抵御外晦，在当时曾发挥过重要作用，其高超的建筑技艺和艺术直到现在还令人折服不已，尤其是我国北方的长城。早在两千多年前秦始皇修筑长城时，军事家和建筑师就提出了"因地形，用险制塞"的建筑原则，这样既能依据险要、防御外敌，又能节约人力物力。同时，其建筑技术先进、构思巧妙，建筑的构建多因地制宜，就地取材，如在两千年前的西汉建筑者在无土无石的戈壁砂滩，巧妙地利用当地所产红柳枝条、芦苇与砂砾石子相间层层铺筑的方法，建筑起高大的城墙和烽燧高台。[4]

长城不仅是一道长墙，而且还是一系列防御工事的总称，其结构复杂，设施因时代而不同。整个防御体系由城墙、关隘、烽燧、敌楼、亭障、战台、列城、戍堡、壕堑等构成，其功能不同而互相配合。其完整的防御体系，在冷兵器时代确曾发挥过重要的作用，但在今天，长城的主要价值已经从其作为军事防御工程的实用功能转化为作为历史见证和建筑遗产的历史研究和美学价值转化。我国长城不但是规模宏大、气势磅礴的古代军事防御工程，而且是中国古代各封建割据集团和各民族统治集团之间矛盾战争的产物，是不同民族文化之间的矛盾冲突在中国特定地域的特殊表现。除了巍峨雄伟、蜿蜒曲折的外观，我国长城更耐人寻味的是它所包含的文化内涵。在建筑学上，它是我国历史上各朝代建筑特色和风格的活化石；在军事上，它是我国古代军事思想和战略战术的最集中体现；在政治上，它是各封建统治王朝治国方略、民族政策的具体表现；在民族学上，它是民族文化的功能界线，是我国民族文化之间分合发展的历史见证。所以，长城沿线是一个蕴藏极为丰富的文化带，构成了人类文明的一大奇迹。[5] 我国长城分布在17个省、市、自治区，有保存完好如今已经开发的长城段落，也有还掩藏在高山之巅杂草丛中或荒废颓圮难辨形迹的段落，这些都是我国古代文明的瑰宝，也是重要旅游资源。

---

[1] 李鸿宾：金界壕与长城，中国边疆史地研究，2008(09)。
[2] 《寻根》杂志编辑部：关于长城的答问 & 罗哲文，寻根，2001(06)。
[3] 于建国："世界长城"知多少，地理教育，2009(01)。
[4] 王德刚、焦连安等著：《旅游资源开发与利用》，山东大学出版社，1997年版，第183页。
[5] 王亚力：南方长城与"长城文化之旅"的开发，旅游学刊，2003(03)。

3. 关隘

关隘，即关津要隘，是指古代在国境或边境、交界处设立隘口，并派兵把守的地方。设置关隘，一方面是为了军事防御和控制交通，另一方面也是征收关税的重要设施。我国关隘很多，陕西渭河平原就因其位于四关（潼关、武关、大散关、萧关）之中，故名关中；"西出阳关无故人"，阳关也是古代西域重要的关隘；其它如平型关大捷、清兵入山海关等历史事件都与关隘有很大关系。因此，我国的关隘文化内容丰富、独具特色。我国雄关北方居多，著名的就有山海关、平型关、娘子关、玉门关、阳关、嘉峪关、居庸关、大散关、萧关、函谷关、雁门关、娄山关等。但南方并非没有雄关，以广西为例，就有严关、昆仑关、友谊关等。严关筑于狮子山与凤凰山之间，两山壁立，中为通道，关以方整石块砌成，长43.2米，高5.3米，厚3.23米，关门宽2.9米，高3.79米，扼楚粤之咽喉，关当隘路令人生畏。昆仑关则为著名古战场，是南宁北面的天然屏障，巉岩陡峻，谷深坡险，古道狭窄。壮族起义军领袖侬智高曾在此反抗宋王朝，官军攻关屡败。狄青大军也不得不绕道南进。友谊关曾名鸡陵关、界首关、大南关、镇南关、陵南关，是我国的南大门。[①]

(三) 工程建筑

工程建筑主要包括水利工程、桥梁、天文设施等。

1. 水利工程

"甚哉，水之为利害者也！"两千多年前的司马迁参观都江堰后曾发出如此概叹。水利历来是国家和人民都非常重视的工程。水利关乎国计民生，关乎国运盛衰，历朝历代的统治者都非常重视水利的发展，也因此产生了大量水利工程建筑。中国古代水利工程一般可分为三类：其一，灌溉及生活用水工程；其二，运河工程；其三，堤塘工程。[②]

(1) 灌溉及生活用水工程

地球上的水资源呈不均匀分布状况，往往水资源丰富的地区却没有平地土壤可以利用，而水资源贫乏的地区却土壤丰厚、平地广阔，这使居住在这些地方人们生活极为不便。在漫长的历史发展时期，人们很早就学会了建造工程或利用水渠进行分流引水，通过人为的手段改变这种水资源分布，从而方便人们的生活。这当中最为成功的就是运用地形地势建造水利工程，进行水量调解的都江堰水利工程，其次广西灵渠、陕西郑伯渠、宁夏古灌渠、新疆坎儿井都是著名的代表。

a. 都江堰。都江堰水利工程位于四川盆地的西北部、岷江的出山口的都江堰市城西，是目前世界上唯一留存的以无坝引水为特征的绿色环保水利枢纽工程。其建造于公元前256年，由时任蜀郡郡守的李冰主持修建，距今已有两千二百余年历史，至今仍发挥着较大效益。1994年，都江堰水利工程的灌溉面积超过1000万亩，惠及川西平原及川中丘陵地带37县市，目前都江堰水利工程的灌溉面积还在增加。都江堰水利工程是一处设计科学、布局合理的综合系统水利工程，其主要分为渠首主体工程和渠尾灌溉渠系部分。渠首主体工程部分是整个枢纽工程的大脑，由鱼嘴分水堤、飞沙堰溢洪道和宝瓶引水口三部分构成，首尾呼应、互相配合，使桀骜不驯的岷江水节节浸润，哺育着四川人民。目前作为旅游观赏对象的水利工程主要是指渠首的三大主体工程部分，辅之以离堆公园、伏龙观、安澜索桥、二王庙等人文景

[①] 蓝翔等主编：《华夏民俗博览》，陕西人民教育出版社，1991年版，第833页。
[②] 国家旅游局人事劳动教育司编：《导游知识专题》，中国旅游出版社，2006年版，第189页。

观,是川西平原最为重要的旅游资源。2000年11月,都江堰与青城山一道作为文化遗产被列入联合国教科文组织《世界遗产名录》,成为人类变水害为水利的工程典范。

b. 坎儿井。坎儿井,是指分布于新疆的吐鲁番、哈密、木垒等气候极端炎热干旱的特定地区①的别具一格的地下暗渠,是人类征服沙漠干旱气候的智慧结晶。坎儿井主要分为蓄水暗渠和引水暗渠两部分。其具体做法为在山前溶雪之水的潜流带,根据预先测定路线,首先凿若干竖井,于底部横向挖掘使其以暗渠相通,以形成蓄水暗渠。然后,每隔数十米凿一竖井,相临竖井对挖互通,即为引水暗渠。暗渠输水至适宜地点出露地表,以用于生活和生产,遂出现绿洲。故坎儿井实为绿洲产生和发展之基础。此种方法有效地避免了渗漏和蒸发,水质又好。坎儿井每条长数公里至数十公里不等。历史上其总长度逾万公里。现仍存1100多条,总长度约3000余公里。以吐鲁番为最多。②

(2) 运河工程

运河,是指人工建造的方便水利运输的河段。我国著名的人工运河是京杭大运河。

京杭大运河是指北至北京,南到杭州的一条人工开凿的沟通海河、黄河、淮河、长江、钱塘江的人工运河,全长1700余公里。其主要用途是弥补风险较大的海运,进行南北物资交流。京杭大运河开凿于隋朝,距今已经有1300余年历史,是世界上最长的人工运河。在运河上可以开展各类水上旅游项目,加上京杭大运河途径杭州、苏州、无锡、镇江、扬州,贯通浙、苏、鲁、冀、津、京六省市,沿途人文荟萃、景物繁盛,是一条水上黄金旅游线路。

(3) 堤塘工程

水资源的分布往往存在巨大的季节性差异,雨季水量过大容易造成水灾、枯水期水量太小无法满足生产生活需要。因此,人们很早就学会了运用堤堰进行蓄水,以调节季节性的水资源分配。同时,这些堤堰还可以防止河流、湖泊泛滥,造成水灾。至今仍保留的古代堤堰工程有浙江绍兴的鉴湖、宁波的它山堰、海宁的钱塘江海塘、广西桂林的相思埭;现代的堤堰工程众多,著名的有三峡大坝、二滩水库、三门峡水库、刘家峡水库等。

灌溉及生活用水工程、堤塘工程、运河等水利工程或拦河为坝、或导江成渠、或连接河道,都是人类历史的文明见证,有些建筑历史悠久、科学价值高,至今仍是水利工程史上的典范,因而具有巨大的科学价值。同时,这些工程与水成景,形成了众多的观水、亲水景观,是旅游资源中最具开发价值的一类。

2. 桥梁

"逢山开路、遇水架桥",桥梁是古代人们为征服大自然的交通阻隔而建造的横跨江河溪谷的一种交通建筑形式。桥梁不但具有很强的实用功能,而且历朝历代、不同民族、不同地域都是根据自己的环境和工艺以及审美观来建造桥梁,因此桥梁还具有丰富的历史文化内涵和艺术价值。我国山川广布、江河纵横,加上历史悠久、民族众多,因此我国建桥历史长达3000多年,而且桥梁数量巨大、种类多样、极富特色。从结构和造型上可分为梁桥、拱桥、索桥、浮桥四类。它们不仅是交通运输上的重要通道,而且以其结构的雄伟和造型的优美,为世人所赞叹,具有很高的科学技术价值和艺术鉴赏价值。我国著名的桥梁很多,大多是古桥,目前尚保存完好、综合价值较高的主要古桥有:河北的赵州桥(建于隋初,为世界现存最早的敞肩

---

① 这些地区地面极端温度曾达83℃,年降雨量有时仅10毫米左右,而蒸发量极大,地表又渗漏严重。
② 刘振礼、王兵编著:《新编中国旅游地理》,南开大学出版社,2007年版,第195–196页。

石拱桥,被视为桥梁史上的创举)、北京的卢沟桥、颐和园的玉带桥,福建泉州的洛阳桥(我国第一座海港大石桥,建于北宋)、晋江安平桥(我国现存古代最长的古桥,建于南宋),江西庐山的三峡桥(又称观音桥),云南永平澜沧江上的霁虹桥(建于明代,世界最早的铁索桥),四川都江堰的安澜索桥和南桥(廊式桥)、泸定城西大渡河上的泸定桥,陕西西安的灞桥(建于汉代),苏州的宝带桥、玉带桥和枫桥,广东潮州韩江的广济桥(与卢沟桥、洛阳桥、赵州桥并称为我国四大古桥),广西三江的程阳桥,杭州西湖的断桥和九曲桥。有"桥都"之称的绍兴古城,在不足18平方公里的城区。就有唐、宋、元、明、清各代古桥229座。① 我国的韶关、武汉、重庆、都匀都有"桥城"的称誉。此外,德国的汉堡桥梁达2000余座,是当之无愧的"世界桥城",意大利威尼斯在百余岛屿之间有桥梁400余座,俄罗斯的圣彼得堡的桥梁也有300余座。这些桥梁,或跨江海,或跨溪谷;或便民交通,或仅为观赏;或壮观,或秀美。加之与当地独特的民族文化融合(如侗族的风雨桥,还有一些桥梁上面建立市肆铺面),使得桥梁不但是建筑史上的一朵"奇葩",而且还成为了人类文明的见证与记忆。同时,桥还与诗词等文学形式相结合,人们因桥兴叹、借桥抒怀,因此,留下了许多名篇佳作,这为我们欣赏桥梁提供了另一种视角。如欧阳修的"独立小桥风满袖,平林新月人归后",马致远的"小桥、流水、人家",毛泽东的"一桥飞架南北,天堑变通途"等。赏桥爱桥的人多,形制各异、规模不同、功能有别的各种桥梁有不同爱好的旅游者,桥也成为了重要的旅游观赏对象。

3. 天文设施

天文设施,是人们建立起来专门用于观测天文现象的建筑,一般筑成高台或亭阁。这些天文设施不但可以用来观赏天象旅游资源,而且其本身因独特的科学或历史文化价值也成为了人类天文科学发展的见证,故而颇能吸引天文爱好者等。我国自古用"上知天文下知地理……"来形容知识渊博,天文知识一直是我国知识分子的必备知识,我国历来重视天文观测,几乎各个朝代都设立了天文观测中心,并在各地设立天文观测点。早在尧帝时的河南商丘建有天文观测台,这是我国目前发现的最早的天文观测台遗址,名"火星台"。此外,比较著名的就有河南省登封县告成镇的周公测景台(唐代修建)、河南洛阳的观星台遗址,元代郭守敬所建的观星台和北京的古观象台等。

(四)民居建筑

民居是宫殿、官署以外的居住建筑的总称,其形式多样,主要可以分为单体民居建筑形式和聚落形式。聚落,是指人类各种居住场所,是人类活动的中心。其不仅是房屋的集合体,还包括与居住地直接相关的其它生活设施和生产设施,具体包括房屋建筑(住宅、机构、商店、工厂、仓库以及文化娱乐和教育卫生等建筑)、街道或聚落内部的道路、广场、公园、运动场等人们活动的场地,供居民洗涤饮用的池塘、河沟、井泉,以及聚落内部的空闲地、蔬菜地、果园、林地等构成部分。聚落可分为乡村和城市两大类。② 因此民居建筑可以分为村落、城镇和传统民居三类③。

---

① 陈福义、范保宁主编:《中国旅游资源学》,中国旅游出版社,2005年第二版,第156-157页。
② 王恩涌等主编:《人文地理学》,高等教育出版社,2000年版,第219页。
③ 之所以将民居作为与村落、城镇平行的资源类型,其主要的考虑是民居的多样建筑形式是吸引旅游者的重要内容,而村落和城镇注重从整体上介绍聚落形态。

第四章 人文旅游资源

1. 传统民居①

民居②，是指各地的居住建筑，是出现最早、分布最广泛、数量最大的基本建筑类型。其主要的目的是满足实用的需要，相对于宫殿礼制建筑而言不太注重精神功能的表现。但由于各地自然和人文地理环境的差异，民居呈现出多姿多彩的形式，其在总体布局、建筑形体、空间构图和其他方面都有一定的艺术处理手段，因此很多地方的民居具有较大的艺术和审美价值，而其反映地域文化和历史变迁的历史地理价值更为显著。我国的民居建筑于公元前5000—前3300年的河姆渡文化时期就初具雏形，其第四层遗址反映出了当时的木构技术水平。随后数千年的民居建筑发展造就了很多独具地方特色和民族文化魅力的精品建筑，其大致可以分为七类：木架构庭院式住宅、窑洞式住宅、干栏式住宅、碉房、毡帐、"阿以旺"和其它类别。

（1）木架构庭院式建筑

木架构庭院式建筑，是中国传统民居的主要形式，其数量大、分布广，为汉族、满族、白族等大部分人及其它少数民族中的部分人使用。这种民居以木架构房屋为单体，在南北向的主轴线上建正厅堂或正房，正房前面左右对峙建东西厢房，由一正房两厢房组成院落形成一个四面围合的建筑空间，这就是通常所说的"四合院"、"三合院"，有些地方也呈圆形围合。较大的住宅可以沿纵轴线设两个或三个这种"一正两厢"，形成多进院落，有些大型住宅还在两边分设跨院，并附设花园。这类木架构式院落民居具有以下特点：其一，正房的开间数为奇数，而且明间③宽于次间，门开设在明间，以突出中轴线；其二，正房和正厅无论在尺度、用料、装修的精致程度上都优于其他房屋，以体现重心和主次；其三，家庭不同地位的成员分住不同位置，以体现尊卑不同、长幼有序、主客有别的封建礼法原则，如长辈住正房、晚辈住厢房、妇女住内院、来客和男仆住外院。木架构院落式住宅分布在全国城镇乡村，因其自然条件和生活方式的差别而呈现出不同的小类别和特色。主要有四合院、"四水归堂"式、"一颗印"式、大土楼等几种类别。

a. 四合院。是指主要分布于我国北方的四面围合的方形院落建筑，以北京四合院最为著名和典型，河北、山东、东北地区、四川等也有这类建筑。北京四合院完全按照上面的建筑原则布局，具体讲以三进院落为例的四合院布局是：院落多呈南北向，大门开在东南角，进门为前院；前院之南与大门并排的一排房屋称为"倒座"，之北为带廊的院墙，中央有一座"垂花门"，进门为住宅内院，是四合院的中心部分；内院正面坐北朝南为正房，多为三开间房屋左右带耳房；院左右两边为厢房，南面为与前院分隔的带垂花门的院墙；正房和厢房的门窗都开向内院，房前有与内院周围围廊相连；在正房后面还有一排后罩房，一般用做厨房和杂物间。这就是北京四合院比较完整的标准形式。（参见图4-2④）

---

① 中国大百科全书总编辑委员会《建筑·园林·城市规划》编辑委员会编：《中国大百科全书·建筑、园林、城市规划》，中国大百科全书出版社，2004年版，第328-330页。

② 中国在先秦时代，帝王居住建筑和"民舍"统称为"宫室"；从秦汉开始，"宫室"用来专指帝王居所，而"第宅"专指贵族的住宅。汉代规定列侯公卿食禄万户以上、门当大道的住宅称"第"，食禄不满万户、出入里门的称"舍"。近代将宫殿、官署以外的居住建筑统称民居。

③ 建筑正中一间称"明间"，宋代称"当心间"，其左、右侧的称"次间"，再外的称"梢间"，最外的称"尽间"。

④ 参考自北京美术出版社编：《北京四合院画册：中英文对照》，北京美术摄影出版社，2003年版，第3页。

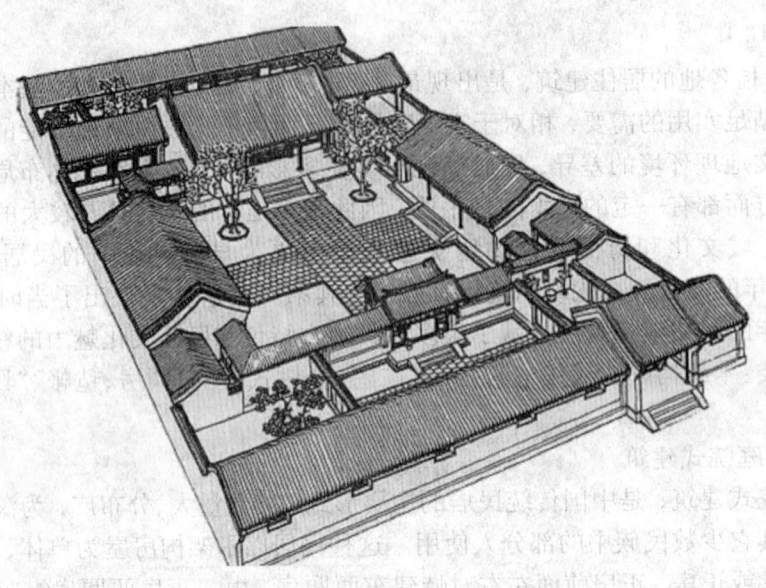

图4-2 标准四合院布局

四合院的房屋为抬梁式构架,屋顶苦背(房顶低层,在草席等上面抹上灰和泥土做成)极厚,上铺阴阳瓦。山墙和后檐也是很厚的砖墙和土坯墙。前檐下部为坎墙,上部为窗。室内多为砖墁地。平面布局和建筑做法都考虑到适应北方比较寒冷的天气。北京四合院根据规模的大小而不同,但都是以"一正两厢"为基本布局单位而形成纵深延展的数进院落,最多的可达七进甚至更多,还附设花园(参见图4-3)等休闲场所,形成了一个可以满足多种功能的封闭式生活休闲空间。

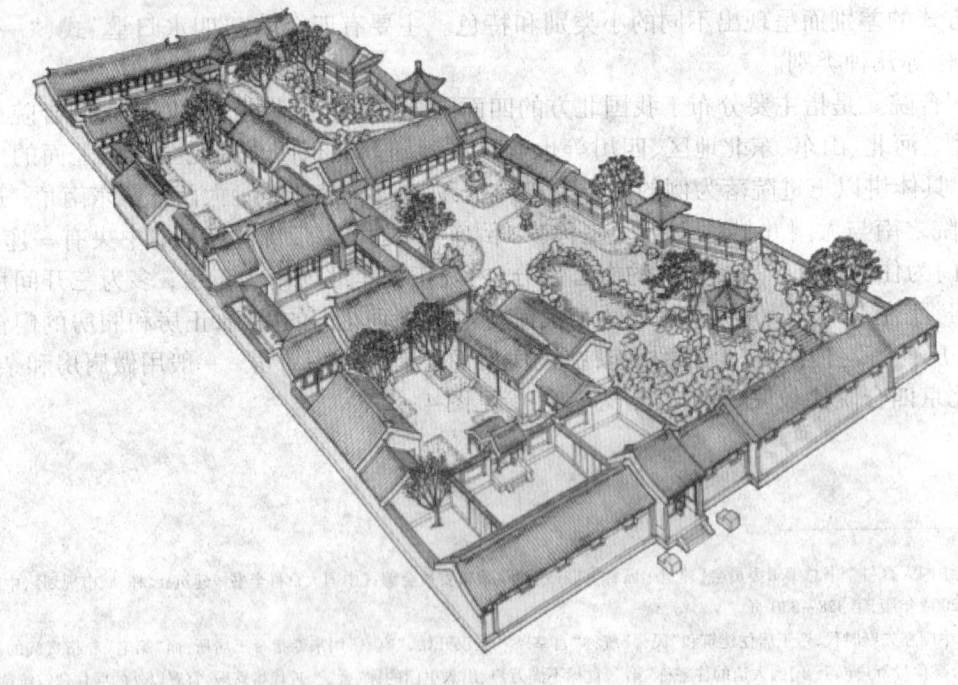

图4-3 大型四合院布局(附设花园)

b."四水归堂"式住宅。"四水归堂"式住宅,是指我国江南地区的住宅名称,平面布局同北方"四合院"大体一致,只是院子较小,称为"天井",仅作排水和采光之用("四水归堂"为俗称,意思是各屋面的侧坡雨水都流入天井)。大门多在中轴线上,第一进院落正房常为大厅,院子略开阔,厅多敞口,与天井内外相通。后面几进院落的房子为楼房,天井更深、更小。这类建筑的单体建筑也是奇数开间,结构为穿斗式构架,墙壁底部常用石板墙,其余用空斗砖墙或编竹抹灰墙。前檐全为木装修,屋顶无苫背,铺小青瓦。室内多以石板铺地。江南水乡住宅往往临水而建,前门通巷,后门临水,每家自有码头,供洗濯、汲水和上下船用。充分体现了江南地理环境在建筑上的影响,这类建筑青瓦白墙,与江南密集的水网融合在一起,形成了一副淡雅的水墨画,具有很高的美学欣赏价值。

c."一颗印"式住宅。"一颗印"式住宅,是指房屋转角处相互连接,外形方整,形如印鉴的院落型建筑,主要分布在云南、四川、湖南等地。这类建筑原则上与"四合院"大致相同,是四合院在西南地区独特地理环境的改造类型,主要为汉族和彝族的住宅式样,其布局形式通常采用三间四耳,即正房三间,耳房(厢房)东西各两间。大门的位置一般在院落的纵向轴线上,门内建有门廊或倒座厅房。大型住宅则由两组或多组一颗印前后串连而成或用两个轴线并列的方式扩大。① "一颗印"虽然单调,但多为楼居,正房与厢房高低错落,也别有风采。其单体建筑为木架构,土坯墙,多有彩画装饰,装饰具有地方和民族特色。

d.大土楼。大土楼,是指适应客家人大家族聚居、具有突出防卫功能,并采用夯土墙承重的巨型土木结构多层居住建筑。土楼以内柱外墙承重,外墙用夯土筑成,厚达一米以上。外形分方圆两种。圆形土楼其外围土墙呈圆形,房间沿土墙呈环状布置,有一环也有两环或三环相套组成。三环的土楼,最大的直径可达七十余米,房舍多达三百余间。外环高四层,底层为厨房和杂用房,二层储藏粮食,三、四层住人。内部两环房屋仅高一层,内环为居室和厨房,中间一环做畜舍和杂用房。庭院中央建厅堂,族人议事、祭祀和婚丧典礼等皆在此进行。方形土楼其外围土墙呈方形或前呈方形,后为弧形。楼房沿周边布置,庭院中央有的还建有厅堂,或者在纵向轴线上建数座厅堂,两侧对称布置"横屋",楼层前低后高,高低错落。由于安全的需要,土楼的下两层外墙上一般不开窗子,三层以上开有小窗。② 这类建筑流行于福建西南部和广东、广西的北部,造型独特、规模宏大、结构奇巧,在中国民居建筑乃至世界民族建筑中独树一帜,为人类学、建筑学及其它诸多学科提供了弥足珍贵的研究素材,具有很高的历史、艺术、科学和旅游价值。福建土楼2008年被列入《世界遗产名录》成为"世界文化遗产",具有很高的开发价值。

(2)窑洞式建筑

窑洞,是指产生于黄土高原地区的一种古老的民居建筑形式,是木架构建筑的先声。其主要利用黄土不易坍塌的特性,水平挖掘出拱形洞穴,稍事修整后用来居住的建筑。其具有施工技术简单、建筑用料节约、冬暖夏凉、经济适用的特点,是黄土高原人们在生产力不发达时期巧妙利用地理条件建筑居所的典范,具有较高的民俗学价值和美学价值。其主要可以分为三种:

a.靠山窑。是指利用垂直的黄土崖壁里面开挖洞穴,向纵深挖掘,进深最大的可达20

---

① 张茂华、亓宏昌主编:《中华传统文化粹典》,山东人民出版社,1996年版,第497页。
② 同①第498页。

米。也可以多孔并列，互相穿套；或者叠层开挖，宛如楼层。

b. 平地窑。又称地坑院，其建造方法是：在平地上按需要大小和形状，垂直向下挖出深坑，成为院子，再从坑壁向四面挖靠山窑，形成有开敞院落的窑洞族群，其布局同四合院，入口处挖成隧道式或开敞式的阶梯通出地面，窑洞顶部可以行车走人或种植庄稼等，以节约土地。

c. 砖窑、石窑或土坯窑。布局与一般庭院相同，只是单体建筑是用砖或土坯发券建成窑洞形式。

(3) 干栏式建筑

干栏式建筑，是指广泛分布于我国西南地区的底层架空的一种建筑形式。其历史久远，早在7000多年前的河姆渡文化遗址中就发现了此类建筑形式，成都平原商周遗址"十二桥文化"也发现有此类建筑。这种建筑都有上下两层，人居其上，畜居其下，中间用横梁和楼板隔开。底部用大小不等的桩柱支撑，使上层房屋建筑高高离开地面。这样，既可通风防潮，又可以防野兽、毒蛇侵扰，夏天住起来也比较凉爽。直到现在傣族、景颇族还使用这类建筑。

(4) 碉房

碉房，是青藏高原是一种独特的住宅建筑。"碉房"的历史比较久远，汉代即有"邛笼"之称，清代乾隆时，派兵攻打四川的大小金川，因当地藏民的房子，用土或石砌筑，顶为平顶，易守难攻，使战事数度受阻，故称之为"碉房"，至今藏族居住地区仍习用这种形制，"碉房"的名称就一直传袭了下来。碉房一般为2-3层，底层养牲畜，楼上住人；平面多为外部一大间，内套两小间层高较低；结构为一间一柱，俗称"一把伞"；外墙下宽上窄，有明显收分，朝南卧室常开大窗；墙体都是材料本色，朴素自然。在藏族村寨中，往往还有一些专司防守的碉楼，与居住的碉房彼此联属、互为呼应，是一种防卫措施。另外，四川茂汶羌族亦习用碉房建筑，云南红河地区彝族及哈尼族所居住的土掌房与"碉房"有共通之处，亦应属于碉房类建筑。①

(5) 毡帐

毡帐，是指游牧民族的住房形式，是一种便于装卸携带的可移动帐篷。蒙古族住的毡帐称"蒙古包"，藏族居住的毡帐称"帐房"。

(6) "阿以旺"

阿以旺，是指新疆维吾尔族的一种独特的住宅形式，为土木结构，密梁式平顶，房屋连成一片，庭园在四周。带天窗的前室称"阿以旺"，又称"夏室"，有起居、会客等多种用途；后室称"冬室"，是卧房，通常不开窗。住宅的平面布局灵活，室内设多处壁龛，墙上运用大量石膏雕饰。

(7) 其它类别

除此之外，民居建筑还有水上居民的"舟居"（以船为房），林区居民的"井干式建筑"，以及鄂伦春族的"仙人柱"等。各种各样的民居建筑构成了我国建筑绚丽的篇章，为旅游业的发展提供了丰富的可开发的资源。

2. 村落②

村落，是聚落的一种常见形式，其产生历史早于城镇，在距今7000余年的半坡氏族文化遗址，就发现有村落的文化遗存。世界的文明史都是从村落开始发轫的，村落是人类文明最

---

① 孙大章主编：《中国古代建筑史第五卷－清代建筑》，中国建筑工业出版社，2002年版，第225页。
② 参照李燕琴、张茵、彭建著：《旅游资源学》，清华大学出版社、北京交通大学出版社，2007年版，第216-220页。

初形态的表现形式,直到后来生产力和商业发达了才开始出现城镇。中国是个农业文明十分悠久的国度,因各地自然条件、历史发展、社会经济水平、生活习俗等各方面的差异,我国产生了大量形态各异、各具特色的村落。这些村落经过历史的考验留存了下来,成为了具有一定历史的古村落,这些古村落是旅游资源中的重要部分。

(1)村落类型

按照空间尺度的不同,村落旅游资源可以在三个层次进行分类:第一,村落单体的空间形态特征;第二,区域内多个村落的空间组合特征;第三,不同区域村落系统的地理特征。

a.按照村落单体的空间形态特征划分,村落可分为团状村落、条状村落、同心圆状村落、环水状村落四种类型。这里所谓村落单体的空间形态特征是指村落在平面上投影所形成的几何图形特征,即村落的平面形态。团状村落,又称块状村落,村落的平面形态是圆形或椭圆形,中国的农耕地区的村落多呈这种形态分布;条状村落,又称带状村落,村落内的住宅虽聚集在一起,但因地形、河流等原因而呈现狭长的地带性分布;同心圆状村落,是指村落的平面形态呈圆形层层环绕,如福建客家人的土楼,就是围绕中心而建的环环升高的建筑群,往往可达300余户之多;环水状村落,是指村落各家围绕一大型水塘或环行河流分布的村落形态。

b.按照区域内多个村落的空间组合特征,可分为主轴型、串珠型、子母型、中心型、星点型等。

c.按照不同村落系统的地理特征,中国的村落可分为北部村落系统、南部村落系统和西部村落系统。

按照古村落的成因划分,我国古村落有原始定居型、地区开发型、民族迁徙型、避世迁居型、历时嵌入型。[1]

形态各异、丰富多彩的乡村住宅是村落中最重要的组成部分,也是中国建筑遗产的宝贵遗产,它反映了中国历史最大多数的普通人的生活状况和文化特征。城市住宅多为钢筋水泥的高层建筑,自然烙印与民族文化特色已很少体现。但在中国广大农村,还保留着大量传统民居,每一个地区都有一定特色的民居建筑。这些各具特色的民居住宅通过聚合的形式而形成一定区域的独特文化形态,因而具有整体的和区域的文化魅力。

(2)中国古村落的特征和分布

a.特征。中国古村落主要具有以下几个特征:其一,封闭性和守旧性。由于我国古代漫长而发达的农业文明,统治者一直奉行自给自足的小农经济,这种经济体制不鼓励贸易,所以在此种经济体制下,人们不需要与外界交流,长久以来就形成了与外界隔绝的村落,这种经济形态导致文化方面的守旧性,也因此使得某些古老的习俗能够得以保存。[2] 其二,生态和谐型。鲁迅先生曾说"中国文化的根底全在道教",中国的乡村一直深受道家和道教思想的影响。道家的天人合一,道教的神仙思想都对于中国村落的生态造成很大影响。如道教的神仙体系中有一部分是山川河流土地等,将这些自然物崇尚为神仙,对于保护村落的生态环境具有相当大的作用,在1958年大炼钢铁以前,我国乡村有着大面积的原始森林和丰茂的植被,这都与道教的这些崇拜思想有关。其三,传统生活展现的真实性。中国的古村落在数百年甚至上千年的历史过程中绵延至今,真实记录并延续着中国乡村居民传统的生活方式、风俗习惯。古村落拥有丰富的历史遗存,包括建筑、街道、院墙等反映历史面貌的真实物。同

---

[1] 关于这一分类详细内容可参见朱晓明:《古村落的保护发展的理论与实践》(同济大学出版社,2000年版)相关内容。

[2] 这一特征在费孝通的《乡土中国》中阐述较为深入,可参照阅读。

时，古村落不仅历史遗存丰富，从功能上，它又是中国乡村居民生活的场所，记录了真实的、原汁原味的中国传统乡村生活方式、风土人情、宗教信仰，以及礼仪等非物质形态的乡村要素，具有强烈的不可替代性。

b. 分布。中国古村落主要分布在以下区域：第一，古代交通经济相对发达，但近现代交通重心转移的地区；第二，区域环境相对偏僻独立的地区；第三，分布在小环境相对封闭且地形险要的地区；第四，少数民族聚居区域。

总体来看，中国古村落多分布在近现代交通不便、现代经济相对落后，或区域环境相对封闭独立的山区。从时间来看，除个别地区仍保留有宋元时期的古村落外，多数为明清以来遗留下来的。在当今城市化进程加剧的背景下，乡村急剧萎缩，古村落因其独特的文化魅力和乡土气息吸引着越来越多的旅游者。古村落旅游资源将在未来的旅游发展中发挥更加重要的作用。

3. 城镇

城镇，是城市和乡镇的总称。乡镇是介于村落和城市之间的概念。因此，这里的城镇是指人口较为密集、经济贸易较为发达的人口聚居区。主要分为城市和乡镇两部分。作为旅游资源，这里主要是谈论经历了历史考验、具有丰富文化内涵的古城镇。

(1) 城市

正如前面所述，城是一个防御概念，它是一系列防御工事的集合。城市就包含这层含义，此外，城市的"市"，是指集市、贸易点，因此"市"是一个贸易的概念，涉及交流。城，讲究防卫、封闭；而市，讲究交流、贸易。看似矛盾的两个概念统一在了一起，形成了"城市"这个概念。"城市"概念的这种矛盾反映了城市的两种功能：其一，"城"需要"市"，因为不能自己耕种的城市人口没有贸易将无法获取生活资料，进而无法生存，这反映了城市的贸易功能；其二，"市"需要"城"，因为贸易的顺利进行需要安定的环境和条件，否则，贸易将无法有序完成，这反映了城市的防卫功能，在政治动荡、战争频仍的年代防卫就是城墙、护城河、军队等这些概念，而在和平时期和新时代的防卫就是贸易的法律法规、警察等。综合起来看，城市，就是依据一定的生产生活方式把某一区域人口聚集起来的居民定居点，它具有防卫和贸易两种最主要的功能。在新石器时代，农业生产在许多地区成为主要的生产部门，导致了原始居民点的形成。随着商业和手工业的发展，一部分原始居民点扩大成为了一个地区的各种活动的中心，这就是早期的城市。城市的兴起是社会发展到一定程度的产物，《史记》中就有记述"夏有万国"、"夏有城郭"之说。考古学家已经找到了距今4000余年的中国古城堡的遗址，而早在5000多年前，古埃及和两河流域地区就已经出现了城市。[①]

城市是一地政治、经济和文化的中心。我国在5000年文明史中曾经诞生了许多的都城和城市。这些城市有些较完整地保存了下来，而其中的绝大多数都已经成为了历史的陈迹。因为城市往往集中了某地经济财富和文化，因此景观价值突出、文化丰厚。所以得以幸存的古代城市成为旅游资源中的重要部分，在旅游业的发展中起着极其重要的作用。数量众多的城市中，还有一部分是近现代才发展起来的新兴城市，这些城市代表了新时代的文明成果，也是旅游者向往的旅游胜地。如深圳、上海、香港等地。城市的旅游功能的角度划分，中国的城

[①] 中国大百科全书总编辑委员会《建筑·园林·城市规划》编辑委员会编：《中国大百科全书·建筑、园林、城市规划》，中国大百科全书出版社，2004年版，第42页。

市可以分为：历史文化名城、自然风景城市、新兴城市和综合城市四类。有些城市兼具多种类型。

a. 历史文化名城。是指在我国古代政治、经济、文化、军事等方面具有独特地位和较大影响，至今仍具有较大城市规模，并保存着具有重要传统文化价值、历史价值、艺术价值和科考价值的文物、建筑、遗址和优美环境的各类城市。① 1982年2月，为了保护那些曾经是古代政治、经济、文化中心或近代革命运动和重大历史事件发生地的重要城市及其文物古迹免受破坏，"历史文化名城"的概念被正式提出。根据《中华人民共和国文物保护法》，历史文化名城是指"保存文物特别丰富，具有重大历史文化价值和革命意义的城市"。我国分别于1982、1986、1994年分三批批准99座国家级历史文化名城（参见表4-12），2001年国务院特批凤凰和山海关为国家级历史文化名城，至目前，全国共101座国家级历史文化名城。

表4-12　　　　　　　　　　历史文化名城名单

第一批（24座）		第二批（38座）		第三批（37座）		特批（2座）
承德	北京	天津	保定	正定	邯郸	2001年国务院特批凤凰和山海关为国家级历史文化名城。
大同	南京	丽江	日喀则	琼山	乐山	
泉州	景德镇	韩城	榆林	都江堰	泸州	
曲阜	洛阳	张掖	敦煌	建水	巍山	
开封	扬州	银川	喀什	江孜	咸阳	
杭州	绍兴	武威	呼和浩特	汉中	天水	
江陵	长沙	上海	徐州	同仁	新绛	
广州	桂林	平遥	沈阳	代县	祁县	
成都	遵义	镇江	常熟	吉林	哈尔滨	
昆明	大理	淮安	宁波	集安	衢州	
拉萨	西安	歙县	寿县	临海	长汀	
延安	苏州	亳州	福州	赣州	青岛	
		漳州	南昌	聊城	邹城	
		济南	安阳	淄博	郑州	
		南阳	商丘	浚县	随州	
		武汉	襄樊	钟祥	岳阳	
		潮州	重庆	肇庆	佛山	
		阆中	宜宾	梅州	雷州	
		自贡	镇远	柳州		

根据历史文化名城物质构成要素及质量差异，以及历史渊源、地理区位、民族文化特性和功能特点的不同，可以分为：古都类、风景名胜类、少数民族特色类、古代工商业与交通重镇等特殊类、革命圣地类五类。①古都类历史文化名城是历史上帝王居住的城市，即封建王朝的都城。这类城市历史上曾经是国家政治、经济、文化中心，具有辉煌的历史和灿烂的文化，至今还保存着诸多民族、国家的文化记忆，保存着一定数量的历史遗址

---

① 陈福义、范保宁主编：《中国旅游资源学》，中国旅游出版社，2005年第二版，第217-218页。

和革命文物。其建筑反映了某一历史时期建筑的最高技术和艺术水平以及当时的思想文化特征;其地英才云集,曾创造了大量优秀的文化艺术作品。我国古都众多,曾多次作为都城的城市就有我国著名的七大古都:安阳、西安、洛阳、开封、北京、南京、杭州。安阳是我国可以确定年代的最早的一座都城;西安号称"十朝古都";洛阳被称为"九朝古都";开封被称为"七朝古都";北京为我国最重要最大的古都;南京有"虎踞龙盘"之称、"南京自古帝王州"的说法,也曾作为多朝都城;杭州虽然在"七大古都"中作为古都的时间最短,但其得天独厚的自然景色和无比厚重的民族历史文化独具魅力。此外,大同、临淄、苏州、偃师、曲阜、太原、户县、咸阳、安阳、沈阳、大理、成都、广州等也曾在历史上作为都城。②风景名胜类历史文化名城是指自然环境对城市的特色具有巨大影响的城市。这类名城除了具有丰厚的历史文化外,城中或郊区还拥有众多优美的景点,丰富的人文景观和秀美的自然风光交融,形成了美丽的城市风光。如桂林、苏州、昆明、青岛、乐山、承德、岳阳、漓江等。③古代工商业与交通重镇等特殊类历史文化名城是指我国古代工商业繁荣、交通便利的城市。如泉州、都江堰、自贡、漳州、福州、宁波、广州、景德镇等。④少数民族特色类历史文化名城是指具有特殊民族风貌特色的城市,这些城市在物质形态上使人感受到强烈的民族历史氛围与特征。这类城市主要分布在少数民族地区,如呼和浩特、江孜、喀什、日喀则、拉萨等。⑤革命圣地类历史文化名城是指曾发生过许多近现代革命事件的城市,并保留有反映人民革命斗争历程的文物和建筑。如延安、南昌、遵义、上海、广州、武汉等。①

历史文化名城保存有丰富的文物、古迹,同时也是诸多重大历史事件的真实背景地,它保存了诸多文化记忆,因此既是了解历史文化、地域特色文化的理想场所,也是进行国情教育的重要基地。开发历史文化名城旅游资源不但是旅游业的重要内容,也是国家文化战略的重要部分。

b. 自然风景城市②。自然风景城市,是指那些所处环境得天独厚,如山河湖海的地理奇观,本身则依山而建、依水而存的城市。人们通常称其为"山城"、"水乡"等。这类城市有张家界市、黄山市、威海市、大连市、武夷山市等。

c. 新兴城市。新兴城市,是指在新中国成立以后或改革开放以后涌现的新兴城市。它们或是因重大工程而新建、迁址的城市,如三门峡市等;或是因自然灾害后新建的城市,如唐山市、北川新县城等;或因开采矿藏而兴建的城市,如大庆市等;或因新建港口而建的城市,如张家港市等;或因改革开放后,经济起飞而设的特区城市,如深圳和珠海等。

d. 综合城市。一般指中国的特大型城市。它们拥有丰富的历史文化资源和大量人口、产业,城市建设规模大、密度高,是全国各地理片区的核心城市,经济、政治、文化中心。如北京、上海、广州、武汉、成都、天津等。

(2)乡镇③

乡镇是介于村落和城市之间的过渡居民居住地,其规模大于村落而小于城市。在数量极多的乡镇聚落中,特色乡镇是其中最具有旅游开发价值的一类。这些特色乡镇因其丰富的历

---

① 陈福义、范保宁主编:《中国旅游资源学》,中国旅游出版社,2005年第二版,第218—224页。
② 国家旅游局人事劳动教育司编:《导游知识专题》,中国旅游出版社,2006年版,第206页。
③ 陈福义、范保宁主编:《中国旅游资源学》,中国旅游出版社,2005年第二版,第234—238页。

史文化遗迹、特殊的文化艺术、独特的建筑、传统的工艺或优美的自然环境而闻名。根据其特色的不同,特色乡镇分为:历史文化遗迹类、文化艺术类、独特建筑类、特色产品类、优美环境类五类。

a. 历史文化遗迹类乡镇。这类乡镇以历史文化丰厚、遗迹众多而闻名。如我国历史上的"四大名镇":朱仙镇(河南)、汉口镇(湖北)、景德镇(江西)、佛山镇(广东),至今古镇风貌、古镇建筑、风土人情,仍清晰可见。此外,我国许多的历史文化名镇都属于这一类别。截至目前,我国共有三批 85 处国家级历史文化名镇。[①]

【知识加油站】

山西运城"宰相村"

山西运城裴柏村因名人辈出,尤以宰相较多而号称"中华宰相第一村"。该村为裴氏宗祠所在地。历史上显赫的裴氏家族是一个久负盛名的大家族,先祖始于秦始祖裴子之后,自秦汉,历魏晋,到隋唐而极盛,五代以后,余荫犹存,家族丁旺文盛,德显文章久隆不衰。据统计,先后出过宰相 59 人,大将军 59 人,中书侍郎 14 人,尚书 55 人,常侍 11 人,御史 10 人,节度史、观察史、防御史 25 人,判史 211 人,太守 77 人,封爵者 89 人,公侯 33 人,皇后 3 人,太子妃 4 人,王妃 2 人,驸马 21 人,真可谓"将相后妃,公侯一门",可供参观的文物古迹众多。

b. 文化艺术类乡镇。这类乡镇以特色文艺见长,并闻名全国或蜚声海外。如河北吴桥杂技之乡。1930 年成立我国第一个大马戏团,发展到今天,吴桥县 429 个自然村,村村有杂技艺人,全国 90% 以上的杂技团体都有吴桥籍演员。在印度、缅甸、泰国、新加坡、日本、马来西亚、印度尼西亚、巴基斯坦、保加利亚、荷兰、摩洛哥等 30 多个国家,都有来自我国吴桥杂技之乡的艺人。河南焦作陈家沟以诞生陈氏太极拳闻名……

c. 独特建筑类乡镇。江南水乡古镇同里有宋、元、明、清所建的各种古桥 29 座,明清古建筑占全镇建筑的 1/3,两堂三桥,建筑精美,典雅古朴。四川雅安的上里古镇,二水环绕,古桥、古树、古场镇,古塔、古洞、古牌坊,再加上清末的宅院(韩家大院)、唐代的喷泉(渊泽侯白马泉)竞相向世人展示其朴实无华的历史风韵。镇上古朴的建筑高低错落,风格各异,石板铺街,木屋为舍。街市主要是以"井"字布局,取"井中有水"防止火患之意。四川宜宾的李庄因古建筑丰富、价值颇高,抗战时期梁思成和他的"营造学社"选择在此研究古建筑,可见当地古建筑价值之高。新疆特克斯县县城的八卦街,在我国城镇街道建设中最为奇特。这座独特的具有民族风格的城镇,本身就是我国独有的一处名胜。

d. 特色产品类乡镇。这类古镇多产著名土特产品,如世界风筝之都山东潍坊,我国陶都江苏宜兴,文房四宝的著名产地浙江湖州、安徽歙县、广东肇庆、安徽泾县县城等许多乡镇。

e. 优美环境类乡镇。如云南丽江的束河古镇风景秀丽、四川黄龙溪等。这类古镇数量较大。主要是分布于山区的古镇。

(五)陵墓建筑

陵是指古代帝王的坟墓,墓是指墓穴。陵墓是中国古代为安葬、纪念死者而修的综合性建

---

① 参见国家文物局官网:http://www.sach.gov.cn/tabid/98/InfoID/85/frtid/98/Default.aspx。

筑物，其连地下和地上于一体、融安葬和祭祀于一身，是中国古建筑的一个独特门类。由于中国传统文化中有"事死如事生"的观念，加上厚葬明孝、媚祖邀福的文化传统影响，中国古代自统治者到一般百姓都非常重视丧葬，认为营造墓室可以福及自身、萌及子孙。尤其是帝王，往往举全国之力不惜巨金、大兴土木、殚精竭虑、精雕细刻，将地上、地下陵墓建筑构建成规模宏大和精美无比的建筑艺术品。后来，陵墓建筑又逐渐与堪舆（风水）相结合使陵墓建筑成为了融建筑、雕刻、绘画、书法与自然风光为一体的综合艺术品，成为个性十分鲜明的古建筑类型。① 根据死者的身份和建筑风格的差异，陵墓类建筑可以分为帝王陵寝、纪念性陵墓和风俗性陵墓三类。

1. 帝王陵寝

帝王陵寝建筑包括埋葬帝王、后妃的坟墓和祭祀建筑群。它们与宫殿、坛庙一样，都属于政治性很强的大型纪念建筑，主要体现帝王灵魂不朽、法统永存。这类建筑肃穆、崇高、神秘，建筑艺术价值高；同时规模宏大、建筑雄伟、富丽堂皇、文物丰富珍贵；加之自然环境优美，因此具有丰富的历史文化、科研和美学价值。

（1）帝王陵寝的结构

帝王陵寝占地面积广、规模宏大，但其布局并不杂乱，而是规整有序、井井有条给人以庄严肃穆和无比崇高之感，这主要是因为其建筑功能结构安排合理。从结构上看，帝王陵寝主要分为两大部分：地面建筑与地下建筑；而地面建筑可以进一步分为封土和陵园建筑两部分。地下建筑就是指墓室（地宫）。

a. 封土。封土，即封土建坟，是帝王陵寝地宫上面的土堆部分，其主要目的是掩埋和保护地下建筑。其既有保护地宫建筑免受破坏和防止偷盗的功能，也有景观功能，高高大大的封土巍然耸立，给人一种厚重、崇高的感觉。封土历代规格形态不同，在历代的发展中主要有三种形态：第一，"方上"，是指在地宫上用土夯筑的一个截顶的平顶方锥体土堆，形如覆斗，或单层或二三层，最大者高达一百余米（如秦始皇陵原高达115米，经过两千多年的风雨侵蚀和人为破坏，现高76米），陵体四周还筑有方形城垣，或单重或双重（秦始皇陵四周筑有双重城垣，内城垣长约2.5公里，外城垣达6.5公里），这是秦汉两代最为流行的封土形式，如秦始皇陵和汉代帝王陵寝均采用这样形制。宋代时，又恢复"方上"形制，但规模小得多，更为精致。第二，"以山为陵"，是指陵墓封土利用自然山体直接充当，墓室地宫建于山体内部的封土形式，封土之外有方形陵墙围合。这类封土不但可以节省人力物力，同时高大的山体还能充分体现帝王的气魄，此外还可以防盗，这类封土形制在唐代最为盛行。第三，"宝城宝顶"，是指在地宫之上筑起一道高大圆形的砖城，即"宝城"；在砖城内填土形成一个高出城墙的大圆顶，即"宝顶"。然后在宝顶上筑一方形城台，城台上建方形明楼（用于放置帝王或后妃的谥号牌）。这种宝城宝顶和方城明楼组合而成的陵体，是明清两代帝王采用的封土形式。②

---

① 中国旅游文化大辞典编辑委员会编：《中国旅游文化大辞典》，江西美术出版社，1994年版，第133页。
② 周骏一、李益彬：《旅游资源与开发》，西南财经大学出版社，2009年版，第129页。

第四章 人文旅游资源

【课外阅读】

乾陵如何躲过三劫？①

乾陵位于陕西省乾县城北6公里的梁山上，距古城西安76公里，修建于公元684年，历经23年时间，工程才基本完工。梁山是一座自然形成的石灰岩质的山峰，三峰耸立，北峰最高，海拔1047.3米，南二峰较低，东西对峙，当地群众称为"奶头山"。从乾陵东边西望，梁山就像一位女性的躯体仰卧大地，北峰为头，南二峰为胸，人们常说它是女皇武则天的绝妙象征。唐时的堪舆家（风水先生）认为，梁山有利于女主。所以女皇武则天便把梁山选为其夫唐高宗和自己百年后的"万年寿域"。

乾陵修建的时候，正值盛唐，国力充盈，陵园规模宏大。陵园仿唐都长安城的格局营建，分为皇城、宫城和外郭城，其南北主轴线长达4.9公里。至于里面的宝贝，数量巨大、价值极高，还在唐高宗埋葬时，陪葬品价值就占全国财政的三分之一，其后武则天入葬时陪葬品应不少于高宗。在前后通道的两侧，又各有4间石洞，洞里装满了盛唐时最值钱的宝贝。在通向金刚墙的近百米过道两旁，摆满了各种金银祭器。而最让世人感兴趣的就是那件顶尖级国宝——《兰亭序》。乾陵一带的民间传闻中，早就有《兰亭序》陪葬高宗一说。

如此丰厚的宝藏使得乾陵吸引着职业盗墓者、封疆大吏、土匪、军阀，甚至是农民起义军，也抄着铁锹、锄头前来掘宝。从武则天躺进乾陵的一刻，盗墓贼前赴后继、纷纷而来。第一个光顾乾陵的是唐末造反大军领袖黄巢。这位盐贩子派心腹爱将王璠率40万大军到梁山盗墓，王璠通晓天文地理、更精于阴阳五行和风水之术，盗墓之前对梁山地形进行实地勘察，依据《葬经》乾陵的"正穴"在西南方。加上梁山西南方有诸多碎石，似为开掘墓穴留下的，因此断定墓穴入口在西南方附近，于是从西侧开始挖掘。这些人都是农民出身，不久，就把半座梁山铲平了，留下了40米深的"黄巢沟"。但是，乾陵就像是根本没有入口一样。后来由于起义军战势急转直下，王璠不得已放弃挖掘。唐朝皇帝故意将修建产生的碎石埋在离墓道口三百多米远的地方，利用风水学布下"迷魂阵"误导盗墓贼，后来勘察发现墓穴在正南方偏东，王璠因为聪明完全错判了方向。

向乾陵伸出罪恶之手的第二人是五代的耀州节度使温韬。这个盗墓专业户盗掘了十几座唐陵，发了一笔横财还不罢手，又盯上了乾陵。和黄巢一样，他也出动数万人马在光天化日之下挖掘乾陵，不料每次上山均遭风雨大作，人马一撤，天气立即转晴。如此三四回，遂断绝了念头。乾陵因此躲过了第二劫。

最危险的是第三次，这次出动的不是40万大军，而是一个现代化整编师，盗墓的工具也不再是锄头、铁锹，而是开山劈石如切菜的机枪大炮。主谋就是民国时期的国民党将军孙连仲。他带领部下，学着孙殿英炸慈禧和乾隆墓的样子，在梁山上埋锅造饭安下营寨，用军事演习做幌子，黑色炸药炸开墓道三层竖立石条，正准备进入时，突然冒出一股浓烟，盘旋而上，成为龙卷风，顿时天昏地暗，走石飞沙，7个山西籍士兵首当其冲，立即吐血身亡，其他人哪里还敢再向前，大喊着跑了出来，就这样，乾陵终于躲过最后一劫。

这些有鼻子有眼的传说一代讲给一代听，无论是什么原因阻止了盗墓贼的行径，但最终这座价值连城的陵墓终于保存了下来，给后人留下了宝贵的文化遗产。应该说，这与以山为陵的封土结构有很大关系。

---

① 参考自张敏、高发：盗墓者的悲哀，走进神秘乾陵，各界杂志社乾陵博物馆特刊，2000年。

b. 陵园建筑。运用地面上的陵墓建筑表达对死者的追崇之意,古今中外,莫不如此。古埃及的金字塔及古印度的桑契佛塔是以其抽象的雄伟体量表现纪念性,印度的泰姬玛哈陵墓、中亚撒马尔罕的沙赫—辛德陵墓等伊斯兰古代陵墓是以其精巧的建筑艺术造型表现对死者的崇拜,而中国古代陵墓以其恢宏的建筑布局表现死者的精神永存。① 帝王陵寝的陵园建筑布局严谨、规整,有明显的中轴线,主要包括神道、祭祀区和护陵监三部分。①神道,又称"甬路"、"御路",是指通往祭殿或"宝城"的宽广笔直的大道。一般在神道的入口处建有阙门或牌楼,神道两边对称布置石人(翁仲)石兽(石像生)。唐以前,神道并不长,在道旁置少数石刻;到了唐朝,神道增长到全长约1公里,两边石人石兽数十尊;到明清时期,神道发展到了高峰,明十三陵的神道全长7公里,清东陵的神道长达5公里。②祭祀区,是指建于神道尾端用于祭祀的建筑群体,其主要建筑物是祭殿(也叫享殿、献殿、寝殿、陵殿等)。秦始皇陵陵园的北部设有寝殿,开帝陵设寝的先例。唐乾陵曾有房屋378间。明代帝王陵园的祭祀建筑区由棱恩殿、配殿、廊庑、祭坛、朝房、值房等建筑组成。③护陵监,是指专门保护和管理陵园的机构,每个帝陵都设有此机构。护陵监由衙署、市街、住宅等建筑构成,其外有城墙围合。②

c. 墓室(地宫)。是指为盛放帝王棺椁和随葬品而兴建的地下宫室③,是陵墓的核心部分。不同历史时期,墓室所采用的建造材料不同,主要有土、木、砖和石四种。原始社会时期,生产力低下,人死后直接挖土穴做墓室;随着生产力的提高,到了殷商时期就开始使用大型木椁墓室,一直沿用至西汉,殷商时使用"井干式结构",到了西汉出现"黄肠题凑"形制④;从汉代开始普遍采用砖石墓代替木椁式墓室,这种变化主要是从西汉中期才开始的,逐渐普及到各地。西汉中期,中原一带流行空心砖墓。西汉晚期开始出现石室墓,墓室中雕刻着画像,故称"画像石墓"。墓室的结构和布局,也是仿照现实生活中的住宅。从汉到隋、唐、宋、元、明、清各代,一直沿用砖石砌筑的墓室和地宫,并有所发展。明代的定陵的地宫最为著名。⑤

(2)帝王陵寝的空间布局和艺术构思

帝王陵寝因为是等级社会至尊的统治者的坟墓,其布局宏阔壮观,充分体现了帝王的至高无上的权利。具体分析我国的帝王陵寝,其布局可分为三种:第一,以封土为主体的布局方式。以秦始皇陵为代表,其封土为覆斗状,周围建"回"字形城垣,背靠骊山,轮廓简洁,气象巍峨,烘托出厚重肃穆的氛围。第二,以神道贯穿全局的轴线布局方式。这种布局重点强调正面神道。如唐代乾陵,以山为陵,前面建造祭殿,祭殿前为宽广笔直的神道,神道两边分别布置石人石兽,在神道的尾端利用天然山体相夹为门,借神道起伏、开合的空间变化,

---

① 孙大章编著:《中国古代建筑史话》,中国建筑工业出版社,1987年版,第134页。
② 全国导游人员考试教材编写组:《导游基础知识》,2001年版,第124—125页。
③ 墓室也有建在地上的实例,但极为稀少,如成都的永陵(王建墓)的墓室即建在地面上的封土中。
④ 黄肠题凑:是盛行于汉代的一种高级的木椁形制。它是由黄色的柏木心堆垒而成。东汉时有明确的解释。如《汉书·霍光传》颜师古注引苏林曰:"以柏木黄心致累棺外,故曰黄肠,木头皆内向,故曰题凑。"《后汉书·礼仪志下》大丧条,刘昭注补引《汉书音义》曰:"题,头也,凑,以头内向,所以为固也。"这些记载所指的黄肠是使用的材料为黄色的柏木,题凑是木结构的形式,木材的头内向,也即是纵垒筑。这种形制耗材极大,北京大葆台汉墓一号墓的大型"黄肠题凑"高3米,用掉柏木15000根。(黄景略、吴梦麟、叶学明著:《丧葬陵墓志》,上海人民出版社,1998年版,第297页)
⑤ 同①第127页。

衬托陵墓的宏伟气魄。① 第三，建筑群组的布局方式。明清的陵墓都是选择风景秀丽群山环绕的封闭性环境为陵区，将各帝王陵墓协调的布置在一起。同时以风水理论为依据，特别注重建筑与山水的协调相称。在陵园建筑的布局手法上，充分利用地形，在长长的神道轴线上，依次设置了坊、门、亭、柱、石象生、桥等建筑物，依自然山势缓缓趋高，逐步引导到"享殿"（即祭殿）、"宝城"，把纪念性的气氛推向高潮，创造出一种流动的、有韵律的美感。在每座陵区的建筑布局与空间处理上，以享殿为主体建筑的祭祀区突出于陵区前部，轴线分明、排列有序的建筑群给人以封建礼制的秩序感。高耸的明楼和巨大的宝城突起于整个陵区建筑之上，点明了陵区主人的显赫地位与身份，似乎以其象征封建帝业的"永垂万世"。宝顶上遍植林木，给寂静、肃穆的山陵增添了许多生机。在"如屏、如几、如拱、如卫"的陵地环境中，建筑虽是中心，是主体，却又掩映在群山之中，相互交融，相互映衬。绵延起伏的山峦如巨人伸出双臂，把陵园环抱其中，使建筑与环境融为一体，营造出了一种庄严肃穆神秘的大氛围。②

古代中国人崇信人死之后，在阴间仍然过着阳世的生活，对待死者应该"事死如事生"，因而陵墓建筑的所有建筑和陪葬品都仿照世间。如《史记》记载秦始皇陵"以水银为百川江河大海，机相灌输，上具天文，下具地理……树草木以象山"，完全是人间写照。同时，秦始皇陵还有依据军队武器原型塑造的兵马俑坑，气势恢宏壮丽，号称"世界第八大奇迹"，也是满足秦始皇死后仍然统领万军、号令天下的愿望的。其它各代陵墓在地宫、地面建筑的装饰和布局各方面均体现世间形态。

（3）现存著名帝王陵寝

帝王陵寝因其建筑艺术高超，陪葬品丰富，具有极大的历史文化、艺术审美价值，是吸引旅游者前往的重要吸引物。我国现存帝王陵寝比较著名的有列入世界文化遗产的秦始皇陵及兵马俑坑、明清皇家陵寝（包括明显陵、明孝陵、明十三陵、清东陵、清西陵等）、吉林辽宁高句丽王陵，此外陕西西汉茂陵、唐乾陵、章怀太子墓；成都刘备惠陵、王建永陵、明十陵；宁夏西夏王陵等。

2. 纪念性陵墓

纪念性陵墓，是指为中华民族文化的创造者和继承者，或是治国有方的名臣贤相名将，或是有过广泛影响或较大知名度的文人、政客而建造的墓地。这些墓主人知名度高，在历史上地位重要，受到人民敬仰。

（1）"三皇五帝"陵

"三皇五帝"的说法很多，一般被广泛接受的说法是：三皇有伏羲、神农、皇帝，五帝为颛顼、帝喾、尧、舜、禹。这些人物为史前时期创造中华民族文化的重要人物，其事迹多为传说，但世代相传，其影响力非常大。"三皇五帝"的陵墓都不知所踪，现在的陵墓都是后人根据传说修建的纪念性墓地，同一人物甚至有多处墓。著名的有陕西黄陵县的黄帝陵、河南淮阳城北的伏羲太昊陵、山西临汾的尧陵、湖南宁远的舜陵、浙江绍兴的夏禹陵。

（2）名臣贤相名将墓

这类墓地数量较多，比较著名的有陕西勉县定军山脚下"武侯墓"（即诸葛亮墓）、兴平市

---

① 中国大百科全书总编辑委员会《建筑·园林·城市规划》编辑委员会编：《中国大百科全书·建筑、园林、城市规划》，中国大百科全书出版社，2004年版，第302页。
② 潘谷西主编：《中国古代建筑史第四卷－元明建筑》，中国建筑工业出版社，2001年版，第213页。

霍去病墓,河南洛阳关林(关羽墓),山东曲阜孔林(孔子墓),浙江杭州岳飞墓……

(3) 其它文化名人墓

这类墓地的主人主要是对文学、艺术等领域,以及对近代社会产生过重要影响的名人。如湖南汨罗县屈原墓,安徽当涂李白墓、合肥的包拯墓,河南巩县杜甫墓、洛阳白居易墓、郏县苏轼墓,山西夏县柳村柳宗元墓、夏县司马光墓,江苏镇江米芾墓……此外,近现代的如南京中山陵等,以及诸多群体纪念陵墓,如广州黄花岗七十二烈士陵园、重庆歌乐山烈士陵园等。

3. 风俗性陵墓

这类墓葬具有独特的民俗风味,反映了某地或某民族特殊的丧葬习俗,具有极大的民俗人类学价值,同时也是重要的旅游景观。比较著名的有崖墓(岩墓)、悬棺葬、塔葬墓等。崖墓,是在石崖上穿凿洞穴作为墓室,分布于四川乐山、彭山、宜宾一带,盛行于东汉至南北朝时期,著名的有四川乐山的麻浩崖墓。悬棺葬,是在山上断崖处凿孔打横木桩,将棺木放到桩上;或把棺尾放入岩穴,棺头架在木桩上。悬置越高,越表示对死者尊敬。它是中国古代南方少数民族地区葬俗之一。分布在四川、云南、贵州、广西、台湾、福建、湖南、湖北和江西,山西宁武也有发现。著名的代表有四川宜宾僰人悬棺等。

(六) 园林

园林,是指在一定的地域空间运用工程技术和艺术手段,通过改造地形(或筑山、叠石、理池)、种植树木花草、营造建筑和布置园路等途径创作而成的美的自然环境和游憩境域。① 根据造园手法和旨趣的不同,园林可以分为规则式园林、自然式园林和混合式园林。中国园林、欧洲园林和西亚园林为世界园林的三大体系。然而就其艺术风格与文化底蕴而论,中国的古典园林当独占鳌头。从某种程度上讲,如果说一般的园林是由土木建筑工程师们设计建造的话,那么,中国的古典园林则是由诗人、画家和建筑师们共同创作的。因此,人们常常把中国园林称做文人园林。文人的气质,文人的风格,文人的理想,都通过园林中的一山一水、一草一木、一亭一阁而婉转含蓄地表现出来。可以看出,中国的古典园林属于自然②山水式园林,即以山水为骨架,辅之以花木、建筑,从而构建出一个小巧玲珑的"壶中天地",使人可以不出城郭而享山林之美。这种"移天缩地在君怀"的造园艺术,实在高妙。③

中国古典园林是由山石、水体、生物、建筑等要素组成的,具有生活、游憩和观赏功能的人为造景园地,也是融建筑、雕塑、绘画、文学、书法、金石等为一体的综合艺术品,是"无声的诗、立体的画"。它是自然与人工的完美结合,既是对自然的模拟,于方寸之间显露自然的意趣;也是对自然的加工,一草一木都能显出造园者的匠心独运。④ 中国园林把假山鱼池、亭台楼阁等人工布局与大自然的花草树木、清风明月浓缩在一起,创造了人与自然和谐相处的艺术生活,达到了完美的境界,故被称为"中国文化四绝"之一(其他三绝为山水画、烹饪和京剧)。

1. 中国园林的发展脉络

纵观中国的园林发展史,按照园林的主体和旨意可以概括为三种园林形态:苑囿式、人工

---

① 中国大百科全书总编辑委员会《建筑·园林·城市规划》编辑委员会编:《中国大百科全书·建筑、园林、城市规划》,中国大百科全书出版社,2004年版,第515页。
② 自然:这里的"自然",不仅仅指自然界,而是指顺其自然,自然而然,不事雕琢等意思。
③ 王会昌,王云海著:《中国旅游文化》,重庆大学出版社,2001年版,第145页。
④ 楼庆西著:《中国园林》,五洲传播出版社,2004年版,第5页。

山水式、写意山水式。① 虽然这三种形态在横向上或有交叉，并在某些时期或某些园林中并列存在，但从其主要的发展方向来看，乃是沿着苑囿式、人工山水式、写意山水式的顺序发展的，并且其最终发展目标为写意山水式。即中国园林的发展经历了从被动模仿到主动表达，从"形似"山水到意态融合，从构景要素模仿到综合意境打造的质的飞跃，从而成为了自然山水式园林的典范，被认为是世界上"风景式"（自然式）园林的渊源，中国从此有了"园林之母"的美誉。正如美学大师黑格尔所指出的：中国的园林艺术"是一种绘画"，但他没有指出的是，中国园林的这种画不是"油画"，不是"静物写生"而是充满"诗情"的中国画。因此可以说，"诗情画意"是中国园林最终的审美追求，②或许这才是"写意山水"的完整注脚。下面我们从各历史时期进行这种发展脉络的分析。

（1）中国园林的萌芽时期

从4000多年前到秦汉时期，是中国园林的发轫萌芽期。相传黄帝时即有"圃"，供狩猎。另据文献记载，早在公元前21世纪，就有了放养繁殖野兽以供帝王狩猎为乐的"囿"。商代的君主都在"囿"内筑高台以观天敬神，名为"灵台"。灵台体量很大，令人难以想象。公元前11世纪周文王经营灵台、灵沼、灵囿，其他诸侯也多建苑囿、宫苑。此一阶段的园林为"苑囿式"园林，其主要人工建筑是用来观看野兽或祭祀的高台——"灵台"，围着灵台圈一大片地，或置围栏（苑），或没有围栏（囿），其中植树放养动物（或利用那里原有的野兽），以供帝王狩猎和祭祀。可见这段时期由于生产力落后，即使帝王苑囿也只能被动模仿自然、受制于自然山水，没有太多其它建筑物，其特点是以自然景色为主，少事人工，园林开始萌芽。

（2）中国园林的奠基时期

从秦汉到魏晋南北朝时期，为中国园林的奠基时期。此时，秦汉大筑宫苑，如秦代在咸阳建上林苑，并"作长池，引渭水……筑土为蓬莱山"（《三秦记》）。汉代将秦之上林苑扩充到周围300余里，宫苑内喂养珍禽异兽，多植花木，凿池堆山。在建章宫内开太液地，池中造"海上三山"，为皇家园林主要模式"一池三山"之滥觞。并有私人园林出现，富豪袁广汉在北邙山的私园和大将军梁冀在洛阳的私园规模均可观。此一阶段的园林主要为"人工山水式"园林，其园林中人工建筑物大大增加，并将水体和山体融合在一起，说明此时生产力大为发展，人们开始主动模仿自然，但主要停留在形态的模拟上。这段时期的园林规模宏大，人工痕迹明显，奠定了后期皇家园林的形制，并开模拟自然山水的先河。

（3）中国园林的转折时期

从魏晋南北朝时期到唐宋时期，为中国园林的转折时期。此时社会动荡、玄学受崇、士大夫多逃避现实寄情山水，山水诗画发展，推动了园林建筑。著名园林有北魏洛阳御苑华林园、石崇的金谷园、萧绎（梁元帝）的湘东苑等，城市宅园非常普遍，如《洛阳伽蓝记》所述："争修园毛，互相夸竞。"由于佛教盛行，寺庙园林也大量出现，此时并有"舍宅为寺"的风气，庭院园林和寺庙园林更少差别。这一阶段的中国园林为"写意山水式"园林前期，园林艺术从单纯模仿自然进而为对其作艺术加工，谓"竖画三寸，当千仞之高，横墨数尺，体百里之回"。因此，有意识地利用假山、水池、植物和建筑的组合来创造特定景观。至此，真正意义的古典

---

① 孙大章编著：《中国古代建筑史话》，中国建筑工业出版社，1987年版，第123页。
② 王世仁：《中国古建探微》，天津古籍出版社，2004年版，第146－147页。

中国园林开始产生了。① 同一时期，山水诗、山水画也产生了，说明山水的审美已经从自觉发展到了成熟的阶段，可以说这些有着典型古典中国艺术特征的艺术作品和创作理论为中国园林的发展指出了新的发展方向。但此时还只是单个造景元素和单个景观，虽然是"写意"的但还不具有整体性。

(4) 中国园林的成熟时期

从隋唐到两宋为中国园林的成熟时期。唐、宋时期无论皇家园林，还是私人园林，都是规模空前。前者如大明宫、华清宫、兴庆宫、艮岳、金明池、琼林苑等，后者如王维辋川别业、李德裕平泉山庄和丛春园、沈尚书园、富郑公园、湖园等。此时期，利用石材堆叠假山已非常普遍，几乎达到"无园不石"的地步，所以官府在平江(今苏州)专设"应奉局"，征集江浙一带的珍异花木奇石，即所谓"花石纲"。已经利用嫁接方法培育新的花木品种。此时期还出现了中国历史上第一座公共游览性质的大型园林——唐长安的曲江池，平时供居民游玩。每年三月上巳、九月重阳，皇帝到此宴会群臣。宋代一些私家园林和寺庙园林也定期对游人开放，任人游览。这一阶段园林主要为"写意山水式"园林，由于生产力的发展，建筑殿宇更加雄伟、布局更加灵活，并出现了多种功能和形态的园林，最重要的是，这一时期的私家园林进一步与文学和绘画融合起来，追求素朴、淡雅的风格。已经从整体上对园林的意境进行控制和打造，私家园林的意境已达到"气韵生动"、意味无穷的境界。但此一阶段的园林建造技术虽已成熟，但还没有完备的理论总结。

(5) 中国园林的高潮时期

从元代到明清时期，为中国园林的高潮阶段。元代以后，尤其是明、清时期，园林规模更是前所未有，以圆明园、避暑山庄为代表的北方园林和以苏州、杭州、无锡、湖州、扬州等地的私人园林为代表的江南园林都发展起来。其造园艺术也已臻完善。圆明园被称为"万园之园"，被誉为"人间仙境"。并且出现了计成、张涟与张然父子、戈裕良等造园高手和构园专著，如计成的《园冶》、李笠翁的《一家言》等。此一阶段园林大多为"写意山水式"，造园家从理论上已经对造园艺术进行深入总结，从而能主动有意识的对园林建造进行"规划"，各种造园手段已经能灵活自如地运用，这为造园"主人"运用各种造景元素来表达自己的理想和人生追求的境界提供了基础。此时的江南私家园林极尽精致巧妙，使园林既有诗情，又有画意，画中饱含诗情的效果。这一阶段是中国园林的巅峰时期。②

此后，园林建筑艺术趋于停滞，没有太大发展。

2. 中国园林的艺术特征

中国的文化的一个重要特征是长时期的稳定性，五千年没有断代的文明使得我国的诸多文化形态代代相承，因而具有定型化、程式化、规范化的特征。如京剧的唱、念、做、打的功夫，生、旦、净、末、丑的装扮等都有固定的程式。建筑大多也是如此，宫廷礼制建筑、衙署、民居均强调规范化、程式化，不注重"个性"，只有园林是个例外，非常注重个性的发挥。"园有异宜，而无成法"，③特殊性、个别性是中国园林的本质特征。中国古典园林属于写意自然山水型，即以模山范水为蓝本，经艺术加工提炼，按照特定的艺术构思，"移天缩地"在有限的范

---

① 注意是"古典"不是"古代"。
② 刘振礼、王兵编著：《新编中国旅游地理》，南开大学出版社，2007年版，第164-165页。
③ 见计成：《园冶》，中国建筑工业出版社，2007年版，第37页。

围内,将水光山色、四时景象、贵贱僧俗等融会一处,如宗炳在《山水画序》所云:"纳千顷之汪洋,收四时之烂漫",以借景生情,托景言志,情景交融,使人足不出户而得领略多种风情,于潜移默化中受到大自然的陶冶和艺术的熏染。

(1)虽由人作、宛自天开

计成《园冶》开篇即提出"虽由人作、宛自天开"的造园准则。"人作"是前提、是手段,"宛自天开"(即自然)是目的和追求,即要通过人为的努力使园林的各构景要素乃至整体达到浑然天成、不矫饰造作的效果。这一原则精辟地指出了中国古典园林的最突出特征和最高境界追求,乃是要寻求自然与人工的和谐统一,上升到哲学就是追求"天人合一"的境界。正如陈从周先生对中国园林特色的精辟概括:"中国古典园林是文人园,是饶有书卷气的艺术。"文人参与造园,并自觉地运用中国传统哲学"天人合一"思想来指导中国园林的建造。这使得中国园林不同于其它的建筑门类匠气十足,而成为有哲学和美学思想指导的精心制作的艺术品。"虽由人作,宛自天开"正是中国传统哲学核心思想"天人合一"在园林艺术中的具体体现。

中国古典园林在这一原则指导下,无论是掇山、理池、植树、种花、建筑,还是园林的整体布局,都体现出对"宛自天开"追求,即对自然的深切关照。这主要体现在两方面:第一,园林的总体氛围是要表现自然的情趣,即远离尘俗、得自然山水之况味。这就要求"相地立意",如计成所谓"景到随机,在涧共修兰芷",①同时巧于"因借",充分利用原有山水形胜,将窗外、墙外之景引入园内,与环境和谐一致,使园林成为大环境中的小环境、大自然中的小自然。第二,园林的各构景要素要表现自然、合乎自然的法则,如"清水出芙蓉,天然去雕饰"。如掇山,就是造园者将自然之山移入园内,这就要"取其局部而非缩小",否则空间再大也容不下天下巍巍群山;同时高山不宜全然出露,要有植被以为"烟霞"将其腰锁住,避免假山成为"碓嘴"②等。如理池,细长水体不宜在构景中将其去处完全暴露,要以植被、建筑掩映以断其脉,避免成为了"画蚯蚓"。这些做法(人作)都是根据自然界真山真水的不同的真实情态来表现,其目的就是要"宛自天开",要浑然天成。其余如建筑、书法、金石、植树种花等都要以"自然"为最高法则。可以说"虽由人作,宛自天开"是中国古典园林最突出、显著和最根本的特征,其它特征由此而出。

(2)含蓄

中国园林妙在含蓄,一山一石耐人寻味。立峰是一种抽象的雕刻品,美人峰细看才像,九狮山亦然。③自然界的风景正是如此,如路南石林的阿诗玛,它不是西洋的石膏像,眉毛、眼睛都明显刻意地塑造出来了,让人一看就知,它是中国的写意画,不细看、不从某个角度看是不像的,但从某个角度细看,则恍然大悟,耐人寻味。如果似雕塑一看便知则境界全无、索然无味。这就是"隔而不隔"的距离美。中国园林非常善于把握这种距离。造园者通常利用在进门后的通道口置一假山或一丛幽篁,将游人的视线挡住,这为"障景";园路和走廊一定是曲的,让你每走一步都会换一个视角产生景致的变化,达到步移景异的变换效果;大的水体不会一望无际,通常会用一座或几座桥将水面分隔成几部分,让你无法一览无余,以产生景观的丰富的层次感,这叫"破景"。这一障、一曲、一破都是用含蓄的手法表达无穷的意味,

---

① 同①第51页。
② 碓嘴:舂米的杵,梢略尖如鸟嘴,故名。
③ 陈从周著:《中国园林》,广东旅游出版社,2004年版,第4页。

如同绝句小令，言有尽而意无穷。此外，园林中还有诸多匾额、楹联、书法、金石等，这些题记通常有"点景"的功能，起到对景观画龙点睛的作用。如镇江焦山顶"别峰庵"是郑板桥读书处，只有一庭花树、三间小屋，门联上写着"室雅无须大，花香不在多"，景致实在普通，但通过这副对联的点染，小景顿显雅致宜人。还有如"待月迎风亭"、"荷风四面亭"、"网师园"等等这些题刻，不但书法美妙，而且文辞隽永、引起观园者无限联想，起到了对景致、园林画龙点睛的作用。含蓄是中国传统美学的重要思想，在汉语中喜欢用典，而典故就是含蓄的汉语，中国园林吸取传统美学的营养，将这种思想运用于造园，创造出了丰富多变、境界无穷的园林艺术。中国园林的含蓄就是中国文人的"书卷气"，正是这种清新的"书卷气"，使中国古典园林意味无穷、况味无穷。

（3）以小见大

中国古典园林，尤其是私家园林，因为受地理空间的限制，面积不大。园林建造要达到"虽由人作，宛自天开"的境界，就需要以有限空间表达无限境界，以小见大，如佛教中"须弥藏芥子"。园林是空间的艺术，空间有大有小，大可小，小亦可大，这是辩证法。中国古典园林利用化大为小、空间组合、巧于因借、艺术点睛等手法，来表现江山巍峨、山林野趣、湖海浩荡、人生宇宙的大境界。

中国园林，尤其是私家园林，地理面积小，因此要"纳千顷之汪洋，收四时之浪漫"就需要善于"化大为小"。如掇山理池，为了表现青山巍巍、绿水悠悠的境界，造园师运用中国画的原理"用局部之景而非缩小"，因此运用山水的局部来隐射、象征全体，网师园水池仿虎丘白莲池就是运用这种取其局部的"化大为小"的方法，效果非常好。此外造园艺术家利用大小对比、明暗对比、开合对比及这些手法的交替变化所产生的时而山穷水尽，时而柳暗花明的感觉，构成富有韵律的流动空间，给人一种不可捉摸的遐想，创造出一种深远的园林艺术境界。

为造成"小中见大"的效果，中国园林通过变化空间的组合关系丰富有限空间的景观层次。比如采用园中园、大园套小园的空间分割与联系来创造空间、组织空间和扩大空间；通过房屋、墙垣、假山和植物来分隔空间，造成园中曲折多变，峰回路转的效果。咫尺庭院，由于变化多端的空间处理，消除了狭窄感。庭院中，利用云墙、月洞和曲廊时敞时闭的变化，空间愈见幽深。利用这种种手法，用各种题材进行组景，对空间进行多样划分，就可以使空间愈分愈见其大。

中国园林"巧于因借"，通过开窗、建高楼等方式把园外或者远处的景观组合到园内的景观中，以扩大空间，丰富远景，从而达到"小中见大"的目的。例如，颐和园借西山、玉泉山之景。此外，造园者还通过"人作"（人工手段）来自觉组合不同的特色景致达到将"四时之浪漫"收入园内，这中"借景"的手法，称因时而借，也大大扩大了园林的景观，同时实现了"以小见大"的目的。如有的园林，利用不同的石材，配以各个季节的代表性花木，浓缩四时景色于瞬间。如扬州个园，以笋石配翠竹，代表春山；以湖石配梧桐，代表夏山；以黄石配枫树，代表秋山；以宣石配腊梅，代表冬山，使游人在游园的短时间内，如置身于一年四季的变化之中。这些，也是在体现"小中见大"。[①]

此外，中国园林还通过匾额、楹联等艺术象征手法来丰富园林的内容，扩大升华园林的境界。

---

① 王玉成主编：《旅游文化概论》，中国旅游出版社，2005年版，第132—13页。

（4）诗情画意、情景交融

中国园林是文人园，文人喜欢吟诗作画，因此，中国古典园林饱含诗情画意。造园追求"三境"，即"生境"、"画境"、"意境"三种艺术境界，而以"意境"为最终目标。所谓"生境"，即要求其体现自然之美，符合自然之趣；所谓"画境"，即经过艺术提炼加工，使其犹如绘画之高于自然；所谓"意境"，乃是情景交融，是主观感情与客观外在的有机统一。在这一点上它与绘画、诗文有着共同的艺术追求。这里"画境"就是讲园林要有画意，树木花草重姿态不重品种，讲究能入画；"意境"就是指"诗情"与"情景交融"，造园者通过假山的措置、曲池的营建、花木的载种、亭榭楼台的建筑，来表现一种意味、一种象征、一种境界。诗情画意、情景交融是"虽由人作，宛自天开"带来的；是"含蓄"塑造的；是"以小见大"所表达的。总之，"诗情画意、情景交融"是前面三种特征带给我们的综合的情绪意态感知。

3. 中国园林的构景要素

中国古典园林是通过选址、掇山、理池、架桥、置亭、种花、植树等手段表达园"主"的构思以建造一处用以生活、适宜游赏的境域，在整个园林的构景中，这些手段就成为了重要的构景要素。

（1）掇山

也称"叠山"、"筑山"，是指造园者运用堆叠石块或置石（点石）的方法在园林中模拟大自然的山峦以构建园林的骨架的造园手段。假山是以造景、游览、登高眺望等为主要目的，以自然山水做蓝本，经过艺术提炼、概括和典型化，然后利用土、石等为材料，堆筑而成的大体型园景。置石则以山石为材料，作为独立造景或作为配景，故体量较小而且分散。假山依材料之不同，可分为土山、石山和土石相间的山。置石依点置方式之不同，可分特置、散置和群置等。[①]

山是造园中用来表现自然的最主要因素之一，掇山是造园的重要手段。秦汉的上林苑用太液池所挖土堆成岛，象征东海三神山（蓬莱、方丈、瀛洲），开创了人为造山的先河。中国古典园林的掇山讲究追求自然，即在有限的空间模拟自然的真实山峦冈陵以表现自然之趣。在两千年的掇山历史中，中国的造园家运用中国画的画理来掇山，创造了良好的造景效果。基于画家对自然山体的认识，造园者发展了诸多掇山理论。如宋郭熙曰："山有高有下，高者血脉在下，其肩股开张，基脚壮厚，峦岫冈势培拥相勾连，映带不绝，此高山也。故如是高山谓之不孤，谓之不什。下者血脉在上，其颠半落，项领相攀，根基庞大，堆阜臃肿，直下深插，莫测其浅深，此浅山也。故如是浅山谓之不薄，谓之不泄。高山而孤，体干有什之理，浅山而薄，神气有泄之理，此山水之体裁也。"[②]认为高山宜映带绵延、低矮山丘宜根基庞大莫测其深浅。据此，明代造园大师张琏（字南苑）主张在私家园林用平冈小陂、陵阜陂阪。此外，郭熙对山水的诸多认识对园林建造产生了很大影响，在掇山中就有："山得水而活，水得山而媚"故掇山应山水结合、相得益彰；山之"三远论"（高远、平远、深远）故掇山应三远变化，步移景异等。到了明清，造园家不满足于直接借用中国画的画理，开始进行自己的理论总结。计成在《园冶》的"掇山"一节中，列举了园山、厅山、楼山、阁山、书房山、池山、内室山、峭壁山、山石池、金鱼缸、峰、峦、岩、洞、涧、曲水、瀑布等17种形式，总结了明代的造山技术。清代造园家继续发展，创造了穹形洞壑的迭砌方法，用大小石钩带砌成拱形，顶壁一气，酷似天然

[①] 储椒生、陈樟德编著：《园林造景图说》，上海科学技术出版社，1988年版，第90页。
[②] 见郭熙（宋）：《林泉高致》。

洞壑，乃至于可仿喀斯特溶洞，迭出倒垂的钟乳石，比明代以条石封合收顶的迭法合理、高明得多。现存的苏州拙政园、常熟的花园、上海的豫园，都是明清时代园林造山的佳作。①

（2）理池

理池在造园中是最为主要的环节之一。在园林构建中，水是最富有生命力的元素，风生水起，无水不活。中国园林大都以静态的水景为主，以表现水面平静如镜或烟波浩渺的寂静深远的境界，静影沉碧，游鱼细石，睡莲芙蕖，水中皓月无不使观赏者陶醉其中；也有表现水的动态美，但不是喷泉和规则式的台阶瀑布，而是自然式的瀑布。古代园林讲究理池之法，通过掩、隔、破等方式亲近水面、打破岸线，使小水面有幽深绵延之感。

掩：是指通过建筑或者绿化等方式，使他岸产生出掩映的效果。临水建筑，除主要厅堂前的平台，为突出建筑的地位，不论亭、廊、阁、树，皆前部架空挑出水上，水犹似自其下流出，用以打破岸边的视线局限。

隔：是指通过筑堤横断过水面，或者架设曲折的石板小桥等方法，从而增加景致深度和空间层次效果，使水面倍显幽深。

破：是指当水面很小时，可用怪石围岸，纵横交错，于周围植以野藤细竹、红花绿藻，那么虽然水面很小，也能令人产生非凡的审美体验。②

（3）植物

植物是强化、衬托园林的重要因素。"山以水为血脉，以草木为毛发……山得水而活，得草木而华"。山水离开草木植物，光秃秃的没有色彩变化，是不美的。中国园林着意表现植物的自然美，多花木的选择重姿态不重品种。而且植物除了对园林山石景观其起衬托作用，又往往具有很多象征意义，可以用来烘托全园主题。如竹子象征人品清逸和气节高尚，松柏象征坚强和长寿，莲花象征洁净无暇，兰花象征幽居隐士，玉兰、牡丹、桂花象征荣华富贵，石榴象征多子多孙，紫薇象征高官厚禄等。③

（4）动物

中国园林还在"园囿式"阶段就把动物作为主要观赏、娱乐对象。魏晋南北朝园林中有众多鸟禽，使之成为园林山水景观的天然点缀。唐代王维在辋川别业中养鹿放鹤，以寄托"一生几经伤心事，不向空门何处销"的解脱情趣。宋徽宗所建艮岳，集天下珍禽异兽数以万计，经过训练的鸟兽，在徽宗驾到时，能乖巧地排阵列队。明清时园中有白鹤、鸳鸯、金鱼等。园中动物可以观赏娱乐，可以隐喻长寿，也可以借以扩大和涤化自然境界；令人通过视觉、听觉产生联想。④

（5）建筑

园林中建筑有十分重要作用。它可满足人们生活享受和观赏风景的需求。中国自然式园林，其建筑一方面要可行、可观、可居、可游，一方面起着点景、隔景的作用，使园林移步换景、渐入佳景、以小见大，又使园林显得自然、澹泊、恬静、含蓄。中国自然式园林中的建筑形式多样，有堂、厅、楼、阁、馆、轩、斋、榭、舫、亭、廊、桥、墙等，各有各的形象特点和作用。

---

① 国家旅游局人事劳动教育司编：《全国导游基础》，旅游教育出版社，1995年版，第186-187页。
② 陈锋仪主编：《中国旅游文化》，陕西人民出版社，2005年版，第235页。
③ 国家旅游局人事劳动教育司编：《全国导游基础》，旅游教育出版社，1995年版，第188页。
④ 李乡状主编：《中国园林艺术与欣赏》，吉林音像出版社，2006年版，第26-27页。

①4. 中国园林的类型

按照不同方式划分中国园林有不同类型。如以地域位置划分，中国园林有江南园林和北方园林、岭南园林之分；（参见表4-13）如以所有者身份划分则有皇家园林、私家园林、公共园林三类。

表4-13　　　　　　　　　　　　北方、江南、岭南园林比较表②

类型	主要特色	代表
北方园林	真山真水多，规模宏大，雄伟豪放，风格粗犷；山水自然形胜基础不如江南园林；缺少江南园林开敞通达的活泼情趣。	北京的颐和园、北海公园、静明园、静宜园、承德避暑山庄等。
江南园林	一般面积较小，以精取胜，风格潇洒、大方、活泼，奇石秀水，构景雅丽，曲折幽深，明媚秀丽，韵味隽永，富有田园情趣和江南水乡特色。	苏州拙政园、网师园、环秀山庄、狮子林，无锡退思园、寄畅园，扬州个园，上海豫园等。
南方园林	具有热带风光，建筑较高而宽敞，自然条件比北方、江南都好，既有北方园林的稳重、堂皇，也多融会江南园林的素雅洒脱，并吸收了国外的造园手法，形成了岭南园林较为轻巧、明快的园林风格。	广州越秀公园，潮州西湖，顺德清晖园，东莞可园，佛山梁园等。

（1）皇家园林

皇家园林是指为帝王后妃诸侯居住休闲游赏等而修建的园林，一般占地面积广、建筑雄伟、气势恢宏。从造园历史开端之时，皇家园林就是绝对的主角，最先产生的园林为"苑囿式"，面积非常大，也只有帝王诸侯有能力建造。皇家园林著名的代表有秦汉时的上林苑，南北朝的芳苑，隋朝的西苑，唐朝的大明宫、兴庆宫、华清宫等，宋朝的艮岳等。元明清三朝均建都北京，因此北京皇家园林较多，如西苑三海（北海、中海、南海）、"三山五园"③、承德避暑山庄、故宫御花园等。其中大多淹没在历史的陈迹中，现存的主要有颐和园、承德避暑山庄、西苑三海、故宫御花园等。

（2）私家园林

私家园林是以王公贵族、官吏富商宅门为代表，突出自然风光意境，注重整体构图和诗情画意，布局巧妙，构景雅丽，风格潇洒，富有真山真水之情趣和江南水乡的特点，表现玲珑纤巧、韵味隽永的"南方之秀"的特点，以小巧、精致、写意、淡雅见长。私家园林是在魏晋南北朝随着山水诗和山水画产生而兴盛起来的。其代表很多，以江南园林最多且最具有艺术价值。现存下来的有苏州古典园林（包括拙政园、网师园、环秀山庄、留园、狮子林等），扬州的个园，无锡寄畅园、蠡园、退思园，上海豫园等。

（3）公共园林

公共园林，是为了公众游憩休闲而修建的园林。唐长安的曲江池为中国公共园林之滥觞。现在公共园林范围较广，如数量巨大的城市公园、风景名胜区等。

---

① 　同①第189页。
② 　此表据陈福义、范保宁主编：《中国旅游资源学》，中国旅游出版社，2005年第二版，第158页表8-10。
③ 　三山是指万寿山、香山和玉泉山。三座山上分别建有静宜园、静明园、清漪园（颐和园），此外还有附近的畅春园和圆明园，统称五园（参见《中国古代建筑史》清代卷）。

第四节 社会风情类旅游资源

根据马克思的观点，"社会"是指以共同的物质生产活动为基础而相互联系的人们的总体，是人们相互作用的结果。① "风情"，根据《辞海》的解释，为风采、神采等意思。② 联合起来，就可以说社会风情，是指有共同物质生产活动基础而联系起来的人们共同体的风采、神采。社会的"风采"、"神采"，应该是指人们在相互作用与影响的过程中形成的独特的民俗习惯及物产。这些民俗习惯及物产，就某一区域而言具有强烈的地域性，是与其它地域所不同的，因此构成了对其它地域人们有吸引力和有魅力的物质和精神形态。这些物质形态主要包括某地某人们共同体共同利用的自然物以及创造的人工物品；精神形态则包括观念信仰、行为习惯、制度等。综合起来说，社会风情类旅游资源，就是指有着共同物质生产基础的人们共同体因生产生活的需要而逐渐形成的一定的观念信仰、行为方式、制度准则、特殊物产等物质或精神的内容，这些内容因为是人们在长期生活中互相作用而形成的，具有一定的稳定性，并对其它地域的人们产生一定的吸引力。

一、社会风情类旅游资源的特点③

社会风情类旅游资源是有共同物质生产活动基础而联系起来的人们共同体的相互影响与作用而形成的物质和精神形态。这类资源具有以下特点：

（一）民族性

具有共同的物质生产基础的人们共同体往往具有共同的自然环境、经济环境和文化背景，因此形成了共同的思维方式和生活习惯，进而形成一定的民族。由于相同民族往往形成相似的风俗习惯和历史传统，即相同的社会风情和风貌，分布在世界各地200多个国家和地区的2000多个民族形成了缤纷多彩的社会风情。社会风情因民族的不同而呈规律变化，社会风情类旅游资源因此具有民族性，这种民族性意味着社会风情因民族不同而表现出不同的特点和形态。比如宗教信仰，欧美人大多信仰基督宗教，而根据具体的民族的不同又分别信仰天主教、东正教和新教；阿拉伯人大多信仰伊斯兰教，根据民族不同又有什叶派和逊尼派之分；东南亚人多信仰佛教，具体而言南亚多信仰上座部佛教，中国大陆汉族主要信仰汉传佛教，而藏族和蒙古族全民信仰藏传佛教。这种民族性的社会风情差别还体现在语言、思维方式、婚丧嫁娶习俗等诸多方面。

（二）地域性

地域性往往与民族性相伴而生，因为不同民族生活的地理环境往往不同。如中国汉族主要生活在国土的东部、南部，瑷珲到腾冲一线以东；而少数民族多生活在西南部、西北部的高原山区地带，而具体而言藏族主要生活在青藏高原、维吾尔族主要生活在我国西北的新疆、彝族主要生活在四川西南和云南部分地区等等。这种伴生性也从侧面说明社会风情因地域而呈

---

① 辞海编辑委员会：《辞海（缩印本）》，上海辞书出版社，1979年版，第1577页。
② 同①第1527页。
③ 甘枝茂、马耀峰主编：《旅游资源与开发》，南开大学出版社，2000年版，第215-216页。

现不同的表现形态。但这只是问题的一方面，事实上，即使同一民族，居住在不同的地域也存在着生活习俗、语言、思维方式等诸多方面的差异。就拿语言来说，汉民族都用汉字，但却又分为7大方言区，其中北方方言适用人群超过60%，北方方言又还可以分为9个方言亚区，每个亚区之间虽然能勉强听懂对方，但是差异也是非常明显的。

（三）丰富性

全球有2000多个民族，有近7000种语言；全球有三大菜系：法国菜系、土耳其菜系、中国菜系，其中仅中国菜系就包括中国菜、日本料理、韩国料理、泰国菜等，而中国菜又包括十大菜系；我国有三百六十余种地方戏曲……可以相信每种文化品种的数量一定很庞大，而这充分的反映了社会风情旅游资源的丰富性。由社会风情的类型可以看出，它包含了饮食起居、服饰冠履、岁时节令、民间工艺、婚丧节庆、游艺竞技、雕塑绘画、语言文字、文学艺术、戏曲喜剧、地方工艺品等等。习俗之多，内容之广，可谓包罗万象。就中国民间工艺品来说，原料丰富，工艺精湛，种类齐全，有染织、刺绣、陶瓷、雕塑、金属、漆器、珍珠宝石、编织品、文化用品和其他工艺品等各类。这些丰富多彩的社会风情类旅游资源吸引了中外各地旅游者离开自己常住地到具有不同社会风情的地方游赏休闲。

（四）历史性

各民族各地区都拥有品类繁多、数量巨大的社会风情类旅游资源，如各种民族、不同文艺、特色物产，这些之所以能够流传到今天，大多经历了数百甚至上千年的历史考验。这些社会风情旅游资源都生存在一定的历史背景中，因而具有典型的历史性。如布依、苗、瑶等民族传统手工艺品蜡染，早在2000多年前汉代即有雏形；而北方常见的走高跷，则早在春秋时就已出现；蜀锦的历史可以追溯到西汉，距今已有2000多年的历史。

（五）传承性与变异性

社会风情旅游资源是经过历史考验留存下来的精品，一般具有一定的历史，有些资源的历史甚至可以追溯到人类文明的蒙昧时期。正是因为如此，这些民俗、文艺、物产等代代相传、不断传承。这种传承具有一定的稳定性，不是可以轻易改变的，特别是民间工艺品，往往传男不传女，甚至宁愿传媳妇也不传女儿，就是为了这些工艺的"密码"不外泄，保持其工艺的稳定性。但是稳定性不意味不可以改变。很多社会风情在传承中不断变异、扬弃遂成为今天的风貌。如在民居方面，据成都十二桥遗址出土建筑为干栏式建筑，但后来四川民居多为穿斗式木架构泥墙房屋；中国传统民居的斗拱体量和功能不断变化，逐渐变小，到最后主要起装饰作用。在饮食方面，《华阳国志》中就记载蜀人"尚滋味、好辛香"，但那时的辛（即辣）不会是辣椒的辣味，据推测是花椒，现在四川人还喜欢吃花椒。但到了明末，辣椒传入中国，川菜开始广泛使用辣椒，做出了很多特色菜。

二、社会风情类旅游资源的旅游功能

社会风情类旅游资源多姿多彩、异彩纷呈，具有极大的审美和游赏价值。它不但可以使观赏者增长见识、增加民俗文化知识、陶冶情操、满足观赏者的猎奇心理需求，还可以弘扬民族文化增强民族自豪感，此外，社会风情的多样性可以培养观赏者对多元文化的宽容心态，有利于社会和谐和世界和平。

（一）丰富知识、增长见识、陶冶情操

社会风情类旅游资源门类众多、品类繁盛，还涉及到诸多文化知识、历史知识、民俗知识、宗教知识、科学知识、地理知识等，观赏体验这些旅游资源，可以丰富旅游者的知识，增长其见闻，陶冶情操。如观看九寨沟藏羌歌舞晚会，可以了解藏羌服饰、音乐、婚俗等多方面知识，如果还能有幸参加其中的互动节目，则可以留下难忘的记忆。如购买某些地方特色工艺品，不但可以了解该物品的文化，还可以陶冶情操，留下难忘的经历。买玉石，可以了解玉石文化；买陶瓷，可以了解陶瓷文化和工艺及科学知识。有些少数民族歌舞优美动听，可以陶冶情操，荡涤心灵。

(二) 满足猎奇心理

社会风情涉及到诸多民族、不同地域、千奇百怪、无奇不有。这些稀奇古怪的习俗、物产可以满足旅游者猎奇的心理。如各地都有不同版本的"十八怪"，如云南十八怪、海南十八怪、东北十八怪、陕西十八怪……这些"怪"，都是当地民俗奇异，甚至稀奇古怪的部分，能极大地满足旅游者的猎奇心理。如"云南十八怪"就有"鸡蛋用草串着卖"、"三只蚊子炒盘菜"、"摘下草帽当锅盖"、"竹筒能做水烟袋"等；"陕西十八怪"就有"面条像腰带"、"房子半边盖"、"姑娘不对外"、"不坐蹲起来"、"唱戏吼起来"、"辣子是道菜"、"睡觉枕砖块"等；"东北十八怪"就有"马拉爬犁比车快"、"大姑娘叼大烟袋"、"养活孩儿吊起来"、"反穿皮袄毛朝外"等。这些奇异古怪的习俗，很能满足旅游者的猎奇心理。

(三) 弘扬民族文化、增强民族自豪感

社会风情类旅游资源中有些是国家民族文化的精粹，值得令国人骄傲。如某些地方物产具有强烈的不可复制性，贵州茅台酒、四川五粮液香型复杂，外国人无法模仿。[1] 了解这些物产和文化艺术的独特价值和魅力，可以增强旅游者的民族自豪感和自信心。

(四) 增强旅游者对多元文化的宽容心态

社会风情类旅游资源百花齐放、异彩纷呈，是民族乃至全人类共同的财富。旅游者在观赏这些形态各异的社会风情时，增进了对不同民族的真实了解，消除了误解，可以有效增强旅游者对多元文化的宽容心态。如法国人弗德里克·达瑞根在1996年被丹巴碉楼深深震撼，以后她开始为这些奇特的建筑而奔走，呼吁碉楼申请世界遗产提名。为进一步宣传碉楼，弗德里克·达瑞根还把碉楼这一题材"卖"给了世界著名的《DISCORVER(发现)》节目。这种超越国界对其他文化的宽容、接受、宣传，正是社会风情旅游资源的独特魅力。这种宽容心态还可以进一步改进社会和谐、民族和谐和促进世界和平。

三、社会风情类旅游资源的基本类型

社会风情旅游资源主要分为三类：习俗类、文化艺术类、地方物产类。以下分别介绍。

(一) 习俗类

习俗，即习惯风俗，这里的习俗不包括文化艺术，如绘画雕塑、音乐戏剧、语言文字和文学艺术等。

1. 饮食起居

饮食、起居与服饰、交通构成人类的四大生存需求。"民以食为天"，人离不开吃饭，但吃什么、如何吃却成了一种民俗，是社会风情类旅游资源中最有趣和讨人喜爱的。饮食在各地各民族中都是非常重要的生活内容。世界有中国菜系、法国菜系、土耳其菜系三大菜系，此外

---

[1] 郎咸平：日本人为什么偷不走茅台酒和五粮液？ http://user.qzone.qq.com/622004678/static_blog/1260262058。

还有许多不属于这三大菜系的类别。而中国是"美食大国",饮食文化十分丰富。饮食文化主要包括不同菜系和丰富的饮食习俗两方面。

(1) 菜系

"菜系"一词产生于20世纪50年代,是指众多地方菜中特色最浓郁的风味菜肴体系。它选用质地优良的地方烹饪原料,以独特的烹饪方法、特殊的调味品和调味手段,以及从简到繁、从低到高、从小吃到大菜、从大众菜肴到筵席菜肴等一系列风味菜式,而在本地区以外甚至国外有公认的影响。我国物产丰富、地区差异显著,在不同的地理条件和民风民俗影响下,形成了不同的菜系。我国的菜系有"四大菜系"、"八大菜系"、"十大菜系"等说法。所谓"四大菜系",是指长江中上游的"川菜"(除四川外,还旁及到云南、贵州、湖南、湖北部分地区);黄河中下游的"鲁菜"(除山东外,北京、天津、东北三省及晋陕都以鲁菜为主);长江中下游的"苏菜"(除江苏外,还影响到上海、浙江、江西、安徽等省);珠江流域的"粤菜"(除广东外,还辐射广西、福建、台湾及南海诸岛)。[①] "八大菜系"则加上闽、浙、湘、徽四菜系;"十大菜系"则在"八大菜系"基础上加上京、沪两菜系。这里主要介绍"四大菜系"。

a. 川菜。川菜享有"一菜一格,百菜百味"的称誉,其基本味有麻、辣、甜、咸、酸五味,这与其他菜系不一样,其他菜系是以苦代麻。川菜的所有味别,不是每个人都能接受,但各种不同口味的人,都能在川菜中找到自己所喜食的菜肴。川菜口味,一般人以为只是"麻、辣",其实不然。川菜很重视味的变化,口味浓淡有致,该浓则浓,该淡则淡,浓中有淡,淡中有浓,浓而不腻,淡而不薄。因此,川菜一方面以味多、味厚、味浓著称,另一方面,又以清鲜淡雅见长。川菜的主要味别有:麻辣、鱼香、家常、怪味、酸辣、糖醋、糊辣、椒麻、荔枝、甜香等。代表菜有:鱼香肉丝、回锅肉、麻婆豆腐、水煮牛肉、宫保鸡丁、毛肚火锅、樟茶鸭子等。

b. 鲁菜。山东菜系由济南和胶东两地的地方菜发展而成。山东菜系中主要的烹调方法有:爆、炸、炒、扒等,其中的济南菜十分讲究清汤和奶汤的调制,清汤色清而鲜,奶汤色白而醇;胶东菜则以擅长烹制各种海鲜闻名。山东菜在口味上注意保持和突出原料本身的鲜味,以清淡、鲜嫩为主。代表菜有:糖醋黄河鲤鱼、九转大肠、德州扒鸡、拔丝苹果、油爆双脆等。

c. 苏菜。主要由淮扬、苏锡、徐海三个地方的风味菜组成。江苏省境内河流纵横、大小湖泊星罗棋布,是全国闻名的鱼米之乡,盛产虾、蟹、鱼、菱、藕等,为江苏菜系的形成和发展提供了有利的物质条件。江苏菜系总的特点是:选料严谨,制作精致,注意配色,讲究造型,菜肴四季有别。代表菜有:清炖狮子头、叫化鸡、三套鸭、松鼠鳜鱼、大煮干丝、糖醋排骨、太湖银鱼等。

d. 粤菜。又称广东菜系,由广州、潮州、东江等地方菜发展而成,广州菜为其主要代表。粤系在国内外久负盛名,主要特点是选料精细,花色繁多,新颖奇异。它取料之广泛,为全国其他任何地方菜所不及。广东气候冬暖夏长,平均气温较高。在炎热的气候条件下,人们一般喜爱清淡的口味,因此,广东菜系特别注重色、香、味、形,尤其讲究形态美观,故花色菜较多。代表菜有:三蛇龙虎会、脆皮乳猪、脆皮炸海蜇、豆酱鸡、东江盐焗鸡、爽口牛丸等。

我国烹饪菜肴体系复杂、种类繁多,所谓"四大菜系""八大菜系""十大菜系"远远不能概括我国丰富的烹饪菜肴风味体系。此外宫廷菜、官府菜、素菜、药膳、少数民族风味等五花八门、品类极盛。

---

① 胡维革主编:《中国传统文化荟要4》,吉林人民出版社,1997年版,第176页。

(2) 饮食习俗①

饮食习俗，是指人们在烹饪、用膳的过程中形成的一系列礼仪、习俗。各地区各民族饮食习俗的形成主要受到自然地理环境和人文环境（经济、文化、制度、风俗等）等因素的综合影响。自然地理环境包括地形、气候、水文、土壤和生物。人文环境包括农业生产布局、经济发展水平、民族特点、纪念与迷信、宗教信仰以及文化交流。具体体现在日常、节庆、信仰及礼仪饮食习俗等方面。

a. 日常饮食习俗。是指各地区各民族人们一般日常生活中的饮食风俗习惯，"十里不同风，百里不同俗"，根据地区民族差异，我国日常饮食习俗十分多样。如北方人喜欢吃面食、南方人喜欢吃米饭。东北地区：赫哲族，早年以渔猎生活为主，主要吃新鲜的鱼肉、兽肉，近几十年来，饮食结构发生了变化，从以肉类为主食转变为以粮食为主食；朝鲜族以大米和小米为主食，喜食狗肉，腌制的朝鲜泡菜酸辣中略有甜味，颇受人们喜爱；满族人民喜爱的食品是用大黄米、豆面制作的饽饽，色泽金黄，黏而香；且便于携带。满族民间制作的沙琪玛、艾窝窝等甜食，已传入汉族地区，成为汉族人民喜爱的甜食。西南地区：西南地区许多民族以糯米为主食，如白族喜吃糯米饭加干麦粉发酵变甜的糖饭，傣族人民爱吃放入竹节中烧烤的糯米制成的香竹饭；西南地区温热的气候影响着人们的饮食习俗，侗、苗、彝、傣都有食酸的习惯，食不离酸的代表以侗族为典型，侗家人自称"侗不离酸"，侗族酸味食品种类繁多，有荤酸（猪肉、鸭肉和鱼虾）、素酸（辣椒、青菜、豆角、嫩笋、黄瓜、萝卜等）、煮酸、脆酸之分；西南地区少数民族大都擅长饮酒，如苗族的烤酒、甜酒、泡酒，傣族的甜米酒，侗族的水酒等；另外茶叶也是西南少数民族生活中不可或缺的饮料——哈尼族酽茶、佤族苦茶、白族烤茶、侗族油茶等。西北地区：蒙古、哈萨克、塔吉克、柯尔克孜、塔塔尔等族牧民以牲畜肉类和奶制品为主食，米、面为副食，马奶酒为主要饮料；蒙古族人的饮食中奶制品很多，精美可口的奶制品是具有民族特色的特吃名产。最常见的有奶油、奶茶、奶皮子、奶豆腐、奶酒等。"手抓羊肉"是哈萨克族和柯尔克孜族的特色饮食。维吾尔族以面粉、大米为主食，肉食以羊肉为主，特色食品是馕（用面粉发酵后加佐料制成的圆状的饼），喜吃"抓饭"，喜喝奶茶和红茶。东南地区：客家人喜食大米、干饭、米粉，极少喝粥，以咸、肥、香为特点的"东江菜"是客家的特色菜肴。另外还有壮、瑶、仫佬、毛南、土家和高山族等少数民族。日常饮食以大米、玉米为主食。特色风味有：瑶族的"乌粽粑"，是在包粽粑时，把少量的稻草灰掺入糯米中，糯米变成了灰黑色。称为"乌粽粑"，吃起来味道很好。仫佬族的"水圆"、"牛舌粑"，土家族的"糖馓"等。青藏高原地区：藏族饮食以青稞、小麦为主粮，日常主食农区是糌粑，牧区牧民以牛羊肉和奶制品为主。特色饮料是极具高原特色的青稞酒和酥油茶。

b. 节庆饮食习俗。是指人们在某些特定的节日庆典活动中的饮食习俗。如汉族北方过年吃饺子、南方吃元宵和年糕，元宵节吃元宵，清明节吃冷食，端午节吃粽子，中秋节吃月饼，重阳节饮菊花酒、吃重阳糕，腊八节吃腊八粥；如壮族人民每逢春节，农历三月初三、清明节及壮族新年，家家户户都要做五色饭，且相互馈赠，以表祝福。五色饭即花糯米饭，不仅颜色好看（黑、红、黄、紫、白），而且质地柔软，味香可口，是一种色、香、味俱佳的风味食品。五色饭颜色为五，以示风调雨顺、五谷丰登。

c. 信仰饮食习俗。是指因人们的特定信仰而形成的饮食习惯和风俗。如佛教徒汉地佛教

---

① 甘枝茂、马耀峰主编：《旅游资源与开发》，南开大学出版社，2000年版，第217-222页。

徒不吃荤腥；伊斯兰教教徒不吃猪肉、不吃自死的牲畜、不吃一切动物的血；侗族因崇拜鱼，故每逢大事喜事都离不开鱼。

d. 礼仪饮食习俗。是指在人们人际交往的过程中形成的饮食习惯和风俗。中国是礼仪之邦，各民族在历史的发展中形成了五花八门的各式礼仪食俗。如传统汉族在宴请客人时，要请客人坐上座，主人方辈分最尊、地位最高的作陪，要将家里最好的食品和酒拿出来招待客人；蒙古族的白食是敬客食品，是以奶为原料，添加白糖和果汁等调料制成，不仅味道鲜美，而且营养价值高；按照蒙古族的习惯，白色表示纯洁、吉祥、崇高，因此用白食待客是最高的礼遇；柯尔克孜族人招待客人吃羊肉时，一般是请最高贵的客人吃羊尾，其次是吃胛骨，然后才是羊头；佤族素有"无酒不成礼"之说，来客时，主人总是用自己酿造的泡酒招待，其喝法颇为独特，主人将酒装入竹杯内，先喝一口，以表示酒干净，请客人放心喝，然后用右掌擦拭杯口，递给下一位，不得独饮，一杯喝完，主人再倒第二杯。

（3）起居

各地区各民族建造了各具特色的建筑，起居习俗内容繁多，主要包括民居建筑和起居风俗。民居建筑见本章第三节。这里简要介绍起居风俗。

起居风俗是指人们在房屋建造、功能布局和分配中形成的独特的风俗习惯。如汉族的四合院的外围不开一扇窗，只开大门，而且大门不开在正南边，而开在东南边，具体四合院内的房间安排也很有讲究，这主要跟风水学和八卦有关系。

2. 婚丧习俗

婚丧习俗，是重要的人生仪式，是社会风情的重要的组成部分。它受到人们所处地理环境、人文社会环境的综合影响。在不同地域的各个民族间产生了丰富多彩、奇特怪异的婚俗和丧俗。这些习俗既可以增长旅游者见闻、丰富其民俗知识，又可以满足他们的猎奇心理，具有综合的旅游功能。

（1）婚俗

婚姻是人生大事，是重要的人生阶段，在各地区民族的不同人群中形成了各种各样奇特的婚姻风俗习惯。主要包括汉族和少数民族两大部分。

a. 汉族传统婚俗。汉族是一个历史悠久的民族，其婚俗的历史传承悠久，在不同历史时期形成了不同的制度与风俗。古代有选婚、罚婚、赠婚、赐婚、收继、续婚等。选婚就是封建统治者在民间选十三岁至二十岁的美貌女子送进里宫内院，专供统治者玩乐享用。罚婚就是统治阶级把已经判罪的犯人的妻女强行断配给奴隶。赠婚是统治者为了缓和与外敌（异族的入侵）的矛盾，以宫人或宗室之女加"公主"封号，下嫁异族，这就是所谓"和亲"。著名的就有昭君出塞和文成公主入藏。赐婚就是统治者为缓和内部矛盾把皇亲国戚中的女子赐给"有功之臣"。收继，即丈夫死后，其妻由本房亲族接替。收继有同辈收继与不同辈收继两种。兄死后，弟与嫂成婚，为同辈收继，叔死，侄与婶配为夫妻，为不同辈收继。这种婚姻多出于贫寒之家，他们苦于无力婚娶，才出现了这种不正常的婚俗。续婚是姊（妹）死后，由其妹（姊）续嫁其夫。这一习俗，多出于殷实之户，因为男家比较富有，所以女方才愿意续嫁。[①] 现在，选婚、罚婚、赐婚、赠婚都不存在了，收婚和续婚在某些山区落后汉族还存在。一般而言，古代婚俗主要分为六个阶段，即所谓"士婚六礼"：纳彩、问名、纳吉、纳征、请期、亲迎。

---

① 梅立崇等编写：《祖国文化（二）》，人民日报出版社，1983年版，第53页。

b. 少数民族婚俗。我国有55个少数民族,各民族奇特婚俗五花八门。如云南傣族、阿昌族、景颇族等的抢婚。畲族的婚礼目前还保留着古老方式,新娘出嫁时一定要哭,上轿前,几个妇女按住新娘梳头、换衣、穿新鞋。每一个过程,新娘都不从,边哭边唱梳头歌、穿衣歌、洗脚歌、穿鞋歌,哭唱的调子都是押韵的,极为好听。穿好鞋、拜祖宗后,便上轿,最后哭唱《上轿歌》。这些歌词表达的意思是:姑娘是在父母的培养下才长大成人的,如今尚未报答恩情,就要离去,是依依不舍的,只是没有办法。① 各种少数民族婚俗奇特,不但具有较高的民俗、人类学研究价值,而且还极大地吸引了旅游者。

（2）丧葬习俗

因为受各地地理环境和民俗风尚的影响,我国各地各民族的丧葬习俗,有多种类型,大致可分为土葬、火葬、水葬、天葬、塔葬、悬棺葬等形式。具体各民族还有具体细节上的差别。

a. 土葬。就是"入土为安",是指将尸体掩埋土中的一种葬俗,它是汉族地区最普遍的丧葬习俗。人逝世之后,一般要穿寿衣、寿鞋,然后入殓。死者生前喜爱的东西常作为殉葬品。行葬时,大多用棺木葬。有的还要建造一个富丽堂皇的大墓室,在墓室上覆盖一个大封土堆,并种上松柏;有的还在棺椁或墓室四周雕刻各种花纹图案,这就是著名的画像石墓。许多古代的画像石墓,今天已成为游人观览的古建筑。入棺埋葬时,死者家属身穿孝服,哀哀哭泣,亲朋好友参加送葬,和尚念经,烧钱化纸,场面颇为感人。这种习俗现在还普遍存在于山区农村的汉族。怒族和彝族也有土葬,彝族土葬用滚鸡蛋的方式选择墓地,滚动的鸡蛋在哪里砸破就选择哪里作为墓地;而怒族在土葬时,男性可以仰躺在棺材内,而女性只能侧身曲躺在棺材内,如果男女合葬时,女性曲体侧身面向男性,不能含糊。②

b. 火葬。是指用火焚化尸体的一种葬俗,广泛存在于现代城市和某些少数民族以及宗教信徒中。例如我国佛门弟子多采用坐缸火化的方式,即将死者装入专门用于火化的大缸中,再将大缸置于烈火中焚烧。彝族将死者连同停尸板运至寨外,选择一高地堆置松材,将尸体连板一起火化。彝族火葬讲究的是要一次火化成功,不能中途添加松材,中途添材被认为是不吉利的事。纳西族的火葬更为独特,人死后,死者家属将其按手脚交叉盘坐的姿势捆扎起来,放入白布袋,然后停放在正房后间的土穴中,经过一定的宗教仪式后,将死者取出焚化。

c. 天葬。也称"鸟葬",是藏族、裕固族、门巴族等流行的一种葬俗。族人将死者运送到山顶天葬台,对尸体进行肢解,以喂食在空中翱翔的鹫鹰,认为这样做死者的灵魂就会升入天堂。这种葬俗仪式复杂,奇特怪异,对于旅游者有很大吸引力。

d. 水葬。是指将尸体放入水中进行安葬的葬俗。门巴族一般采用水葬方式。死者由亲属背至河边,在喇嘛念经后置入水中,任由流水冲走。

e. 塔葬。是指将死者安葬在塔内的葬俗,在藏族颇为流行,在汉地佛教徒也有将高僧塔葬的习俗,少林寺的塔林就是安葬高僧的塔。藏族能享受塔葬的人,一般是转世的活佛,这是藏族丧葬方式中最隆重的一种。喇嘛以香料涂抹在死者的身上,将尸体置于金属铸造的塔里,以供人们祭祀。③

此外还有悬棺葬、野葬、林葬、海葬等丧葬习俗。

---

① 刘纯主编:《导游与旅游必读》,上海科学技术出版社,1994年版,第166页。
② 华强著:《古代典章礼仪百问》,上海古籍出版社,2004年版,第188–189页。
③ 同①第189–191页。

3. 服饰习俗①

衣食住行，衣排在首位，说明对于有一定文明程度的人类而言，服饰是非常重要的。作为社会风情旅游资源的一种，服饰习俗主要是指各民族传统的衣服、装饰物及穿戴风俗习惯等，既有有形的也有无形的。我国民族众多，各民族共同体下面又有诸多小的特殊共同体，服饰五彩斑斓、各式各样、非常多样，服饰文化争奇斗艳、各具风采。服饰习俗也主要从两方面介绍：汉族传统服饰和少数民族传统服饰。

(1) 汉族传统服饰

汉族是我国人口最多的一个民族，因人口数量大，分布广泛，因此汉族又因地区不同而分成不少亚共同体，如客家人、南方人、北方人、山区人等。这些亚共同体虽然同为汉族，但因为所处的地理环境和人文环境的差异，其服饰习俗表现出明显的地域分布规律。如福建惠安的惠安女"封建头、解放脚、经济衫、浪费裤"，"封建头"是指惠安女身上总是离不开鲜艳的花头巾和闪亮的竹斗笠，下垂的头巾，把整个脸部裹住，只露出一对圆圆的大眼，一个鼻子和一张嘴巴；"经济衫"指惠安女穿的上衣衫特别短，前后下摆尖尖的，窄窄的袖子刚过肘关节，镕着彩色花边。这种"短袖衫"既能显现出美丽的银裤链或塑料丝彩色裤带，又便于劳动，避免衣沿袖口接触水面或泥土污物；"浪费裤"是指下身穿的宽脚长裤，裤脚又长又大，走起路来，像裙子似不停飘动，便于挽起裤脚劳动。惠安女一生不穿鞋子，因为她们从小生活在渔船上，生成一双天然大足，不是穿着一双木拖鞋，就是干脆打赤脚，所以称她们是"解放脚"。浙江舟山渔民喜欢上穿大襟布衫加背搭，下穿宽大的裤子，只要将裤脚一扎，海风一吹，就像两个大灯笼一样鼓起来，民间就把这种裤叫"笼裤"。汉族妇女爱穿旗袍，旗袍造型与妇女体型相适合，线条简练，优美大方。旗袍以它浓郁的民族风格，体现了中华民族传统的服饰美。不仅成为中国女装的代表，也被公认为"东方传统女装"的象征。其它如汉服、唐服等都颇具民族风味。

(2) 少数民族服饰习俗

我国 55 个少数民族服饰多样，是一处丰富的社会风情旅游资源宝藏。如赫哲族的鱼皮衣，藏族的藏袍，傣族的花筒裙，满族古代的布介和马褂，高山族的戈文服，仡佬族的桶裙，白族的"风花雪月"，羌族的土布长衫、羊皮外套、棉布长背心、包头巾、缠绑腿、勾尖绣花鞋等。此外，各少数民族奇异发式也是颇具吸引力的。

4. 节事演艺②

节事演艺是社会风情的重要内容，不同节日庆典，缤纷的演艺活动，吸引了无数旅游者的眼球。我国各民族历史悠久，在不断适应自然、改造自然的过程中，形成了很多节日庆典活动，而且大多节日庆典活动都伴随着各种各样内容丰富、新鲜刺激的演艺活动。根据有关资料统计，中国 56 个民族从古到今约有节日 1700 多个，其中少数民族民间节日就有 1200 多个，汉族节日约 500 个左右。中国节日数量之大，在世界上首屈一指，这与中国悠久的文化历史和众多的民族成分有密切关系。除了传统的岁时节日外，还产生了许多适应现代生活需要，或是在某种历史背景下形成的一些纪念日或社会公共活动日。在旅游活动中也是一道风景线。它在继承、宣扬民族文化，满足群众物质与精神需要，增强民族自信心和凝聚力，进行

---

① 甘枝茂、马耀峰主编：《旅游资源与开发》，南开大学出版社，2000 年版，第 224－227 页。
② 甘枝茂、马耀峰主编：《旅游资源与开发》，南开大学出版社，2000 年版，第 233－235 页。

民族文化教育，繁荣民族地区经济等方面发挥着很大的作用。

(1) 汉民族节事演艺

汉民族历史悠久，节事演艺活动非常多。如汉族传统的三大节日：端午节、中秋节和春节，端午节要举行赛龙舟、吃粽子，中秋要吃月饼、赏月，春节则有各种各样的庆祝活动，如放鞭炮、猜灯谜、节目汇演等等；其它如元宵节有各种大型灯会、还会进行猜灯谜、舞龙（四川自贡还有舞火龙）；清明节有有禁火寒食、祭扫坟墓、踏青郊游、荡秋千、放风筝等一系列风俗活动；重阳节有登高、赏菊、饮菊花酒，敬老活动等。

此外，还有名目繁多的现代节日（指的是近现代才产生的节日）。因为它们也是以年为周期，循环往复，也有各自特定的活动内容。其中代表性的是：公历1月1日的"元旦"新年、3月8日的"国际妇女节"、5月1日的"国际劳动节"、6月1日的"国际儿童节"、7月1日"中国共产党诞生纪念日"、8月1日的"建军节"、10月1日"国庆节"等等。另外，还有3月12日的"植树节"、9月10日的"教师节"。近年来，有不少经贸洽谈、商品展销、旅游观光等活动，也往往借助节日这种形式进行。诸如"旅游节"、"购物节"、"啤酒节"、"服装节"、"电影节"、"美食节"、"书法节"、"古文化艺术节"、"糖酒会"……

(2) 少数民族节事演艺

中国少数民族的各种节日和演艺活动是吸引国内外旅游者的重要旅游资源，具有浓郁的民俗风情和鲜明的特点。它们可以吸引游客进行参与式旅游活动，因此潜力巨大，可以开发升级旅游产品。如蒙古族一年一度的传统盛会和节日——那达慕大会①，每年夏秋季节举行，届时要进行刺激的摔跤、赛马和射箭比赛，还有拔河、歌舞表演及物资交流等传统项目；中国云南、四川两省彝、白、佤、布朗、拉祜、纳西、阿昌等民族欢度的火把节，一般是在农历六月二十四日前后举行，节日期间，村寨和田野的火把彻夜不熄，在节日高潮的夜晚，人们举着火把又唱又跳，闪动的火把不时组成各种绚丽多彩的图案，煞是壮观；傣族人民一个古老的传统节日——泼水节，也就是傣历的新年，同汉族春节一样，是辞旧迎新的日子，一般在傣历六月中旬（即农历清明前后10天左右）举行，节日活动有赛龙舟、放高升、敲象脚肢、赛龙舟、放孔明灯、荡秋千、斗鸡、丢包等，但更重要的还是人们相互追逐泼水，被人泼的水越多，说明收到的祝福也越多。此外藏族的晒佛节、转山会，白族的三月街，苗族的芦笙会等等都是富有民俗风情的节日庆典，演艺活动丰富多彩。

(二) 文化艺术类

文化艺术类社会风情主要包括戏剧音乐、绘画雕塑、语言文字、文学艺术等。这些各种类别的文化艺术成为社会风情最绚丽和最有欣赏价值的社会风情类旅游资源。

1. 戏剧音乐

戏剧②音乐是人们用来娱乐休闲、调节身心的艺术。早在先秦时期，我国的教育就非常重视音乐，儒家"六经"：诗、书、礼、易、乐、春秋，乐有自己独立的位置，而儒生必备的"六艺"：礼、乐、射、御、书、数，乐的能力排到了第二的位置，非常重要。但到后来，乐渐失传，六

---

① 那达慕：蒙古语的意思是"娱乐、游戏"。
② 戏剧：是指由演员扮演角色，在舞台上当众表演故事情节的一种艺术。在中国，戏剧是戏曲、话剧和歌剧等的总称，也常专指话剧。在西方，戏剧即指话剧。这里的戏剧是指包括戏曲、话剧和歌剧总称的艺术。（参见辞海编辑委员会：《辞海（缩印本）》，上海辞书出版社，1979年版，第492页。）

经变成五经,后来儒家对乐的重视程度越来越低,到后来沦为梨园小技。音乐虽与儒家"家、国、天下"理想不符,不能藉此提高社会地位和获取功名,但是却是古代士族文化修养的重要评价标准,"琴棋书画"——弹琴(多指古琴)、弈棋(多指围棋)、书法、绘画——是古代文人骚客或名门闺秀必备的修身技艺。即使没有这个评判文化修养的标准,音乐也会成为精神文化的重要部分。正如《诗经·毛诗序》所谓:"情动于中而行于言,言之不足故嗟叹之;嗟叹之不足故咏歌之;咏歌之不足;不知手之舞之足之蹈之也。"音乐舞蹈等艺术是人们宣泄情感、调解心灵的重要手段。在漫长的五千年历史中,留下了许多戏剧音乐,这些艺术作品或与之相关的文化现象成为了吸引现代旅游者的重要吸引物之一,是属于潜力巨大但开发层次较低的旅游资源类型。

(1) 戏曲

戏曲,是中国传统的戏剧形式,是包括文学、音乐、舞蹈、美术、武术、杂技及人物扮演等各种因素的综合艺术。是中国人民的伟大创造。其渊源于秦汉的乐舞、俳优和百戏,唐代有参军戏,北宋时开始形成宋杂剧。南宋时温州一带产生戏文,一般认为是中国戏曲最早的成熟形式。金末元初在北方产生元杂剧,戏曲创作空前繁荣,明清两代又在戏文和杂剧的基础上形成传奇剧,各种地方剧种广泛产生,以昆腔、京剧为代表,创造了丰富的戏曲文学和完整的舞台艺术体系。① 戏曲用群众喜闻乐见的艺术形象传播信息,可以寓教于乐,普及道德文化,还可以提升剧情发生地的知名度,形成戏曲综合文化旅游资源。如山西洪洞县的古监和永济县的普救寺因为《苏三起解》和《西厢记》闻名,杭州西湖的雷峰塔和断桥因为《白蛇传》富有魅力。在我国漫长的历史发展中产生了庞大的戏曲体系,1980年全国普查有360个剧种。1995年出版的《中国戏曲剧种大辞典》收入335个剧种。《中国大百科全书·戏曲、曲艺》统计,全国有341种曲艺。此外还有许多偶像表演的木偶戏和皮影戏。②这些戏曲也产生了丰富的戏曲文化,成为社会风情旅游资源中最令人喜闻乐见的品类。

戏曲是一种具有鲜明特色的社会风情,其形式灵活、活泼生动,虽然在现代艺术形式广泛兴起的背景下,传统的戏曲形式受到了巨大的挑战,但是戏曲是我国乃至世界优秀的文化遗产,与现代的电视剧和电影相比,其文化更厚重、内涵更丰富。

a. 中国戏曲的特征。①戏曲因产生于一定的社会历史文化及地理背景,因此具有强烈的地域性特征。"南柔北刚"是戏曲文化在地域性差异上的显著表现特点。南方的戏曲悠扬婉转、曲调柔美,如杏花、春雨、江南,南曲如抽丝;北方的戏曲铿锵有力、风格爽朗。正如王世贞所说:"凡曲,北字多而调促,促处见筋;南字少而调缓,缓处见眼。北则辞情多而声情少,南则辞情少而声情多。""北宜和歌,南宜独奏。北气易粗,南气易弱"这些精辟的见解是"南柔北刚"的最好诠释。②此外,中国戏曲还具有戏曲文化的统一性。我国戏曲具有复杂性、差异性,又有统一性。统一性主要反映在共同的历史背景上,反映在综合性和虚拟性上。综合性是指中国戏曲是高度综合的艺术,在戏曲中融汇了音乐、舞蹈、美术、巫术、杂技、文学、服饰等多门艺术。西方的歌剧、话剧、舞剧、杂技界限分明,而我国的戏曲却将几者融合起来,以歌唱为基础,兼具话剧、舞剧、杂技的内容。表演我国戏曲的演员有唱、念、做、打四种基本功。"唱"如同西方歌剧;"念"即对白,如同西方话剧;"做"有手、眼、身、步四功,通过动作来表达

---

① 辞海编辑委员会:《辞海(缩印本)》,上海辞书出版社,1979年版,第492页。
② 胡兆量、阿尔斯朗、琼达等编著,《中国文化地理概述》,2006年第二版,第102页。

人物情感和剧情发展，相当于舞剧；"打"有扑打、跌摔、耍刀弄枪、舞剑画戟，京剧《三岔口》中两人在黑暗中搏斗，场面令人眼花缭乱，属于典型的杂技。虚拟性是舞台虚和实的高度统一。各种戏曲都有自己程式化的表现技巧。"三五步，行遍天下；六七人，雄会万师"，一瞬间的心理活动可以唱上半天，在舞台上虚就是实。同时中国戏曲的统一性还表现在文化背景上面，各派戏曲都有共同的祖师爷——唐明皇，这个行业神就是统一性的精神表征。①

b. 中国戏曲的类别。我国的著名戏种很多，最为著名的莫过京剧了，京剧以其独特的魅力被称为"中国三大国粹"（京剧、中医、中国画）之一。其次幽默灵巧的川剧、委婉缠绵的越剧、乡土气息浓厚的二人转、"大声吼起来"的秦腔、豫剧、评剧、黄梅戏、粤剧等等，举不胜举。

c. 此外，我国近现代兴起的话剧、歌剧、舞剧虽然不能在世界文艺史上占据非常重要的地位，但是其产生对国内也造成过较大影响。比较著名的如曹禺的话剧《雷雨》、《日出》、《原野》，魏明伦改编的《图兰朵》等。

(2) 其它音乐

除了话剧，我国的著名古代乐器、民歌以及留存下来的少量乐谱都是重要的社会风情类旅游资源。如乐器著名的有成为世界非物质文化遗产的古琴，还有二胡、胡琴、古筝、琵琶、马头琴、竹笛、锣鼓、唢呐、芦笙、葫芦丝、埙等；民歌著名的有广西刘三姐民歌系列、彝族的"马铃儿响来玉鸟儿唱"、南方的"茉莉花"、壮族的"月亮出来亮晃晃"、藏族的"康定情歌"、"青藏高原"、"神奇的九寨"、"卓玛"等；乐曲乐谱有古琴曲"高山流水"、古琴大师张孔山的"流水"②，"霓裳羽衣曲"，"二泉映月"，"春江花月夜"，"平湖秋月"，"梁祝"等。这些音乐还往往和传说故事、文学作品、著名景点、宗教文化等结合起来，形成了魅力十足的音乐旅游资源。

2. 绘画雕塑

中国画是我国的"三大国粹"之一，以写意风格而饮誉全球。我国的雕塑作品以宗教石窟石刻和民间工艺品最为有名。

3. 语言文字

中国的封建时代长期的统一格局，以及文明传承的连续性都令世界震惊，究其缘由虽然复杂，但是我国语言和文字相分离的习惯是能够形成统一思想的统一民族体和集权国家的重要原因。各地地方方言和民族语言是旅游者感兴趣的内容，而文字更是重要的旅游资源，如纳西族的东巴文为象形文字，书写左右上下均可，非常有趣，同时其书法又极具装饰性。汉字的书法博大精深，在我国的名胜古迹少不了书法作品，楹联、匾额要是没有优秀的书法作品作为表现形式就会魅力大减、顿失光彩。

4. 文学艺术

文学艺术作品包括诗词歌赋各种不同的类型，它用文字记录自然万物、社会生活和内心感受，文学对于旅游的作用往往充当宣传大师的角色。我国大多名胜古迹都与文学作品有关系，属于综合文化艺术品。正如郁达夫所说"江山也要文人捧，堤柳至今尚姓苏"，文学艺术作品对于旅游景点而言具有宣传解析、丰富内涵、画龙点睛的作用。文学往往是旅游资源的翅膀，旅游资源的魅力决定于这双翅膀的力量。最典型的就是西湖，有唐代的白居易"未能抛

---

① 胡兆量、阿尔斯朗、琼达等编著，《中国文化地理概述》，2006年第二版，第109－119页。
② 此曲在20世纪70年代在美国被录入镀金唱片，选为全球优秀乐曲之一，由太空飞船"旅行者二号"携入太空，在茫茫宇宙中寻觅人类的知音，让宇宙倾听到人类心灵与自然的美妙对话。

得杭州去,一半勾留是此湖",有北宋苏东坡的"欲把西湖比西子,淡妆浓抹总相宜",有晚明张岱的"雪巘古梅何逊烟堤高柳,夜月空明何逊朝花绰约,雨色空濛何逊晴光潋滟,深情领略,是在解人",其爱西湖更甚于前辈,著有《西湖梦寻》的小品文集,是晚明小品文之集大成者,其文短小精悍、脍炙人口,对西湖风景及沿岸风物描摹的细致入微,大大地宣传了西湖。其它各种文人写西湖咏西湖不胜枚举,这位"西子"正可谓"集万千宠爱于一身"了。

a. 诗词歌赋。如李白一首《望庐山瀑布》使得江西庐山声名远扬、一首《早发白帝城》让奉节白帝城千古流传、一首《峨眉山月歌》让峨眉月名声大振。崔颢的《黄鹤楼》成为唐代七律的压卷之作,连李白也忍不住模仿它写了《登金陵凤凰台》,这两首诗让黄鹤楼和凤凰台名声大噪。苏东坡一首《饮湖上初晴后雨》让西湖声名更胜,其《前赤壁赋》《后赤壁赋》《念奴娇·赤壁怀古》让赤鼻矶这个名不见经传的地方声名远播。徐霞客的"五岳归来不看山,黄山归来不看岳"成为歌颂黄山的绝响。现代诗人贺敬之对桂林山水的深情吟颂,大大宣传了桂林,其中:"云中的神呵,雾中的仙,神姿仙态桂林的山!情一样深呵,梦一样美,如情似梦漓江的水!水几重呵,山几重?水绕山环桂林城……是山城呵,是水城?都在青山绿水中……呵!此山此水入胸怀,此时此身何处来?……黄河的浪涛塞外的风。此来关山千万重。马鞍上梦见沙盘上画:"桂林山水甲天下"……这首诗饱含深情地将"桂林山水甲天下"唱遍了全国。这类文学作品因景生情,又反过来很大地宣传、升华了这些景点的文化内涵和主题。

b. 楹联匾额。最值得一提的就是各风景名胜点的对联,大多短小精悍,况味无穷。如清代赵藩的成都武侯祠"攻心联":能攻心则反侧自消,从古知兵皆好战;不审势即宽严皆误,后来治蜀要深思。这副对联深深地折服了很多人,其中包括近代伟人毛泽东、邓小平等,同时也很好对武侯祠的"静远堂"进行了点题,实在可谓空前绝后。顾复初的杜甫草堂联"异代不同时,问如此江山,龙蟠虎卧几诗客;先生亦流寓,有长留天地,月白风清一草堂"对杜甫在诗歌上的地位做了高度评价,也为杜甫草堂增添了光彩。楹联匾额中还有一类,就是长联,著名长联有昆明大观楼孙髯的长联:"五百里滇池,奔来眼底。披襟岸帻,喜茫茫空阔无边。看东骧神骏,西翥灵仪,北走蜿蜒,南翔缟素,高人韵士,何妨选胜登临。趁蟹屿螺洲,梳裹就风鬟雾鬓。更苹天苇地,点缀些翠羽丹霞。莫孤负四围香稻,万顷晴沙,九夏芙蓉,三春杨柳;数千年往事,注到心头。把酒凌虚,叹滚滚英雄谁在?想汉习楼船,唐标铁柱,宋挥玉斧,元跨革囊,伟烈丰功,费尽移山心力。尽珠帘画栋,卷不及暮雨朝云。便断碣残碑,都付与苍烟落照。只赢得几杵疏钟,半江渔火,两行秋雁,一枕清霜。"洋洋180余字让大观楼大为增色。青城山建福宫长联达394字,而且对仗工整,典故颇多,耐人寻味,实为对联佳作。此外峨眉山的洪椿坪长联达200字,成都望江楼长联达212字,南京莫愁湖长联达226字,贵州甲秀楼长联206字。更为惊人的是钟耘舫重庆江津临江城楼联长达1612字,是目前世界上最长的对联。长联这种文化现象在清末很兴盛,对旅游景点起到了很大的宣传作用,并增加了其文化深度和魅力。匾额题记类就更多了,如泰山的"(虫上多一撇)二"二字题刻意味含蓄隽永,其意为"風月无边",是汉字风月的繁体去掉边框得来,很有意思。

(三)地方物产

地方物产因以一地自然环境作为依托,以一地文化技术为背景,具有强烈的地域性,因此其文化内涵是无法移动的,属于旅游资源。如青藏高原的虫草,当然我们可以移动它,带到世界的任何一个角落,但是其高原虫草的身份让它价值倍增,在其他地方即使能通过人工的方式存活,可能也没人相信它的价值。宜兴的紫砂壶,要是没有宜兴二字,就会身价顿减。

这些地方物产深深的烙上了地域文化的符号,具有旅游资源的特征:不可移动!东西可带走,但是其地域文化内涵却和他紧紧捆绑在一起,将宜兴紫砂壶拿到任何地方还有宜兴二字,因为只有那个地方的紫砂是最好的。地方物产品类非常繁盛,这里简略叙述,共分为:器物、食物、药材三类。

1. 器物

地方物产中,器物保护的内容非常广泛,主要是通过人工的加工而成的生活或艺术品。这些器物大多兼具实用和观赏两大功能。具体可以分为陶瓷泥塑、丝织品、珠宝玉石、其它工艺品等。

(1)陶瓷泥塑

这类器物主要包括陶器、瓷器、泥塑。陶器著名的有江苏宜兴(被称为"陶都")的紫砂陶器,洛阳的"唐三彩"等。瓷器著名的有江西景德镇(被称为"瓷都")名瓷非常多,其造型优美、品种繁多、装饰丰富、风格独特;瓷质"白如玉、明如镜、薄如纸、声如磬";青花、玲珑、粉彩、颜色釉,合称景德镇四大传统名瓷;薄胎瓷人称神奇珍品,雕塑瓷为我国传统工艺美术品。此外,北京的景泰蓝久负盛名,浙江龙泉青瓷、湖南醴陵、山东淄博、福建德化、河北唐山等地的瓷器也非常著名。泥塑以江苏无锡的惠山泥人最为著名,其中可爱的阿福、阿喜形象广为传颂。

(2)丝织品

丝织品包括锦缎、刺绣、缬染。锦缎著名的有中国"四大名锦",分别是四川的"蜀锦"、江苏南京的"云锦"、江苏苏州的"宋锦"、广西的"壮锦"。其他地方也有织锦生产,并各具特色。如傣族的"傣锦",苗族的"苗锦",广西瑶族的"瑶锦",云南佤族的"佤锦"和拉祜族的"拉祜锦",贵州布依族的"布依锦",湘西和鄂西土家族的"土家锦",海南黎族的"黎锦",台湾高山族的"高山锦"以及西北地区的"回回锦"等等。刺绣著名的有中国"四大名绣",分别是四川的"蜀绣"、江苏的"苏绣"、湖南的"湘绣"、广东的"粤绣"。此外浙江宁波的"宁秀"、温州的"瓯绣"、北京的"京绣"、四川羌族"羌绣"等也非常有名,具有较高的艺术和收藏价值。缬染著名的有四川自贡的"缬染"等。

(3)珠宝玉石

珠宝玉石是贵重物品,是旅游资源的重要类别,它是依托一地的地理条件、工艺传统而生产的珍贵物品。如新疆"羊脂玉",陕西的"蓝田玉"。河南南阳因盛产"独山玉",还成为了我国的"玉雕之乡"。江苏东海天然水晶储量、产量居全国第一,形成了全国首家经营水晶的大市场。新疆阿尔泰地区海蓝宝石等资源丰富。此外,山东潍坊地区昌乐县的蓝宝石,辽宁的岫岩玉雕,河北张家口的橄榄石,福建的寿山石玉雕,浙江的青田石玉雕,广西梧州的人工宝石,浙江诸暨、广西北海、海南等地区的珍珠久负盛名。

(4)其它工艺品

其它工艺品著名的有"文房四宝"生产地,如广东的端砚、安徽歙县的徽墨、安徽宣州的宣纸、浙江湖州的湖笔。四川自贡的"小三绝"①中的龚扇(竹丝扇)、剪纸。四川剑阁的藤杖和峨眉山的竹杖。福建的漆器、黄土高原的剪纸、青藏高原的唐卡、江苏常州的木梳等均非常著名。

---

① 还有一绝是"缬染"。

2. 食品

食品,是指各种供人食用或者饮用的成品和原料以及按照传统既是食品又是药品的物品,但是不包括以治疗为目的的物品。包括食物及佐料、饮料两大类。

(1) 食物及佐料

某些著名食物因生长在特定的地域,具有某些突出的特点,比如营养价值丰富、口感高等。如四川通江银耳、汉源花椒、郫县豆瓣、宜宾芽菜、都江堰青城老腊肉等;山东烟台苹果、莱阳梨;江苏无锡水蜜桃;陕西周至猕猴桃等。

(2) 饮料

主要包括茶、酒两大类。我国著名茶叶很多,绿茶以浙江龙井最为有名,其次江苏太湖碧螺春、安徽黄山毛峰、安徽六安瓜片、安徽太平猴魁、贵州都匀毛尖、浙江顾渚紫笋、江西庐山云雾、湖南洞庭君山银针、四川蒙顶,这十种并称为"中国十大绿茶",此外四川峨眉的竹叶青、青城贡茶等也非常有名;红茶以安徽歙县祁门红茶和云南滇红最为著名,与印度大吉岭红茶并称"世界三大高香红茶",此外还有四川的"川红",湖北的"宜红";乌龙茶以福建武夷岩茶、铁观音最为著名;花茶以福建福州的茉莉花茶和四川成都的茉莉花茶最为有名。我国名酒众多,以传统白酒而言,可以按照香型不同分为酱香型、浓香型、清香型、米香型、兼香型五种。酱香型名酒有贵州茅台、四川古蔺郎酒;浓香型有四川宜宾五粮液、泸州老窖、遂宁沱牌大曲、绵竹剑南春、成都水井坊全兴大曲(以上五种浓香型白酒加上古蔺郎酒合称四川白酒"六朵金花")、江苏洋河大曲等;清香型以山西汾酒为代表;米香型以桂林三花酒为代表;兼香型以陕西西凤酒为代表。黄酒著名的有山东即墨老酒、福建福州沉缸老酒、浙江绍兴黄酒等。

各类食品名目众多,因其不但具有很高的使用价值,同时某地名优特产作为历史悠久、文化浓郁的老品牌声名远播,是旅游者所向往的,因此具有很大的吸引功能。加上这些食品与我国传统文人的生活方式和文学作品结合起来,更具魅力。

3. 药材

药材作为一种以保健、治疗疾病为主要目的的特产,在当今追求健康和生活品质的时代很受欢迎。其中某些药材因其药用价值突出而广为流传。如东北三宝:人参、鹿茸(还有一宝是貂皮),青藏高原和新疆的雪莲,青藏高原的虫草,云南的三七等,种类、名目繁多。这些药材因其独特的药用价值和鲜明的地域特色而闻名,成为了吸引旅游者的重要资源。

【问题探讨】

1. 理解人文旅游资源有哪些特征,能否对其特征进行进一步阐述?
2. 人文旅游资源的分布具有鲜明的特点,请问是什么特点,其分布和自然旅游资源的分布有哪些相似和差异的地方?
3. 人文旅游资源类别繁多,非常复杂,我们是如何进行分类的,你还有对其改进的地方吗?
4. 我国历史名人遗迹众多,请根据类别分别列举几个(两个以上)?
5. 请问宫殿建筑有哪些建筑原则,你如何理解。
6. 请问"三朝五门"是什么意思,你能将其与故宫的建筑进行对应吗?
7. 请问你如何理解中国古建筑的特征,对于这个问题,你有补充吗?
8. 佛教建筑的一般布局是怎样的?
9. 请结合书本知识,查阅网络和图书馆资料,说明古代城墙建筑有哪些,它们是如何布局的。

10. 你如何理解"城防建筑"这个概念？

11. 中国有哪些著名水利建筑，世界上其它地方有同类建筑吗，如果有是什么，你如何认识它们的不同价值？

12. 请问：传统民居有哪些种类，请举例说明。

13. 请问帝王陵寝有哪些组成部分，他们是如何布局的，请查阅资料，以某处帝王陵寝为例将书中这些组成部分用图示表示出来。

14. 园林是中国最独特的一类建筑，这类建筑有哪些特点？

15. 戏曲和戏剧有什么区别，你身边有哪些戏曲，并判断这些戏剧是属于"南柔"，还是"北刚"？

【补充阅读建议】

书本

甘枝茂、马耀峰主编：旅游资源与开发，南开大学出版社，2000

威廉·A·哈维兰著，瞿铁鹏、张钰译：文化人类学（第十版），上海科学出版社，2006

胡兆量、阿尔斯朗、琼达等编著，中国文化地理概述，2006

陈从周著：中国园林，广东旅游出版社，2004

王恩涌等主编：人文地理学，高等教育出版社，2000

邹逸麟主编：中国历史人文地理，科学出版社，2006

王柯平：旅游美学纲要，旅游教育出版社，1997

楼庆西：中国古建筑二十讲，生活·读书·新知三联书店出版，2004

潘谷西主编：中国古代建筑史第四卷——元明建筑，中国建筑工业出版社，2001

罗兹柏、张述林：中国旅游地理，南开大学出版社，2002

王发堂：建筑审美学，东南大学出版社，2009

方广锠：中国佛教文化大观，北京大学出版社，2001

王玉成主编：旅游文化概论，中国旅游出版社，2005

中国旅游文化大辞典编辑委员会编：中国旅游文化大辞典，江西美术出版社，1994

中国大百科全书总编辑委员会《建筑·园林·城市规划》编辑委员会编：中国大百科全书·建筑、园林、城市规划，中国大百科全书出版社，2004

中国大百科全书总编辑委员会《中国地理》编辑委员会编：中国大百科全书·中国地理，中国大百科全书出版社，1998

孙大章编著：中国古代建筑史话，中国建筑工业出版社，1987

王世仁：中国古建探微，天津古籍出版社，2004

刘纯主编：导游与旅游必读，上海科学技术出版社，1994

国家旅游局人事劳动教育司编：导游知识专题，中国旅游出版社，2006

梁思成：中国建筑史，百花文艺出版社，2005

刘振礼、王兵编著：新编中国旅游地理，南开大学出版社，2007

张敏、高发：盗墓者的悲哀，走进神秘乾陵，各界杂志社乾陵博物馆特刊，2000

论文

黄友良：四川同乡会馆的社会功能，中华文化论坛，2002(03)
李鸿宾：金界壕与长城，中国边疆史地研究，2008(09)
于建国："世界长城"知多少，地理教育，2009(01)
郎咸平：日本人为什么偷不走茅台酒和五粮液？http://user.qzone.qq.com/622004678/static_blog/1260262058。
金颖若：旅游资源的美余现象，经济地理，2004(9)
罗越富：旅游资源概念新视角，产业与科技论坛，2009 8(4)

网站

http://www.sach.gov.cn 国家文物局官网

http://www.cnta.com 中国国家旅游局官网

http://www.ctnews.com.cn 中国旅游新闻网

第五章 旅游资源调查与评价

【章节概述】

旅游资源是旅游业发展的物质基础,科学、正确地调查和评价旅游资源,是对旅游资源进行合理开发、利用、管理和保护的前提。要实现对旅游资源的科学开发,必须先摸清旅游资源的"家底",而旅游资源的调查与评价就是一个"摸家底"的过程。旅游资源调查与评价是旅游资源开发的基础性工作,在此基础之上方可决定旅游资源的开发次序以及开发重点。因此,旅游资源的调查与评价具有非常重要的意义。本章主要讨论了旅游资源调查的内容、程序和基本方法,同时探讨了如何进行科学的旅游资源评价。旅游资源的调查有很多类型,可分为概查、普查、详查、典型调查、重点调查和抽样调查等。而旅游资源调查也包括旅游资源环境调查、旅游资源赋存调查、旅游要素调查和旅游客源市场调查等丰富的内容。旅游资源调查可分为以下三个阶段:调查准备阶段、调查实施阶段和调查整理阶段,并有询问调查法等各种办法。旅游资源评价工作是在旅游资源调查的基础之上,其内容包括旅游资源质量、旅游资源容量和旅游资源开发利用环境条件,其角度一般分为旅游资源本身评价和旅游资源开发评价。旅游资源评价方法有传统评价方法、定性评价方法、定量评价方法和专家征询法等多种方法。只有科学地进行旅游资源调查和评价,才能而合理地进行旅游开发。

【目标与要求】

1. 熟悉旅游资源调查的基本要求;
2. 掌握旅游资源调查的方法;
3. 熟悉旅游资源调查的工作程序和调查要点;
4. 掌握旅游资源评价的内容;
5. 了解旅游资源评价的各种方法。

第一节 旅游资源调查概述

旅游活动的开展须依托旅游资源,发展旅游业也须以旅游资源为物质载体。旅游资源要成为具有相当吸引力的旅游景观,需要运用适宜的开发利用手段和方式,这就需要首先对旅游资源进行科学地调查。

一、旅游资源调查的定义

旅游资源调查(Investigation of Tourism Resources)是指根据旅游资源开发的目的和要求,运用科学的方法和手段,系统地收集、记录、整理、分析和总结旅游资源及其相关因素的信息与资料,以确定旅游资源的存量状况,并为旅游经营管理者提供客观决策依据的活动。

二、旅游资源调查的目的

旅游资源调查是旅游资源开发工作的前提与基础,科学合理的调查数据是对旅游资源进行正确评价、科学开发规划和合理保护利用的最基础工作,可以为旅游业的可持续发展提供强有力的决策依据。其具体目的体现在以下方面:

(一)围绕旅游业可持续发展的需求,通过对旅游资源的调查,可以查明可供利用的旅游资源基本状况,系统并全面地掌握当地旅游资源的赋存数量、等级质量、空间分布、性质特点、形成时代及成因、价值和类型等要素,即可掌握真实可靠的第一手资料。

(二)通过研究和分析调查数据及资料,可以摸清当地旅游资源的"家底",对旅游资源的综合评价和规划开发,具有重大的参考价值。

(三)通过定期地对旅游资源进行调查,还可以动态地掌握旅游资源的保护和利用状况,为当地旅游业的发展提供决策依据。

三、旅游资源调查的作用

旅游资源调查的作用主要体现在以下几个方面:

(一)描述作用

通过对旅游资源的调查,可以了解一个地区旅游资源的存量状况,摸清旅游资源的"家底",对于区域旅游业的发展至关重要。

(二)诊断作用

通过旅游资源调查,可以认清旅游资源的空间特征、时间特征、经济特征、文化特征等,以及各种特性形成的环境和成因,旅游资源的功能价值,尤其是旅游资源的时代变异性。

(三)预测作用

通过旅游资源调查,能够充实和完善旅游资源信息系统,为旅游预测、决策奠定基础。

(四)管理作用

通过旅游资源的调查研究,可以比较全面地掌握旅游资源开发、利用和保护的现状,有利于推动区域旅游资源的管理工作,借鉴其他地方的管理经验,引进先进的管理手段,从而制定切实可行的旅游资源保护措施。

(五)效益作用

通过旅游资源调查,了解利用旅游资源产生的经济效益、社会效益和生态效益,这个过程本身就是旅游资源效益功能的体现。

四、旅游资源调查的要求

(一)应贯彻为旅游业服务的思想

旅游资源是旅游产品生产的"原材料"。对旅游资源进行调查,为旅游资源开发提供了客观科学的决策依据,最终使其形成可以满足旅游者需求的旅游产品。旅游产品的核心是旅游服务,旅游资源调查也应贯彻为旅游业服务的思想,根据客源市场现实的和潜在的需求,筛选出那些值得开发的旅游资源。

(二)应坚持市场导向的原则

良好的旅游资源对客源市场会产生强大的吸引力,特殊的旅游资源对特定层面的游客产生特种吸引力。因此,在旅游资源调查的过程中,应集中精力、实事求是地深入查勘对客源市场有巨大吸引力和特殊吸引力的资源。

(三)应树立综合调查的观念

一方面要尽量吸收各学科已有的成果和积累的资料,取得各有关部门的支持与配合,另一方面要对调查区的自然景观资源、人文景观资源,以及旅游区依托城市的经济环境、社会环境、交通条件、客源状况和地理背景等进行全面的调查分析,以获取综合系统的资料,便于客观地认识问题。

(四)调查应重点突出

结合某一区域当前开发的需要和经济实力与技术力量决定调查内容的多少、调查规模的大小和重点调查区域。

(五)应注重经济、社会和生态三大效益

一方面获取可能的社会效益和经济效益,另一方面应该尽可能地美化、优化和保护环境资源,避免对旅游资源的破坏,杜绝旅游资源的掠夺性开发,防止环境污染和灾害性事件的发生,取得有利于营造旅游氛围的生态效益。

第二节 旅游资源调查的类型与内容

一、旅游资源调查的类型

旅游资源的调查可分为概查、普查、详查、典型调查、重点调查和抽样调查等类型。为便于区分,以下分别按旅游资源调查需解决的问题和旅游资源调查的不同对象进行划分:

(一)按旅游资源调查需解决的问题划分

可分为概查、普查和详查等。

1. 概查

概查是指对旅游资源概略性或探测性的调查,是一种初步调查,主要是寻找问题产生的原因及问题的症结所在,为进一步的调查作准备。因此,概查可以采用比较简单的方法,而不必制定严密的调查方案。概查往往以定性为主,,对大区域的旅游资源进行调查,来确定旅游资源的类型、分布、规模和开发程度。

2. 普查

普查一般是在概查的基础上进行的,是对一个旅游开发区或远景规划区内的各种旅游资源及其相关因素进行综合调查。普查的主要目的是要取得有关总体比较全面系统的总量资料,包括其种类、数量、质量、分布和保存现状等。普查工作量大,在进行大规模野外实地考察的同时,还要辅以座谈会和个人专访,以防止遗漏。因此,普查获取的资料最为详实,但消耗的时间、人力和财力等非常大,而且调查的项目往往不够细,调查缺乏深度。

3. 详查

详查一般在概查及普查的基础上进行的,是对普查的结果进行筛选,确定一批高品位、高质量的旅游资源景观(点)作为开发对象,并针对它们进行更为详细、更深层次的实地勘查。详查的内容主要包括对调查对象的景观类型、特征、成因、地形高差、观景场地、最佳观景位置和游览线路等进行深入的调查和研究,并要将其结果编制为图文资料。

(二)按旅游资源调查的不同对象划分

可分为典型调查、重点调查和抽样调查等。

1. 典型调查

典型调查是根据旅游资源调查的目的和任务,在对被调查对象进行全面分析的基础上,有意识地选择一个或若干具有典型意义或有代表性的单位进行调查研究,并以此来认识同类现象总体情况的调查方式。

2. 重点调查

重点调查是在调查对象中选择一部分对全局具有决定性作用的重点单位进行调查,以掌握调查总体基本情况的调查方式。适用重点调查的旅游资源一般具有仅要求掌握调查总体的基本情况、调查指标比较单一和调查对象仅集中于少数等特征。

3. 抽样调查

抽样调查是按照调查任务确定的对象和范围,从全体调查总体中抽选部分对象作为样本进行调查研究,用所得样本结果推断总体结果的调查方式。抽样调查具有较高的准确性、较强的时效性和较好的经济性,因此,在旅游资源调查中,在不可能或不必要进行全面调查,或人力、财力等资源有限时,便可采用抽样调查。

在实际工作中,不应当拘泥于一种调查方法,而往往需要兼采众长,采用比较灵活的方法来进行调查。例如在普查过程中,发现了极其具有价值而且开发条件很好的旅游资源,就应对其进行重点调查,及时进入开发阶段;而为了开发某一旅游资源,往往也需要摸清与其同区域或同类型的其他旅游资源的情况。

二、旅游资源调查的内容

旅游资源调查的内容包括旅游资源环境调查、旅游资源赋存调查、旅游要素调查和旅游客源市场调查等。

(一)旅游资源环境调查

旅游资源环境调查包括自然环境调查、人文环境调查、政策法规环境调查和环境质量调查等。

1. 自然环境调查

(1)调查区概况

包括调查区名称、范围、面积与所在行政归属及其区划、中心位置与依托城市等。掌握了调查区概况才能更有效地对调查区进行深入的调查。

(2)地质地貌要素

岩石、地层、地质构造地形和地貌是形成自然景观的物质基础。对调查区岩石、地层、地质构造、地形地貌的分布特征、发育规律和活动强度等进行调查记录,全面概括地了解调查范围的总体地质地貌特征。

(3)水体要素

在地质地貌、气候、植被等因素配合下,调查区的冰川、河流、湖泊、瀑布、涌泉、海洋等,可以形成不同类型的水体景观,构成丰富的自然旅游资源。水体要素的调查内容包括地表水与地下水的类型和分布,季节性水量变化规律和特征,可供开采的水资源,已发生和可能发生的水灾害及其对旅游资源的不利影响等。

(4) 气象气候要素

气象气候条件对自然景观的形成和破坏都会产生影响。作为气象和气候本身与其它自然地理要素配合可形成具有特色的吸引物,也能产生具有观赏价值的旅游景观,但恶劣的气象气候环境可能导致对景观的破坏,成为旅游的阻碍。气象气候要素的调查内容包括调查区的年降雨量及其分布,气温、光照、湿度及其变化,大气成分及其污染情况,气候类型、特色及其变化规律等。

(5) 动植物要素

调查内容包括:调查区总体的动物和植物的特征与分布,具有观赏价值的动物和植物的类型和数量,特定生存环境下存在的珍稀动物和稀罕植物,调查其分布数量、生长特性和活动规律,并兼顾了解可供游人观赏的客观条件和防护措施等。调查区内的植物群落和动物种群,与自然或人文旅游资源组合,可以形成独具吸引力的重要旅游资源。

2. 人文环境调查

(1) 历史沿革

主要了解调查区的历史与发展,包括建制的形成、行政区划的调整、重要的历史事件、著名要人及其活动等。

(2) 经济环境

主要了解调查区的经济特征和经济发展水平,包括经济简况、国民经济发展状况、国民生产总值、工农业生产总值、国民收入、人口与居民、居民收入水平、消费结构与消费水平、物价指数与物价水平、就业率与劳动力价格范畴等经济要素。

(3) 社会文化环境

主要了解调查区学校、邮电通讯、医疗环卫、安全保卫、民族分布、职业构成、受教育程度、文化水平、宗教信仰、风俗习惯、社会价值观念和审美观念、文化禁忌以及应用新技术、新工艺、新设备的情况等,同时还应调查当地的旅游氛围和接受新事物的能力。

3. 政策法规环境调查

主要了解调查区内影响和制约旅游资源开发、管理的有关方针、政策。包括地区经济政策的连续性与稳定性,社会经济发展规划,对外政策的调整变化,旅游机构的设置变动,以及资源法、旅游法、环境保护法、旅游管理条例和旅游管理措施等的执行情况。

4. 环境质量调查

调查影响旅游资源开发利用的环境保护情况,包括自然灾害、传染病、放射性物质、易燃易爆物质的状况,以及工矿企业生产与生活和服务等人为因素造成的大气、水体、土壤、噪声污染状况和治理程度等。同时,也包括大气、水体、土壤和岩石等自然要素中含有的重要物质及元素的本底值,以及由此引起的地方性疾病等。

(二) 旅游资源赋存调查

旅游资源赋存调查包括类型调查、特征调查、成因调查、规模调查、组合结构调查和开发现状调查等。

1. 类型调查

按一定的分类标准,对调查区内的各种旅游资源的类型分布进行区分,以便更加明晰地认识旅游资源。

2. 特征调查

细致调查并研究调查区内各种旅游资源的特征：

（1）峰（包括特殊的火山、雪山和名山等）、崖、石、洞、峡等的数量、造型特征、分布状况、组合形成、成因、年代和遗迹等。

（2）湖、河、井、泉、瀑等的位置、源头、面积、深度、高差、流量、蓄水量、水质、水色、形态、水温、季节变化、观赏特征、成因、环境特征和利用状况等。

（3）云、雾、雪、日出、日落、佛光等的出现季节、持续时间、形态、观赏位置、年均舒适旅游日数和浴疗价值等；调查区内的气温、光照、湿度、降水和风等常年气象气候情况。

（4）观赏植物的种类、分布范围、数量、花期、果期、观赏部位；古树名木的位置、生境、树种、年龄、树高、胸径、冠幅、冠形及分布特点；森林景观中有观赏价值的树木、林地、垂直分布、规模、面积、景观特征、林特产品、林副产品种类、数量和特征等；野生动物和珍稀动物的种类、栖息环境、活动规律和生活习性等。

（5）名胜古迹的种类、建筑风格、艺术价值、建筑年代、历史、建筑保存状况、建筑数量、分布情况、占地面积、利用状况以及有关建筑的传说和故事等。

（6）宗教文化的类别、建筑、雕塑、绘画、石刻、影响范围及历史等；革命纪念地的文献记载、革命活动、文物位置和保护现状等。

（7）各民族民风民俗、神话、传说、故事和历史文化名人情况等；民族生活习惯、服饰、村寨建筑风格、宗教信仰、婚俗、禁忌及礼仪、传统食品和各种节庆纪念活动等。

（8）具有特色的旅游资源，具有特殊功能的旅游资源，适合科学考察和教学实习的旅游资源，唯我独有或名列前茅的旅游资源等。

3. 成因调查

调查区内各种不同类型的旅游资源，尤其是富有当地特色的旅游资源，在开展资源调查时，要了解其形成原因、发展历史、存在时限、利用的可能价值以及自然与人文相互依存的因果关系等。

4. 规模调查

旅游资源的规模影响着旅游资源的吸引力和开发潜力。规模调查包括资源类型的数量、分布范围和面积、分布密集程度以及各级风景名胜区、文物保护单位、自然保护区、森林公园等。

5. 组合结构调查

旅游资源组合结构包括类型上和空间上的组合结构。因此组合结构调查包括自然旅游资源与人文旅游资源的组合结构，自然旅游资源内部的组合结构以及人文旅游资源内部的组合结构，并要调查研究各种旅游资源。

6. 开发现状调查

旅游资源的开发现状对以后的开发具有很重要的意义。按照开发程度旅游资源可分为已开发态、待开发态和潜在态。开发现状调查包括旅游资源现在的开发状况、项目、类型、时间、季节、旅游人次、旅游收入、消费水平以及周边地区同类旅游资源的开发比较、开发计划等。

（三）旅游要素调查

旅游活动的要素即吃、住、行、游、购、娱。旅游要素调查包括交通调查、住宿调查、餐饮调查和其他服务设施调查等。

1. 交通调查

包括公路、铁道、水运和航运等交通状况，旅游汽车、出租车、景区缆车、高架索道和观光游船等设施，车站、码头、港口的数量和质量，交通工具与景区的距离、行程时间、路面质量、运输承受能力等。

2. 住宿调查

包括饭店、旅馆、汽车旅馆、供膳寄宿旅馆、别墅、农舍式小屋、度假村、野营帐蓬和游船旅馆等多种住宿设施的规模、数量、档次、功能、分布情况、接待能力、床位数、房间数、客房出租率、营业收入、固定资产和利润总额等。

3. 餐饮调查

包括餐馆的规模、数量、档次、分布情况、名特小吃、特色菜品、卫生状况和服务质量等。

4. 其他服务设施调查

包括零售商店、购物中心、购物广场、旅游商品专卖商与专柜、高尔夫球场、影剧院、影视厅、音乐厅、娱乐中心、艺术中心、理发美容厅、咨询服务中心、会议中心、邮电通讯、医疗服务和保险业务等的数量、分布、服务效率、服务人员素质和服务频率等。

（四）旅游客源市场调查

旅游客源市场调查包括旅游者数量调查、旅游收入调查和旅游动机调查等。

1. 旅游者数量调查

调查外国人、华侨、港澳台同胞、国内本土游客和外地游客的数量、国籍、年龄、性别、职业、入境方式、分布地区与民族类别等。了解最大和最小日客流量、月客流数、季客流量和年游客数量。了解游客滞留时间、过夜人数、自费与公务旅游的比例、团队与散客旅游的比例等。

2. 旅游收入调查

调查统计旅游者在吃、住、行、游、购、娱等方面的消费构成，人均天消费，最高与最低消费比例，调查日、月、季、年的旅游收入，海外游客创汇收入，国内游客旅游收入，以及旅游收入在当地国民经济中的比重、产生的社会贡献率等。

3. 旅游动机调查

调查内容包括健康运动消除紧张与不安的需求，满足求知欲望的文化动机，探亲访友的交际动机，体现自尊、获取个人成就和为人类贡献的地位和声望动机等。

旅游资源调查的内容往往是纷繁复杂的，因此不仅仅包括旅游资源环境调查等，而应该根据具体情况进行有针对性的调查。如发现了特殊的或具有特色的旅游资源，应将其确定为重点开发景点，及时对其进行全面而细致的调查，并研究是否有将其培养为调查区的旅游龙头产品的可行性。

第三节 旅游资源调查的程序和方法

一、旅游资源调查的程序

旅游资源调查程序可分为以下三个阶段：

第五章 旅游资源调查与评价

(一) 调查准备阶段

调查准备阶段是调查的基础工作，一般需要完成组织准备、制订工作计划、资料准备和行动准备等。

1. 组织准备

即成立旅游资源调查小组，一般由当地旅游开发领导小组和旅游规划专家组成。调查人员应具备相关的专业知识，因此应涵盖各管理部门的工作人员和不同学科方向的专业人员。如有需要，调查小组还可以细分为领导小组、实地勘探小组、协调小组和研究小组等，并可进行相关的技术培训。

2. 制订工作计划

由调查小组负责人拟定调查的工作计划和方案。明确调查目的，确定调查目标、调查区域的范围、调查方式、调查日程安排、调查分工、投入预算和调查成果的表达方式等。

3. 资料准备

收集一切有关调查区的资料，包括调查区概况资料、旅游资源资料、基础设施资料、社会经济资料、环境质量资料和现有软件设施资料。资料收集渠道包括旅游管理部门、旅游企业、旅游行业内部的各种相关材料，各种已经公开发表的旅游刊物、年鉴、报纸、杂志、专辑、学术研究资料，有关国际或区域旅游组织和专业旅游资源调查研究机构的年报及其他相关资料，国际、国内、区域、局域计算机网络上的相关信息资料等。旅游资源(如文物、地质矿产资源、林业资源、水利资源和社会经济资源等)归口于不同部门，各相关部门和行业组织都有存档资料，应首先去搜集这些行业资料，可以保证知识的专业准确性。也可以对熟悉调查区的当地社区居民进行个人采访，以获取直观的资料。另外还可以充分运用网络手段和航空航天遥感技术等现代科技手段。

4. 行动准备

根据调查计划和分工，结合收集的资料，对调查区进行室内预测，并编写进行下一步具体行动的工作部署、人员分配和考察装备等计划书，逐一落实，为实地调查做最细致的准备工作。

(二) 调查实施阶段

调查实施阶段即野外实地调查，是调查中必不可少的工作，可根据不同的调查对象采取不同的调查方式，如概略调查、系统调查、详细勘查等。

1. 概略调查

对调查区的旅游资源进行概略而较为全面的调查，掌握旅游资源的分布情况和开发价值等。概略调查可能不会很细致，但由于空间涉及面广，因此往往是一次大规模的野外实地调查。

2. 系统调查

系统调查是采用线路调查法，对旅游资源的规模、质量、美感、特色和可能的客源分析等进行系统而细致的调查，及时记录关于调查对象的文字描述和数量指标。

3. 详细勘察

发现了具有开发价值的旅游资源后，须组织人员对其进行详细勘察。详细勘察的内容包括该旅游资源与同类旅游资源相比较，其特色和独特性；该旅游资源的类型结构和空间组合特点；该旅游资源的成因、历史发展和开发现状等；该旅游资源的自然和社会经济环境等。详细勘察应该选择好调查对象，并特别注意要详实记录调查结果。

(三)调查整理阶段

调查整理阶段包括整理资料、分析资料和撰写调查报告。

1. 整理资料

对调查资料进行鉴别、核对和修正,审查资料的适用性和准确性,剔除有错误的资料,并补充、修正资料,使其达到完整、准确、客观、前后一致。应用科学的编码、分类方法对资料进行编码与分类,以便于分析利用。采用常规的资料储存方法或计算机储存方法,将资料归卷存储,以利于今后查阅和再利用。

2. 分析资料

经过整理后的资料、数据和图件,应能表示某种意义,只有通过调查人员的分析解释,才能对资源调查项目产生作用。一般需要借助一定的统计分析技术,才能测定它们之间的关系,认识某种现象与某个变化产生的原因,把握其动向与发展变化规律,并探求解决问题的方法,对该项调查结果提出合理的行动建议。

3. 撰写调查报告

撰写调查报告是旅游资源调查的最后一项工作。调查报告是进行旅游规划的重要依据,是认识调查区旅游资源总体特征的重要材料,也是获取专门资料和数据的重要文件。

旅游资源调查报告一般由标题、目录、概要、正文、结论与建议、附件几个部分组成。

标题包括该调查的题目、调查单位、报告日期等;目录通常是报告部分的主要章节及附录的索引;概要中要扼要说明调查目的、调查对象、调查内容、调查方式与方法等;正文是报告的主体部分,必须准确阐明全部有关论据,包括问题提出、论证过程、结论引出、分析研究方法等;结论与建议是撰写分析报告的主要目的,包括对正文内容的总结和解决问题的方案、建议;附件是对正文报告的补充或详尽说明,包括数据汇总表、背景材料、资源分布图件和资源分析图表等等。

二、旅游资源调查的方法

(一)询问调查法

又叫直接询问法,是指调查者用访谈询问的方式了解旅游资源情况的一种方法。可以通过口头直接询问,也可以通过分发调查表格或调查问卷进行询问。询问调查法往往可以获取一般途径难以得到的详尽信息。

(二)观察调查法

是指调查者在现场对被调查事物和现象进行直接观察或借助仪器设备进行记录,以获得旅游资源信息资料的调查方法。

(三)综合考察法

又叫野外综合考察法,是指调查者野外实地对调查区进行全面而综合的考察的调查方法。旅游资源总是分布在一定的地域范围,对其分布位置、变化规律、数量、特色、类型、结构、功能、价值等的了解和认识,只有通过对调查区的综合考察,全面系统的分析才能得到。

(四)现代科技调查法

充分采用现代科技手段,如遥感法和物理勘探法等,可以得到意想不到的调查结果。采用遥感技术调查方式,收集多种比例尺、多种类型的遥感图像和与之相匹配的地形图、地质图、地理图等,解译图像中旅游资源信息,不仅能对旅游资源的类型定性,而且能为旅游资源的定量标志，还能发现一些野外综合考察不易发现的潜在旅游资源。物理勘探法则适用于地下物体的勘探调查，如地下暗河、地下遗迹等。

（五）文案调查法

也叫间接调查法，是通过收集旅游资源的各种现有信息数据和情报资料，从中摘取与资源调查项目有关的内容，进行分析研究的一种调查方法。

（六）统计分析法

任何一个旅游区都是由多种旅游景观类型和环境要素组成的。对各种景观类型和环境要素的基本数据进行统计分析，对确定一个旅游资源区的旅游特色和旅游价值具有重大意义，也是设计旅游环境和生态系统的基本依据。

第四节 旅游资源评价概述

在旅游资源调查的基础上，再对旅游资源进行科学而客观地评价，才能为旅游资源的开发规划和管理利用提供决策依据。旅游资源的评价直接影响到旅游资源开发利用程度和旅游地的前途和命运。

一、旅游资源评价的概念与内容

（一）旅游资源评价的概念

旅游资源评价，是从旅游资源开发利用的角度，对构成旅游资源的各要素，如观赏游憩价值、文化价值、规模丰度、适宜开发方向及开发潜力等方面对旅游资源进行综合评估，从而为开发利用提供依据。旅游资源的评价通常是按照一定标准，从纵向和横向两个方面对某一旅游资源进行比较，来确定该旅游资源在全部或同类旅游资源中的地位，以确定该旅游资源的重要程度。此外，还需考虑潜在客源市场、当地居民对资源的利用情况、保护和开发的相对成本费用等因素。

一般情况下，在进行旅游资源调查时，就初步地开始了对旅游资源的评价；但最终的评价结果，必须在旅游资源调查工作结束之后系统、科学地进行。目前最常见的旅游资源评价结果，是根据一定标准对某旅游资源评级，即世界级、国家级、省级、市县级和社区级等级别中的某一级。

（二）旅游资源评价的内容

一般来说，旅游资源评价的内容包括旅游资源质量、旅游资源容量和旅游资源开发利用环境条件。

1. 旅游资源质量

包括旅游资源特性与特色、旅游资源的价值与功能和旅游资源的节律变化等。

（1）旅游资源特性与特色

任何类型的旅游资源都有自己独特的性质，即使完全同类的旅游资源，由于分布的地域环境差异，往往也各具特色。

（2）旅游资源的价值与功能

不同类型的旅游资源体现出不同的主体价值，旅游资源的价值往往与人的审美观和价值观相关,通常是旅游资源质量和水平的反映。旅游资源的功能是旅游资源可供开发利用的特殊功用,它是旅游资源价值的具体体现。

(3)旅游资源的节律变化

旅游资源在一定时期受自然条件和人为影响所发生的有节律的变化。旅游资源的节律变化必然影响到旅游活动,使之产生同样周期性的变化。

2. 旅游资源容量

又称旅游承载力,是指在一定的时空条件下旅游活动的容纳能力,即在满足游客的最低游览要求(心理感应气氛)和达到保护风景区的环境质量要求时风景区所能容纳的游客量。包括旅游的资源容量、旅游的生态环境容量、旅游的经济发展容量、旅游的社会地域容量和感应气氛容量等。

(1)旅游的资源容量

是指在一定时间内旅游资源的特质和空间规模能够容纳的旅游活动量。

(2)旅游的生态环境容量

是指一定时间内旅游接待地区的自然环境所能承受的最大限度的旅游活动量。

(3)旅游的经济发展容量

区域的旅游接待能力会受到当地的经济和社会发展水平的限制,这就是旅游的经济发展容量。

(4)旅游的社会地域容量

由于人口构成、宗教信仰、民俗风情和社会开化程度等因素的不同,每个旅游接待地区与之相容的旅游者数量和行为方式也不相同

(5)感应气氛容量

即游客量应限制在不破坏游兴的范围之内。

3. 旅游资源开发利用环境条件

(1)旅游资源的区位环境条件

旅游资源的区位环境还体现在邻近关系上,包括旅游资源区与客源地的空间关系,与其他旅游资源区的相邻作用。旅游资源区与客源地的空间关系表现在二者之间的地理距离,包括交通方式和交通通道,以及旅行所用的时间、费用和里程。旅游资源区与其他旅游资源区的相邻作用表现在相互间的互补关系和替代关系。

(2)旅游资源的自然生态环境条件

自然生态环境是构成旅游资源区整体感知形象的一个因素,是旅游活动的重要外部环境条件之一。自然生态环境包括:旅游景区内旅游资源以外的自然生态环境;旅游地及其周围受旅游活动直接或间接影响的自然生态系统环境,可以说是旅游活动的大环境。

(3)旅游资源的社会经济环境条件

一个地域旅游资源的开发利用,必须有坚实的社会经济基础作后盾。影响旅游资源社会经济环境条件的因素很多,包括旅游接待地区的人口构成、宗教信仰、民情风俗、生活方式、社会开化程度、地区国民总收入、总消费水平、居民平均收入、主要经济部门的收入渠道、基础设施和旅游专用设施的容纳能力、投资和接受投资用于旅游开发的能力、当地产业与旅游产业所能满足旅游需要的程度、区域所能投入旅游业的人力资源等。

(4)旅游资源的投资施工环境条件

投资环境包括：包括国家政治局势、地区社会治安状态、地区政策、经济发展战略、给予投资者的优惠条件等。

开发旅游资源还要考虑建设施工环境，因为施工场地的地质、地形、土质、气候等自然条件和供水、供电、设备、材料、食品等条件影响着施工进度和投资大小及受益早晚。

(5)旅游客源市场环境条件。客源市场决定着旅游资源的开发规模和开发价值。

二、旅游资源评价的角度

旅游资源评价的角度一般分为旅游资源本身评价和旅游资源开发评价。旅游资源本身评价是通过分析根据旅游资源调查所得到的该项旅游资源的特征资料数据，而来判断该项旅游资源在同类旅游资源中的地位。旅游资源开发评价则是以旅游资源本身评价为基础，并加入开发条件和客源市场等因子来进行评价。

旅游资源本身评价和旅游资源开发评价既有密切的联系，也有明显的差别。说它们有密切联系，是因为旅游资源开发评价就是以旅游资源本身评价为基础的。说它们有明显的差异，是因为有些本身评价水平很高的旅游资源，其开发评价水平却不高。如江西的鄱阳湖，是中国第一大淡水湖、国际重要湿地，具有独特性和垄断性，但由于湖区的特别地形，它的开发评价水平目前还不高，从而影响了它的旅游价值。而有些本身评价水平不高的旅游资源，由于开发评价水平好，而使得旅游价值大为提高。如广州的白云山，最高峰的海拔也仅382米，在中国众多奇山险峰中很平常，但由于它是广州市的最高峰，而使得它有了"南粤第一山"的称号，并评为"羊城八景"之一。

因此，当人们进行旅游资源评价的时候，既要分清本身评价和开发评价两种不同的评价角度，又往往要结合这两种评价角度，以客观地评价旅游资源的旅游价值。

三、旅游资源评价的目的与意义

(一)旅游资源评价的目的

正确评价旅游资源是旅游开发的基础和前提，其准确性直接影响到旅游地的开发前景。旅游资源评价的目的主要有：

1. 评估旅游资源的价值，确定其在旅游地开发中所处的地位。
2. 鉴定旅游地的性质(类型)，拟定旅游地开发计划，如旅游资源开发结构等。
3. 通过对区域内各种旅游资源本身和开发条件的评价，确定不同旅游地建设的顺序。

(二)旅游资源评价的意义

旅游资源评价是旅游开发的重要环节。旅游资源评价的意义主要有：

1. 能认清影响旅游资源开发的各种因素及条件，准确地了解旅游资源的综合价值，并为旅游地的合理开发建设提供科学依据。
2. 通过旅游资源评价可以找出旅游资源的典型特色，并树立起旅游地的标志性形象。
3. 通过对旅游资源本身及开发条件的评价，能更有效地结合资源特色发挥旅游地的区位优势，并确定旅游项目开发的顺序。

总之，对旅游资源的评价有助于了解旅游资源的价值和其旅游吸引力的强弱等，明确旅游地的开发方向及规模等，具有重要意义。

四、旅游资源评价的原则

(一)客观性原则

评价旅游资源,要从实际出发,实事求是地科学评价它的价值高低、大小、好坏和功能,充分应用地学、美学、历史学、地理学等多方面的理论知识,认识旅游资源的价值,做到既不任意夸大,也不无限缩小,力求进行客观评价。

(二)科学性原则

开展旅游资源评价时,要有科学的态度,符合客观科学的标准,对旅游资源的形成、本质、属性、价值等核心内容,做出科学的解释和恰如其分的评价。

(三)系统性原则

旅游资源评价时,要求综合衡量、全面完整地进行系统评价,准确地反映旅游资源的整体价值。

(四)效益性原则

旅游资源评价时,要考虑投入资金后的经济、社会和生态环境效益,以确定适宜的开发程序。

(五)市场性原则

建立最适宜的旅游作用空间体系,必须同时考虑旅游供给与旅游需求两个方面,才能达到旅游作用体系的动态平衡,取得旅游经济、社会、生态效益三者的最佳组合状态。

(六)动态性原则

评价旅游资源不仅要以静态认识,而且要考察旅游资源呈现的动态属型,才能发现其变化的规律性,为调节和控制旅游组织的空间格局指明方向。

(七)可达性原则

交通可达性是旅游产品的重要组成部分,也是潜在旅游资源转化为现实旅游资源的主要捷径,又是开发旅游资源,争取客源市场,提高旅游资源吸引力的重要条件。

(八)稀缺性原则

针对同一客源市场,旅游资源的同构与泛化,是旅游资源价值与使用价值难以体现和延伸的重要问题。在评价旅游资源时,对于那些区域独有的,并能反映出地方特色和文化底蕴的旅游资源,应遵循稀缺性原则进行评价。

第五节 旅游资源评价的方法

在西方,旅游资源评价始于上世纪60年代,使用方法有三个特点,即指标数量化、评价模型化和标准科学化。[1]而我国的旅游资源评价起步较晚,上世纪80年代才应旅游资源开发的需要而产生。经过近三十年的发展,我国的旅游资源评价方法经历了从定性描述法向更为客观的定量评价法发展的过程,取得了长足的进步,但其评价技术水平目前仍与国际水平有较大差距。旅游资源评价的方法很多,一般可以分为定性评价法和定量评价法两大类[2]。具体介绍如下:

---

[1] 周凤杰撰《旅游资源评价标准与方法新探》,《中国市场》(北京),2007(40)。

[2] 所谓"定性评价法"与"定量评价法",是就其主要倾向而言的。在实际评价工作中,定性评价离不开定量;定量评价也离不开定性。很多评价法都是定性和定量的结合,都是综合两种评价方法的结果。

一、定性评价方法

我国对旅游资源的评价历史悠久,早在北宋,沈括的《梦溪笔谈》中就概括了"潇湘八景",使得我国不少地方都有了"某地八景"、"某地十景"的说法。这种说法就是早期的定性评价方法,虽然未必科学,但它却在相当程度上代表了民众根据总印象评价的结果。

定性评价方法,通常是在对旅游资源进行了详细考察后,凭借经验和学识,对资源进行主观性的结论性描述。有的学者从资源本身的特点对旅游资源进行评价,例如资源是否具备"古、特、奇、美、名、用"等特点;有的学者则归纳了一些定性评价的标准,如美学价值、文化价值、科学价值、历史价值、环境质量、旅游容量、组合状况、区位条件、适应范围和开发条件等。这种方法的优点在于能从宏观上把握旅游资源的特色,缺点是主观性强,不能量化,科学性相对较差,评价准确与否与评价者的经验和素养高度相关。因而这种评价方法对初学者来讲,尽管方法简便,但实际操作却十分困难。①目前,运用比较广泛的旅游资源定性评价法主要有一般体验评价法、美感质量评价法、美学评分法、"三三六"评价法和"六字七标准"评价法等。

(一)一般体验性评价法

该方法是通过对大量的旅游者、旅游专家有关旅游资源优劣排序的调查问卷或旅游地、旅游资源在专业媒介上出现的频率的统计,从而确定区域内最佳旅游资源的排序,并得知旅游资源的整体质量和知名度。这种评价多由传媒机构或行政管理部门发起,如1985年《中国旅游报》发起的"中国十大名胜"评选,1991年国家旅游局发起的"中国旅游胜地四十佳"的评选等,都属于这类评价。这往往是旅游者亲身体验过评价对象之后,而得出的一种体验性认识结果,目前仅限于少数知名度较高的旅游资源或旅游地,无法用于一般或尚未开发的旅游资源②。

(二)美感质量评价法

该方法是在一般体验性评价基础上对旅游资源的美感评估,突出旅游资源的美感特征,并通过旅游者或专家的体验的分析建立评价模型,评价的结果多是具有可比性的定性尺度或数量值。美感质量评价法在有关自然风景视觉的质量评价上比较成熟,已经发展为四个学派:专家学派、心理物理学派、认知学派和经验学派等。

1. 专家学派

专家学派认为,凡是符合形式美原则的自然风景就具有较高的风景质量,而在对风景进行评价时,主要从成果、形体、色彩和质地等四个方面对风景加以评价,强调多样性、奇特性和协调统一性等形式美的原则,并引入生态学原则作为风景质量评价的标准。③该学派的主体是受过专业训练的观察者或专家,其评价方法突出地表现为一系列的分级分类过程。该学派强调风景本身的客观特点,而忽视人的作用,将风景看作是独立于人的客体存在,人在风景欣赏中和自然风景的关系只是一种简单的单向作用关系,人只是风景的欣赏者。该派代表人物是林顿(R. B. H·Linton)。专家学派对于自然风景评价的研究曾一直在西方占统治地位,他们制定的风景质量评估系统已为许多官方机构所采用。例如,美国林务局的风景管理

---

① 参见杨振之主编《旅游项目策划》,清华大学出版社(北京),2007年版,第25页。
② 参见张武、陈学军主编《旅游资源学》,哈尔滨地图出版社(哈尔滨),2007年版,第244~245页。
③ 参见江金波著《旅游景观与旅游发展》,华南理工大学出版社(广州),2008年版,第210~211页。

系统(Visual Management System，1976，1979)，美国土地管理局的风景资源管理系统(Visual Resources Management，1984，1986)，美国土壤保护局的景观资源管理系统(Landscape Resources Management，1978，1979)，联邦公路局的视觉影响评估系统(Visual Impact Assessment，1986)，苏格兰乡村委员会的风景评估系统等。其中，美国土地管理局的风景资源管理系统是这类方法的范例。该方法首先选定7个因子进行分级评分(见表5-1)，然后将7个单项因子的得分值相加作为风景质量总分，将风景质量归为三个等级：A——总分19分以上；B级——总分12分~18分；C级——总分0~11分。

表5-1　　　　　　　　　　风景质量分级评价 ①

评价因素	评价分级标准和评分值		
地形	断崖、顶峰或巨大露头的高而垂直的地形起伏；强烈的地表变动或高冲蚀之构造(包括主要的劣地或沙丘)；具有支配性、非常显眼而又有趣的细部特征(如冰河等)(5)	险峻的峡谷、台地、孤山、火山丘和冰丘；有趣的冲蚀冲蚀形态或地形变化；虽布局支配特征，但仍存在具有趣味性之细部特征(3)	低而起伏之丘陵、山麓小丘或平坦之谷底，有趣的细部景观特征稀少或欠缺(1)
植物	植物种类、构造和形态上有趣且富有变化(5)	有某些植物种类的变化，但仅有一种或两种主要形态(3)	缺少或没有植物变化或对照(1)
水体	干净、清洁或白瀑状之水流，其中任何一项都是景观上的支配因素(5)	流动或平静的水面，但并非景观上的支配因素(3)	缺乏或虽有但不明显(0)
色彩	丰富的色彩组合；多变化或生动的色彩；L岩石、植物、水体或雪原的愉悦对比(5)	土地、岩石和植物之色彩与对比具有一定程度的强度变化，但非景观的支配因素(3)	微小的颜色变化；具有对比性或尚有趣；一般而言都是平淡的色调(1)
邻近景观之影响	邻近之景观大大提升视觉美观质量(5)	邻近之景观一定程度地提升视觉美感质量(3)	邻近景观对于整体视觉美感质量只有少许或没有影响(0)
稀有性	仅存性各类非常有名或区域内非常稀少；具有观赏野生动物和植物花卉的一致机会(★5+)	虽然区域内某些东西有相似之处，但仍是特殊的(3)	在某些环境内具有趣味性，但在本区域内非常普遍(1)
人为改变	未引起美感上的不愉悦和不和谐；或修饰有利于视觉上的变化性(2)	景观被不和谐干扰，质量有某些减损，但并非很广泛而使景观质量完全抹杀或修饰，只对本区增加少许视觉之变化或根本没有(0)	修饰过于广泛，致使景观质量大部丧失或实质上降低(-4)

★ 此项分值可以超过5分，但必须给出书面理由。

---

① 参见美国土地管理局(Bureau of Land Management)编《风景资源管理系统(Visual Resources Management)》：http://www.blm.gov/nstc/VRM/8410a.html，译文参见保继刚、楚义芳等主编《旅游地理学》，高等教育出版社(北京)，1993年版，第61页。

2. 心理物理学派

心理物理学派产生于20世纪70年代中期,以后开始得到越来越多的应用。其主要思想是把风景与风景审美的关系理解为刺激—反应的关系,认为风景审美是风景和人之间共同作用的过程,承认人类具有普遍一致的风景审美观,相信人们对风景的审美评判是可以通过风景的自然要素来预测和定量的,于是将心理物理学的信号检测方法应用到风景评价中,通过测量公众对风景的审美态度得到一个反映风景质量的量表,然后将该量表与各风景成分之间建立起数量关系。代表人物有施罗德(H. W. Schroeder)、丹尼尔(T. C. Daniel)和布雅夫(G. J. Buhyoff)。其评价模型的操作事实上分四个步骤进行:①测量公众的平均审美态度,以照片或幻灯片作为工具获得公众对所展示风景的美感评价;②确定所展示风景的基本要素;③建立风景质量与风景的基本成分间的相关模型;④将建立的数学模型用于同类风景的质量评估。该派方法应用最为成熟的领域是森林景观的评价。①这类方法中最为著名的有两种:一种是Daniel和Boster提出的美景度评判法(Daniel and Boster, 1976)(Scenic Beauty Estimation Method,简称SBE),他们认为评判结果是观察者对景观的知觉和判断标准两者综合作用的产物,所以需要对评判值进行标准化;另一种是Buhyoff等人提出了比较评判法(Buhyoff and Leuschner,1978;Buhyoff et al., 1980)(Law of Comparative Judgement,简称LCJ)。该方法是在Thurstone(1959)比较评判法基础上发展而来,它与SBE最基本的区别是:SBE不经过风景之间的比较,而LCJ以风景之间比较为基础②。

3. 认知学派

又称心理学派,该学派把风景作为人的认识空间来评价。强调风景对人认识及情感反应上的意义,试图用人的进化过程及功能需要去解释人对风景的审美过程。这一学派较为成熟时期是20世纪70年代中,英国地理学家阿普尔顿(Appleton)的"了解—庇护"(prospect - refuge)理论。该理论是在分析大量风景画的基础上,指出人在审美过程中,总是以"猎人"和"猎物"的双重身份出现,作为"猎人"希望看到别人,作为"猎物",又不希望别人看到自己,即人们总以人的生存需要来解释、评价风景。而环境心理学家卡普兰夫妇(S. Kaplan)开始以进化论为前提,从人的生存需要出发,提出了风景信息的观点,逐步完善了他们的风景审美理论模型。他们认为人在风景审美过程中,既注意风景中那些易于辨识和理解的特性(易解特性),又对风景蕴藏中具神秘感的信息感兴趣(神秘特性),具这两种特性的风景质量就高。布朗等对卡普兰理论模型作了进一步加工,形成实用模型(见表5-2)③。

表5-2　　　　　　　　　　风景审美解释模型(布朗)④

类别	易解特性	神秘特性
自然景物	坡度、相对地势	空间多样性、地势对比
自然风景中的人工建筑	自然性、和谐型	高度对比、内部丰富性

---

① 参见全华主编《旅游规划实务》,中国科学技术出版社(北京),2009年版,第181页。
② 参见王雁、陈鑫锋撰《心理物理学方法在国外森林景观评价中的应用》,《林业科学》(北京),1999(05)。
③ 参见李俊清等编著《生态旅游学》,中国林业出版社(北京),2003年版,第155页。
④ 参见保继刚、楚义芳等主编《旅游地理学》,高等教育出版社(北京),1993年版,第61页。

4. 经验学派

又称现象学派,该派认为风景是作为独立于人的客体而存在的,人在风景欣赏中与自然风景的关系只是一种简单的单向作用关系,人只是风景的欣赏者。其研究方法一般是考证文学艺术家们关于风景审美的文学、艺术作品,考察名人的日记等,以此来分析人与风景的相互作用及某种审美评判所产生的背景。同时也通过心理测量、调查、询问等形式,记叙现代人对具体风景的感受和评价。但这些调查不是简单地评判风景优劣,而是详细描述自己个人经历及对于风景的感受,以此来分析风景价值所产生的环境与背景。经验学派把人的主观感受在自然风景评价中的位置看得极其重要,这也使得该学派的研究成果不能直接应用于风景规划和开发中,因此应用范围不广。

(三)"三三六"评价法

"三三六"评价法是北京师范大学卢云亭教授根据其亲自参加河北省涞水县野三坡风景区、北京市旅游资源调查和青海省旅游发展战略评价研究的实际工作体会,总结出来的旅游资源评价方法。所谓"三三六"是指三大价值(历史文化价值、艺术观赏价值和科学考察价值)、三大效益(经济效益、社会效益、环境效益)、六大条件(旅游资源所在地的地理位置和交通条件、景象地域组合条件、旅游环境容量、施工难易程度、投资能力、旅游客源市场)①。

(四)"六字七标准"评价法

"六字七标准"是上海科学院黄辉实从旅游资源本身和资源所处环境两个方面对旅游资源进行评价的方法。该方法对旅游资源本身,采用了"美、古、名、特、奇、用"等六字标准进行评价;对旅游资源所处环境,则采用了七个标准进行评价,即:季节性、污染状况、联系性、可进入性、基础结构、社会经济环境、市场状况等。

二、定量评价方法

定量评价是根据一定的评价标准和评价模型,运用数学方法或其它方法,将有关旅游资源及其环境的各评价因子予以量化,从而得出科学结论的方法。较之定性评价,结果更直观、更准确、更具可操作性。其评价方法主要可以分为三大类别:技术性单因子评价法、综合性多因子评价法②。

(一)技术性单因子评价法

所谓技术性评价,是指对于旅游资源各要素对旅游者从事特定旅游活动的适宜程度的评估。③单因子评价,主要是相对于多因子评价而言的,是特指这类评价只针对于对旅游资源的某个因素进行评价,而非对其进行全方位综合性评价。这类评价法主要用于对旅游资源中某些起关键作用的因素进行评判,其基本特征是运用了大量技术性指标,这类评价法一般仅限于对自然旅游资源(如风景湖泊、康乐气候、海滩浴场、溶洞山峰等)的评价,对开展专项旅游活动如登山、游泳、滑雪等有重要的参考作用。目前比较成熟的方法有:气候适宜性评价,日本洛

---

① 参见高峻主编《旅游资源规划与开发》,清华大学出版社(北京),2007年版,第94页。
② 参见冯燕撰《人文旅游资源评价研究》,山西大学历史文化学院(太原),2007年硕士学位论文。
③ 参见保继刚、楚义芳等主编《旅游地理学》,高等教育出版社(北京),1993年版,第65页。

克计划研究所的地形适宜性评价,乔戈拉斯提出的海滩和海水浴场的评价,美国土地管理局的滑雪旅游资源评价。①下面简要介绍几种:

1. 气候适宜性评价

气候是影响旅游活动的重要因素。一个地区旅游气候舒适性及持续期的长短,是影响游客目的地选择和旅游季节长短的重要因素,如我国居民国内旅游冬季多选择海南岛,夏季多选择黑龙江,表现出较高的气候反向性;河川漂流、山地旅游等在我国北方冬季,常因气候寒冷而闭门休业。气候的影响主要体现在两个方面:其一,对旅游者参与某一旅游活动的环境和活动质量产生影响,如在多雨季节观赏自然风景,其旅游体验不得不大打折扣;其二,对旅游者的生理过程,特别是体感舒适程度产生影响,如在过热的天气参观旅游景观,旅游者就无法静下心来细心体会景观魅力。②总之,气候对于从事观赏性旅游活动的影响主要在于旅游者的体感舒适程度;而对于从事运动性旅游活动的影响主要在于旅游者的活动质量。

西方有关气候舒适度评价的研究已经有40余年历史了,早在1966年特吉旺(W. H. Terjung)就提出了气候舒适性指数(Comfort Index)的概念,1987年奥利佛(J. E. Oliver)在暴露实验的基础上建立了风寒指数量表,后来加拿大气象局又建立了气候舒适性指数测评的标准模型。其中,影响最大、运用最广的要数特吉旺提出的气候舒适度评价方法了,其评价方法是运用温度、湿度、风速三个指标形成两个指数:气候舒适性指数(Comfort Index)和风效指数(Wind Effect Index),然后用这两个指数来评价某地的气候适宜度。具体操作分为以下三个步骤:

(1)确定"舒适指数"

特吉旺根据大多数人对于周围空气环境感觉舒适的程度,将温度和相对湿度的不同组合划分为11类,即所谓"舒适指数"(参见表5-3)。

表5-3　　　　　　　　　　舒适指数分级表③

代号	-6	-5	-4	-3	-2	-1	0	+1	+2a	+2b	+3
大多数人的感觉	极冷	非常冷	很冷	冷	稍冷	凉	舒适	暖	热	闷热	极热

舒适指数是通过查舒适指数图(参见图5-1)获得。④用月平均最高气温和月平均最小相对湿度查得白昼(白天气温最高时)的舒适指数。用月平均最低气温和月平均最大相对湿度查得夜晚(夜晚气温最低时)的舒适指数。

---

① 参见方幼君撰《旅游资源定量评价体系及方法研究》,浙江大学理学院(杭州),2006年硕士学位论文。
② 参见全华主编《旅游规划实务》,中国科学技术出版社(北京),2009年版,第194页。
③ 此表据保继刚、楚义芳等主编《旅游地理学》,高等教育出版社(北京),1993年版,第66页。
④ 舒适指数在+1至-1之间的日期为适宜旅游的季节,其中"0"区为最佳旅游季节。

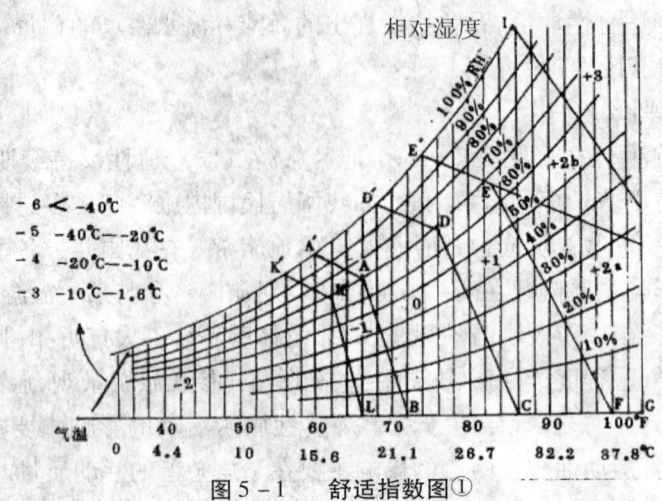

图5-1　舒适指数图①

通过"舒适指数图"所获得的为月平均白昼舒适指数和月平均夜晚舒适指数,可以根据表5-4"舒适指数及意义"得出该月气候综合的舒适指数(其用H、W、M、C等字母表示,字母下的阿拉伯数字表示程度,数字越大舒适度越低),详情参见表5-4。

表5-4　　　　　　　　　舒适指数及意义②

昼\夜	+3	+2b	+2a	1	0	-1	-2	-3	-4	-5	-6
+2b	EH₁	S₁									
+2a	EH₂	S₂	H₁								
1	EH₃	S₃	H₂	W₁							
0	EH₄	S₄	H₃	W₂	M₁						
-1	EH₅	S₅	H₄	W₃	M₂	C₁					
-2			H₅	W₄	M₃	C₂	K₁				
-3					M₄	C₃	K₂	CD₁			
-4							K₃	CD₂	VC₁		
-5								CD₃	VC₂	EC₁	
-6									VC₃	EC₂	UC₁
符号	EHi	Si	Hi	Wi	Mi	Ci	Ki	CDi	VCi	ECi	UCi
意义	极热	闷热	热	暖	舒适	凉	稍冷	冷	很冷	非常冷	极冷

(2)确定"风效指数"

特吉旺根据大多数人裸露皮肤在气温和风速的不同组合作用下感觉冷暖的程度,将气温与风速的组合划分为12类(参见表5-5),即所谓"风效指数"。

---

① 此图据保继刚、楚义芳等主编《旅游地理学》,高等教育出版社(北京),1993年版。
② 此表据郭跃主编《旅游资源概论》,重庆大学出版社(重庆),1998年版,第95页。

表 5-5　　　　　　　　　　　　　风效指数分级表①

符号	千卡/(m2·h)	大多数人的感觉
-h	< -1400	外露皮肤冻伤
-g	-1200 ~ -1400	极冷风
-f	-1000 ~ -1200	很冷风
-e	-800 ~ -1000	冷风
-d	-600 ~ -800	稍冷风
-c	-300 ~ -600	凉风
-b	-200 ~ -300	舒适风
-a	-50 ~ -200	暖风
n	+80 ~ -50	不明显风
a	+160 ~ +80①	热风
b	+160 ~ +80②	不舒适热风
c	> +160③	非常不舒适热风

注：①气温 30~32.7℃；②气温 >32.8℃；③气温 >35.6℃。

风效指数是通过查风效指数图（参见图 5-2）获得的②，用月平均最高气温和月平均风速查得白昼（白天气温最高时）的风效指数。用月平均最低气温和月平均风速查得夜晚（夜晚气温最低时）的风效指数。

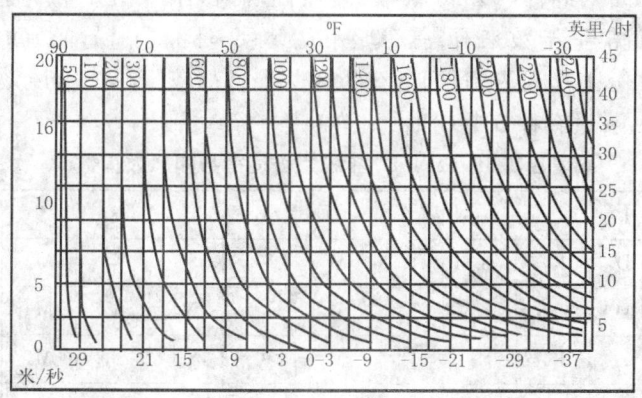

图 5-2　风效指数图③

通过"风效指数图"所获得的为月平均白昼风效指数和月平均夜晚风效指数，可以根据表 5-5"风效指数及意义"得出该月气候综合的风效指数（其用 c、b、a、n 等字母表示，字母下的阿拉伯数字表示程度，数字越大舒适度越低），详情参见表 5-6。

---

① 该表参见江金波著《旅游景观与旅游发展》，华南理工大学出版社（广州），2008 年版，第 221 页。
② V 风效指数在 -a 至 -c 之间为适宜旅游季节，其中若在"-b"区间则为最佳旅游季节。
③ 此图据保继刚、楚义芳等主编《旅游地理学》，高等教育出版社（北京），1993 年版，第 67 页。

表 5-6　　　　　　　　　　　　风效指数及意义[1]

昼\夜	c	b	a	n	-a	-b	-c	-d	-e	-f	-g	-h
-a	c_1	b_1	a_1	n_1	$-a_1$							
-b	c_2	b_2	a_2	n_2	$-a_2$	$-b_1$						
-c	c_3	b_3	a_3	n_3	$-a_3$	$-b_2$	$-c_1$					
-d		b_4	a_4	n_4	$-a_4$	$-b_3$	$-c_2$	$-d_1$				
-e					$-a_5$	$-b_4$	$-c_3$	$-d_2$	$-e_1$			
-f							$-c_4$	$-d_3$	$-e_2$	$-f_1$		
-g								$-d_4$	$-e_3$	$-f_2$	$-g_1$	
-h										$-f_3$	$-g_2$	$-h_1$
符号意义	ci 非常不舒适风	bi 不舒服风	ai 热风	ni 感觉不明显	-ai 暖风	-bi 舒适风	-ci 凉风	-di 稍冷风	-ei 冷风	-fi 很冷风	-gi 极冷风	-hi 冻风

(3) 得出旅游气候适宜性综合评价

根据第(1)、(2)步就可得出关于某地旅游气候适宜性的综合舒适指数(CI)和风效指数(WFI)。然后根据列表可以得出某地的旅游气候适宜性评价。舒适指数与风效指数是从气候的角度,评价某地的旅游价值。旅游季节与最佳的旅游季节延续时间越长,旅游资源的价值就越高,反之越低。例如,刘继韩(1989)就根据特吉旺法得出了秦皇岛的旅游气候适宜性评价表(参见表 5-7)。就舒适指数来看,三个城市从 5~9 月都是避暑的好时节,7 月以大连为最好。秦皇岛只有 7 月份比较闷热,而烟台在 7、8 两个月都较闷热。就风效指数比较,三市差异不大,5~9 月皆很宜人,只有在 5 月份时,大连略胜一等。

表 5-7　　　　　　　秦皇岛等 1976-1980 年各月舒适指数和风效指数[2]

	月份	1	2	3	4	5	6	7	8	9	10	11	12
舒适指数	秦皇岛	CD_2	K_2	K_1	K_1	M_3	W_3	S_4	W_2	M_3	C_2	K_2	K_2
	大连	CD_1	CD_1	K_2	K_2	M_3	M_2	W_2	W_2	M_3	C_2	K_1	K_1
	烟台	K_2	K_2	K_1	K_1	M_3	W_4	S_4	S_4	M_2	C_2	K_1	K_2
风效指数	秦皇岛	$-d_3$	$-d_3$	$-c_3$	$-c_2$	$-a_3$	$-a_3$	$-a_2$	n_2	$-a_3$	$-b_3$	$-c_3$	$-d_3$
	大连	$-c_2$	$-c_2$	$-d_2$	$-b_2$	$-a_3$	$-a_3$	$-a_3$	n_3	$-a_3$	$-b_3$	$-c_2$	$-c_2$
	烟台	$-d_3$	$-d_2$	$-c_3$	$-c_2$	$-a_3$	$-a_3$	n_2	n_2	$-a_3$	$-b_3$	$-c_2$	$-d_2$

2. 地形适宜性评价

地形对于运动类型的旅游活动影响巨大,是关键的旅游资源因子,对于风景观赏也有影响。对于风景观赏而言,陡峭、崎岖的地形给旅游者的移动带来了一定的障碍,但地形的这类

---

[1] 此表据郭跃主编《旅游资源概论》,重庆大学出版社(重庆),1998 年版,第 97 页。
[2] 此表参见保继刚、楚义芳等主编《旅游地理学》,高等教育出版社(北京),1993 年版,第 68 页。

特性往往增加了风景的美感质量。如"天下雄"之美誉的夔门,"天下险"之美誉的剑门都引起陡峭险峻的山体成为旷世奇景。对于运动类型的旅游活动而言,大多数需要活动开展地具有一定的坡度。如高尔夫运动场需选择在丘陵地带的开阔缓坡地带,其果岭区为不超过 3% 的坡度;而滑雪运动要求地形坡度在 35°以下,但是滑雪区内缓坡(低于 10°)占地面积太大又往往会影响滑雪者的滑雪体验,难以吸引滑雪者。因此,不同类型的旅游活动对于地形的要求,成为评估地形适宜性的衡量标准,如图 5 – 3。

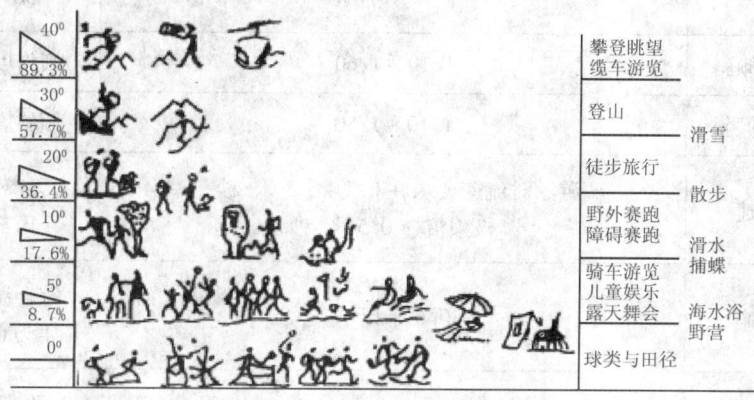

图 5 – 3　　地形与旅游活动项目①

3. 海水浴场评价

国际上对于海水浴场的评价研究较为成熟,成果也颇多,最具代表性的有乔戈拉斯(Georgulas)对一级海滩(用于海浴)的评价、日本东急设计咨询公司的海水浴场评价标准、美国土地管理局(BLM)关于海水浴场的技术评估指标等。

(1)乔戈拉斯的一级海滩评价标准

1970 年,乔戈拉斯在研究旅游地的一般特征时,提出了一级海滩(用于海浴)的评价标准,具体参见表 5 – 8。

表 5 – 8　　　　　　　　　　一级海滩(用于海浴)评价标准 ②

活动类型	评价标准
消极活动(阳光浴等)	海滩:沙质细洁,海滩至少长 91 米宽 15 米, 沙滩在全年中至少应有 80% 的时间免于曝晒。 后腹地:有遮掩、有树木、环境幽雅。 无人工废弃物(如垃圾)和自然危害物(如毒昆虫、蛇), 坡度小于 15°,因之易于通达;具开发潜力。
积极活动(游泳等)	水底没有或很少淤泥,水质无色,无味,大肠杆菌含量小于每毫升 50~100 个, 无生物垃圾,高潮时深 8 英尺的海底无珊瑚和尖石、 无危险性激流。与水域邻接的海滩坡度不大于 8°, 海滩要求同消极活动,但应更长更宽,全年应有 9 个月以上适宜游泳。

(2)日本东急设计咨询公司的海水浴场评价标准

---

① 此表据郭跃主编《旅游资源概论》,重庆大学出版社(重庆),1998 年版,第 25 页。
② 此表据封志明编著《资源科学导论》,科学出版社(北京),2004 年版,第 274~275 页改编。

日本东急设计咨询公司在为我国台湾南部"垦丁风景特定区"制定的旅游开发规划中，曾提出了详细的海水浴场评价标准，具体参见表5-9。

表5-9　　　　　　　日本东急设计咨询公司海水浴场评价标准①

序号	资源项目	符合要求的条件	附注
1	海滩宽度	30～60米	实际总利用宽度50—100米
2	海底倾斜	1/10～1/60	倾斜度愈低愈好
3	海滩倾斜	1/10～1/50	倾斜度愈低愈好
4	流速	游泳对流速要求在0.2～0.3米/秒；极限流速0.5米/秒	无离岸流之类局部性海流
5	波高	0.6米以下	符合游泳要求只要为0.3米以下
6	水温	23℃以上	不超过30℃，愈接近30℃愈好
7	气温	23℃以上	—
8	风速	5米/秒以下	—
9	水质	透明度0.3米以上，COD②2ppm③以下，大肠杆菌数1000MPN/100毫升以下，油膜肉眼难于辨明	—
10	地质粒径	没有泥和岩石	愈细愈好
11	有害生物	不能辨认程度	—
12	藻类	在游泳区域中不接触身体	—
13	危险物	无	—
14	浮游物	无	—

（3）美国土地管理局（BLM）海水浴场评估指标

美国土地管理局在其土地供游憩活动适宜性评估系统中，选用7个指标对海水浴场进行分级评估，详细情况参见表5-10。

---

① 此表据保继刚、楚义芳等主编《旅游地理学》，高等教育出版社（北京），1993年版，第70页稍有改动。
② COD：英文全称chemical oxygen demand，译为"化学需氧量"，它是指在一定的条件下，采用一定的强氧化剂处理水样时，所消耗的氧化剂量，是表示水中还原性物质多少的一个指标，指标越小越好。
③ ppm：PPM表示一百万份重量的溶液中所含溶质的重量，百万分之几就叫做几个PPM。

表5-10　　　　　　　美国土地管理局(BLM)海水浴场适宜性评估 ①

决定因素	评估标准及计分		
水质	清澈(5)	浑浊(4)	污染(1)
危险性	无(5)	有一点(4)	有一些(1)
水温	>22.2℃(5)	19.4℃~22.2℃(4)	<19.4℃(1)
颜色及浑浊度	清明(3)	稍混浊(2)	浑浊(1)
风	全季适宜(3)	>1/2季适宜(2)	<1/2季适宜(1)
1.5米深水域（距海岸线）	>30.5米(3)	15.25~30.5米(2)	9.15~15.25米(1)
海滩状况*	良好(5)	一般(4)	差(1)

分级：A=26~29；B=21~25；C=13~20。 *包括坡度、平滑、稳定性、障碍性。良好级：坡度低于10°，海岸平滑，有良好稳定性，障碍性小且易于移除。

4. 滑雪场评价

这类评价中，最为典型的要数美国土地管理局的评价标准了。在其制定的土地供游憩活动适宜性评估系统中，对滑雪场适宜性评估选用了7个因素，每个因素按标准评分，然后得出总分。最后将其评为三级：A级为29~33分；B级为21~28分；C级为8~20分。详情参见表5-11。美国土地管理局所建立的土地供游憩活动适应性评价系统中，除了对海水浴场、滑雪场进行评估外，还对划船、动力艇、滑雪和航行、玩雪用旅游资源制定了相应评估标准。

表5-11　　　　　　　美国土地管理局(BLM)滑雪场适宜性评估 ②

决定因素	评估标准及计分			
雪季长度	6个月(6)	5个月(5)	4个月(4)	3个月(2)
积雪深度	>1.22米(6)	0.92~1.22米(4)	0.61~0.92米(2)	0.305米以下(1)
干雪	3/4季节时间(4)	1/2季节时间(3)	1/4季节时间(2)	0季节时间(1)
海拔	>762.5米(6)	457.5米~762米(4)	152.5米~475.5米(2)	45.75米~152.5米(1)
坡度*	很好(4)	好(3)	一般(2)	差(1)
温度	>10℃(3)	-17.8℃~6.7℃(2)	<-17.8℃	
风力	轻微(4)	偶尔变动(3)	偶尔偏高(2)	易变(1)

*最理想的坡度兼具以下三种坡度：
初等坡度(10%~20%)占全区的15%~25%；
中等坡度(20%~35%)占全区的25%~40%；
高等坡度(35%~65%)占全区的30%~40%。

(二) 综合性多因子评价法

该方法多用于旅游资源或旅游地的综合评价中，其评价思路是在考虑多种评估因子的基础上运用一些数学方法，着眼于旅游资源的整体价值评估或旅游地的开发价值评估。该评估

---

① 此表据保继刚、楚义芳等主编《旅游地理学》，高等教育出版社(北京)，1993年版，第70页稍有改动。
② 此表李贻鸿著《观光行政与法规》，五南图书出版公司(台北)，1996年版，第213~214页稍有改动。

方法遵循一个统一的评估系统,有着确定的通用评估标准;评价系统中的评估因子大都被赋予了一定的权重;评价的结果为数量化的指数值。这类评价方法主要有菲什拜因－罗森伯格模型、指数表示法、层次分析法、主成分分析法等。

1. 菲什拜因—罗森伯格模型

罗森伯格(M. Rosenberg,1956)和菲什拜因(M. Fishbein,1963)分别建立有客体或行为吸引力量测模型与态度量测模型,两人的模型基本形式相同,故将其合称为"菲什拜因－罗森伯格模型"。由于此模型结构简洁,运用方便,直至今日仍被广泛用于市场促销研究的消费者决策分析中。其基本模型为:

$$A_j = \sum_{i=1}^{n}(V_i)(B_{ij})$$

式中:A_j 为选择某一产品 j 的意愿;

V_i 为产品的第 i 个特征的重要性;

B_{ij} 为本产品 j 相对于其他产品拥有特征 i 的程度;

n 为产品的特征项数。

在旅游学中,对旅游地的综合性评价往往基于如下假设:旅游者的出游意愿和行为决策同旅游地的综合性评价之间呈现为确定的正相关,即旅游者倾向于选择综合性评价较高的旅游目的地。旅游者的消费决策和行为规律遂成为旅游地综合性评价的理论基础。后来,罗森伯格－菲什拜因模型便被旅游学家引入旅游地的综合性评价中,其基本形态改变为:

$$E = \sum_{i=1}^{n} Q_i P_i$$

式中:E 为旅游地综合性评价值;

Q_i 为第 i 个评价因子的权重;

P_i 为第 i 个评价因子的评价值;

n 为评价因子的项数。

就旅游地综合性评价模型和菲什拜因—罗森伯格模型比较,可以看出,两个模型的形式是完全一致的,旅游地综合性评价模型的结构也只是菲什拜因－罗森伯格模型的变种。到目前为止,世界上许多国家在对旅游地进行综合性评估时,大都是使用这一模型。实践证明,只要取得评价因子权重值和评估值的方法适当,旅游地综合性评估的结果具有很高的应用价值[①]。

2. 指数表示法

指数分析法的具体操作分四步走:

第一步,调查分析旅游资源的开发利用现状、吸引力及区域环境。调查内容要求有准确的统计定量资料。

第二步,调查分析旅游需求。主要调查内容有:游客量、旅游者人口构成、逗留时间、旅游消费倾向、旅游需求结构、旅游需求规律等。

第三步,总评价的拟定,即在前两步的基础上建立表达旅游资源特质、旅游需求与旅游资源之间关系的若干模型。

第四步,计算旅游资源评价指数。根据评价指数评价旅游资源,确定开发的次序。

---

① 参见保继刚、楚义芳等主编《旅游地理学》,高等教育出版社(北京),1993年版,第72页稍有改动。

旅游资源评级指数模型为:

$$E = \sum_{i=1}^{n} F_i M_i V_i$$

式中:E 为旅游资源评价值;

F_i 为第 i 项旅游资源在全部旅游资源中的权重;

M_i 为第 i 项旅游资源的特质与规模指数;

V_i 为旅游者对第 i 项旅游资源的需求指数;

n 为旅游资源的总项数[①]。

3. 层次分析法(AHP, Analytic Hierarchy process)[②]

层次分析法是一种基于数学和心理学的复杂问题决策方法,于20世纪70年代由美国匹兹堡大学著名运筹学家塞蒂(A. L. Saaty)首先提出。这种方法将定性分析和定量分析完美结合在一起,把决策者对复杂问题的决策思维过程系统化、模型化、数量化,其系统灵活简洁,在许多决策领域得到了广泛深入的运用。20世纪80年代,保继刚将此种决策分析方法率先运用于旅游资源评价,大大推进了我国旅游资源定量评价研究的进程。

(1) 含义与基本思路

所谓层次分析法,就是将复杂问题中的各种因素通过划分出相互联系的有序层次,使之条理化,再根据对一定客观现实的判断,就每一层次指标的相对重要性给予定量表述,利用数学方法确定其权值,并通过排列结果,分析和解决问题[③]。

层次分析法的基本思路,是通过分析复杂问题所包含的各种因素及其相互关系,将问题所研究的全部元素按照不同的层次进行分类,标出上一层与下层元素之间的联系,形成一个多层次的阶序结构。在每一个层次中,都按某一准则对该层的元素进行相对重要性判断,构造判断矩阵,并通过求解矩阵特征值等方法,确定元素的排序权重,最后再进一步计算出各层次元素对总目标的组合权重,为决策问题提供数量化的决策依据[④]。

(2) 基本步骤 [⑤]

第一步:建立层次结构分析模型。全面调查、综合分析影响决策的各因素,并将其整合、分解、分层,按各层次性质划分为目标层、准则层和方案层三层(最高层为解决问题的目标,称为目标层;中间层为采取某种措施或政策实现预定目标所涉及的中间环节,称为准则层;最低层为解决问题的措施或方案,称为方案层),围绕决策目标建立一三层树形结构。

第二步:选择评价指标,构建判断矩阵。对层次结构中每一分解因素,要选择适宜的评价指标或参数,具体选择视不同的内容和要求而定,例如对自然景观价值性的评价,可按照要素组成、优美度、规模度、特殊度、科学文化价值等划分。

第三步:确定权重,建立评价指标体系。评价模型是否正确,除了评价因子设置合理与否外,权重准确与否也是一个十分重要的方面。正确的权重应该是客观性和主观性的最优体现。这就要求在确定权重的工作中,一般用公众调查与专家团判断相结合的方法,以避免片面性。

---

① 参见刘雪巍、刘震田著《旅游项目可行性研究》,杭州出版社(杭州),2007年版,第23～24页。
② 如对此方法兴趣,详细可以参见全华主编《旅游资源开发及管理》,旅游教育出版社(北京),2006年版,第172～177页。
③ 参见全华主编《旅游资源开发及管理》,旅游教育出版社(北京),2006年版,第172页。
④ 参见葛慧明撰《层次分析法在专业技能评估中的应用》,无锡南洋学院学报(无锡),2008(03)。
⑤ 参见全华主编《旅游资源开发及管理》,旅游教育出版社(北京),2006年版,第173页。

第四步：结果处理。包括层次排列的一致性检查、计算综合评价系数和计算机处理等步骤。总的目的是追求完美的结果，防止判断偏差过多。全部资料和数据最好输入计算机以备查用。

4. 国家标准综合评价法

这实际是一种定性与定量相结合的方法。国家标准（GB/T18972－2003）《旅游资源分类、调查与评价》（参见附录1）所使用的就是这种方法。其评价体系由"旅游资源共有因子综合评价"赋分和"附加值"赋分两部分组成。根据对旅游资源单体的评价，得出该单体旅游资源共有综合因子评价赋分值和附加值赋分值，二者之和为该单体评价总分值。据此将其分为五级，其中五级旅游资源称为"极品级旅游资源"；四级、三级旅游资源被通称为"优良级旅游资源"；二级、一级旅游资源被通称为"普通旅游资源"。

【补充阅读】

灵山旅游资源评价

灵山又称灵鹫山，位于江西省上饶县北部，距上饶市区30公里，是道家"第三十三福地"，2009年底被评为第七批中国国家级风景名胜区。据清同治十一年（公元1872年）的《上饶县志》所记，灵山共有72座山峰，主峰海拔1496米，群峰簇拥，溪流分割，险峰怪石，飞泉瀑布，峰洞坡壁相联，奇观山色辉映。山上有东汉桓帝时郎中胡昭慕其景美，隐居于此，称养真岩；圆山峰下有圆山庵，是明末郑惠等诸生绝食殉节处；道士峰下有声如妙琴的"仙洞鸣琴"，石人峰下有唐德宗时建的石人殿。山中还有山鸡、鲽鱼、石耳等名贵动植物及钽、铌、重晶石、锌、铁等地下资源。历代名人王安石、辛弃疾、韩元吉等对灵山多有赞美，现代文学家冯雪峰1941年还曾作《灵山歌》抒发胸志。

灵山风景名胜区风景资源独特，集自然景源与人文景源于一体，自然山水与历史文化交相辉映。这里山明水秀，地灵人杰，自然风光奇特，文化底蕴深厚：有世界罕见的环状花岗岩峰林地貌奇观，江南罕见的造型石（倒石）地貌景观，江南最高的花岗岩瀑布，中国最具特色的高山灵石梯田，还有江南颇具影响的民俗文化。灵山的资源特色总体上可以概括为"雄"、"奇"、"幽"、"幻"、"秀"、"灵"六个字，是理想的旅游休闲胜地。

【问题探讨】

1. 什么是旅游资源调查？有什么目的和意义？
2. 简述旅游资源调查的程序。
3. 旅游资源评价的方法有哪些？
4. 请问什么是"三三六"评价法？
5. 运用本章所学的旅游资源评价相关知识，试对你所在地区某一处旅游景观进行评价。

【补充阅读建议】
书本
李贻鸿：观光行政与法规，五南图书出版公司，1996
马勇、李玺：旅游规划与开发，高等教育出版社，2008
保继刚、楚义芳：旅游地理学（修订版），高等教育出版社，1993
刘振礼、王兵：中国旅游地理，南开大学出版社，2001
论文
俞孔坚：自然风景质量评价研究，北京林业大学学报，1988(02)
方幼君：旅游资源定量评价体系及方法研究，浙江大学理学院，2006年硕士学位论文

第六章 旅游资源开发理论

【章节概述】

　　旅游资源开发是旅游业发展的前提,是旅游资源利用的重要环节。合理利用旅游资源必须以可持续旅游理念为指导、科学的开发理论为依据,这些理论涉及到旅游学、地理学、经济学、管理学、市场学、心理学、园林建筑学等多个学科领域,包括区位论、区域分异规律、旅游者行为理论、景观生态理论、系统论、可持续发展理论等。综合运用这些理论,运用一定的旅游资源开发程序,将各种自然和人文,现实和潜在的旅游资源合理、科学、有序地进行利用和保护,使其能得到良性持续发展,以实现经济、社会和环境的多重效益。同时,旅游资源开发在可持续旅游理念的综合指导下,应该深入思考旅游资源原真性与萌变性、旅游产品特色性与共生性、旅游资源开发与保护、旅游资源开发政府主导与市场运作的辩证关系,努力寻找它们之间的平衡点,使旅游资源开发有利于区域综合发展、有利于国家和民族进步、有利于人类幸福生活。

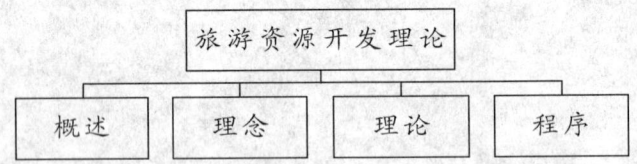

【目的要求】

1. 理解旅游资源开发意义。
2. 掌握旅游资源开发的原则。
3. 深入理解旅游资源开发的理念。
4. 了解旅游资源开发各种模式不同的立足点,并区分它们之间的差别。
5. 熟悉不同的旅游资源开发理论,并了解这些理论的背景。
6. 掌握旅游资源开发的内容与程序。

第一节 旅游资源开发概述

　　旅游资源开发是人类利用资源的一种新途径,是市场经济、商品经济时代人类将文化商品化的一种形式。旅游资源开发涉及土地、生物、文化、交通、人力等多种资源的综合利用,涉及到对于多学科的不同理论的综合运用;直接关系旅游产品的生产、创新,对于发展旅游业有着至关重要的作用。同时旅游资源开发还关涉民族文化传承、区域经济平衡、社会和谐发展等多个方面,对整个国家的发展和国际和平有重要的作用。

第六章 旅游资源开发理论

一、旅游资源开发的概念

按《辞海》的说法"开发"是指"用垦殖、开采等方法来充分利用荒地或天然资源。"①这里的"等方法"范围非常广泛，简言之，开发就是一种运用各种方法的资源的利用过程。约翰·斯沃布鲁克认为开发是"为吸引游客而进行的新设施的建设"。② 这里的"开发"更类同于"建设"一词。一般而言，"开发"是指人们对潜在或现实的资源的综合利用的过程。同其它资源开发相同，旅游资源的开发就是指人们对于旅游资源的利用过程。

谈到旅游资源开发，就不得不说到与之关系紧密的一个词——"旅游开发"。这两个词语意思相近，很多人将其混淆，其实两者之间还是存在一些差别，是既有区别又有密切联系的一对概念。"旅游开发"，是在一定地域范围内，为吸引和接待旅游者而进行的旅游设施建设和旅游环境培育等综合性的社会和技术经济活动，是一项涉及面广、过程复杂的系统工程。其涉及国家或地方旅游发展政策、旅游资源状况和开发前景、客源市场分析与预测、旅游开发的融资环境、旅游开发地环境承载力、旅游开发的竞争力因素等多个方面。其中，既包括了直接关系旅游资源的开发活动，如旅游吸引物的构建、旅游资源的保护、旅游设施建设、游览线路的建设等；也包含一些并未直接牵涉旅游资源而主要涉及目的地综合环境打造的内容，如目的地交通等基础设施的建设或改造、生态环境的治理、社会环境的治理、客源市场的开拓等问题。因此，旅游资源开发是旅游开发的组成部分，是针对旅游资源所进行的开发活动，即把旅游资源加工改造成具有旅游功能的吸引物或旅游环境的技术经济过程。旅游开发的具体实施，在某些方面就表现为旅游资源开发的具体项目，旅游资源开发是旅游开发得以成功实现的前提。③

然而旅游资源开发与旅游开发又有着明显的区别，主要体现在三个方面。其一，二者的内容不同。旅游开发涉及范围广，关系复杂，是一种综合性开发活动，涉及到整个旅游地及各有关部门的合作和协调，从旅游吸引物构建、基础设施的建设或改造、资金筹集等方面进行统一规划、统一管理，通常着眼于某一行政区域。而旅游资源开发，涉及面相对窄得多，主要是针对某一景区或旅游吸引物系统而进行的，更多地是一种项目建设，通常着眼于某一景区等。其二，二者行为主体不同。旅游开发通常是由一地政府部门牵头主持，因其涉及面广，也只有政府部门统筹开发，才能达到效果。而旅游资源开发的主体或由政府部门或由企业来完成。其三，二者目标不同。旅游开发是以一地的旅游业发展，甚至综合社会经济发展为目标的；而旅游资源开发一般多以形成一定的旅游吸引物（或景点、区）为直接目标，内容比较单一，规模和涉及面相对较少，常体现为一种企业行为。

二、旅游资源开发的意义

旅游资源开发是旅游资源利用的一种综合经济技术行为，是文化、生态以及综合环境商品化的过程。旅游资源需要运用一定的技术手段，充分发挥人的创造性和能动性，将存在于开发地区的各种现实和潜在的旅游资源合理、科学、有序的进行利用，以实现经济、社会和环

---

① 参见辞海编辑委员会编《辞海（缩印本）》，上海辞书出版社（上海），1979年版，第619页。
② 参见约翰·斯沃布鲁克著《景点开发与管理》，张文译，中国旅游出版社（北京），2001年版，第107页。
③ 参见肖星、严江平主编《旅游资源与开发》，中国旅游出版社（北京），2002年版，第294页。

境的综合效益。其主要包含两方面的内容：其一，对尚未被旅游业利用的潜在旅游资源进行开发；其二，对现实的、正在利用的旅游资源进行深度开发，延长其生命周期，提高综合效益。①

旅游资源是旅游业赖以发展的基础，大多数旅游资源都需要通过开发才能被旅游业利用，已经开发的旅游资源也需要进一步开发以适应新形势下旅游者的新需求，确保旅游业持续健康的发展。旅游资源开发是旅游业发展的保障，同时对于某一地区、一国乃至整个全球的文化、社会与经济都具有十分重要的意义。以下从社会文化、生态及经济四个维度探讨旅游资源开发的意义。

（一）文化维度

旅游资源开发，是综合利用目的地自然环境、社会文化等各种物质和精神资源的过程。为了吸引旅游者，开发主体往往会深入挖掘景观历史内涵、民族文化等社会文化元素，并对这些对旅游者具有独特吸引力的资源因素进行策划和包装，从而吸引人们前来游赏休闲。这一过程不但可以宣传一地的文化，消除旅游者的文化误解，增加某种文化的影响力；同时还可以拯救那些行将灭亡或消失的文化传统、习俗或文物等。旅游资源开发不再仅仅是赚取外汇、获取经济利益的经济手段，它还是一种社会文化宣传、保护、传承的文化手段。从这一意义讲，它增进了世界各族人民的相互了解，促进了社会和谐和世界和平。

（二）社会维度

旅游资源开发对满足旅游者需要具有重要意义。世界旅游组织（UNWTO）在1980年发表的《马尼拉宣言》中就指出：旅游也是人类社会的基本需要之一。由于旅游资源的不断开发，使得更多的旅游者有了旅游的条件和机会，这满足了旅游者的需求，提高了旅游者的生活质量。同时，对旅游资源的深度开发，还可以满足旅游者更加多样和深度的新的旅游需求，这为旅游者调解身心、增智益神、增长见识提供了基本条件。②

（三）生态维度

旅游者对于旅游产品的需求是综合性的，不但要欣赏历史、文化、科学等价值高的景观，同时还要享受舒适的环境、良好的空气质量、优质的生态环境。因此，旅游资源开发非常注重生态环境的保护。有些景观本来就是生态环境的一部分，因此保护生态就是保护吸引游客的核心因素。从这一意义讲，旅游资源开发，可以增强人们的生态意识和环境科学教育、保护了生态环境，同时还可以为保护生态获取了一定的资金。

（四）经济维度

旅游资源开发的经济意义正是旅游资源最初得以开展的唯一理由，也是被反复强调和论证的。旅游资源开发不但可以为目的地获得一定的经济收益，而且还可以改善当地居民的生活水平、增加就业，增进社会和谐。同时，由于旅游资源通常位于经济不发达的偏远地区或农村，因此开发这些区域的旅游资源不但可以消除贫困，而且对于改善区域经济发展不平衡状况具有重要意义。

---

① 参见高峻主编《旅游资源规划与开发》，清华大学出版社（北京），2007年版，第112页。旅游资源开发所包含的内容中，只参考前两条，而去掉第三条"凭借经济实力和技术条件人为地创造旅游资源和创新旅游项目"，原因在于，我们认为旅游资源是不能被创造的，被创造的是旅游产品。关于旅游资源的定义理解参照第二章内容。

② 参见邓爱民、刘代泉主编《旅游资源开发与规划》，旅游教育出版社（北京），2000年版，第135~136页。

三、旅游资源开发的原则

旅游资源开发既涉及经济，又牵涉社会和文化。它既有与其它资源开发的共同点，同时又不同于传统资源的开发。因此，分析其与一般资源开发的共性与特性，遵循一些基本的开发原则是旅游资源开发成功的关键。

（一）开发与保护并重的原则

正如前面我们谈到的，旅游资源开发有着重要的文化、社会、生态、经济意义。但如果不注重保护，旅游资源开发将对旅游资源本身和整个生态环境造成很大的破坏。

旅游资源既具有不可再生性，同时又具有可永续利用性，这说明一方面旅游资源具有唯一性，不能再生，一旦毁坏就无法修复；另一方面，如果合理利用，加强保护旅游资源，我们就可以不断重复利用旅游资源，增加资源利用的效益。因此，在对旅游资源进行利用的同时，加强对它的保护变得非常重要，是实现旅游业可持续发展的基础和前提。我国历史悠久、人文荟萃，人文旅游资源十分丰富，这些资源都是祖先留给我们的财富，是我国几百年甚至数千年文化积淀的成果，如果一味开发而不注重保护，就会使这些资源永远消失。如敦煌莫高窟的壁画，就在过度开发中脱落、破坏，虽然现已采取措施，但是已经破坏的壁画将不能被修复，这不但是旅游业发展的一大遗憾，更是民族文化的一大遗憾。

生态环境是旅游活动开展的基础环境之一，如果在旅游资源开发中，不注意控制开发的力度，过度开发旅游资源，就会对生态环境产生很大的危害：如各种污染、噪音、废物的排放、动物自然属性的退化等。因此，在旅游资源开发时，应当确定地区的环境承载力，预测开发后的旅游环境容量，控制开发密度和开发程度。① 关于旅游资源的保护问题我们将在最后一章对其进行深入剖析。

（二）特色性原则

旅游资源都是某一历史时期、某一地域天然形成或某一民族创造的人类财富，无论是有形的还是无形的，它们都代表了某一历史剖面、某一地理环境和某一民族文化，是与众不同的物质和精神财富。正因为这种独特的价值和意义，才深深地吸引了来自四面八方、五湖四海的游客。因此，在旅游资源开发中，合理表现甚至夸大这种独特的地域性、历史性和民族性是开发的核心，是开发能否达到吸引旅游者的重要因素。这种独特性就是旅游资源开发的特色，其特色越鲜明，旅游吸引力越强。具体来说主要包括以下几个方面：

1. 地域性

旅游资源大都产生于一定的地域环境，即自然地理环境，因此而带有浓重的地域特色。一定的地形地势、气候环境对于旅游资源的形成具有最根本的影响。自然地理环境是人类的生存环境，人们生活在一定的自然地理环境中不但因为生存的选择而形成独特的文化特色，而且还在这种环境下进一步改造自然环境。所以，无论是自然还是人文旅游资源都会受到自然地理环境的影响，因而具有地域性。很多时候，生存的选择造就了文化的特异，如云南元阳县的梯田。

不同的地域有不同的自然风貌和文化特色，南北不同、东西殊异。深刻地把握旅游资源的地域特色是挖掘旅游资源开发特色的重要依据。旅游资源的开发就是要根植于这种地域性，

---

① 参见邓爱民、刘代泉主编《旅游资源开发与规划》，旅游教育出版社（北京），2000年版，第139页。

并围绕这种特异性进行资源组合,只有这样,开发出的旅游产品才能真正具有特色。

2. 民族性

"越是民族的,越是世界的",旅游资源由于都是根植于一定的地理环境中,因此都或强或弱的具有某种民族特色。民族性是旅游资源开发过程中突出特色的另一个重要依据,把握民族性往往能突出旅游资源的特色,特别是人文旅游资源。摩梭人的"走婚"、纳西族的"东巴文"、藏族的"糌粑"和"酥油茶"都是具有民族特性的旅游资源,对于外民族旅游者有着巨大的吸引力,可以极大地满足旅游者求奇、求异、求新的心理需求。

3. 原真性①

原真性,是指旅游资源的原初性、确实性、真实性、统一性和完整性。这一特性在人文旅游资源中尤为重要。旅游资源的开发应该注重旅游资源的原初性、真实性和完整性,这是旅游资源开发特色性的另一表现。越是原初的、真实的和完整的其特色越强,旅游资源的开发应该深刻把握原真性的原则,忠实于旅游资源的地理、时代、文化等背景。

(三)市场导向原则

旅游资源开发是一种经济技术行为,因此获得效益是开发的目标。旅游资源开发不仅要深刻把握资源本身的地域性、民族性、原真性等特色元素,而且还要考虑客源市场的需求。不被消费者认可的旅游资源开发是无法取得成功的。通俗地讲,市场导向原则就是以客源市场的需求引导旅游资源开发,以获得经济的成效。市场导向原则,要求我们在进行开发前一定要进行市场调查和市场预测,准确掌握市场需求及其变化规律,结合旅游资源特色,确定开发的主题、规模和层次。由于市场需求处于动态变化之中,这使旅游资源的开发不仅局限于客源市场的现实需求的满足,还应把握市场的各种形成要素,认清潜在的和变化的市场需求,进而使旅游资源开发具有一定的前瞻性。② 市场导向原则是我们进行旅游资源开发时应遵循的重要原则。

(四)经济、社会和环境三种效益统一的原则

旅游资源开发不但是一个经济行为,也是一个文化和社会行为。因此在考虑经济收益的同时兼顾社会和环境方面的影响,是旅游业得以可持续发展的前提。盲目注重其中任何一个而不注意其它效益都会自食恶果,三者必须均衡才能实现旅游可持续发展。

旅游资源开发的目的是发展旅游业,从而达到赚取外汇、回笼货币、增加地区财政收入、增加就业机会、发展地方经济等目的,即实现一定的经济效益。这就必须对旅游资源开发的整个经济行为进行投入—产出分析,合理控制成本,努力增加经济收益。这不但可以增加就业机会,提高当地居民的收入,进而维持社会稳定,并为环境和文物保护提供资金支持。

但是如果过度注重经济效益,旅游资源的开发活动就会超过社会和环境能够承受的限度,进而破坏资源、造成环境质量下降、社会治安混乱、目的地消费水平增高等负面影响。从而制约旅游业的进一步发展,反过来影响经济效益的实现。③ 因此,平衡旅游资源开发的经济、社会和环境效益是旅游业可持续发展的前提,也是旅游资源开发的重要原则。

(五)综合开发的原则

综合开发的原则,是指运用多种手段对一地多种旅游资源或一种旅游资源的多个方面进

---

① 参见徐嵩龄著《第三国策:论中国文化与自然遗产保护》,科学出版社(北京),2005年版,第103~107页。
② 参见肖星、严江平主编《旅游资源与开发》,中国旅游出版社(北京),2002年版,第296~297页。
③ 肖星、严江平主编:《旅游资源与开发》,中国旅游出版社,2002年版,第294页。

行开发,以实现旅游发展的联动效用,在发展旅游的同时发展一地经济、社会、文化的各个方面。一地旅游资源往往存在不同类型,为了避免产品的单一化,以某一特色标志资源为中心对多种旅游资源进行综合开发,以实现旅游资源的优化组合,进而实现规模效应,是进行旅游资源综合开发的通常做法。同时,运用不同手段,促使多学科、多部门相互渗透融合,加强高科技的运用也可以实现旅游资源的综合开发。其次,旅游资源的综合开发还表现在其目的上,即在旅游资源开发的过程中,注重发挥旅游的联动效用,拉动其它产业和整个地区社会、文化的多方面发展,以实现旅游资源开发的经济、社会、文化、环境的综合效益。[1]

第二节 旅游资源开发的理念

不同的开发主体,不同的开发人员对不同的旅游资源因其立场、知识背景、资源特征往往会产生对旅游资源开发的不同认识。这种认识反映了旅游资源开发的不同理念。这些不同的理念会产生不同的旅游资源开发模式,对一地旅游资源的开发具有深刻影响。因此认识这些理念,客观评价这些理念对于我们科学的进行旅游资源开发具有十分重要的意义。

一、旅游资源开发理念的辩证关系[2]

由于旅游对于地方经济所带来的直接收益,很多地区盲目跟风,大规模进行旅游资源开发,以短期获得经济效益为目标。在资源开发的过程中也是如此,今天流行一种理念,大家群起效仿;明天出现另一种理念,大家又跟风追随。这种盲目开发这不但破坏了旅游资源的原真性,而且还导致环境的恶化、社会文化的变迁等多种不良后果。追根索源,是由于在旅游业发展初期对于旅游资源开发理念的偏差认识所导致的,因此,辩证地这些理念对于旅游资源的开发颇具深意。

(一)开发 VS 保护

旅游资源开发是旅游业发展的先导,是旅游资源价值的得以充分体现的前提。许多旅游资源必须经过开发利用,才能吸引游客,进而发挥其功能和效益,也才具有现实的经济意义和社会意义。开发本身意味着保护。合理的科学的旅游资源开发,如对资源加以整修而非令其"自生自灭",可以延长其生命周期;对历史遗迹进行发掘修复、开发,对人文旅游资源如特色手工艺进行资料搜集和宣传打造,可以保存民族记忆、传承民族文化增加遗迹和非物质遗产的生命活力。但是旅游资源开发也会引起旅游资源破坏、损毁。如旅游区接待游客超过环境容量会引起生态环境、文物古迹的破坏甚至毁灭;在条件不成熟的情况下开发某些旅游资源会导致对其的破坏。从这种意义讲,保护是开发的前提,也是当前的首要任务,旅游资源得不到保护,被破坏殆尽,则旅游业失去了进一步发展的依托,也无法谈旅游资源的开发了。

旅游资源的开发和保护是一对辩证统一的概念,两者既相互联系又相互矛盾。有时候要保护就不能开发(体现了保护和开发的矛盾性),比如以下两种情况:其一,凭目前的技术条件,无法很好地全部进行开发的资源;其二,对于如何开发还存在争议,并涉及到开发后的环

---

[1] 邓爱民、刘代泉:《旅游资源开发与规划》,旅游教育出版社,2000年版,第140-141页。
[2] 参考自"旅游资源开发理念的辩证思考",http://www.jxta.gov.cn/tour-lydt/lyjb/200708/2008/09/4439.html。

境、社会、经济及可持续发展问题的资源。从可持续发展的角度看,资源保护归根到底是为了更好的发展。以这种长远的眼光看,开发和保护又统一起来了。

如何处理保护与开发两种理念的关系,目前有四种做法:"为保护而保护","为开发而开发","为保护而开发","为开发而保护"。盲目地开发和一味地保护都不能很好地解决旅游业的发展问题,认清形势,因时因地制宜是解决问题的关键。可见,前两种做法是片面和错误的,后两种要根据具体情况来具体分析。总之,保护不是暂时的,而是贯穿于整个旅游资源的开发过程中,从可持续发展角度看,旅游业的发展中应贯彻开发与保护并重的原则,以促进旅游资源的永续利用与旅游业的可持续发展。

(二) 特色性 VS 共生性

特色性,是指在开发旅游资源时注重对旅游资源产生的地理环境和历史时期以及旅游资源的民族特色等方面进行挖掘,突出资源开发的差异性。特色性是旅游资源开发应遵循的重要原则,是旅游资源开发的灵魂所在。鲜明的特色是旅游资源的生命力所在,没有特色的旅游产品是没有市场的。开发利用旅游资源的实质就是要寻找、发掘和利用旅游资源的特色。因此经过开发的旅游资源,不仅应使它原有的特色得以保持,而且要突出甚至夸大其特色,以吸引旅游者的注意力,赢得旅游市场。特色性的理念强调旅游资源间的不同点,以实现旅游产品的差异化为目标,强调旅游业发展的竞争因素。

共生性,是指旅游资源开发的各旅游项目之间是共同促进,相互弥补的,而不是竞争对立的。共生性理念强调旅游资源开发的合作性,而不是竞争。旅游开发是一个综合性很强的活动,其开发的效果要受到外围其它旅游开发项目的影响。合理利用外部项目,可以达到不同旅游资源开发项目间的共同促进、形象叠加等效应,尽量避免恶性竞争、两败俱伤的结局。

特色性和共生性是一对既相互矛盾又相互统一的概念。特色性理念强调竞争,突出特色;共生性理念强调合作,突出"和而不同、差异共存"。特色性理念既排斥共生性理念,因为特色需要突出自身,而共生需要寻求共存;同时又成为共生理念的前提,没有差异是无法统一的,就像我们的手指一样,如果都一样长,一样粗细,就无法实现多种生理机能。旅游资源开发时,既不能一味追求特色,也不能盲目寻求共存,前者会导致恶性竞争,而后者会迷失自己。

(三) 原真性 VS 萌变性

原真性,是指旅游资源的原初性、确实性、真实性和统一性等特征。原初性是指旅游资源不能被复制,是一定地理、历史时期产生的,是岁月沉积下来的人文或自然旅游资源;确实性是指旅游资源是确实存在的,不是虚幻的、杜撰的,是有一定的历史文献依据、社会文化背景;真实性是指旅游资源是真实而不是虚假的,不是模拟出来的,如有些少数民族文化表演就不具有真实性;统一性是指旅游资源是一个统一的整体,是以一定的自然地理环境、民族文化为依托的,脱离了这个背景其就具有不真实感,即使在外形上看是一模一样的,如纽约大都会博物馆的"明轩",它虽然按照苏州园林的原型、使用中国运送的材料建造,但它脱离了"人间天堂"的苏州的背景,因而无法具有苏州园林的神韵和意境,只能是放在博物馆中的陈列品。同样,长城是不可移动的,故宫是不可移动的,"锦绣中华"展示只是一处处沙盘模型,人们只是因为没有能力去实地参观那么多景点或因为初期的好奇心而去参观这些景点,当好奇心满足或有能力实地去参观时,这种人造物就不具有任何吸引力,而"锦绣中华"也只能作为地产的价值而存在了。和而论之,原真性是指旅游资源不同于一般的资源,其人文资源和自然资源是由岁月

第六章 旅游资源开发理论

的沉积而来,是上天赐予的,是祖宗留下的,因而具有独一无二的价值。所以,在旅游产品开发中少些人工痕迹更能赢得人心,越是保持自然的原创性和人文的延续性越是有价值。

萌变性,是指旅游资源再发展过程中不断地萌生和变化。不管是自然旅游资源还是人文旅游资源同样具有萌变性,都可以经过时间的沉淀、岁月的累积、人为的作用,从而渐进地被开发和利用。这也正说明了经济欠发达地区需因地制宜地审视自身的旅游资源,通过继承或创造使一些潜在的旅游资源转化为现实旅游资源;另外,旅游资源的萌变性也破除了资源贫乏地区不能发展旅游的陈旧看法,解放了思想,给旅游资源开发与发展提供了新的动态发展的观点。因此,要把旅游资源的原真性与萌变性结合起来,在原真性的基础上考虑它的萌变性,在萌变的过程中保持它的原真性,把两者有机地结合起来,才能不失之偏颇,以提高旅游资源开发的品位。

(四) 政府主导 VS 市场运作

政府主导是在以市场为基础来配置资源的前提下,由政府组织、发动和协调各种社会主体的力量,来进行旅游资源开发。它往往以旅游业的大众化、国际化和现代化为追求目标,通过政府计划、金融支持、国际合作等措施来实现旅游业的快速、可持续的发展。[①] 旅游资源开发属于旅游开发的一部分,深受旅游开发的影响,而旅游开发是一个综合的系统工程,涉及面广、关联度强,建设、交通、治安、宗教、文化、环保、农林水均有涉及。如果没有领导的关注、政府的主导,旅游开发很难取得满意的效果。政府主导,可制定相应的产业倾斜扶持政策,列入社会经济发展的项目中,赋予相应的行政权力,运用行政和财政的资源的调控能力等等。因此,政府主导可以为旅游资源开发提供很多便利条件,有利于实现资源整合。许多地方特别是经济欠发达地区的发展战略都把旅游业列为主导产业、支柱产业、新的经济增长点,积极搭建旅游发展平台并提出了政府主导型的发展战略,说明政府主导是经济欠发达地区进行旅游资源开发的一般理念和常用模式。政府主导强调营造良好的市场环境,制定良好的产业政策,通过政府的行政力量进行资源整合。

市场运作,是指主要通过市场供需的经济规律,以运用开发权的拍卖、产权和经营权的转让、承包租赁制和名店委托经营等多种形式来进行旅游资源开发的一种理念。纵观世界旅游的发展史,旅游一开始就是借助于市场经济成长的,旅游业的发展无需国家刻意的计划安排,主要是依靠需求的力量。旅游业就其属性看也是一种自然生长的产业,只要宏观环境稳定、经济环境良好、老百姓有钱有闲,旅游就会自发生长,它的生成和发展是人们对生活质量的追求和对生活品质的享受的结果。市场运作,可以引进多种资金,增加旅游资源开发的资金投入力度,并减轻政府负担,有助于提高旅游资源开发的效率。

政府主导理念和市场运作理念是互相对立,有事互相联系的。政府主导人为干预市场机制,减弱了旅游资源开发的效率,有时甚至是违背经济和市场规律的;市场运作具有短视、对市场反应滞后的特点,容易对旅游资源造成破坏。因此,脱离具体环境说哪种理念更好都有片面性,是不科学的。

旅游资源的开发是在一定的地理环境、社会、经济、文化和时代背景下展开的资源利用活动。以上四对旅游资源开发理念都是既对立又联系的,如何运用这些理念,需要我们对旅游资源开发的具体环境进行深入而综合的考量,只有切合实际、顺应时代发展的理念才是正确的。

---

① 佚名:试析韩国旅游业的政府主导型发展模式,http://www.davost.com/Intelligence/Theory/2009/09/21/1354296839.html。

二、旅游资源开发的模式

模式,是指前人积累经验的抽象和升华。开发模式,通俗地讲,就是在资源开发利用方面所形成的经验的抽象与理论提炼。因此,由于开发主体、资金来源、资源类别、区位条件的不同会产生不同的开发模式。从开发主体的角度看,就是根据不同的资源开发主导力量,在资金来源、开发顺序、开发方式等方面来布局资源开发的组织体系。从区域理论的角度来讲,就是根据区域资源特征和生产的现有状况及发展潜力,布局今后协调和发展的组织体系,即选择怎样的区域组织结构。区位条件、资源特征、现有发展水平不同,其模式和组织结构也会存在差异,其内部的组织形式和内容及协调方法均不同。

旅游资源的开发,不但要深刻把握旅游资源自身的特征,以其为基础来进行旅游资源开发;而且由于旅游资源开发是地区发展的一部分,因此还必须将其放置于区域经济、社会和文化组织结构体系之中进行分析。

(一)按旅游资源开发的主导力量不同划分的旅游资源开发模式

根据旅游资源开发的主导力量不同,其开发力度、募资渠道、开发顺序等均有所不同,应根据主导力量的差异选择不同的开发模式。根据旅游资源开发主导力量的不同,可以分为政府主导型旅游资源开发模式和市场型旅游资源开发模式两类。

1. 政府主导型旅游资源开发模式

政府主导型旅游资源开发模式,是在以市场为基础来配置资源的前提下,由政府组织、发动和协调各种社会主体的力量,加快旅游资源开发的发展模式。它往往通过政府计划、规制、金融支持等措施来实现旅游资源开发的快速运作与旅游业的可持续发展。[①] 对于跨区域旅游资源开发、涉及旅游资源的多功能综合开发或品味极高的旅游资源开发,市场运作无法多方协调、无法实现利益公平分配、无法保障长远的可持续发展,因此这类开发必须由政府来主导完成。对于跨区域旅游资源开发涉及到各地政府、企事业单位等多种实体,一般企业无法协调多方关系,即使是区域内的旅游资源开发因涉及多个管理部门也无法实现资源优化配置。如我国有些风景名胜区就普遍存在多头管理,仅以某些风景区为例,分别由风景名胜区管理局(相当于县级)、旅游局、文物局、水利局、林业局等多个部门管理,政府部门之间由于立场、利益等多种原因很难协调,因此由政府主导,进行统一协调才能统筹各方,实现资源的优化配置。如果跨区域就需两区域的上级政府主导,如果是政府多部门则可由本地政府甚至上一级政府主导。品味极高的旅游资源,其本身知名度高、吸引力大、涉及文物多、需投资大,并且代表一国或某一地区的形象,有些还加入了《世界遗产名录》成为全人类的共同遗产(这意味着政府有责任保护这些遗产),这些资源属于民族国家遗产、人类遗产,因此进行市场运作极可能导致短视过度开发行为从而破坏这些遗产,这类旅游资源的开发应该站在国家民族文化战略的高度,以保存为主,适度开发,这就不得不通过政府来进行主导。

主导政府可分为中央政府和地方政府,跨省级区域、国家级及世界级旅游资源开发应由中央政府主导;跨省级区域以下、省级及省级以下旅游资源可由地方政府主导。这种模式的特点是政府运用行政权力对旅游资源开发进行宏观调控和管理,开发资金主要来源于中央、地方财政。

---

① 参见高峻主编《旅游资源规划与开发》,清华大学出版社(北京),2007年版,第123页。

2. 市场型旅游资源开发模式

市场型旅游资源开发模式,是在政府宏观管理和政策引导下,主要通过市场机制进行资源配置、资金募集、企业运作等方式进行旅游资源开发,这种模式主要运用于缺乏资金、资源等级较低的旅游资源的开发。市场型旅游资源开发模式主要是通过政府出让旅游资源经营权的方式实现,这种模式效益高、见效快,但由于特许专营权出让一般有一定期限,因此往往存在过度开发的短视行为,不利于资源保护。常见的具体操作模式有 BOT 旅游资源开发模式、TOT(Transfer – Operate – Transfer)[①]旅游资源开发模式等。以下介绍 BOT 模式。

BOT 旅游资源开发模式。BOT 是英文"Build – Operate – Transfer"的简写,即建设—经营—转让。BOT 旅游资源开发模式,是指政府通过契约授予私营企业(包括外国企业)以一定期限的特许专营权,许可其对某一旅游资源进行融资开发并经营某一旅游项目产品(如景区),同时准许其出售产品以清偿贷款,回收投资并赚取利润;特许权期限届满时,其所开发的旅游项目等无偿移交给政府的一种旅游资源开发模式。[②] BOT 是 20 世纪 80 年代兴起的一种投融资方式。其主要特征是由政府与非官方资本签订项目特许权经营协议,由政府授予由非官方资本组建的投资机构一定期限的特许专营权,许可其自行筹集资金建设特定的公用基础设施,并且准许其在特许经营期内对项目拥有使用权、经营权和收益权,从而收回项目投资成本和取得合理利润,特许权期满时,投资方将该基础设施无偿转让给所在国政府。BOT 在投融资方面具有显著优势。对政府而言,首先,通过利用非官方资本,使政府可以在缺乏资金的情况下也无需向外借款即可完成基础设施项目,有利于减轻政府的财政负担,避免了政府的债务风险;其次,由于有国外商业资本和私人资本的参与,可以提高项目的经营管理效率;第三,一旦项目特许经营期满,政府即可无偿拥有此项目的使用权和经营权。对投资方而言,潜在的利润可以使投资者能从中获得较好的投资回报。[③] BOT 模式适合于中等级以下景区旅游资源开发和自然旅游资源的开发。

(二)按旅游资源与区位的配合条件不同划分的旅游资源开发模式[④]

根据旅游资源开发的先后顺序、开发类别与开发重点、资源分配等各方面均有所不同,在旅游资源开发时应根据这些差异选择不同的开发模式。根据旅游资源和其所处的区位条件,主要有五种旅游资源的开发模式。

1. 旅游资源丰富、区位条件良好

当旅游资源丰富、资源所处的区位条件良好时,意味着旅游资源开发有丰富的可资利用的资源和广阔的市场前景,可谓得天时、地利,旅游资源开发条件得天独厚。这种情况下,旅游资源开发应充分利用现有资源、进行大力度开发,即既要坚持以旅游资源为核心,开发其中品位和知名度最高、具有代表性的核心旅游资源,加大观光类旅游的开发和相关服务设施建设,又要丰富旅游活动种类,增加购物设施和娱乐场所等附属产品的开发,提高服务档次,使游客的基本旅游消费(如交通、住宿、餐饮、景点参观)和附加旅游消费(购物、娱乐等)同步

---

① TOT:即移交—经营—移交。TOT 是 BOT 融资方式的新发展融资方式的新发展。是指政府部门或国有企业将建设好的项目的一定期限的产权和经营权,有偿转让给投资人,由其进行运营管理;投资人在一个约定的时间内通过经营收回全部投资和得到合理的回报,并在合约期满之后,再交回给政府部门或原单位的一种融资方式。
② 参见百度百科"BOT":http://baike.baidu.com/view/41797.htm?fr=ala0_1_1。
③ 参见罗辑撰《试析 BOT 方式在旅游资源开发中的应用》,《社会科学家》(桂林),2005(03)。
④ 参见肖星、严江平主编《旅游资源与开发》,中国旅游出版社(北京),2002 年版,第 297~299 页。

提高，并以增加旅游资源附加值的为开发目标，从而提高旅游收入、获得良好的经济效益。如以西安为中心的地区就属于这种模式。西安资源丰富、区位良好，因此，在大力开发观光旅游（秦始皇陵及兵马俑坑、陕西历史博物馆、碑林、大雁塔等）的同时，大力开发购物、饮食、娱乐旅游项目（仿唐歌舞娱乐表演、回民街等），增加旅游者的人均消费，使西安旅游业得到稳步发展。从而成为北美和西欧游客来我国旅游的第二大热点（北京为第一），港澳游客来大陆的四个必游之地（北京、西安、杭州、桂林），国际旅游取得长足进展。

2. 区位条件良好，旅游资源不丰富

当区位条件良好，但旅游资源不够丰富时，意味着虽然旅游产品有广阔的市场前景，但资源有限。这时，旅游资源开发应在充分利用现有资源（如注意发挥人文旅游资源的吸引力，对其进行深度挖掘）基础上，注意对互动性、参与性旅游项目、娱乐项目的开发。加大对于传统人文旅游资源的挖掘力度，增加文化旅游的比重，开展各种类型的文化旅游；改善购物环境、增建游乐设施，从而加强对互动参与式旅游产品的开发，提高旅游者的消费水平。如以上海为中心的旅游区域就属于这种模式。上海区位条件好（国际上著名的大都市和港口），但旅游资源不丰富（缺乏自然旅游资源）。针对这一情况，首先，上海加大已有人文旅游资源的开发力度，对其进行深度挖掘（如整修了市内旅游点如豫园和老城隍庙商业街、玉佛寺，增加了市区的游览内容）。其次，增加了市区的购物和娱乐旅游内容（如将引进迪斯尼乐园）。这些措施将通过娱乐项目的增加弥补旅游资源的不足，已经初步取得成效。

3. 旅游资源突出，区位条件不佳

当一地旅游资源突出，但区位条件不佳时，就是资源具有优势，但是市场条件不好，有天时、无地利。此种情况下，旅游资源的开发应在改善接待服务设施，提高购物和娱乐旅游内容的同时，通过积极的宣传促销活动，树立和塑造区域旅游形象，并在可能的条件下改善交通条件。我国西部这类地区较多，不少相对孤立分布的旅游资源集中地，就属于这种情况。如四川的九寨沟、云南三江并流、新疆哈纳斯湖等。这类旅游区域关键在于解决进出的交通条件，配备相应的服务接待设施，逐步发展为国内和港澳旅游的热点，并进而成为国际热点。因此，要加强宣传促销的力度，增强其外在形象的吸引力，使之具有世界级的知名度。九寨沟就是这类模式中非常成功的例子，其以成为世界遗产为契机，以独特的翠海、叠瀑、雪山、彩林、藏情等"五绝"而蜚声国内外。

4. 旅游资源和区位条件都属于中等

当旅游资源不够丰富，而区位条件又一般时，地区旅游资源的开发就要注意对旅游资源进行分级评价，突出重点旅游资源的形象，进行营销策划，促进交通区位条件改善，有重点地发展相应的特殊旅游，适当增多购物和娱乐旅游内容。如四川的洛带古镇、以韶关为中心的旅游区域，即属于这种类型，四川的洛带古镇直到20世纪末还是名不见经传的川西古镇，在20世纪末四川大学杨振之教授的策划打造下，突出"中国西部客家文化第一镇"这一形象，政府也加大基础设施建设力度，立足川西，走向全国乃至国外，短短几年就发展成为中国客家文化的重要旅游地。其突出重点旅游资源的形象进行营销策划功不可没。

5. 拥有独特的旅游资源，具有特殊吸引力，但区位条件相对较差

当一地拥有独特的旅游资源，具有特殊的吸引力，但是区位条件相对较差时，在旅游开发的过程中就需要对这类区域进行适度宣传，同时挖掘独特旅游资源对于特殊顾客群体的吸引因素，并加以放大。这类旅游资源的开发，特色是关键，要牢牢抓住对其具有吸引力的特

殊顾客群体，并深入挖掘，如果开发得当，这类区域也能成为旅游热点。一般宗教旅游资源地、海滨风光地、温泉旅游地都属于这类旅游资源开发模式。例如陆丰县碣石镇附近一带的玄武山——金厢滩海滨旅游区，风景结构庙、海、沙、石兼备，可称为粤东旅游的"黄金海岸"。该区在配备相应接待服务措施后，着重开发宗教旅游和海滨娱乐旅游，并在庙会期间开展贸易交流，也将发展成为区域性旅游热点。四川都江堰的赵公山，是财神赵公明的修行纪念地，虽然区位条件相对较差，如能抓住财神文化进行适度开发，则很有可为。福建湄洲和山东省长岛县的妈祖庙号称妈祖信仰的"南北祖庭"，对于沿海省份、港澳及海外一些华人具有很大吸引力。突出妈祖文化，将使区位条件相对较差的区域扬长避短。

第三节 旅游资源开发的基础理论

旅游资源开发是在一定的理念指导下，运用一定模式进行的。但是在具体的开发过程中，还需要各个学科理论（如地理学、园林学、建筑学、经济学、市场学、景观生态学等）的支持，以保证开发的科学性和可操作性。这些学科的基础理论包括区位论、区域分异规律、经济学与市场学理论、旅游者行为理论、景观生态学、系统论和可持续发展理论。

一、区位论

区位①论是经济地理学、区域地理学、区域经济学等学科的核心理论，是说明和探讨地理空间对各种经济活动分布的影响，研究生产力空间组织的一种学说；或者说区位论是关于人类活动的空间分布和空间组织优化的理论，尤其突出表现在经济活动上。② 从冯·杜能于19世纪创建到现在，区位理论广泛运用于农业（冯·杜能的农业区位论）、工业（韦伯的工业区位论）、商品与服务供给（克里斯塔勒的中心地学论）、城市规划（芝加哥大学社会生态学派的城市空间结构理论）③消费者行为（威尔逊的空间作用理论）等多个领域。

旅游区位研究相对较晚，开始于20世纪50年代，德国经济地理学家克里斯塔勒（W. Kristaller）最早研究了城市中心地和其周边旅游地的配置关系，认为"旅游必然会使边远区受惠，这种经济现象避开中心地，并避免工业的集中。"从而开创了旅游区位研究的先河，他把影响旅游活动的场所因素归为：气候、风景、体育运动、海岸、温泉和疗养地、艺术、古迹和古城、历史纪念碑和具有历史意义的地方、民间传说和节日庆典、文化节日、经济机构、交通中心和中心地等12类。④ 其后众多学者对旅游区位理论进行了更加深入的研究，如德国地理学家鲁彼特（K. Ruppert）和梅伊尔（J. Maier）在《旅游移动的地理区位》一书中，从旅游地与旅游市场间的距离关系来探讨旅游地的区位、规模和形态等等。

旅游资源开发，其实质是旅游业及其各产业部门在一定地域的布局、配置过程，必然涉

---

① 区位：区位作为绝对的术语，是指由经纬线构成的网格系统中的某个位置，即自然地理位置；作为相对的术语，是指就其他位置来说所限定的位置，即交通地理位置和经济地理位置。因此，可以说区位就是自然地理位置、经济地理位置和交通地理位置在空间地域上有机结合的具体表现。是关于人类活动的空间分布及组织优化的理论。
② 参见黄羊山、王建萍编著《旅游规划》，福建人民出版社（福州），1999年版，第52页。
③ 参见方远平、闫小培撰《服务业区位论：概念、理论及研究框架》，《人文地理》（西安），2008（05）
④ 参见张广海、方百寿编著《旅游管理综论》，经济管理出版社（北京），2004年版，第32~33页。

及空间布局,其资源开发战略、旅游项目的选址与空间布局、旅游线路安排等都存在空间分布和空间组织优化问题。因此,需要区位理论的指导。其指导作用主要体现在以下方面:

(一)确定旅游资源的开发序位[①]

旅游资源的开发序位,是指旅游资源开发的时间先后顺序、开发建设规模和功能体系等方面。依据旅游区位理论,分析旅游区位因素,可以确定旅游资源开发的序位。旅游资源开发中,其序位的确定非常重要,不但涉及旅游资源开发的宏观战略考虑,还涉及旅游资源开发中的微观操作手段和方法。保继刚等根据旅游资源价值、区位条件、区域经济背景,得出了四种旅游资源开发的模式,见表6-1。

表6-1　　　　　　　　　区域旅游资源开发模式[②]

开发模式	旅游资源价值	区位条件	区域经济背景条件	主要开发措施	案例
1	+++	+++	+++	全方位开发	北京
2	+++	++	+	国家扶持,适当超前发展	张家界
3	+++	+	+	保护性开发	西双版纳
4	+	+++	+++	恢复古迹或人造高级别旅游资源	武汉、深圳

注:+++为优;++为中;+为差。

1. 资源价值高、区位条件好、区域经济背景好:这类区域旅游资源质量优、数量多,而且旅游资源的分布与客源地区重合,为旅游资源开发的理想地区,应该优先开发。开发时充分利用旅游资源,处理好旅游资源开发与环境保护的关系,协调好旅游业同其他产业的关系,调整区域内不合理的经济结构。如北京等。

2. 资源价值高、区位条件好、区域经济背景差:这类区域旅游资源丰富而且品位高,区位条件好,位于交通发达区域,但地区经济环境差,经济不发达,劳动力素质差,资金缺乏。是比较理想的旅游开发区,开发后能较快地取得经济效益。开发的障碍是缺乏资金,需要国家扶持,提供开发资金,以此振兴当地经济。如张家界等。

3. 资源价值高、区位条件差、区域经济背景差:这类地区旅游资源非常丰富,而且具有很大的神秘性,对旅游者有很大的吸引力,但是区位条件差,交通落后,一般位于偏远地区,地区经济也不发达、商品经济意识落后。这类地区发展旅游业比较困难,分两种情况。其一,对于区位特别差的地区,主要是将旅游资源保护起来,待时机成熟时再开发;其二,对区位稍好的地区,可以适度超前开发旅游资源,搞一些较低层次的观光旅游活动以及一些较高层次的专业考察、探险、猎奇等,旅游资源开发的目的除了获得经济效益,更重要的是社会和环境效益。如三江并流、西双版纳、措普沟等。

4. 资源价值低、区位条件好、区域经济背景好:这类地区旅游资源贫乏,但区位条件好,处于交通要道,区域经济发达,人口稠密,旅游需求量大,但旅游发展空间十分有限,潜力不足。这类区域,应充分利用区位和地区经济优势,恢复历史上有名但被毁坏的古迹,在人文旅游资源

[①] 参见马耀峰、宋保平、赵振斌编著《旅游资源开发》,科学出版社(北京),2005年版,第318页。
[②] 引自保继刚、楚义芳、彭华编著《旅游地理学》,高等教育出版社(北京),1993年版,第120页。

上下功夫,然后扩散至四周,开发新的旅游资源,从而发展旅游业。如武汉、深圳等。①

(二)使旅游资源开发发挥集聚效应

集聚效应,指由于经济活动在空间上的相对集中,从而使得这些活动更有效率和总体更加节约、富有效益。②区位理论指导旅游资源开发时,合理进行区位组织优化和科学进行产业布局,将具有不同功能的旅游服务供应商聚集在一起,互相弥补,产生良性的竞合关系,这样既有利于发挥资源的整体优势,增强旅游资源的吸引力,又能够提高资源和设施的利用效率,以发挥旅游经济的集聚效应,为旅游资源开发带来更大的经济效益。

(三)确定旅游服务设施的空间位置

区位理论还可以根据区位要素的分析,帮助旅游资源开发主体确定旅游服务设施的空间位置。旅游设施场所的选择,一方面为了方便游客,为游客服务;另一方面为了保护旅游资源,以及提高土地的利用效率。实际上,每一种旅游设施的服务性质不同,其场所选择的目标和方法也不同,所考虑的因素也不同。旅游场所的选择实际上就是旅游业的布局,有宏观上的布局,即区域旅游的布局问题;也有微观上的布局,即空间位置规划;以及二者结合的旅游地的规划布局问题。场所的选择不仅考虑到区位论,还要考虑到旅游市场、旅游行为等理论。③

此外,区位论还可以指导我们确定旅游空间组织层次、进行旅游线路的设计等。在旅游资源开发中,区位论的运用非常广泛。

二、区域分异规律④

区域分异,也叫地域分异,即地区差异性,是地理学经典理论之一,是关于地球环境研究的第一理论⑤。区域分异规律是反映地表若干景观差异分布或空间排布的规律,探讨的是空间环境的差异,空间环境的差异导致旅游资源的差异和土地利用方式的不同,也是导致旅游活动产生的原因。

(一)区域分异规律理论

区域分异规律是指地理环境各组成部分及整个景观在地表按一定的层次发生分化,并按确定的方向发生有规律分布的现象。这种分异主要表现在自然地理环境和人文地理环境两方面,归根结底,自然地理环境的区域差异更具有根本性和原初性。自然地理环境的区域分异规律主要呈现以下几种规律:

1. 纬度地带性

纬度地带性区域分异,是指由于太阳辐射按纬度分布不均匀而引起气候、生物、土壤及整个自然景观大致沿纬线方向延伸分布而呈现出按纬度方向规律性变化的现象,如热带、亚热带、暖温带、温带、寒温带、寒带等。纬度地带性规律从地球的总体范围看,表现非常显著。

2. 经度地带性

经度地带性区域分异,是指由于海陆相互作用导致的从沿海往大陆中心出现的干湿程度的变化,并引起气候、生物、土壤及整个自然景观从沿海向内地出现变化的现象,往往沿海降

---

① 参见保继刚、楚义芳、彭华编著《旅游地理学》,高等教育出版社(北京),1993年版,第121~122页。
② 参见张廷海撰《现代商务中心区产业集聚效应与机制分析》,《经济问题探索》(昆明),2008(03)。
③ 参见黄羊山、王建萍编著《旅游规划》,福建人民出版社(福州),1999年版,第59页。
④ 参见明庆忠主编《旅游地规划》,科学出版社(北京),2003年版,第8~9页。
⑤ 参见王宝均、宋翠娥撰《区域分异理论刍议》,《云南地理环境研究》(昆明),2007(03)。

水较多,往内陆递减。如我国从东南沿海向西北出现了湿润区、半湿润区、半干旱区和干旱区,相应地出现了森林、森林草原、草原、荒漠的演变。

3. 垂直地带性

垂直地带性区域分异,是指随着海拔的升高而引起的气温、降水的变化,从而导致气候、植被甚至综合自然景观随高度增加而呈现出差异变化。这种现象在山地中表现得十分显著,特别是高山,往往表现出"一山有四季"的奇特景观。

4. 非地带性

非地带性区域分异规律,是指因坡向、洋流、地表出露岩石、巨大水体等因素的影响而使自然地理环境因素不会呈现纬度地带性、经度地带性、垂直地带性等地带性规律。非地带性在某些区域局部表现显著,往往形成独特景观,所谓"十里不同天"就是对非地带性的描述。

(二)区域分异规律对旅游的影响

区域分异规律不但表现在自然地理现象中,如植被、生物、气候等呈现出区域分异;而且也会表现在人文地理现象中,如建筑形态、民族习俗、语言、思维习惯、性格特征、经济发展等。正因为此,旅游资源的分布本身也存在明显的区域分异规律,北雄南秀、东湿西干,无论是自然旅游资源,还是人文旅游资源都存在着明显的区域分异。[①] 正是这种区域分异规律,使旅游活动成为可能,旅游者因此产生了空间位移的冲动和欲望。可以说,区域分异规律是产生旅游的一个基本因素。

旅游资源的区域分异规律不但促使旅游活动形成,同时旅游规划者、决策者和开发主体都对旅游资源、旅游环境、旅游市场等空间分布的非均质性十分重视。这些空间差异是客观存在的,并且从多方面影响人们的旅游活动,决定着旅游者的多种选择。[②] 同时,它也深刻影响着旅游资源开发活动的开展,开发模式、开发手段、开发顺序、开发方向、开发战略等诸多方面都要受到旅游资源区域分异规律的制约,不同区域的旅游资源开发因此而各不相同。

(三)区域分异规律在旅游资源开发中的运用

1. 寻求差异、突出特色、发挥优势

特色是旅游资源开发的灵魂,旅游资源开发过程中要寻求差异,突出本地特色,发挥本地优势,切忌照搬、模仿、抄袭,达到"人无我有、人有我优、人优我特",这样才能开发出具有吸引力和竞争力的旅游产品。

2. 合理分区、区别对待

根据区域分异规律,区域内旅游资源也具有不同的特征,应区别对待。地方性分异是进行旅游合理功能分区的基础。旅游地功能分区是旅游土地分类利用的基础,也是施游地规划进行空间布局的基础。如玉龙雪山高山上部以观赏冰雪、滑雪运动为主,山体中部云杉坪等地以游览观光与参与民族活动为主,山体下部干海子及其附近以度假、娱乐为主。在一些宗教名山中也是如此,往往利用山体形势,修建山道山门,以突出其山势等。在微观设计上利用山顶建塔建楼,以加强其耸立之势等。在旅游资源开发的过程中,应根据不同性质、不同特色的旅游资源区域确定相应不同的开发方向、开发主题、开发方式、开发规模和管理对策。

3. 区域不同、差别开发

[①] 马耀峰、宋保平、赵振斌编著:《旅游资源开发》,科学出版社,2005年版,第319页。
[②] 参见张广海、方百寿编著《旅游管理综论》,经济管理出版社(北京),2004年版,第30页。

第六章 旅游资源开发理论

针对不同的旅游区域,应该差别开发,切实根据自身的实际情况,确定不同的旅游市场形象、旅游促销策略、旅游产品定位和旅游开发模式等。

三、经济学理论

经济学是对人类各种经济活动和经济关系以及其运行与发展规律进行理论的、应用的、历史的等各种方法的研究的学科。它是社会科学中一门研究人类在"稀缺"条件下如何做出选择的科学。亚当·斯密被公认为"经济学之父",他于 1776 年写下近代经济学的奠基之作——《国富论》,这本旷世奇著也成为了资本主义自由经济的理论基础,对后世影响深远。之后,资本主义自由经济出现了周期性经济危机、社会财富分配不公、贫富悬殊等问题,为解决这些问题,另一位经济学的天才巨匠——卡尔·马克思出现了。马克思在其 1867 年出版的《资本论》中提出"资本主义原始积累"和"剩余价值"等理论,认为资本主义发展中的阶级矛盾是不可调和的。他预言资产阶级将会被无产阶级取代,国家的概念将会消失,最终出现理想的共产主义社会。马克思的经济学理论深刻揭示了资本主义自由经济的缺陷,并为无产阶级革命提供了理论指导。进入 20 世纪后,资本主义自由经济的弊端益发显露,亚当·斯密的理论已不能适应新的经济形势,于是 1936 年英国经济学家约翰·梅纳德·凯恩斯发表了《就业、利息和货币通论》。他主张国家应在宏观上采取扩张性的经济政策,使用调节利率、税率以及增加政府开支等方法平衡供需的结构。打破了亚当·斯密的自由经济理论,运用政府手段对市场进行调解,从而维持了资本主义经济的持续发展。经济学是社会科学中历史较长,影响面广泛的一门学科,现已发展出众多分支学科,同时经济学还为其它社会学科提供理论支持,如市场学、管理学等。因此,经济学的影响绝不仅限于经济领域。

19 世纪末[①]经济学发展出了一门分支学科——旅游经济学。经历近百年的旅游经济学,其研究内容不断变化。其研究内容主要包括:旅游经济活动的性质、特征,旅游产品与服务,旅游需求与供给,市场与价格,旅游需求与消费,旅游收入与分配,旅游经济效益、旅游投资决策、旅游经济结构等。20 世纪 70 年代起,国外学者普遍认识到旅游经济对其他经济部门的带动作用,旅游发展的经济乘数效应成为研究热点。进入 20 世纪 80 年代以后,宏观经济领域的研究兴起,如发展旅游的经济效益及代价(包括社会环境)、国际旅游分工理论、区域旅游经济比较理论、产业分布理论等,并得出了一些对后来的旅游资源开发有一定价值的研究结论。

旅游资源开发是一项经济活动,因此,一方面旅游资源开发要关注效益,要加强旅游资源开发的投入产出分析,使旅游投入最小化,而旅游效益最大化;另一方面要关注其关联带动作用,即乘数效应,注重在旅游资源开发过程中,综合合理布局旅游"行、住、吃、游、娱、购"六要素。[②]

四、市场学理论

2007 美国营销协会对市场营销所下的最新定义是:市场营销是一种行动(activity),是一套惯例,也是一系列创造、沟通、传递、交换对消费者、顾客、伙伴和全体社会有价值的物品(of-

---

[①] 参见国家旅游局人事劳动教育司编《旅游规划原理》,旅游教育出版社(北京),1999 年版,第 46~47 页。
[②] 国家旅游局人事劳动教育司编:《旅游规划原理》,旅游教育出版社,1999 年版,第 46~47 页。

ferings)的过程。① 市场学,即市场营销学,就是研究市场营销活动规律的一门学科。市场营销学涉及多门学科知识,如经济学、行为学等,难怪美国市场营销理论著名学者菲利普·科特勒在1987年美国市场营销协会上所作的报告中指出:"市场营销学的父亲是经济学,母亲是行为科学;数学乃市场营销学的祖父,哲学乃市场营销学的祖母。"正因为市场营销学善于借鉴,从1912年哈佛大学正式出版了第一本《市场学》教材(标志市场营销学作为一门学科诞生)起,市场营销学经历了从传统市场营销学到现代市场营销学的华丽转身,其运用范围非常广泛,目前已经成为赢利与非盈利组织经营管理不可或缺的战略武器和工具。

(一)基本理论

市场学理论经历了百年发展,发生了很大变化。其主要内容包括营销观念和营销组合理论等。营销观念是组织或机构进行市场营销活动时的指导思想和行为准则的总和,组织或机构的市场营销观念决定了其如何看待顾客和社会利益,如何处理组织、社会和顾客三方的利益协调。市场营销观念主要经历了生产观念、产品观念、推销观念到市场营销观念和社会市场营销观念五个阶段的发展和演变过程。② 营销组合理论是市场学的主体内容,其经典理论是1960年由E. J. 麦卡锡(E. J. McCarthy)提出的"4Ps"营销组合理论③,即产品(Product)、价格(Price)、营销渠道(Place)、促销(Promotion)。20世纪80年代,营销学大师菲利普·科特勒根据形势的发展提出了"大营销"的理念,改进了"4Ps"营销组合理论,将其增加到"6Ps",即增加了政治力量(Political power)和公共关系(Public relation)这两个对企业影响至关重要的外部因素。1990年罗伯特·劳特朋(Robert Lauterborn)提出"4Cs"营销组合理论,即消费者的需求与欲望(Consumer's needs and wants)、满足消费者需求与欲望的成本和价值(Cost and value to satisfy Consumer's needs and wants)、购买便利(Convenience to buy)、与消费者沟通(Communication with consumer)。1996年舒尔茨(Don E. Schultz)又提出了"4Rs"营销组合理论,即市场反应(Reaction)、顾客关联(Relativity)、关系营销(Relationship)和利益回报(Retribution)。这些市场营销理论,根据时代的变化而提出新的解决方案,不断发展,对于当今企业的发展具有重要意义。④ 其指导组织研究目标市场、市场经营组合、产品组合、市场预测、促销方式、分销渠道、服务形式、市场竞争、宏观外部环境等,以使企业在竞争中立于不败之地。⑤

旅游市场学是市场学的一个分支学科,它依据旅游产品的特征(无形性、不可移动性、异地消费性、消费的季节性、脆弱性等),研究目标市场定位、产品定位、市场形象设计、现实及潜在旅游需求、旅游路线、市场趋势、产品垄断性及替代性等;并面向应用领域,把旅游者、旅游目的地和旅游企业及管理者紧密地联系在一起,寻求三者的平衡和协调关系,是旅游资源开发不可或缺的理论基础。其中,旅游市场定位、旅游产品的功能定位、市场形象设计、旅游促销手段等理论,对于旅游资源开发具有重要的意义。所谓的"以资源为基础,以市场为导向,

---

① 原文如下:Marketing is the activity, set of institutions, and processes for creating, communicating, delivering, and exchanging offerings that have value for customers, clients, partners, and society at large. (引自American Marketing Association:http://www.marketingpower.com/AboutAMA/Pages/DefinitionofMarketing.aspx)。

② 参见陈红梅撰《市场营销观念的演变历程探析》,《技术与市场》(成都),2008(11)。

③ 最早提出"营销组合"一词是尼尔·博登(Neil Borden)(1953年)。(Christian Gr? nroos. From Marketing Mix to Relationship Marketing – towards a Paradigm shift in Marketing[J]. Management Decision. London:1997. V01. 35, Iss. 4;pg. 322 – 350.)

④ 参见孟慧霞撰《4Ps营销组合理论的演进及争论解析》,山西大学学报(哲学社会科学版)(太原),2009(07)。

⑤ 参见国家旅游局人事劳动教育司编《旅游规划原理》,旅游教育出版社(北京),1999年版,第47~48页。

以产品为核心,以项目为支撑"的旅游开发认识,即强调了市场在资源开发中的重要作用。对于区域旅游业发展战略制定,旅游项目规划设计,基础设施和旅游服务设施的布局建设等都具有重要价值。①

(二)市场学原理在旅游资源开发中的应用

市场学原理在旅游资源开发中的应用主要体现在以下方面:

1. 旅游资源开发战略的制定

旅游市场开发战略的制定是开发能否取得成效的关键。市场效果是检验开发成功与否的重要测度指标。因此,市场也是影响旅游资源开发战略制定的一个重要因素,市场需要什么类型的旅游产品,需求程度如何,往往是旅游资源开发首先要考虑的问题。旅游资源开发战略首要制定旅游资源的开发序列,一般优先开发本地区知名度较高、吸引力极强的旅游资源开发,以获得良好的市场效果。

2. 进行旅游地市场调研及策略研究

第一,运用市场学原理,可以对旅游地客源的社会经济基础、心理特征、需求状况、客流量大小和时空分布以及发展趋势进行综合分析。

第二,进行市场定位,确定第一目标市场、第二目标市场和机会市场。

第三,利用产品质量、价位高低、销售渠道及促销手段等确定旅游市场的营销策略,以达到提高市场占有率的目的。

3. 旅游项目的设置

旅游项目的设置首先必须考虑旅游者的特征,如工薪型、富裕型等;其次要考虑旅游者的兴趣,如健身、观光、商务等,这是旅游项目市场开拓和营销的基础,因为旅游项目的优劣是吸引旅游者进行旅游活动的重要因素。②

五、消费者行为理论

消费者行为学,是研究消费者在获取、使用、消费和处置产品和服务过程中所发生的心理活动特征和行为规律的科学,是现代营销学理论体系的根基。自从20世纪50年代以消费者为导向的营销观念出现以来,消费者行为学的发展已经历了半个世纪,目前在西方学术界已形成了相对稳定的学术流派和研究范式。根据不同的视角,消费者行为学有三种理论模式:其一,理性决策人的消费者行为模式,该模式假设消费者是理性人,其消费行为是消费者寻求问题解决的纯粹理性决策过程,与个人情感、动机、气质、心理等无关,其研究重点是消费者的消费决策过程与影响因素;其二,情感体验人的消费者行为模式,该模式假设消费者是"情感人",其消费行为是消费者个体受内在动机驱动而寻求个体心境体验的情感经验过程,该模式着重从消费者个体心理感受的角度理解消费者行为的内在依据,研究重点是需要、动机、自我概念、生活形态、象征等消费者个体心理与消费者行为之间的关系;其三,行为主义的消费者行为模式,该模式20世纪90年代开始流行,它把消费看成是按特定行为模式对环境刺激做出反应的"机械人",消费行为是一个因环境因素影响的条件反射行为,并不一定经过一个理性决策过程,也不一定依赖已经发展起来的某些情感与心理,行为主义模式宣扬"环

---

① 参见马耀峰、宋保平、赵振斌编著《旅游资源开发》,科学出版社(北京),2005年版,第320页。
② 参见李伟主编《旅游学通论》,科学出版社(北京),2006年版,第194页。

境决定论"。各种消费者行为理论为企业或组织营销提供了有益的参考,对于更好的把握消费者的消费需求提供了很多有价值的思维角度。①

旅游者行为理论是消费者行为学在旅游领域的运用而形成的。国外有很多学者将其应用于旅游研究。旅游者行为是从旅游者的心理需求出发,研究旅游者的旅游需求、欲望、动机、选择、文化向往、偏好、旅游认知、旅游满意度、旅游决策、空间位移等内在心理企盼和外在行为;以及由游客构成的旅游流的类型、结构、流向、流速等特征及其动态规律。旅游者行为对旅游资源开发中的旅游市场定位、旅游产品定位、旅游项目规划设计、旅游开发方向等,均具有直接和间接的指导、参考意义。②

六、景观生态学理论

国际景观生态学协会(IALE:International Association of Landscape Ecology)关于景观生态学的定义是:景观生态学是对不同尺度景观的空间变化的研究,包括景观异质性的生物物理学和社会的原因与影响。最重要的是,它具有显著的多学科性。③ 20世纪60年代中后期景观生态学在欧洲大陆迅速发展,20世纪80年代传入北美。景观生态学以空间研究为特色,属于宏观尺度空间研究范畴,强调空间格局、生态学过程与尺度之间的相互作用是景观生态学的核心所在。其研究内容主要有三个方面:其一,景观结构,即空间组成单元的类型、多样性与空间关系;其二,景观功能,即景观结构与生态学过程的相互作用,或景观结构单元的相互作用;其三,景观动态,即景观结构和景观功能随时间推移所发生的变化。④

(一)景观生态学的主要理论

1. 景观结构与功能理论

景观空间结构主要由斑块(patch)、廊道(corridor)、基质(matrix)和缘(edge)来描述。斑块,原意为物种聚集地,这里代表与周围环境不同的、相对均质的、具有活化空间结构的区域,即自然景观或以自然景观为主的区域。廊道,一般是指和两侧相邻地带不同的一种特殊带状要素类型,其能分割或连通空间单元。旅游地域内的廊道类型主要表现为旅游功能区之间的林带和交通线及其两侧带状的树木、草地、河流等自然要素。基质,是指斑块镶嵌内的背景结构、生态系统或土地利用类型。可为面状,亦可为点状随机分布的宏观背景。如旅游地背景环境类型以及人文环境特征等。⑤ 缘,又称为边缘带,其作用主要表现为边缘效应。

景观的功能是指景观元素间能量、物种及营养成分等的流。景观功能的发挥主要涉及到廊道、基质和斑块的功能特征。可以把旅游活动进一步解释为通过特定地点和特定路径的生态流,这种流集中体现于通过游客所带来的客流、物流、货币流、信息流和价值流。⑥

2. 生态整体性与空间异质性理论

---

① 参见罗纪宁撰《西方消费者行为学研究理论和方法评析》,《江汉论坛》(武汉),2005(09)。
② 参见马耀峰、宋保平、赵振斌编著《旅游资源开发》,科学出版社(北京),2005年版,第321页。
③ 原文为:Landscape ecology is the study of spatial variation in landscapes at a variety of scales. It includes the biophysical and societal causes and consequences of landscape heterogeneity. Above all, it is broadly interdisciplinary.(引自:IALE:http://www.landscape-ecology.org/what_is.html。)
④ 参见邬建国撰《景观生态学——概念与理论》,《生态学杂志》(沈阳),2000(01)。
⑤ 参见马耀峰、宋保平、赵振斌编著《旅游资源开发》,科学出版社(北京),2005年版,第321~322页。
⑥ 参见肖笃宁、钟林生撰《生态旅游的景观生态学研究》,《全国第三届景观生态学学术会议论文集》,1999。

景观是由景观要素有机联系组成的复杂系统，含有等级结构，具有独立的功能特性和明显的视觉特征，是具有明确边界、可辨识的地理实体。一个健康的景观系统具有功能上的整体性和连续性，从系统的整体性出发来研究景观的结构、功能与变化，将分析与综合、归纳与演绎互相补充，可深化研究内容，使结论更具逻辑性和精确性。① 生态整体性原理基本思想的直观表述是景观系统的"整体大于部分之和"。

景观异质性是指在景观中，对各类景观单元的变化起决定性作用的各种性状的变异程度，一般指空间异质性。异质性同抗干扰能力、系统稳定性和生物多样性密切相关。异质性是景观功能的基础，它决定空间格局的多样性。一方面，生态整体性和空间异质性在外部形态结构上，塑造和控制着生态旅游景观的美学特征；另一方面，也在内部功能意义上对生态旅游目的地的持续发展起着决定作用，从而为我们深入理解这种功能作用并采取改善与强化措施提供了理论切入点。生态旅游目的地持续发展的实质就是其地域内的生态整体性的动态维持与空间异质性的不断构建。②

此外，景观生态学理论还有等级理论、空间种群理论等。

（二）景观生态学在旅游资源开发中的运用

景观生态学提供了景观空间结构、空间功能和景观动态方面的理论，为旅游资源开发中进行景观设计提供了直接的理论基础，尤其是对自然旅游资源的开发，对生态旅游的发展具有科学的指导作用。景观生态学的异质性理论、整体性理论、等级性理论、多样性原则、综合效益原则、个性与特殊性保护原则等，对于旅游资源开发中的生态环境保护、景观多样性的设计、效益的综合考虑、资源特色的保存、生态型旅游区的建设、保存物种的种子库的规划设计等提供了重要的理论支持，具有十分重要的运用和参考价值。

七、增长极理论

旅游资源开发往往是在一定的区域背景中开展的，许多地区都将旅游业作为地区或城市的支柱产业、主导产业或龙头产业。因此，作为区域发展理论的经典理论——增长极理论就成为了旅游资源开发的重要理论基础。

增长极理论，是在现代系统科学和自然科学理论基础上发展起来的非均衡发展理论。它于20世纪50年代由法国经济学家弗朗索瓦·佩鲁（F. Perroux）提出，随后得到广泛的流传和发展。该理论认为：增长并非出现在所有地方，它以不同的强度出现在一些增长点或增长极上，然后通过不同的渠道向外扩散，并对整个经济产生不同的最终影响；增长的必然性来自少数地区对其它地区的支配效应。③ 增长极理论主要是建立在抽象的经济空间（存在于经济元素之间的经济关系）上的，1966年，布代维尔（J. Boudeville）将其引入到地理空间，从而提出了"区域增长极"这一实体空间概念。弗里德曼（J. Friedmann）进一步将该理论发展为解释经济、社会和政治发展过程的空间表现及其随时间变化的不均衡发展理论。④

增长极理论的理论基础是区域经济的不均衡发展，其核心是区域经济发展中的支配效应，

---

① 参见肖笃宁等编著《景观生态学》，科学出版社（北京），2003年版，第24页。
② 参见邬建国撰《景观生态学——概念与理论》，生态学杂志（沈阳），2000（01）。
③ 参见黄继忠著《区域内经济不平衡增长论》，经济管理出版社（北京），2001年版，第28页。
④ 参见张广海、方百寿等编著《旅游管理综论》，经济管理出版社（北京），2004年版，第35页。

即区域经济中的一些经济单元支配着另外的一些经济单元的发展。这些支配经济单元就是增长极,增长极主要有两种内涵:一是在经济意义上特指某种推进型产业或公司;一是在地理意义上特指某个地理区位或空间单元。① 增长极对于区域经济发展具有重要的的支配效应,这主要表现为两种:其一是极化作用(又叫回流效应),主要表现为生产要素向极点聚集;其二是扩散效应,主要表现为极点生产要素向外围的扩散和转移。二者相互作用,从而推动整个区域经济的发展。

增长极理论是一种重要的区域发展理论,它对于我们揭示区域发展规律、揭示区域发展现象具有重要的理论价值。增长极的极化与扩散作用是区域经济、政治、文化结构形成的基本原因与模式,作为区域经济、文化的一部分的旅游业,合理运用增长极理论对于揭示区域旅游业发展规律,正确引导其发展具有重要价值。经济效益、社会效益和环境效益的多效益获取是旅游资源开发的终极目标,在旅游资源开发中,运用增长极理论有助于我们平衡地区经济发展、平衡各效益之间的关系。旅游资源开发中产业培育与布局、区域旅游网络建设、旅游开发序位安排,都可以运用增长极理论进行正确指导。利用增长极的极化与扩散效应,将不同等级的城镇、旅游地、景区与景点,通过一定的扩散通道(如交通线),组成相应的旅游开发轴线,进一步形成区域旅游网络,优化资源配置,层层推进,扩大旅游资源开发的综合效益。

八、系统理论②

(一)系统论的发展及基本思想

系统论是研究各类系统的模式、原则和规律的一门科学,其横跨自然科学(数学、生物学等)和社会科学(哲学等)两大领域,具有广阔的跨学科性。③ 1925年奥地利生物学家贝塔朗菲(L. V. Bertalanffy, 1901~1971)在研究生命运动时提出了现代的系统概念,并创立了系统论。1947年贝塔朗菲发表了《一般系统论》,标志着系统论作为一门独立的学科的建立。④ 1968年,贝塔朗菲又发表了《普通系统论——基础、发展和应用》一书,进一步将生物机体理论引入到社会、心理和文化领域,全面阐释了系统论的思想。后来,在贝塔朗菲和其它学者的努力下,系统论在各学科领域得到了广泛运用。所谓系统,就是由相互联系的各个部分和要素组成的具有一定结构、关系和功能的有机整体。系统论的基本思想是:要把研究或处理的对象看成一个有一定层次、顺序的系统,从整体上考虑问题。从而,特别注重各子系统、要素之间的有机联系,以及系统与外部环境之间的相互联系和相互制约关系。

(二)系统论与旅游资源开发

系统论在旅游开发中被广泛运用,通常认为,旅游资源系统包括两个子系统,即自然旅游资源子系统和人文旅游资源子系统。各旅游资源子系统又由低一级的子系统或要素组成。旅游业,旅游客源,资源地自然、社会经济状况等是旅游资源系统的环境因素。系统理论不仅为旅游资源的开发提供了认识论基础,即应从系统论的观点来看待旅游资源,应遵循系统本身的各种性质和功能来进行旅游开发;同时又为旅游资源的开发提供了方法论基础,即用

---

① 参见王必达著《后发优势与区域发展》,复旦大学出版社(上海),2004年版,第20~21页。
② 参见马耀峰、宋保平、赵振斌编著《旅游资源开发》,科学出版社(北京),2005年版,第322页。
③ 参见何金铠、高殿芳主编《新编老年百科全书》,中国人事出版社(北京),1993年版,第91页。
④ 参见吴季松主编《现代水资源管理概论》,中国水利水电出版社(北京),2002年版,第39页。

系统论的方法来开发旅游资源。具体而言，系统论对旅游资源开发有以下几点启发：

1. 合理配置资源，发挥最大综合效益

旅游资源开发必须要全盘考虑，在综合分析旅游资源价值、规模、功能、空间布局、开发难易程度、资源地可进入性、客源市场以及开发效益等多种因素的基础上，合理规划布局各种要素，科学配置旅游各大要素，使有限的旅游资源产生最大的综合效益。

2. 旅游各子系统相互配合，促进旅游资源开发

旅游资源是旅游业的基础，但仅有旅游资源是难以满足现代旅游者需求的，必须使旅游资源与旅游服务设施的相关行业、部门相互配合，协调发展，使资源的开发同旅游者的需求紧密结合，做到系统内要素之间相互支持，系统内部与外部环境保持协调一致，才能使区域旅游业全面、健康发展。简单地说，就是要将旅游资源开发置于旅游业这个大系统中，综合考虑各方关系，合理开发旅游资源。

第四节 旅游资源开发的内容与程序

作为旅游活动的基础，旅游资源在旅游业发展中具有非常重要的作用。其具体表现在两点：一方面，是否拥有丰富的旅游资源是一地旅游业能否发展的前提条件，毫无疑问，没有旅游资源是很难发展旅游业的；另一方面，能否很好地利用旅游资源则是一地旅游业能否良性、持续发展的关键。一地的资源赋存具有极强的先天性，因此，能否拥有非人力所能决定。可见，对于拥有丰富旅游资源的地区，合理有效的利用才是我们关注的焦点。旅游资源开发就是关注旅游资源的合理有效利用的，其主要涉及旅游资源开发的内容与程序两个方面的内容。

一、旅游资源开发的内容

人们在从事旅游活动的过程中，游览、观赏、体验旅游资源是活动的主体和核心部分。有些旅游资源可以不经过人工加工就可以直接为旅游者所欣赏，但大部分旅游资源则需要通过人工的努力（或改变其可进入性、或彰显其某种特性、或提供某些辅助服务等）才能成为旅游者游赏的对象。这种人工的努力就是旅游资源的开发活动，而这些人工努力的具体做法就成了旅游资源开发的内容。受资源特色、市场定位、开发范围、开发规模、开发重点、周边环境、区位条件以及社会经济背景等因素的影响，不同旅游目的地所关注的旅游资源开发的内容各不相同。例如，位于城市附近的旅游目的地在开发旅游资源时往往侧重于各种具体景物的设计、景区景点内游览路线的设计和建设以及城市原有服务设施的利用和改造；而对于那些远离城市的旅游景区来说，它们的开发肯定要侧重于景区景点自身的规划建设、各种旅游基础设施和旅游专用设施的布局建设以及旅游资源的保护等诸多方面。[①] 一般而言，旅游资源开发的内容主要包括以下方面：

（一）进行景区、景点的规划与设计

"凡事预则立，不预则废"，旅游资源开发之前，进行详细而周密的计划非常重要。任何旅游资源都是以一定性质和规模的景点或风景区为依托的，它与周围的相关因素或其他旅游

---

① 参见骆高远主编《旅游资源学》，浙江大学出版社（杭州），2006年版，第250~251页。

资源共同形成一个景点或风景区。因此,这种计划涉及到的具体开发工作就是对景区、景点的规划与设计。景区、景点的规划①与设计中,包括景区旅游策划②、景区总体性规划、景区控制性详细规划、景区修建性详细规划及其它专项旅游吸引物规划等。旅游策划是旅游规划的灵魂,是旅游规划的核心,在现在旅游资源的开发中被广泛运用,而旅游规划是比旅游策划更庞大的工程,它比策划更讲综合效益和协调发展,但规划的可操作性是由策划来保证的。③可见,在旅游资源开发的景区景点规划设计中,旅游策划和规划都非常重要。尤其需要指出的是,在景区点规划设计中,旅游产品体系的策划是难点也是关键。景区景点的规划设计是旅游资源开发的先导工作,是为旅游资源开发定调和决定方向和发展模式的,因此在旅游资源开发中的重要性是不言而喻的。

(二)改善可进入性

旅游活动是一种空间置换活动,因此,解决旅游目的地的可进入性是旅游资源开发的前提和保障。这里所谓的可进入性包括交通、通讯、文化障碍等方面。从旅游者的产生过程来看,他们通常是经过一定距离的旅行之后方能开始游览活动的,也就是说,旅游者从旅游客源地到旅游目的地,必须借助于一定的交通条件。因此,没有一定的交通条件,旅游活动就不可能开展,而旅游资源的开发也就毫无意义。特别是在现代旅游业中,旅游者的出游范围越来越大,远距离旅游已渐成规模,这就对可进入性的具体指标(如交通线路的通达性、交通方式的舒适性与便捷性等)提出了较高的要求。如果某地的旅游资源十分丰富而且特色突出,但交通状况非常糟糕,可进入性较差,肯定会极大地削弱旅游者选择该地为目的地的可能性。同时,景区内部的交通状况同样也是非常重要的,通常要求做到"进得来、散得开、出得去"。只有这样,才能使游客来去方便,进而获得完美的旅游经历,才能使旅游资源的开发获得各项预期效益。④ 此外,通讯在旅游者的旅游活动中也非常重要,涉及到旅游者的安全等各方面问题。较容易忽视的可进入性是文化障碍方面的,这主要是指当地居民的文化习俗等对于旅游活动的态度等方面,在旅游资源开发中不但重视交通的通畅与便捷、通讯的畅通,同时还应根据具体情况切实考虑地方文化的障碍因素。尤其是对少数民族旅游资源的开发,文化既是魅力、吸引因素,同时也是障碍,这是旅游资源开发者需要有清醒认识的问题。

(三)建设和完善旅游配套设施

当旅游者到达目的地后,需要进行游览参观、饮食、休息、购物、娱乐等多种活动,这就需要目的地具备一定的生活和旅游设施。一定的设施是旅游活动得以顺利进行的必不可少的条件,也是旅游资源开发的重要环节。学术界一般把旅游设施分为两大类:基础设施和上层设施。旅游基础设施是指主要使用者为当地居民,但也必须向旅游者提供或旅游者必须依赖的设施。它主要包括一般公用事业设施(如供水供电系统、排污系统、通讯系统、道路系统以及

---

① 旅游规划:是在专家、政府、企业和社会公众的广泛参与下,通过对旅游资源和社会政治、经济等因素的调查研究和评价,为未来旅游业的发展寻求社会效益、经济效益和环境效益最优化的过程。(参见杨振之著《旅游资源开发与规划》,四川大学出版社(成都),2003年版,第4页。)

② 旅游策划,是指在对旅游资源进行深入的认识、评价和全面的把握的基础上,在对变化无穷的旅游市场和各种要素有准确的把握的前提下,整合各种与旅游相关的资源,利用系统的分析方法和手段,设计出能解决旅游发展实际问题的、具有科学的系统分析和论证的旅游可行性方案,并使这样的方案达到最优化,使效益和价值达到最大化的过程。(参见杨振之著《旅游原创策划》,四川大学出版社(成都),2006年版,第2页。)

③ 参见杨振之著《旅游资源开发与规划》,四川大学出版社(成都),2003年版,第4页。

④ 参见骆高远等编著《旅游资源学》,浙江大学出版社(杭州),2006年版,第251页。

交通集散地等)和满足现代社会生活所需要的基本设施或条件(如医院、银行、食品店、公园等)。旅游上层设施是指那些虽然也可供当地居民使用,但主要供外来旅游者使用的服务设施,如饭店餐饮、旅游问讯中心、旅游商店、某些娱乐场所等。旅游设施的建设一般投入较大、周期较长,因此其建设规模、规格、布局等一定要经过严格的论证,并且要注意相互配套和协调,以避免设施的不足或浪费。[①] 旅游相关设施是形成目的地环境的重要因素,其建设不仅要解决功能满足,同时还要考虑与目的地形象的协调。如现在很多旅游目的地的公交站台、宾馆、游客接待中心等都建成具有当地文化特色的建筑风格,这是非常可取的。

(四)打造目的地旅游软环境

旅游资源开发不仅涉及硬件设施的建造,如景区为方便游客的相关观览、体验、生活设施以及景区外的旅游相关设施;还要涉及包括各种旅游服务、居民好客程度等在内的旅游软环境的打造,而软环境是现在旅游资源开发中应该尤其引起重视的。目的地旅游软环境主要包括各种旅游服务、居民好客程度、居民素质、社会治安、社会风气等诸多方面。旅游者购买并消费旅游产品,除了在餐饮和旅游生活中消耗少量有形物质产品外,大部分是关于无形服务的消费和对目的地综合环境的感知和体验。旅游软环境的打造是我国目前旅游资源开发的软肋,是亟需加强的部分。旅游软环境的打造可以大大提高旅游产品的附加值,提升旅游产品,产生良好的综合效益。

旅游服务从供需角度分,主要有商业性的旅游服务和非商业性的旅游服务两类。前者多指,当地景区或旅行社的导游服务和旅游咨询服务、交通部门的客运服务、饭店业的食宿服务、商业部门的购物服务,以及其他部门向旅游部门提供的营业性接待服务等;后者则包括,当地政府与非营利性组织为旅游者提供的旅游问询服务、出入境服务,以及当地居民为旅游者提供的其他义务服务。[②] 旅游服务由于属于服务产品,具有无形性的特点,因此质量难以监控,针对这种特性,旅游资源开发者应该在进行旅游资源开发的过程中,将服务人员的培训和考核监督放到一个更加重要的位置、投入更多的精力,将人力资源的开发放到战略发展的高度。

旅游软环境的其它方面,如政府的旅游政策、出入境管理措施、居民好客程度、居民素质、社会治安、社会风气等,控制起来难度要大得多。因为这涉及到了社会的各方面综合发展,如文化、教育等。但是旅游资源开发者可以对这些方面进行有意识的引导和宣传。

旅游软环境的打造是一个大的系统工程,目前很多旅游资源开发者还没有引起重视,这将是旅游资源深度开发过程中必须要做的功课,也是旅游业未来发展的趋势。

(五)进行旅游市场营销[③]

旅游资源开发,就是开发旅游地本身所具有的旅游资源,利用一切有利条件,满足市场的旅游需求,发展完善的产业结构,获得预期的经济效益和社会效益。因此,旅游资源的开发并不仅仅是简单地将目标集中于旅游资源本身进行景点开发和配套设施建设等,还必须进行市场开拓工作,二者相辅相成,缺一不可。

市场开拓工作,一方面是将景点建设及旅游活动的设置与旅游需求趋向联系起来,即根据旅游者消费行为特征,进行旅游资源开发的具体工作;另一方面,通过多种媒介加强宣传

---

① 参见王德刚、焦连安主编《旅游资源开发与利用》,山东大学出版社(济南),1997年版,第22页。
② 参见肖星、严江平主编《旅游资源与开发》,中国旅游出版社(北京),2002年版,第301页。
③ 参见肖星、严江平主编《旅游资源与开发》,中国旅游出版社(北京),2002年版,第302页。

促销，将旅游产品介绍给旅游者，不断开拓市场、扩大客源，实现旅游资源开发的目的。

（六）做好旅游资源保护

旅游资源保护本身也是旅游资源开发的一部分，对于某些资源，没有保护就无法真正切实开展旅游资源的开发工作。但旅游资源的开发者和经营者，往往会在经济效益的驱动忘记保护的原则，盲目地积极投资开发，忽视旅游资源的保护。那些被自然或人为因素破坏或损害的旅游资源，若不及时加以整治和修复，就会继续衰退，有些会完全消失，无法恢复。因此，一方面要在旅游从业者和当地群众间树立资源保护的观念，把开发与保护并重的思路融入到旅游地的每一个角落；另一方面，要建立科学保护旅游资源的机制，定期进行检查、维护，及时发现问题并合理解决，从而有效地保护旅游资源，保证旅游资源开发工作的顺利进行。

二、旅游资源开发的程序

（一）旅游资源调查与评价

旅游资源调查与评价是旅游资源开发的第一步，全面的旅游资源调查和准确的分析评价，是旅游资源开发的前提条件和基础性工作。调查研究的内容主要包括旅游资源的类型、数量、分布、个性、特色等。对自然景观类旅游资源要着重弄清其成因及演变，对人文旅游资源则应查清其历史渊源及文学艺术价值等。但无论何种旅游资源都要分析其旅游价值、功能、空间组合特征及旅游容量。详细内容参见第五章。

（二）旅游资源开发的可行性论证①

旅游资源开发的可行性论证是旅游资源开发的重要步骤，科学的客观的可行性论证可以有效保证开发成效。旅游资源开发的可行性论证一般从三个方面开展：

1. 经济可行性分析

经济可行性分析探讨该旅游资源开发项目是否能够得到市场的认可、获得良好的经济效益和保持持续的经济增长，主要包括了市场分析、投资效益分析和经济承载力分析三部分。市场分析主要包括市场需求与市场竞争分析，即市场规模分析、市场结构分析（从客源区位、社会人口特征、消费行为、市场竞争对手、市场发展趋势五个方面入手），搞清客源所在地及其空间距离、客源地经济发展水平、潜在旅游者可支配收入和主要旅游动机、爱好、年龄构成、文化程度、消费习惯、职业、信仰等，明确客源市场分布，预测客源市场需求和客源市场的大小；而投资效益分析主要是进行投资条件分析、投资环境分析和投资效益评估，以确定投资开发的先后顺序；经济承载力分析则是从各种相关设施（包括旅游基础设施和旅游专用设施）的实际情况出发，弄清旅游目的地对旅游业发展所带来的各种经济方面的影响的承受能力（如产业结构调整、地价上涨、通货膨胀等）。

2. 技术可行性分析

技术可行性分析主要判断整个开发过程在技术上是否可行，即现有开发技能能否满足我们项目开发的要求。首先，要分析旅游资源开发的技术要求和施工难度；然后，要对一定时期内的施工条件、施工技术和工作量进行评估，提出每一项工程建设的经济技术指标，确保技术过关，资金节省，效益提高。

3. 社会环境分析

---

① 参见陈福义、范保宁主编《中国旅游资源学》，中国旅游出版社（北京），2005年版，第354～355页。

社会环境可行性分析主要包括社会承载力分析和环境承载力分析。其中，社会承载力分析主要包括以下内容：当地居民对旅游开发的看法和态度、当地政府对旅游开发的支持力度、有关法律政策对旅游业发展的规定、旅游业可能对当地社会文化和道德生活方式带来的影响等。而环境承载力分析的最终目的就是为了获得旅游目的地的旅游环境容量，以便能在以后的旅游资源开发及其管理过程中更好地开展工作。

（三）旅游策划与规划[①]

在可行性分析的基础上，对拟开发的资源进行策划或规划，可以根据实际需要决定规划的层次。但是，无论是策划还是不同层次的规划，都必须体现以下几个重要方面：

1. 市场定位与总体形象

通过对旅游资源的认识与深入分析，确定主要客源市场，在此基础上确定开发区的总体形象与开发方向。

2. 功能分区与项目设置

结合地理环境及区位优势进行功能分区与布局。在功能分区的基础上，利用各种资源条件，根据客源市场需求设置项目，并对各个项目进行具体设计，力求具有可操作性。

3. 游览组织安排

包括线路设计和游览交通设计，以及各景点间的衔接等。项目设置和分区中必须考虑到游览线路问题，以实现游览效果最佳。

（四）旅游规划实施

此阶段是规划成果付诸实施的阶段，实际操作中可能会面临很多问题。要解决规划与实施脱节问题，一方面要在规划编制过程中建立动态反馈机制，不断反馈各种信息，使规划更趋于实际。另一方面要把好评审关，不能将评审视为"形式主义"，一定要保证评审专家队伍专业的完整性，在评审中还要考证项目的可行性。要真正实现规划的作用，在实际操作中，必须掌握两个原则：

1. 以规划文本为指导

现在许多旅游区都有总体规划或旅游策划，可是当项目实施时经常与规划毫不相干。所以，在规划实施阶段必须以规划文本为指导。为了真正实现规划的作用，提高规划的执行水平，在规划实施中还应该加强相关人员（主要包括管理人员和执行施工人员）的培训，组织深入学习规划文本，提高他们的素质，从而更好地指导和贯彻规划的实施。另外，还应该将通过评审的规划公布于众，让群众了解地方发展旅游的意图，使旅游规划得到社会普遍认同，以便在执行过程中得到社会的高度配合。

2. 根据实际调整规划文本

如果遇到规划文本与实际操作矛盾时，应经过科学论证，然后再决定解决方案。在实际操作中，可能会发现规划中的某些项目实施起来技术难度很大、协调工作过大或者投资成本太大、投资收益率太低、资金回收期太长等各种问题，而这些问题在规划期间和评审中都没有涉及。在这种情况下，不能单纯地选择两者中的一种，或者直接按照施工方的要求进行建设，而是应该通过原规划单位、施工单位和相关专家的再次论证，慎重选择一种最优化的形式进行建设。还可以请相关单位在原来规划的基础上做修建性详细规划，更具体地指导施工。

[①] 参见冯学钢、黄成林主编《旅游地理学》，高等教育出版社（北京），2006年版，第132～133页。

【问题探讨】

1. 旅游资源开发有哪些意义，你怎么认识它的这些意义？
2. 请问旅游资源开发有哪些原则需要遵循？
3. 请问你如何理解旅游资源开发原则的特色性原则？
4. 请问旅游资源开发有哪几对理念，你如何理解每对理念中相对理念的辩证关系？
5. 政府主导型模式和市场运作模式有怎样的区别，如果你作为旅游资源开发者，你会选择哪种开发模式？
6. 按资源和区位条件的不同，旅游资源的开发模式有几种，分别是如何操作的？
7. 请问什么是BOT，你知道我国的哪些景区开发是运用BOT模式的？
8. 区位论是怎样的理论，它的主要观点有哪些，这种理论对于旅游资源开发有怎样的指导意义？
9. 增长极理论的主要思想是什么，请问如何在旅游资源开发中运用这种理论？
10. 景观生态学是怎样的一门学科，这种理论如何指导旅游资源开发，它能指导生态旅游的发展吗，如果能，怎样指导？
11. 请问，旅游资源开发有哪些内容，程序如何？

【补充阅读建议】

书本

杨振之：旅游原创策划，四川大学出版社，2006

约翰·斯沃布鲁克著，张文译：景点开发与管理，中国旅游出版社，2001

肖星、严江平：旅游资源与开发，中国旅游出版社，2002

杨振之：旅游资源开发与规划，四川大学出版社，2002

徐嵩龄：第三国策：论中国文化与自然遗产保护，科学出版社，2005

国家旅游局人事劳动教育司：旅游规划原理，旅游教育出版社，1999

肖笃宁：景观生态学，科学出版社，2003

论文

罗辑：试析BOT方式在旅游资源开发中的应用，社会科学家，2005（03）

陈红梅：市场营销观念的演变历程探析，技术与市场，2008（11）

孟慧霞：4Ps营销组合理论的演进及争论解析，山西大学学报（哲学社会科学版），2009（07）

罗纪宁：西方消费者行为学研究理论和方法评析，江汉论坛，2005（09）

邬建国：景观生态学——概念与理论，生态学杂志，2000（01）

佚名："旅游资源开发理念的辩证思考"，http://www.jxta.gov.cn/tour-lydt/lyjb/200708/2008/09/4439.html

网站

http://www.marketingpower.com 美国营销协会（AMA）

http://www.landscape-ecology.org 国际景观学会（IALE）

http://www.unwto.org 世界旅游组织官网

http://www.chinata.com.cn 中国旅游协会官网

第七章 旅游产品与市场营销

【章节概述】

　　旅游产品是旅游资源开发的目的和结果，是直接出售给旅游者的商品。在旅游资源开发中，能否开发出适销对路和具有一定竞争力的产品是旅游资源开发关键。旅游产品具有与传统实物产品和一般服务产品不同的特点，把握这些特点对于我们认识和开发旅游产品具有十分重要的作用。同时，认识和理解不同类别旅游产品的特征，熟悉旅游产品的门类体系，有助于我们科学合理开发各种特色各异的旅游产品。旅游产品开发是一个连续的过程，可分为景点开发和旅游线路开发两大类，其主要涉及景点策划、景点规划、线路设计等知识。产品开发是为了满足顾客需求，而市场营销就是旅游者与旅游经营商之间的桥梁，它帮助旅游经营商销售产品和帮助旅游者消费产品。旅游产品开发和市场营销是旅游资源走向市场的重要和基本途径。本章着重讨论旅游产品的各种不同形态，以及不同种类旅游产品开发策略和方法。此外，本章还对旅游市场的细分和旅游地形象的构建进行了介绍，并讨论了不同旅游市场的营销策略和方法。

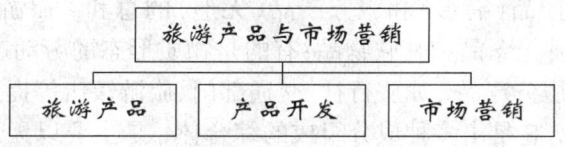

【目的要求】

1. 理解旅游产品的含义和构成要素。
2. 深入理解旅游产品的特征。
3. 熟悉旅游产品的不同类型及其特点。
4. 把握不同类型的景点及其特征。
5. 了解如何进行景点策划。
6. 掌握旅游线路的类型及设计原则。
7. 了解旅游市场营销观念的演进，理解普洛格模型和 VALS 模型。
8. 熟悉 4Ps 和 4Cs 营销组合理论。
7. 掌握旅游目的地形象定位的支撑要素。

第一节　旅游产品

　　旅游产品是旅游资源开发的目的和结果，是旅游企业生存和旅游业发展的基础，因此在旅游业中具有举足轻重的地位。良好的旅游产品质量和科学合理的旅游产品组合是某一旅游地或旅游企业发展的重要保障。

一、旅游产品的概念

旅游产品是一个复杂而综合的概念，从不同角度和立场看，其具体含义存在一定的差异。但无论如何它都是一个用来销售或消费的生产物品。旅游活动就其性质来说是一种社会经济文化活动。其社会文化性在于旅游产品必然会涉及到人的交往和文化的消费；其经济性在于旅游需求与旅游供给双方不可避免地要进行旅游产品的交换，从而使双方利益获得满足。旅游产品是旅游市场交换活动中的基本内容，是旅游市场营销活动的轴心。① 对旅游产品的认识和把握会深刻影响到某一旅游企业的经营，甚至某一地区旅游业的发展。

（一）旅游产品的含义

作为旅游业的基础，旅游产品是一个十分综合的概念，是由各种要素组成的综合体。由于旅游活动是一种具备社会文化和经济双重属性的活动，一般而言，存在从需求方和供给方的不同角度对旅游产品的不同感受和认识。一般而言，我们可以从两个方面来理解旅游产品：

1. 从需求方看，旅游产品是指旅游者支付一定的金钱、时间和精力所获得的满足其旅游欲望的经历。这个经历包括旅游者从离开常住地开始，到旅游结束归来的全部过程中，对所接触的事物、事件和所享受的服务的综合感受。旅游者所购买的，从总体看不是一种有形的实物商品，而主要是一种无形的阅历、体验与感受等心理感知。②

2. 从供给方（旅游目的地）出发，旅游产品是旅游经营者凭借着旅游吸引物、交通和旅游服务设施，向旅游者提供的用以满足其旅游活动需求的全部服务。③ 是满足旅游者在旅游活动中的各种需要的物质产品（有形）和服务产品（无形）的总和。旅游企业供给的旅游产品，有的是物质商品，如旅游纪念品和其它物品；有的是物质形态的劳动产品，如景观等；而大量的是无形的劳动产品即服务产品，如旅行社、交通部门、旅游饭店等提供的各种服务产品。旅游产品是一个整体概念，它是由多种成分组成的综合体，是主要以无形的服务作为表现形式的产品。具体而言，一条旅游线路就是一个单位的旅游产品，在这条线路中除了向旅游者提供观赏、体验对象（旅游吸引物）之外，还包括沿线的交通、住宿、餐饮等保证旅游者顺利完成旅游活动的各种服务。在这个整体概念中，旅行社服务人员的一次机票预订、导游人员的一次讲解服务、旅游交通工具的一个座位、饭店的一张床位、餐厅的一顿美食、目的地的一场文娱晚会等都是这个整体产品的单项部分，称单项旅游服务或单向旅游产品。每个单向旅游服务都是其整体产品的有机部分，而其整体产品是每个单项服务组合的结果，不是它们的简单相加。由此，我们可以看出，对每个单项服务进行不同的组合会产生不同效果的旅游整体产品，这是旅游产品开发的重要思考点。

对于旅游产品，市场营销观点首先强调的重点是产品所能给予人们的满足，而不是产品的本身。美国一位旅游市场营销学家指出："他们购买的是'利益'，而且，每个人只购买那些能特别满足其个人和职业上的需要、愿望、要求、希望、抱负和梦想的利益。"旅游者购买和消费旅游产品，最后的目的是获得一次经历，这是最核心的利益。因此，旅游企业的营销活动实际上就是要激发人们购买"利益"，来满足人们具体的，而且经常变化着的需要和愿望。

---

① 参见赵西萍主编《旅游市场营销》，南开大学出版社（天津），1998年版，第2页。
② 参见林南枝、陶汉军主编《旅游经济学》，南开大学出版社（天津），2002年版，第30页。
③ 参见林南枝、陶汉军主编《旅游经济学》，南开大学出版社（天津），2002年版，第29页。

（二）旅游产品的构成要素①

作为一个完整的旅游产品，其构成要素多样，包括旅游者从事旅游活动的始终所需要的食、住、行、游、购、娱各个方面的内容。正如英国学者维克多·密德尔敦所说：旅游产品就是为了满足消费者某种需要而精心组合起来的一组要素。② 这是市场营销学的产品"要素观"在旅游产品上的体现。旅游产品的多种构成要素主要包括：目的地景观与环境、目的地设施和服务、目的地的可进入性、目的地形象以及提供给顾客的价格。

1. 目的地景观与环境

目的地景观与环境是旅游产品的基础，是旅游产品最重要的要素。各单项旅游服务都将依托目的地景观与环境而存在，如果没有目的地景观与环境，旅游业是无法发展的。所谓"皮之不存，毛将焉附"。具体而言，目的地景观与环境也是一个综合的概念，统摄内容较多，主要包括以下因素：

（1）自然景观

是指主要由自然旅游资源所形成的旅游景观，是自然旅游资源及其本质的释放，是自然旅游资源表征或特色的展示。如雪峰、草地、沙滩、冰川、涌泉、飞鸟鸣虫等等。

（2）人文景观

是指由人文旅游资源转化为旅游产品的内容，包括历史遗迹、宫殿园林、风土人情等多方面有形或无形的内容。如深山古刹、溪边民居、文物古迹、宫观园林、水乡风情、藏寨景观、体育场馆、世博景观、现代建筑等。此外，各种历史人物故事、历史事件的发生地、著名节日庆典和大型文娱表演等都属这一类别。

（3）社区吸引物

它是为社区居民的物质或文化内容，包括居民的生活方式、生产方式、交往方式等。如劳动工具、生活工具、语言、婚姻习俗、宗教仪式等。

（4）社区环境

它是指社区人们生产和生活的综合环境，其主要指社区的生态环境，如森林覆盖率、绿化面积、空气质量、温度湿度、日照、卫生状况、交通状况等内容。

2. 目的地设施与服务

目的地设施与服务，是指旅游者在目的地购买的有形产品和无形服务的总和，它们有：

（1）餐饮设施及服务：是指旅游者满足其饮食基本需求的各种设施、服务，包括各种餐厅、酒吧、小卖部、茶楼、咖啡屋等提供的食物产品及其服务。

（2）住宿设施及服务：是指满足旅游者在目的地休息睡觉的各种设施及服务，包括酒店、青年旅社、度假村、度假公寓、青年旅馆、社会旅馆、露营地等及提供的住宿服务。

（3）交通设施及服务：是指满足旅游者空间移动需求的各种设施设备及相应服务内容，如公路、铁路、索道、滑道、滑翔机、出租车、公交车、火车、轮船、大巴、托运牲畜（马、大象、骆驼）等及其相应服务。

（4）旅行社及导游服务：是指为满足旅游者顺利游览的机构和服务，如各种品牌的旅行社以及各种语种和各种级别的导游服务。

---

① 参见杨振之著《旅游资源开发与规划》，四川大学出版社（成都），2003年版，第64~66页。
② 参见维克多·密德尔敦著《旅游市场营销》，向萍等译，中国旅游出版社，2001年版，第112页。

(5)购物设施及服务:是指满足旅游资源在目的地购物(主要是旅游纪念品)需求的相关设施和服务,如政府行政部门指定旅游购物点、品牌旅游商品商店、地方特色商店、免税商店、手工艺制作店等以及托运、邮递、快递等服务。

(6)娱乐设施与服务:是指满足旅游者在旅游活动之余放松娱乐的需求的设施及服务,如歌舞厅、夜总会、音乐厅、民俗演艺厅、桑拿、博彩馆、游戏厅、斗牛场、漂流河段及漂流船等及相关的表演娱乐服务。

(7)体育健身设施及服务:是指满足旅游者在旅游活动之余进行健身保养的设施及服务,如滑雪场、高尔夫场馆、保龄球场馆、跑马场、健身会所、攀岩设施、美容美发厅等即相关服务,如健身教练、运动教练等。

(8)安全卫生设施及服务:是指保证旅游者游览活动环境秩序、卫生的设施及服务,旅游警察或保安服务、贵重物品存放服务、高档卫生间、垃圾消除设施、环卫工人等即服务。

(9)其它便民设施及服务:为旅游者顺利完成旅游活动提供保障的咨询、医疗等设施及服务,如旅游咨询点、旅游咨询与投诉热线、残疾人通道和其它设施(如卫生间)、医疗点、急救室、便民箱、小药店等及相关服务。

3. 目的地可进入性

目的地可进入性,是指从客源地到达旅游目的地的距离、交通条件、费用、时间等因素的综合。其主要包括以下因素:

(1)便捷性:指目的地"进得来、出得去、散得开",在旅游者进入目的地过程中消耗时间短、费用低。

(2)区位条件:旅游目的地离其所依托的中心城市距离较短、交通方便。

(3)安全性:整个行程安全有保障,并有各种安全防范措施。

(4)舒适性:服务周到、设施优良。

(5)基础设施:公路、机场、码头、铁路、海港、路况、车况等情况。

4. 目的地形象

目的地形象,是指在一定时期和一定环境下,人们对旅游目的地的各种感知印象、看法、感情和认识的综合体现。因此,目的地形象的确立需要目的地有意识的概括、提炼、打造、推广,一般是通过 CI(Corporate Identity)管理系统来实现,其主要包括视觉识别—VI(Visual Identity)、理念识别—MI(Mind Identity)、行为识别—BI(Behavior Identity)、顾客满意—CS(Customer Satisfaction)四个部分构成。其最终的实现由旅游资源本身的特质、旅游者的感知、旅游地的空间竞争和旅游市场定位等诸方面决定。目的地形象并不一定是以经历和事实为基础的,但在旅游业中却左右着人们的动机。形象与对旅游经历的预期在潜在顾客的心目中是紧密联系在一起的。目的地形象是无形的旅游产品,也是最具号召力的旅游产品部分,其影响力非常大。

例如,在美国和欧洲几百万还未去过拉斯维加斯的人中,没有几个人不曾在脑海里描绘过这个目的地将带给他们的经历的画面或形象。通过传媒和道听途说,大多数人已经判断出他们是被拉斯维加斯的形象所吸引还是对这个形象感到反感。所有的目的地都有形象,这些形象通常是建立在历史事件上而不是当前事件上的,目的地营销的基本目标就是要保持、改进或发展这些形象,从而影响潜在购买者的预期。目的地的生产组织,比如拉斯维加斯的饭店，它们的形象通常是和目的地形象密切相关的。①

5. 提供给顾客的价格

提供给顾客的价格，是指旅游者从离开自己常住地前往旅游目的地，然后又回到家的环形空间转换过程中旅游者所花费的费用的总和。它包括了旅游者旅游过程中各种需求（食、住、行、游、购、娱）的支出。这是旅游者做出旅游决策的影响因素。随着季节、经济状况、产品档次等诸多方面的不同，价格会表现出很大差异，比如同样是到九寨沟欣赏自然美景，有些人住帐篷，有些人住九寨沟喜来登大酒店（五星）；有的吃快餐，有的吃大餐；有的不请导游，有的请导游；有的在冬季去，有的在夏秋季节去，其消费是截然不同的。

二、旅游产品的特征

从旅游产品的概念和构成的论述中可以看到，旅游产品既有有形的物质实体，又有无形服务，且无形的服务在旅游产品中起主导作用。随着旅游业的不断发展，旅游竞争日趋激烈，旅游者的需求也日益提高，旅游产品中的服务越来越受到供求双方的重视。越来越多的旅游者购买旅游产品，除了关注旅游产品中的有形部分外，关心更多的是大量的无形服务。旅游者通过享受旅游服务，得到精神文化的满足，从而获得最终利益。可以说，旅游产品既不同于工农业生产的物质产品，也不同于一般服务行业所提供的产品，而是一种特殊产品。②其特征主要有：整体性、无形性、生产与消费的同时性、不可储存性、所有权不可转移性、导质性、时间性、后效性等方面。

（一）整体性

旅游产品的整体性特征是其最重要的特征，是指作为旅游者所购买的产品而言，旅游产品虽然是旅游者从常住地到旅游目的地而后回家的整个过程中，为满足其旅游需求而购买的食、住、行、游、购、娱等各个方面的单项实物产品或服务，但是其目的和"核心利益"不是为了某个单项产品，如吃得好、睡得舒心等，而是为了身心得到释放，整体上获得一种独特的旅游经历和体验。其最后的体验是一个综合的、完整的整体，是印象深刻还是平平淡淡，是满意还是不满意，旅游者一般都会有一个整体判断，而不太关注每个单项。简言之，虽然旅游者在旅游过程消费者的是各个单项的产品或服务，但是其购买目的却是获得综合的整体的旅游体验，即每个单项产品或服务都是构成旅游产品的有机部分，不可剥离。

具体而言，旅游产品的综合性首先表现为它是由旅游吸引物、旅游基础设施、旅游上层设施、旅游商品和可进入性及旅游服务组成的"整合"产品。它既包括有形的物质产品和无形的服务等旅游从业人员的劳动成果，也包括非劳动产品和自然物，可以满足旅游者在旅游活动中行、游、住、吃、购、娱等各方面的需求。其次，旅游产品的综合性还表现为旅游产品是由众多的部门和行业生产或提供，除了直接向旅游者提供产品与服务的旅游部门或行业外，还涉及间接向旅游者提供产品和服务的其他国民经济部门和行业。前者如旅馆业、餐饮业、游览点、娱乐场所及旅行社等，后者如轻工业、卫生、环保、文化、科技、治安、金融等部门。再次，旅游产品的综合性还表现为旅游产品涉及非部门性质的自然与社会因素，如旅游目的地国家和地区人民对旅游者的态度、旅游目的地民情风俗与生活方式等。旅游产品的涉及面比任何

---

① 参见维克多·密德尔敦著《旅游市场营销》，向萍等译，中国旅游出版社（北京），2001年版，第116页。
② 参见肖星主编《旅游策划教程》，华南理工大学出版社（广州），2005年版，第95页。

一个经济部门都要广。①

这启示我们旅游业是一个整体性行业,是一个一损俱损、一荣俱荣的行业,各个子行业的相关度非常高,这是由旅游产品的综合性决定的。正因为这一点,旅游产品的满意度评测有一个公式是"100－1＝0",旅游产品是一个整体,任何子部分的缺失或缺陷都会导致旅游者对整个产品的不满意评价。

(二) 无形的

旅游产品主要包括有形产品和旅游服务两大部分。有形产品包括土特产、纪念品、地方风味、导游资料等;旅游服务包括旅游咨询、出入境及兑换外币手续、旅游地环境、导游人员及其它旅游服务人员的服务质量及当地居民好客的态度等。这些有形产品和无形服务相互作用、互相影响,共同构成一个整体产品。作为为旅游者提供独特旅游体验的一种独特的综合产品,旅游产品的核心为旅游服务。这主要表现在两个方面:第一,旅游产品的绝大部分内容是旅游服务部分,住宿、导游服务、交通服务、综合环境、居民好客程度等;第二,旅游产品的核心利益是"难忘的旅游体验",其消费的最终目的和主要目的是为了获得一种精神需求而不是物质满足,从这一意义而言,旅游产品本质上表现为旅游服务。因此,旅游产品的核心为旅游服务。

由于旅游服务属于一种典型的劳动密集型服务产品,因此和其它服务产品相同,旅游产品具有无形性的特点。就是说,旅游者所购买的旅游产品主要表现为一种非物质形态。

(三) 生产与消费的同时性

由于旅游产品是无形的,因此,同有形的产品或消费品不同,其产品的生产、消费环节和过程也与有形产品不同。一般而言,有形产品在从生产、流通到最终消费的过程中,往往要经过一系列的中间环节,生产与消费的过程具有一定的时间间隔。旅游产品则与之不同,同其它服务产品相同,其生产过程与消费过程是同时进行的,也就是说服务人员提供服务于消费时,也正是消费者消费服务的时刻,二者在时间上不可分离,这就是旅游产品的生产与消费同时性的特征。

由于服务本身不是一个具体的物品,而是一系列的活动或者过程,所以在服务的过程中消费者和生产者必须直接发生联系,因此,生产的过程同时也是消费的过程。服务的这种特性表明,顾客只有加入到服务的生产过程中才能最终消费到服务。旅游产品正是如此,如果没有旅游者,就没有旅游服务,因为旅游服务是服务人员依托一定的旅游服务设施设备而为旅游者提供的某种便利。没有旅游者参与,服务过程就无法完成。

(四) 不可储存性

一般的实物产品生产出来后会经过一系列的运输等环节然后才转到消费者手中,这表现出实物产品的消费涉及到物品的空间转移现象。这主要是由于实物产品具有可储存的特点。而服务产品具有无形性,因此其具有不可储存的特点。

由于旅游产品大量地表现为无形的服务,旅游产品与一般物质产品的一个明显不同,便是它不能贮存起来,以备未来出售。而且旅游者在大多数情况下,亦不能将服务携带回家安放。当然,提供服务的各种设备可能会提前准备好,但生产出来的服务如不及时消费掉,就会造成损失。不过这种损失不像有形产品损失那样明显,它仅表现为某一数量的使用价值的

---

① 参见肖星主编《旅游策划教程》,华南理工大学出版社(广州),2005年版,第96页。

丧失和折旧的发生。① 如飞机票、旅馆、客房、参观游览券，只能在指定时间内有效。如旅馆当天的客房空着，第二天再也收不回来这笔损失。所以，旅游企业的经营者有时要削价抛售，以免遭受重大损失。此外，游客受时间等条件限制，也不能同时消费双份产品，即不可能同时买进两条不同的旅游路线。

（五）所有权不可转移性

正如上面所说，一般实物产品的消费会涉及产品生产出来后的空间转移现象，在空间转移的同时，也涉及到使用权、所有权的转移。例如我们买小汽车，当我们把钞票付给卖家后提货回家，这时这辆小汽车就供我们使用，并属于我们了，我们可以继续转赠或卖给别人。这就是实物产品在销售过程中使用权和所有权同步完全转移的现象。主要表现为服务的旅游产品则不是如此。当我们购买了进入峨眉山的门票时，仅仅意味着我们可以在峨眉山免费参观一天，我们可以部分获得峨眉山风景这个旅游产品的使用权，显然我们不能拥有峨眉山，不具有所有权。同样，当我们在游览完毕后入住了红珠山宾馆，我们入住了挂牌价48000元的小平楼（二号楼），我们可以在哪里享受一晚上的山林风光——仅一晚的使用权，我们没有所有权。由此可见，旅游产品的另一个特性是：所有权的不可转移。在产品的销售中我们仅仅转移了部分的使用权。

（六）异质性

异质性，是指由于旅游产品具有生产与消费的同时性，因此其产品质量具有明显的差异性。即因为服务人员的不同、消费者的不同、消费时间的不同、消费地点的不同都可能导致旅游者服务质量感知的差异性表现。不同的服务员提供服务，即使按照同样的标准和服务流程，旅游者的服务质量感知是不同的；同样的服务人员提供同样的服务，不同的旅游者是不同的；同样的服务人员为同样的旅游者在不同的时间和地点提供服务，其服务质量也是不同的。旅游产品的这种异质性表现为旅游者在不同时空角色对旅游产品质量感知的差异性和变化性。旅游产品的这种特性为旅游产品质量的控制增加了难度。

（七）时间性

旅游者在购买和消费旅游产品的过程中，不但要消耗一定的金钱，还要消耗一定的时间。旅游活动产生的基本条件是金钱和时间，二者缺一不可。因此，时间往往是影响旅游者进行决策的重要因素，是构成旅游产品价值的重要部分。2008年北京奥运会期间某些星级酒店涨价幅度高达5~10倍，某四星级酒店过去500元的房价，奥运期间达4000元。2009年中国农历春节，海南酒店房价普涨，五星级酒店大多房价超过万元，三亚喜来登酒店，大年初一至初六，豪华海景房报价11592元每晚，较之1月初的价格涨了近4倍。时间因素包含两个方面：一是在顾客需要的时间提供服务；二是服务的持续时间要满足客人的需要，主要是说服务的效率性。② 前面的实例就是因为在奥运会、春节这些顾客特别需要的时间，因此很多顾客非常需要这些产品，供需短时期失衡，因此导致房价大涨。（当然不排除炒作成分，但这也说明了时间的价值）服务的持续时间也是旅游产品质量考量的重要标准，如上菜速度、交通的准时性等。

---

① 参见魏敏主编《旅游市场营销》，中南大学出版社（长沙），2005年版，第6页。
② 参见林南枝主编《旅游市场学》，南开大学出版社（天津），2002年版，第129页。

（八）后效性

后效性，是指旅游者只有消费完旅游产品后才能对旅游产品的质量作出全面的、确切的评价。旅游产品的质量高低是旅游者在购买前的期望值和购买后的实际感知之间的比较值。当实际感知超过期望值，旅游者就会觉得满意；反之，则会不满意，甚至投诉。旅游产品后效性的特征为保持旅游产品质量的稳定增加了难度。[①]

三、旅游产品的类型

旅游产品根据其所包含内容的范围大小可以分为整体旅游产品和单项旅游产品。而根据其性质不同，则可以分为观光、度假、专项旅游产品三个主要类型。[②]

（一）观光旅游产品

观光旅游产品，是世界旅游产品的主要部分，是指以观赏和游览或体验自然风景、名胜古迹、城市风光、民俗风情等为目的的最基本的旅游产品，其主要是参观的方式为主，体验参与方式为辅。通过观光旅游既可增长见识、丰富阅历，又可获得美的享受、愉悦身心、锻炼身体。观光旅游产品又可分为传统观光旅游产品和新兴观光旅游产品。前者主要有自然风光、城市风光、名胜古迹、民风民俗等，后者主要包括国家公园、主题公园、野生动物园、海洋观光、城市旅游等。[③] 它是旅游产品的初级产品，但一直都是基础产品，不会因为旅游向高级阶段的发展而使观光产品失去市场。从游客的消费情况看，游客购买观光产品的一般规律是求新、求异、猎奇，但逗留时间较短，消费水平不高，发自内心自愿的回头客不多。不过，观光市场的游客的基数很大。购买这类旅游产品的一般是年龄偏大、女性、性格保守、经济实力相对较低的一类旅游者。

观光产品包括自然风景和人文风景两大类。观光类自然风景或风景优美壮观，或空气清新宜人，或景观奇特怪异，或有较高知名度。包括著名的山岳风景、江河瀑布、戈壁沙漠、奇石异洞、田园风光等。中国著名的观光类自然风景较多，如四川阿坝的九寨沟、黄龙、大熊猫；湖南的张家界；广西的桂林山水；云南的路南石林；贵州织金洞；五岳五镇等等。观光类人文风景或古朴厚重，或历史悠久，或风俗奇异，或驰名中外。包括古寺名观、名园古陵、城镇村落、民俗风情等。如北京故宫、十三陵、八达岭长城、天坛、颐和园；江苏的苏州园林、南京中山陵；河北承德避暑山庄；山东曲阜三孔和泰山；陕西秦始皇陵及兵马俑坑、乾陵和大雁塔；甘肃敦煌莫高窟；重庆大足石窟；四川乐山大佛、峨眉山、都江堰、青城山、三星堆等。这些观光产品发展较早，也较为成熟。

这两类中还可分为若干亚类，随着旅游业逐渐向纵深方向发展，观光旅游产品的范围越来越大，从国内到国外，从名胜古迹到田园村落……

（二）度假旅游产品

度假休闲是旅游者以放松身心、消除疲劳、增进健康为旅游目的，到阳光充足、气候温暖、环境优美、空气清新的海滨、湖泊、森林、温泉等地休闲或度假的旅游产品。[④] 度假旅游往往和

---

① 参见林南枝主编《旅游市场学》，南开大学出版社（天津），2002年版，第129～130页。
② 参见杨振之著《旅游资源开发与规划》，四川大学出版社（成都），2003年版，第67～70页。
③ 参见肖星主编《旅游策划教程》，华南理工大学出版社（广州），2005年版，第96页。
④ 参见孙月婷、蔡红主编《旅游学概论》，首都经济贸易大学出版社（北京），2008年版，第102页。

休闲娱乐、健身疗养结合在一起,在旅游方式上与观光旅游有很大差异,主要是一种以参与体验为主、参观为辅的较高级旅游形式。因此一般逗留时间较长、消费较高,旅游者对环境、设施、服务质量的要求也较高。

随着生活水平的提高和生活节奏的加快,人们对于度假旅游产品的需求越来越大。同时,随着旅游业的深入发展,我国的旅游产品结构存在严重老化的现象。主要以观光旅游产品为主的旅游发展方式越来越凸显出收入增加疲软、环境压力加大等问题。发展使旅游者停留时间更长,消费更大的度假旅游成为了有识之士的共识。早在1992～1993年,国务院就批准试办12个国家旅游度假区;1996年国家旅游区推出了"度假休闲游"的年度主题,希望以12个国家旅游度假区为主体推出一系列国际度假旅游精品,虽然效果不够理想,但能看出国家发展度假旅游的思路和方向;"九五"期间度假旅游迅速发展起来,特别是最近随着乡村旅游的兴起,短途度假旅游发展非常快。① 可以说,我国的度假旅游想在世界上打响品牌的目的没有达到,但是随着休假制度和奖励旅游制度的兴起,国内的度假旅游市场迅速地发展起来了,以农家乐、短途休闲为主流的度假旅游突飞猛进;并从以原有的海滨型度假地为主,开始向内地湖泊、山地度假类型推进,在区域布局上,原来以东部、南部沿海为主,目前开始向中部、西部展开。2009年,国家批准了建立海南国家度假旅游岛,这为新一轮我国将度假旅游产品推向全球吹响号角。

大体来说,度假旅游产品可分为:海滨海岛型度假旅游产品、温泉疗养型度假旅游产品、山川田园型度假旅游产品、城郊型度假旅游产品、高山高原度假旅游产品、内陆湖泊山水型度假旅游产品六大类。

1. 海滨海岛型度假旅游产品

这类度假旅游产品是我国最早发展起来的一类度假旅游产品,其中我国最为著名的有河北秦皇岛北戴河、大连金海滩、广西北海、海南三亚等。它们以海滨浴场为基础,并开发有阳光浴、沙浴、海水浴② 冲浪、沙滩排球、帆船、摩托艇、潜水、海洋科考等旅游产品。如国际知名的夏威夷,年接待国际游客7000万以上,其他如加勒比海沿岸、地中海沿岸都是著名的海滨度假地。

2. 温泉疗养型度假旅游产品

这类旅游产品主要在内地较多,它们以提供温泉或矿泉浴场和疗养场为主,主要分布在山地。我国著名的有重庆的南北温泉、统景温泉等;四川海螺沟温泉、雅安周公山温泉、遂宁死海等;云南腾冲和福建福州的温泉也比较有名。国际上最知名的温泉度假地是日本。

3. 山川田园型度假旅游产品

这类旅游产品主要分布在农村,少部分分布在城市近郊。它们以乡村田园风光为依托,可开展农家生活体验、乡间散步、民俗风情、民间节庆、骑马、网球、高尔夫球等度假旅游活动。法国莱茵河畔篷皮杜度假村,年接待国际游客百余万。这类度假产品在中国也有所发展,如在国内已有一定知名度的成都市都(都江堰)—温(温江)—郫(郫县)国家级生态观光农业示范区和龙泉花果山风景区,其它如北京郊县这类旅游产品发展也很快。这类产品大多依托大城市,满足其居民短途较少时间的休闲旅游,目前在我国发展非常迅速。

---

① 参见魏小安著《旅游目的地发展实证研究》,中国旅游出版社(北京),2002年版,第261~261页。
② 以上是著名的海滨度假地"3s"经典产品:Sun——阳光;Sand——沙滩;Sea——海水。

4. 城郊型度假旅游产品

这类产品大多分布在大都市周边，而且大多旅游资源不丰富，但环境清幽，通过在郊区兴建高级运动场所，如高尔夫、保龄球、网球、马场等吸引具有较强消费能力的旅游者。度假村、度假山庄等属于此种类型。这类产品主要面对高端顾客，如成都新津牧马山的高尔夫会所。这类度假产品规模较小，功能较齐全，但消费高，不适合一般居民消费。

5. 高山高原型度假旅游产品

这类产品以滑雪场或草地为基础，主要提供登山、攀岩、滑雪、骑马、跳伞、徒步、森林浴、日光浴等旅游产品。如瑞士阿尔卑斯则马特，年接待国际游客100万以上。我国哈尔滨市亚布力滑雪场；四川红原、四姑娘山、贡嘎山等；云南玉龙雪山等很多地方也具备发展条件。

6. 内陆湖泊山水型度假旅游产品

这类产品以供给水上活动、山地旅游为主，如游泳、跳水、划艇、划船、湖滨散步、登山、骑马、徒步等旅游产品。此类产品主要依托优美的湖光山色开展各种水上和山地旅游活动。世界上较著名的有美国、加拿大的苏必利尔湖和安大略湖，俄罗斯的贝加尔湖等。我国的洞庭湖、鄱阳湖、太湖、洪泽湖、千岛湖等大多有开发潜力。

（三）专项旅游产品

专项旅游产品，是指为社会、经济、文化、宗教、体育、保健、修学等某一专门目的而开发的旅游产品或产品系列。其主要包括各种专门旅游产品、主题旅游产品、特种旅游产品等，是旅游产品深度开发的结果，是为了满足某一部分旅游者的特殊旅游需求而开发的旅游产品。这类产品的最重要特点是专注于某一目标市场进行某类资源的深度挖掘，在市场营销中很有针对性。随着人们旅游需求的多元化和个性化要求，该类产品因其针对性强将大受旅游者欢迎，是未来旅游业发展的趋势。专项旅游产品的大规模开发，意味着旅游经营商在对市场做得更细、更深入，是旅游业走向中高级阶段的标志。

目前，我国的专项旅游产品种类不多、挖掘不深、开发力度不大、专项旅游产品体系尚未形成，而且存在区域发展失衡、结构不合理等问题。同时目前我国总体的旅游产品体系还是以观光产品为绝对主力，这在新的时期已经越来越不能适应旅游者的需求，这种产品格局将极大地阻碍我国旅游业的深入发展。因而国家旅游局在"十五"规划中就已经将专项旅游产品的开发作为重点，但现在收效并不大，还存在着比较大的问题。专项旅游产品由于是深度开发产品，是细化旅游目标市场、深入剖析旅游资源特点而开发出来的，因此类型非常丰富。主要有特种旅游、运动健身旅游、商务旅游、文化旅游、生态旅游、会议会展旅游、民俗风情旅游、自然考察旅游、节庆旅游、黑暗旅游等类别[①]。以下简要叙述。

1. 特种旅游产品

特种旅游是在特定条件下完成的一种旅游活动。从需求角度看，它具有比常规旅游更强的刺激性，更多的参与性；从供给角度看，它具有成本不确定性和供给的非批量性特点。[②] 这类产品是以自驾车、攀岩、滑翔、徒步、登山、漂流、科考、探险等为目的的旅游产品，是专项旅游产品发展的后劲所在。特别是我国西部地区，开发该类型产品的资源条件优越，市场吸引

---

① 旅游类别非常多，这里并没有完全包括，而只是举其中较为典型的进行说明，其次还包括修学旅游、宗教朝觐、奖励旅游等等类别。

② 参见魏小安主编《旅游行业管理工作纲要》，旅游教育出版社（北京），1996年版，第164页。

力大。已经有一些开发成熟的产品,如穿越塔克拉马干沙漠、丝绸之路、银川——太阳庙——额济纳旗——包头的"黑水城旅游"。此类产品特别受香港、日本、欧美青年人所喜爱,产品盈利空间大。

2. 运动健身类旅游产品

此类产品是指普及类型的体育运动与休闲旅游的结合,其主要目的是健身,是体育运动与旅游的联姻,如足球观赏、网球比赛、卡丁车培训和比赛等。随着人们对健康生活和品质生活的要求,这类旅游产品正蓬勃发展起来。

3. 节庆旅游产品

节庆旅游,是指利用各种节事而开展起来的一种旅游活动。或者说,节庆旅游是以政府为主导,以各种节事为载体,以文化和经贸活动为内涵,而发展起来的一种旅游活动形式。我国的节庆旅游开始于20世纪80年代初,当时主要是出于促进当地旅游业的迅速崛起,吸引更多的人流、物流、资金流、信息流,更好地促进当地经济发展,提升地方和城市的知名度,扩大社会影响,树立鲜明而独特的地域形象,以各种节事活动为载体,而开展起来的一种旅游活动。节庆旅游与一般的观光旅游所不同的是,该旅游形式是以参与节庆期间的各种活动为特色。容节庆与旅游于一体的一种人类活动现象。[①] 节庆旅游产品多依托当地的某项民俗活动或某种主题开展,与民俗风情旅游有很多交叉和结合的地方。

4. 会议会展旅游产品

这类产品是以都市为依托,具有特定的主体和目的,一般主要是商贸和经济的目的,是都市旅游的重要内容。会议产品涉及政务或商贸交流,以企业和政府部门为消费主体,消费实力强,消费主体有一定的社会影响力,开发这类产品往往会产生连带的多重效益。会展产品一般规模较大,如上海世博会、广州广交会、成都全国糖酒会等,旅游综合效益高。

5. 文化旅游产品

古迹遗址国际理事会(ICOMOS)在通过的《国际文化旅游宪章》将文化旅游定义为:主要是指将重点放在文化和文化环境上的旅游,文化环境包括目的地的景观、价值和生活方式、遗产、视觉和表演艺术、工业、传统和当地居民或东道主社区的休闲活动。它可以包括出席文化活动、参观博物馆和古迹遗址并与当地人民融洽交流。它不应该被视为可以在广泛的旅游活动内被定义,但包括所有游客在该地点经历的在他们本身生活环境中不曾经历过的感受。文化旅游是以寻求增长知识、体验独特文化内涵为目的的益智型旅游活动,其产品类型主要有文学旅游、科学考察旅游、电影旅游等。随着旅游者受教育水平的不断提高,以鉴赏异国异地传统文化、追寻文化名人遗踪为主题的文化旅游产品受到了旅游者的青睐。[②]

文化旅游产品是未来旅游发展的方向,是可以寓教于游的一种方式,对于现代教育有很大启发。选择这类旅游产品的旅游者一般文化修养较高,求知欲较强;并且旅游者具有某种兴趣和专长,对导游的专业知识水平要求高;并且这类旅游方式尊重当地文化、对旅游地的文化破坏小,同时也是传播当地文化的较好方式。我国历史悠久、文化灿烂,可以开发的文化旅游资源实在太多。但是如何把有一定深度和形式较为单一的文化旅游资源开发成人们喜闻乐见的文化旅游产品还有一段相当的路要走。制约当今文化旅游发展的最大障碍就是对离我

---

① 参见袁平撰《论节庆旅游对海南国际旅游岛建设的影响及其发展》,《城市发展研究》(北京),2009(09)
② 参见孙月婷、蔡红主编《旅游学概论》,首都经济贸易大学出版社(北京),2008年版,第104页。

们越来越远的传统文化的理解，这需要旅游开发者和服务者有相当的人文功底和传统文化涵养。人力资源乃是我国人文旅游产品开发的软肋。如何解决当今文化旅游人才和文化旅游需求的矛盾是开发文化旅游产品的首要问题。

6. 生态旅游

生态旅游是以独特的生态资源为吸引物，以不破坏生态环境为目标，严格限制游客流量，控制并约束游客行为的一种专项旅游产品。生态与旅游其实是一对互为依存的矛盾体。[①] 生态旅游作为一种独特的旅游类型，其基本特点包括：一是活动以大自然为舞台，通过到自然界观赏、旅行、考察、探险等认识自然奥秘，提高环境意识，促进生态平衡；二是孕育科学文化内涵，生态旅游是旅游发展的高级化产物，具有丰富的文化和科学内涵，品位高雅；三是以生态学思想作为设计依据，生态旅游以不改变生态系统的完整为原则，具有科学性和专业型；四是强调利益共享和公平性，生态旅游重视地方居民利益，通过保持地方自然生态系统和文化的完整性来实现利益共享，从而达到旅游的可持续化发展。由于生态旅游尊重自然与文化的异质性、强调保护生态环境、为当地社区居民谋福，提倡人们认识自然、享受自然、保护自然，被认为是旅游业可持续发展的最佳模式之一，成为旅游市场中增长很快的一个分支。我国地域广阔、地形复杂多样、生物品种繁多，适合开展生态旅游的旅游地较多。如黑龙江五大连池、湖北神农架、贵州织金洞、四川兴文石海、西藏雅鲁藏布大峡谷等等。

第二节　旅游产品开发

旅游资源开发最终要落实到旅游产品的开发。正确评价、认识旅游资源，并根据市场需要开发出适销对路的旅游产品是旅游开发的关键，是旅游业发展的基础条件。作为向市场销售的旅游产品，主要有两种形态：组合产品和单项产品。组合产品即一条旅游线路，它是将两个以上的旅游景点和不同的旅游经营商或团体所提供给旅游者的食、住、行、游、购、娱等各方面的产品和旅游服务组合起来，然后一起销售给旅游者的产品形态。单项旅游产品包括景点参观、交通票据预订、交通工具出租、代订住宿餐饮、代订会所娱乐项目等等，而其中最为基础和主要的内容就是景点参观了，因为一般而言大多数旅游者的旅游的主要目的是冲着旅游景点去的[②]，因此单项旅游产品中的基础产品是景点。这里我们拟对景点和旅游线路的开发进行介绍。

一、景点的开发

旅游景点的开发是一地旅游资源开发的显著表现形式，但是显然旅游景点的开发不等于旅游资源的开发。相对而言，景点开发更加微观一点，而旅游资源开发的范围非常广泛，往往涉及一些非旅游部门和产业。作为旅游资源开发类型的一种，景点开发自然应该合理运用上一章我们讲的理论，遵循各种原则，按照一定的开发顺序进行。但在具体操作中，景点开发还有一些更加具体和操作层面的内容。

---

① 参见于成国主编《旅游市场营销》，中国科学技术出版社（北京），2009年版，第174页。
② 当然也有一些专项旅游产品不需要依托一定的景点，如购物旅游、会议会展旅游、体育旅游等。

(一)景点开发概述①

景点,国外称为旅游吸引物(Tourism Attractions or Visitor Attractions),是指专门为满足人们参观或体验自然风景、社会人文风情、历史遗迹或游乐度假的目的而兴建的综合性设施。景点是旅游者旅游的基本目的和主要目的,是旅游业发展的基础。

1. 景点开发的类型

景点开发根据其与资源的关系或出于不同的阶段主要分为以下几种类型:

(1)新建景点

最完全意义的新建景点是指新建人造景点。人造景点是指在原本没有旅游资源的地方新建景点,这种旅游产品也称为"资源脱离性产品",它不依托于一定的旅游资源,而是专辟某一地点建造人工吸引物。最为典型的就有深圳的"锦绣中华"、"世界之窗"、"欢乐谷";无锡的"三国城"、"水浒城"、"唐城"等;杭州的"宋城"。目前大多处于衰落期,而目前最为成功的当属华侨城的"欢乐谷主题公园"连锁项目,已经在深圳、北京、上海、成都四个城市建设了四个项目,正准备进军武汉。国际上最为有名的就是美国华特·迪斯尼公司的"迪斯尼乐园",目前已经在美国洛杉矶、奥兰多,法国巴黎,日本东京,中国香港建有五个项目,2009年11月,中国上海的迪斯尼项目获批,预计2014年开园。

将从没有向旅游者开放的地方,经过交通改造、旅游设施建设等工作,然后开放给旅游者的景点,也属于新建景点。

(2)改造原有景点为新景点

是指将原来建造的旅游景点改造为新的吸引物,如将经营不善的不列颠主题公园改建成美国冒险主题公园。我国很多人造景观面临新的转型和改造。如深圳的"锦绣中华"、"世界之窗"项目现已门可罗雀,目前其主要价值在于其房产投资价值。国内很多人造景点面临同样的情况。

还有一种类型是将具有自然或人文旅游资源的地方打造成具有新功能的目的地,如在自然环境较好的地方兴建野生动物园。

(3)增建新的项目

是指在原有景点的基础上增建大的旅游项目,如在某些风景名胜中开发开放新的区域就属于此类做法,如九寨沟后来开发的原始森林景点。这类开发主要是为了防止旅游产品进入衰退期而进行的景点开发。此外,在主题公园内增建新的大型游乐项目是典型的这种类型的景点开发。

(4)增加服务设施

是指在现有景点内增建服务设施,如主题餐厅、风味餐厅、酒吧、零售商店、购物点等,以增加客人的消费。如很多风景区内新建的特色产品购物店、风味餐厅、博物馆内新建的猪头餐厅等。云南丽江的酒吧一条街就是后来开发的,既增添了旅游者的旅游项目,又丰富了景点的风景内涵,同时大大增加了旅游业的收入。当然这类增加需要和景点的文化背景相符合,不然会造成游客的反感。如众多旅游景点的各类购物摊点,全国各地卖的都是差不多的产品,尤其是玉器店等。

(5)创办新的活动或举办大型活动

---

① 参见约翰·斯沃布鲁克著《景点开发与管理》,张文等译,中国旅游出版社(北京),2001年版,第107~173页。

如我国各地"风起云涌、前赴后继"的印象系列，如印象刘三姐、印象云南等。这类活动可以增加旅游者的游览内容，但是这类活动现在有泛滥趋势，投入大，开发时要慎重，要做周密的可行性论证。再如举办各种更换地点的主体活动，如奥运会，世博会等。

2. 开发商

景点开发的主体主要有：

(1)国有：包括中央政府；地方政府；国有企业等。

(2)私有：跨国综合公司；跨国旅游公司；国内大型综合公司；国内大型旅游公司；国内中小型旅游公司；个体企业。

根据开发的主体不同他们的开发兴趣往往存在差别，政府及部门主要关注资源保护类的大型自然和人文遗产旅游地；而私有企业主要关注娱乐休闲类投资效益较高的项目。

3. 开发的动机

(1)国有：引起政府和国有企业投资兴趣的因素有为保护国家或地区的文化遗产；为公众提供休闲设施；提供受教育的机会；改善国家在国际上的形象，或是提高某一地区在国内的知名度；作为发展经济或振兴城市的工具；出于政治的目的等。这些开发动机和目的，就我国而言，主要是针对政府。某些国有企业还是主要以赢利为主。这类开发有很多的公益成分。虽然收入非常重要，但赢利不是政府开发这类产品的主要动机。

(2)私有：私营企业一般开发的动机比较明确、单一，主要是为了赢利。其开发的动机主要有：使产品多样化、提高市场占有率、达到一定的投资收益或增加利润。

4. 开发过程

景点的开发过程的一般过程主要有：景点策划、景点规划、景点开发实施四个阶段。但根据开发的类型、开发的规模、开发的主体、开发的时间等各方面的不同，开发过程就会表现得比较复杂。

(二)景点策划[①]

景点策划是在调查与研究的基础上，确定未来如何实现景点资源与市场需求结合的活动的创造性思维过程。[②] 景点策划是景点开发的最重要阶段，是景点开发能否取得成功的关键步骤。景点开发，策划先行，是我们通过对众多景点开发失败案例的经验教训的总结。一般而言景点策划的支撑要素有：旅游资源的特质、旅游资源的区域分布、可进入性、旅游者对资源的感知、市场情况等。旅游资源的区域分布、可进入性、旅游者对旅游的感知、市场情况等都可以通过实地勘察、资料分析、问卷调查等多种方式获得，但是对旅游资源特质的把握却是一个较多渗入了策划者主观认识、经历及价值观的过程。

1. 从策划角度认识景点旅游资源

(1)旅游资源根据其自身特点和是否能开发成独立景点可以分为：可开发为独立景点的旅游资源，或作为景点环境的旅游资源两类。

可开发为独立景点的旅游资源，即是说旅游资源通过开发后可以直接独立成为吸引旅游者的景点，如古观名寺、海滨海滩、山中温泉等。作为景点环境的旅游资源，是指这类旅游资源本身不能开发成直接吸引客人的独立景点，而只能作为景点的背景存在，这些背景有时也是非常

---

① 参见杨振之著《旅游原创策划》，四川大学出版社(成都)，2006年版，第36~40页。
② 参见陈放著《顶尖营销》，中国农业出版社(成都)，2005年版，第198页。

重要的景点吸引力因素。如一地气候、普通的绿色植被等。资源价值相当的旅游资源,其环境资源决定其价值大小。在景点策划中,对于环境旅游资源的重视是开发能否成功的关键。

(2)景点策划的市场导向和旅游资源特质的充分展现

a. 市场导向和对旅游资源特质的把握缺一不可。市场导向是非常重要的原则,因为不能满足消费者需求的产品不是好产品;但是不根据自身情况盲目迎合消费者,就会迷失自己,找不到方向。因此,对资源特质的深入把握和市场导向是景点策划的两个重要参考点,缺一不可。目前的景点策划主要有两方面偏差:一方面,某些景点策划非常重视市场导向,开展大量课题专注于消费者需求,运用大量问卷、先进手段对市场需求进行分析,但却不重视对于旅游资源特质的把握。这样开发出的景点就存在特色不足、缺乏吸引力的缺点。这种偏差在目前中国的景点开发中大量存在,只注重景点的功能开发、忽视文化特质,也与缺乏能够深刻把握景点文化特质及其文化环境的人才有关,这种景点策划大多是批量生产导致的,注重景点的一般性和知识型特征,而忽视了其地域性和文化性。另一方面,某些景点重视对旅游资源特质的把握,但却忽视研究市场,致使投入大量资金开发的景点无人问津。这种景点策划注重对于景点文化特质和环境的把握,但由于缺乏对景点功能的一般性把握,一般表现为技术含量不高的特点,其注重景点的地域性和文化性,却缺乏对景点策划的一般性和知识性特征的认识。

b. 旅游资源特质需要合理释放。所谓旅游资源的特质,是指旅游资源自身所具备的价值(科学价值、历史价值、文化价值)、品质、特色。景点的资源特质决定了旅游资源自身的品味、档次,是旅游形象定位的基础,是景点开发的基础。离开这一基础谈策划,只能是空中楼阁、梦幻泡影。有些景点利用炒作赚取人气,可能能在短期内吸引大量游客,但绝非长远之计。景观策划需要深入的根植在其旅游资源特质这片土壤中。

旅游资源仅仅具有特质还不够,关键是还应具备本我特质的释放功能,不要"茶壶里的汤团倒不出来"。往往存在某项旅游资源经专家评定价值很大,专家也写了大量文章论证研究,可这类产品就是迟迟不能转换为产品,不能得到更多人认同。同是世界遗产,北京周口店北京猿人遗址的游人远远低于长城,这说明不同类型的旅游资源的本我特质的释放能力也不同。这也说明并不是有价值大、品味高的旅游资源都能转化为旅游产品,在景点策划中要善于找准独特方式使景点的旅游资源特质得到合理释放。

2. 如何把握景点策划中的资源要素

在景点策划中,要善于把握能转化为旅游产品的旅游资源要素,这既需要非凡的见识和胆略,又需要长期的经验积累,特别需要对市场需求的准确了解。当然,对旅游资源要素的把握是一切的基础。

(1)善于发现、挖掘旅游资源的独特性

景点策划的过程就是不断发掘资源新的价值的过程,将旅游资源中还不为大多数人认知的特色挖掘出来,往往可以"化腐朽为神奇",成都龙泉的洛带古镇就是成功的典范。策划者敏锐地发现,并牢牢地抓住了其客家文化的特质,并进行比较,提出了"中国西部客家第一镇"的响亮主题和口号。

(2)善于整合各类旅游资源要素

整合各类旅游资源要素,使其形成一个全新的旅游产品,是旅游开发走向全面商品化的过程。这种整合具有较强的人工痕迹,但如整合得好,充分考虑市场的需求也会获得成功。

(3) 把握资源要素和产品要素的联系

景点策划必须以旅游资源为基础，其整合要切合实际看着。不然就会出现产品要素与资源要素联系不紧密或无联系的情况，会对产品的长期推广和赢利造成阻碍。

(4) 科学与非科学

科学需要严密的理性体系，重证据、推理、逻辑。非科学重感性、感受、直观、印象，它不需要严密的理论体系来支撑。当然非科学不等于伪科学，伪科学在本质上反科学原理和科学精神的。在景点策划中要有其注重对非科学的利用，要适度利用非科学手段进行策划，这样往往可以使景点豁然开朗、面貌一新。

(三) 景点规划

景点策划是景点规划的前导和灵魂，景点规划是一个更加系统、具体的工作。景点规划是对景点的总体发展进行的规划，同时景点规划必须对景点的旅游资源开发，旅游设施、基础设施的建设，景点的经营，景点与周围社区的关系、环境保护等方面进行指导建议和必要的设计。① 景点规划的焦点是吸引物、设施与服务的规划。其特点是规划与设计相结合。景点规划重点是实体规划(Physical Planning)、土地利用与设计。景点规划成败的关键是塑造特性，是应用美学及科学原则于研究、规划、设计与管理自然与人文环境。设计师集中于设计建筑、布局道路，以相互影响、相互关联的方式，应用相关设计原则来处理人造环境与自然环境的关系。所以景点规划是设计与规划的结合。同时，景点规划要求多方参与，一般要有土地规划者、建筑设计师、景观设计师、园林设计师和工程师及娱乐设施设计专家等，另外一般还有开发商、建筑商、经营管理人员、当地群众代表等。② 策划最后需拿出具体景区开发方案文本。

(四) 景点开发实施

景点开发实施就是根据策划思路和规划方案，进行竞标，选择具体的施工单位进行施工。施工完毕，经过一定的管理，景点就可以向旅游者开发了。

二、旅游线路的开发

旅游线路，是指出售给旅游者的产品组合形式，是指专为旅游者设计，能够提供各种旅游活动的旅行游览路线。它按照旅游者的需求，通过一定的交通线、交通工具与方式，将若干个旅游城市、旅游点或旅游活动项目合理地贯穿和组织起来，形成一个完整的旅游运动网络和产品的组合。③ 这种产品的简单结构是道路对景点之间的有限连接。与景点相比较，旅游线路是依赖于景区(点)分布的线型产品。从空间尺度划分，旅游线路分为两种基本类型，一是大尺度的旅游线路设计，它实际上包含了旅游产品所有组成要素的有机组合与衔接；二是小尺度的线路设计，即旅游景区的游览线路设计，在很大程度上与旅行社无关，而是旅游地规划的内容。④ 显然，我们这里所指的旅游线路主要是指大尺度的旅游线路。对于旅游资源开发而言，旅游线路开发是旅游资源商品化的末端工作，也是能否产生效益的重要环节。

---

① 参见方增福撰《旅游景点规划的基本原则和方法探析》，《云南地理环境研究》(昆明)，2007(09)
② 参见邹统钎主编《旅游景区开发与管理》，清华大学出版社(北京)，2004年版，第257~258页。
③ 参见喻学才主编《旅游资源》，中国林业出版社(北京)，2002年版，第151~152页。
④ 参见吴必虎著《区域旅游规划原理》，中国旅游出版社(北京)，2001年版，第382页。

（一）旅游线路的类型

按照不同的分类标准，旅游线路有不同的类型。

1. 按旅游者行为和意愿特征划分[①]

（1）周游型旅游线路。该类旅游线路游客的目的主要在于观赏，线路包括多个游览地，是目前大众旅游线路的主要类型，旅游者重复利用同一线路的可能性小。

（2）逗留性旅游线路。逗留性旅游线路主要为休闲、度假旅游者设计，其目的在于休息或娱乐；线路所串连的旅游游览地相对较少，甚至只有一两个旅游景点，同一旅游者重复购买同一线路的可能性大。线路的设计要比观光性旅游线路简单。

2. 按旅游线路的空间结构划分

（1）环状旅游线路

该类线路一般适用于大、中尺度的旅游活动。例如，我国以北京为起点的东线和西线串联合并而成旅游环状旅游线路，"东线"：北京（入境）——南京、苏州——上海、香港（出境）；"西线"：北京（入境）——西安——昆明——桂林——广州、香港（出境）。这类线路的特点：一是跨度大；二是所选各点均为知名度高的"精华"旅游城市或风景旅游地；三是基本不走"回头路"。

（2）节点状旅游线路

该类线路是一种小尺度的旅游线路。旅游者选择一个中心城市或自己的常居地为"节点"，以此为中心向四周旅游点作往返性的短途旅游。这类旅游线路的节点多为旅游地或旅游点的依托城市，旅游条件较好、交通方便、游览路程短、可以在短期内往返、经济适用，在国内游客出游中较为常见。

3. 按旅游活动内容的丰富程度划分

（1）综合性旅游线路

综合性旅游线路表现为综合性特色，是多种旅游目的和旅游活动项目的集合型旅游线路。综合性旅游线路能使旅游者得到更多的体验和经历，它比"专题性线路"具有更广的大众化意义。如我国东部旅游线：中国古都北京－江南山水风光城市南京－中国园林城市苏州－现代工商业大都市上海。该线路风景都市与古城巧妙配合，相得益彰，能使游客获得良好的印象和旅游满足。

（2）专题性旅游线路

专题性线路是以某一主题为基本思想串连各点而成的旅游线路，全线各点的旅游景物或活动同属性明显，具有较强的历史与文化性，比较受欢迎。这类旅游线路是未来旅游线路的主要形态，特点鲜明、有较强的针对性。如世界旅游组织提出的跨国旅游线——"丝绸之路"旅游线，其横跨亚欧两洲的多个国家；1997中国旅游年推出16条"精选旅游线路"中，有15条线路属于专题性旅游线路。如"三国旅游线"、"吴越春秋旅游线"、"马可·波罗足迹旅游线"、"文成公主进藏线"等线路。[②]

还有一些其它的分类标准，如按照旅游线路跨越空间的尺度可分为洲际旅游线路、洲内旅游线路、跨国旅游线路、国内旅游线路、区内旅游线路。

[①] 参见即著名的"楚义芳模式"。
[②] 参见高峻主编《旅游资源规划与开发》，清华大学出版社（北京），2007年版，第195～196页。

(二)旅游线路的设计①

1. 旅游线路的设计原则

(1)市场导向原则

旅游线路设计的最终目的是销售给旅游者,并满足其游赏需求,因此线路设计的首要考虑就是如何满足市场需求。这要求我们在进行旅游线路设计时应该遵循市场导向的原则。旅游者行为的基本规律是最大效益原则,它们对旅游线路选择的基本出发点,是以最小的旅游时间和旅游消费比来获取最大的有效信息量与旅游享受。故游览时间长短,游览项目多少,以及在途时间和花费比值的大小,将影响游客对线路的选择。因此,在一条旅游线路中,应包括必要数量的著名、有价值的旅游景点。但是,如果将旅游资源的最精华部分都组织在有限的旅游线路中,其它旅游资源将被冷落,区域旅游将难以获得综合效益。因此,目前倾向于将旅游热点、温点和冷点进行搭配起来组织旅游线路,但旅游者又不一定接受,解决这一问题的根本出路在于加强开发力度,提高目前旅游温点和冷点的文化品位。

(2)主题突出原则

主题和特色是产品的生命和魅力所在,没有主题和特色的旅游线路是不会受到旅游者欢迎的。主题突出原则,是指旅游线路开发,要深入把握各旅游点的文化内涵和内在的统一性,以某一主题统摄各旅游点,使这些分散的旅游点不但从交通上,而且更多是从文化内涵联系统一起来。只有把握了各旅游点在文化内涵上深层的统一性,才能使旅游线路散发出文化的魅力、给游客留下深刻的印象。

(3)行程不重复原则

旅游线路应组织为由一些旅游依托地和尽可能多的不同性质的旅游点串连而成的环形回路、以避免往返路途重复。有时表现为环形主线路上连接重要旅游依托地作为中心的多个小环形支线和多条放射线,作为长距离旅游,所经过的各个重要旅游依托地(或集散地)便是大环形路线上的节点。这些节点就成为小环形支线或多条放射中心。对此环形旅游路线,最受旅游者欢迎的是将主要购物地安排在最末一站,这样有利于旅游者大量采购各种物品,而没有携带不便的困难。

(4)顺序与节奏安排原则

各旅游点的先后顺序和具体的时间安排非常重要。在旅游路线的设计中,必须充分考虑旅游者的心理和体力、精力状况,合理安排其结构顺序与节奏。同样的旅游项目,会因旅游路线的结构顺序与节奏的不同而产生不同的效果。一条旅游路线应如同一件艺术作品,应体现序幕—发展—高潮—尾声,要表现出良好的节奏感,有张有弛、富于变化。

(5)留有余地、机动灵活原则

在设计旅游路线时,不宜将日程安排得过于紧张,应留有一定回旋余地;在执行过程中,也须灵活掌握,以保证落实既定旅游路线行程的基本项目为原则,同时也预备局部变通和应付应急情况。

(6)安全性原则

安全是旅游者的基本需求。旅游线路设计时,对于旅游者安全的考虑应该放在首位。一方面要避免线路中游客发生拥挤、碰撞、阻塞线路,甚至造成事故;另一方面要避免天灾人祸

---

① 参见马勇、舒伯阳主编《区域旅游规划 - 理论·方法·案例》,南开大学出版社(天津),1999年版,第95~98页。

的影响。①

2．旅游线路设计框架

旅游线路设计，即旅程设计，是一个技术性（经验性）非常强的课题，它涉及几个基本问题：

其一，旅游产品所针对的目标市场是什么，其可能的变化趋势如何，这决定了旅游线路设计的需求背景；

其二，与接待地区经济发展水平、国际旅游发展水平、体制和管理水平等相联系的旅游供给一体化程度，即地区旅游产业内外关联和协调能力如何；

其三，旅游者在接待地区消费旅游产品时，其行为的自主程度如何，或者反过来说，接待地区政府和旅行机构操纵和引导旅游客流的作用和程度。这些构成了旅游线路设计、销售的大背景，在一定时间内，旅游线路的设计和经营都受制于以上因素，处于初期发展阶段的不发达地区之旅游业尤为如此。

旅游线路作为旅游产品销售的实际表现形式，它包含了多个方面的组成因素，要将此多个因素有机地组合起来以适合不同游客市场具有相当难度，而且，在现实生活中任何旅游者都不会是绝对的成本最小化行为者，也不会是绝对的单纯满足最大化行为者，而是处于两者之间，只不过不同的旅游者在两者之间的倾向程度不一。因此，旅游线路的设计在总体上应该保持有一定的伸缩弹性。

3．设计程序

旅游线路设计需考虑四类因子：旅游资源（旅游价值）、与旅游可达性密切相关的基础设施、旅游专用设施和旅游成本因子（费用、时间或距离）。旅游线路的设计大致可分为四个步骤：

（1）确定目标市场的成本，它在总体上决定了旅游线路的性质和类型。

（2）根据游客的类型和期望确定组成线路内容的旅游资源的基本空间格局，旅游资源的对应旅游价值必须用量化的指标表示出来。

（3）结合前两个步骤的背景材料对相关的旅游基础设施和专用设施（住宿等）进行分析，设计出若干可以选择的线路方案。

（4）选择最优的旅游线路方案（可以有几条）。其中，第三步骤的工作最富经验性（技术性），设计中必须对第二步骤给出的基本空间格局不断进行调整，以形成新的、带有综合意义的空间格局。

第三节　旅游市场营销

旅游市场是旅游业和旅游目的地生存发展的重要基础。如果不了解旅游市场的发展趋势和基本需求规律，旅游经营者就无法开拓旅游市场、实施市场营销战略、提高旅游市场竞争力。② 因此，在旅游资源开发中，准确把握旅游市场是开发成功的关键所在，把握旅游市场的过程就是旅游市场营销的过程。同时，旅游市场营销也是旅游资源开发的重要环节之一，

---

① 参见高峻主编《旅游资源规划与开发》，清华大学出版社（北京），2007年版，第197页。

② 参见 Chris Cooper、John Fletcher 著·旅游学（第三版），张莉莉、蔡利平编译，高等教育出版社（北京），2007年版，第341页。

是将旅游资源转化为经济效益的重要手段和环节。

一、旅游市场营销概述

(一)概念解析

1. 旅游市场

从传统观念讲,市场是指商品交换的场所,旅游市场就是指旅游者与旅游产品经营商交换旅游产品的场所。从经济学的意义讲,旅游市场是指在旅游产品交换过程中所反映出来的各种经济行为和经济关系的总和。[①] 而我们通常意义的市场,主要是指消费者群体。我们说"有没有市场"的意思是指"有没有消费者"。由于旅游商品主要是一种无形的服务,因此,旅游市场主要是指旅游产品的消费者群体,即旅游者。

2. 旅游市场营销

一提到"市场营销",很多人都会认为就是指"销售和广告"。其实,市场营销是一个广义而综合的概念,广告和销售只是其中的两个环节。旅游市场营销是目标型的,它是一种战略和管理,它既有可能先于广告和销售出现,也有可能晚于广告和销售出现。它是指把旅游产品从生产商转移到旅游消费者(旅游者)的一个总体过程。[②]

(二)旅游市场营销观念

旅游市场营销观念是旅游企业经营活动的基础和指导思想,是旅游企业一切经营活动的出发点。随着社会经济的不断发展,旅游市场营销观念在不断变化,其基本的变化轨迹是从以旅游产品生产商为中心和出发点逐渐转向以旅游消费者需求为中心和出发点。其大致经历了四个阶段[③](参见图7-1):生产观念、产品观念、推销观念、市场观念。

生产观念是指,旅游企业坚持"以产定销"的思想,即旅游企业生产什么就销售什么。这种观念主要产生在卖方市场,旅游产品短缺,消费者没有太多选择,是纯粹的以生产商为中心的市场营销思想。

产品观念,是指旅游企业从开始注重消费者的需求,但转向并不彻底,主要是注重旅游产品的质量。这种观念认为"只要产品质量高,就一定能卖得出去"。这种思想还是以生产商自己为中心的。

推销观念,是指旅游企业认为消费者不会主动购买旅游产品,而需要通过"销售刺激"激励消费者购买。这种观念主要产生在买方市场,消费者已有较多选择。这种观念促使旅游企业非常关注旅游产品的销售环节,进行大量的促销活动。其本质还是以生产商为中心。

市场观念,是指旅游企业在产品生产之前就主动考虑消费者需求,并将满足消费者的需求的理念贯穿与产品的生产、销售、售后服务的全过程。这种观念转向以消费者需求为中心,是出现在买方市场的一种较高级的市场营销观念。实行市场观念的旅游组织能够首先发现消费者需求,进而生产出能够满足那些需求的产品并最终获利。市场营销观念要求管理部门的思维要直接指向利润,而不是销售额。

---

① 参见高峻主编《旅游资源规划与开发》,清华大学出版社(北京),2007年版,第197页。
② 参见查尔斯·R.戈尔德耐,J.R.布伦特·里奇、罗伯特·W.麦金托什著《旅游业教程:旅游业原理、方法和实践》,贾秀海等译,大连理工大学出版社(大连),2003年版,第554页。
③ 其它的市场营销观念,如社会营销观念等都是市场观念的延伸和完善。

第七章 旅游产品与市场营销

图 7-1 旅游市场营销观念演变图

（三）旅游市场细分

没有哪一处旅游景点或旅游线路是人们普遍接受和喜欢的，由于受地理位置、国籍、消费水平、性别、年龄、受教育程度、宗教信仰等多方面影响，旅游者的旅游需求往往呈现出很大的差异性。因此，旅游企业对旅游市场进行细分是非常必要的。旅游市场细分，就是按照一定的标准和方法将客源市场划分为有差别的旅游消费者群体，这种群体就可成为不同的目标市场。市场细分是目标市场定位的前提，也是旅游市场营销的基础。[1]

1. 旅游市场细分的基础

一般而言，旅游市场细分依据主要有地理变量、人口统计变量、心理变量和行为变量四大类。[2] 还可以将这四类变量进一步划分为地理、人口统计、社会经济、消费心态、行为模式、消费模式、消费倾向七个小类。[3] 地理变量主要包括地理区域、气候、空间位置、人口密度等变量；人口统计变量主要包括年龄、性别、职业、家庭规模、家庭生命周期、收入、教育等；心理变量则主要包括生活方式、性格特征、态度、兴趣、动机等变量；行为变量主要包括购买动机、使用频率、偏好程度、购买时间、购买行为特征等变量。这里限于篇幅，主要谈谈按心理变量的市场细分方法。

2. 按照心理变量进行市场细分

根据旅游者心理变量进行市场细分的模式较有代表性的有普洛格模型和 VALS 模型两种。

（1）普洛格（Stanley C. Plog）模型

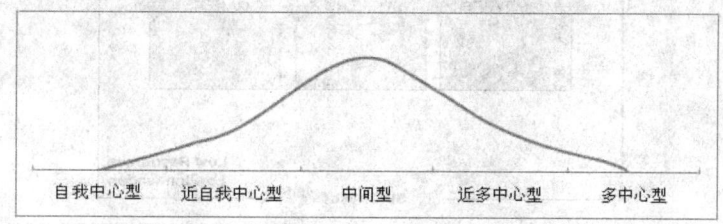

图 7-2 普洛格模型图

该模型是由美国学者 Stanley C. Plog 设计的，普洛格（Plog）根据旅游者的消费心理特征，将美国旅游者划分为两个极端：自我中心型（psychocentric）和多中心型（allocentric）。自我中心型的人感到自我压抑，不善于冒险；多中心型的人则兴趣广泛，喜欢外出，充满自信，善于冒险，愿意接触不同的生活方式。而大多数人则为二者的统一，因此，该模型进一步将旅游者细分为自我中心型、近自我中心型、中间型、近多中心性、多中心型五个连续类型（图 7-2）。不同的类型的旅游者旅游需求存在很大差异，对目的地的选择会出现很大差别。多中心型的

---

[1] 参见杨振之著《旅游资源开发与规划》，四川大学出版社（成都），2003 年版，第 160 页。
[2] 参见赵西萍主编《旅游市场营销学：原理·方法·案例》，科学出版社（北京），2006 年版，第 82 页。
[3] 参见查尔斯·R. 戈尔德耐、J. R. 布伦特·里奇、罗伯特·W. 麦金托什著《旅游业教程：旅游业原理、方法和实践》，贾秀海等译，大连理工大学出版社（大连），2003 年版，第 570 页。

旅游者会倾向于选择远距离、和自身文化差异较大的目的地,如美国的多中心型旅游者倾向于选择非洲、东方国家等目的地。自我中心型的旅游者则倾向于选择距离较近、文化和相同的目的地,如美国的自我中心型旅游者会倾向选择 Coney 岛或离自己家近距离的目的地,这类旅游者的极端例子是选择呆在家中。更多的中间型的旅游者则倾向于选择距离适中、文化有某系相似点但又完全不同的目的地,如美国的此类旅游者多选择夏威夷、西欧、加拿大等目的地。普洛格模型不但适合美国人,还具有很大的推广意义。据此进行市场细分对于把握消费者心理需求具有积极意义。

(2) VALS 模型

VALS 是英文"values attitudes lifestyles"的简称,即"价值观、态度和生活方式",是由 SRI International 研究出来的根据消费者心理特征而进行的市场细分模型。该模型目前已经发展成 VALS2,它将美国的成年消费者按照两个心理维度分为八类。

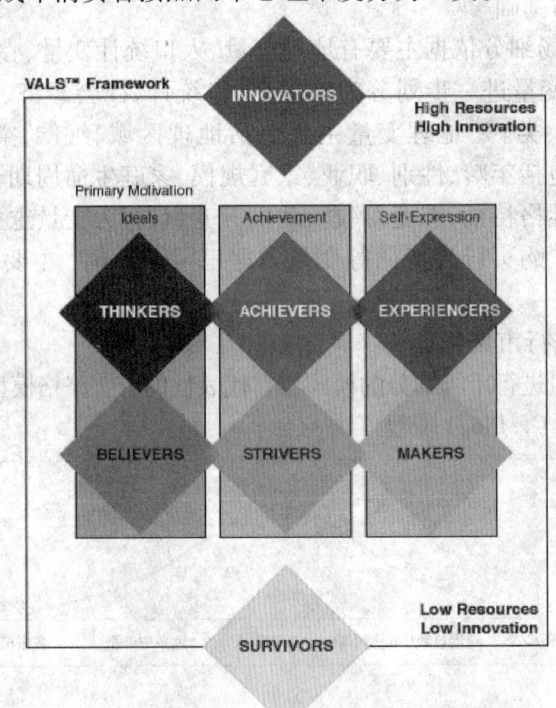

图 7-3　VALS 模型①

这两个维度为:横向维度——消费的主要动机(Primary Motivation)(分为三种:理念<ideas>动机、成就<achievement>动机、自我表现<self-expression>动机)②和纵向坐标资源拥有

---

① 图表来源:http://www.strategicbusinessinsights.com/vals/ustypes.shtml。
② 主要动机(Primary Motivation),是指消费在作出购买决策时的主要激励因素。理念<ideas>动机,是指消费者作出决策主要是通过知识、原则等理念进行判断,而不是靠感觉、事件或被认同的渴望引导;成就<achievement>动机是指,消费者的购买动机是为了体现社会地位、身份、个人成就等,这些人收到行动、赞同及他人影响很大;自我表现<self-expression>动机类消费者喜欢社会交往、运动、冒险和变化,购买产品时注重产品体验。

(Resources)和创新能力(Innovation)的程度(用"高"、"低"来表示)①。这八类消费者②主要为：

创新者(Innovators)：为成功的、老练的、喜欢掌控别人的人，自尊性高、资源丰富、精力充沛，容易接受新生事物，对高档产品具有一定的需求。

思想者(Thinkers)：由理念所驱使，为成熟的、满足的、自省的、受过良好教育的人，尊重秩序、注重理性，虽然他们的收入不菲，但是他们却是非常实际的消费者，注重产品的价值、功能和品质。能接受新思想。

信仰者(Believers)：如同思想者，其消费决策也由理念引导，一般较为传统、保守、坚守传统价值观念，他们的消费多为熟悉产品和老品牌，不愿更多尝试，其需求一般能够被预测。

成功者(Achievers)：是指一群成功者，他们以工作为中心，从工作和家庭中获得满足，通常过着传统的生活。这是在消费市场上活跃的群体，欲望和需求较多，多希望通过所购买的产品体现自己的成功和社会地位。他们资源丰富，多选择高档和奢侈品牌。

奋斗者(Strivers)：为追求时髦、爱好取乐的一群人，他们竭力仿效成功者，喜欢流行的产品，寻求自我肯定及他人肯定。同成功者一样，虽然金钱并不充裕，但奋斗者却是活跃在消费市场上的群体。因为购物对他们来说，不但是一种社会活动，还是一个表明他们购买力和社会地位的机会。他们多为冲动型购买者。

体验者(Experiencers)：这类消费者年轻、有活力、热情、反传统、易冲动，属于快热快冷型，追求新奇、冒险。他们购买欲望强，将收入的很大比例用在追求时尚、个性、娱乐、音乐等消费方面。

制造者(Makers)：这类消费者注重实际和体验，注重自给自足，拥有充足的技能和精力。他们物质欲不强，主要购买基本需要的商品，不追求奢侈，注重产品的实用和功能。

生存者(Survivors)：这类消费者主要为生存忙活，资产少，收入低，无专业技术，生活受到限制，他们通常在力所能及的情况下忠实于品牌，尤其是打折的品牌。

VALS模型还可以推广至美国以外的国家，其运用非常广泛。中国学者吴垠根据中国的具体情况创制了CHINA-VALS模型，将中国消费者分为14种类型：理智事业族、经济头脑族、工作成就族、个人表现族、平稳求进族、工作坚实族、经济时尚族、随社会流族、平稳小康族、求实稳健族、传统生活族、现实生活族、消费节省族、勤俭生活族。③

二、旅游市场营销组合

旅游市场营销计划将许多要素组合在一起，形成一个可运行的整体，即一个可行的战略计划，这就是旅游市场营销组合。旅游市场营销组合综合运用各种企业可控力量，针对目标市场的需要优化组合企业可控制的各种营销要素(旅游产品、价格、渠道、促销等)，以满足目标市场的需要并实现企业的盈利目标。市场营销的很多要素通常被简化为"4Ps"，此理论是1960年由E.J.麦卡锡(E.J.McCarthy)提出并普及的。虽然"4Ps"有些过于简化，但它的确提供了一个简明的框架，用以研究和制定市场营销计划。

---

① 消费者对产品的消费倾向往往超越年龄、收入、教育。精力、自信、追求新奇、创新性、冲动、虚荣心、领导力等往往扮演了重要的作用。这些心理特质在消费中起作用主要取决于一个人的资源拥有程度。

② 参考自：http://www.strategicbusinessinsights.com/vals/ustypes.shtml。

③ 参见吴垠撰《关于中国消费者分群范式(China-Vals)的研究》，《南开管理评论》(天津)，2005(08)。

(一)4Ps 理论

"4Ps"营销组合理论,是指产品(Product)、价格(Price)、营销渠道(Place)、促销(Promotion)四种营销组合要素。根据此理论,旅游企业或目的地的市场营销要素可简化为四大要素。

1. 产品

这里所指的"产品"不仅包括产品的物质属性,它还包括产品策划、产品开发、生产规模、品牌树立和产品包装等多方面。大多数旅游企业均把发展一种既赚钱又持久的业务作为自己的目标,为了实现这一目标,企业必须随时提供能够满足消费者需要的产品。因此产品策划就变得非常重要了,在策划时主要是要达到"五个正确"(five rights)的标准,即正确的产品、正确的地点、正确的时间、正确的价格和正确的质量[①]。

2. 价格

价格要素是旅游市场营销的一个重要的决策因素。它不仅决定消费者如何看待产品,还极大影响着旅游市场营销组合的其它要素。价格是旅游企业在竞争中可以运用的一种常用的策略,旅游企业可以根据具体情况选择高于竞争对手的撇脂定价策略、低于竞争对手的渗透定价策略和与竞争对手相同的定价策略三种。具体在选择产品价格时,应考虑一下几方面的影响因素:[②]

(1)产品质量

产品质量决定着价格与价值之间的关系。一般而言,比竞争者更具有使用价值和更能满足消费者需求的产品价格更高。

(2)产品独特性

一个没有明显特性的主要生产产品或标准产品,是没有机会主导价格的,但一个具有显著特性的与众不同的产品,则可能保持很高的价格。比如北京故宫、九寨沟、张家界等遗产景观独特的景观和文化价值是其景区门票高价的主要支撑。

(3)竞争因素

可以与竞争者相媲美的同一种旅游产品在定价时一定要考虑对手的价格,因为在某种程度上产品的价格决定产品在市场中的地位。

(4)分销方法

旅游产品价格的制定必须考虑旅游经营者、旅游代理商或本企业销售队伍的经济利益。

(5)市场特征

旅游产品定价应考虑消费者的类型和数量,如果消费者数量很少,则应抬高价格,作为这个有限市场的一种补偿,但我们还需要考虑消费的购买能力和购买习惯。

(6)成本因素

成本和市场条件应该成为价格的导向。从长远看,价格必须超过成本,否则企业将无法生存。同时,价格的制定还必须考虑分销成本,这部分成本往往比其它成本更难估计。

(7)期望边际利润

[①] 参见查尔斯·R.戈尔德耐,J.R.布伦特·里奇,罗伯特·W.麦金托什著《旅游业教程:旅游业原理、方法和实践》,贾秀海等译,大连理工大学出版社(大连),2003年版,第558页。

[②] 参见查尔斯·R.戈尔德耐,J.R.布伦特·里奇,罗伯特·W.麦金托什著《旅游业教程:旅游业原理、方法和实践》,贾秀海等译,大连理工大学出版社(大连),2003年版,第561~562页。

融入到旅游产品价格中的编辑利润必须超过传统投资所实现的利润，这样才能补偿企业遇到困难的风险。

（8）季节性

由于人们周期性的休假及人们的度假习惯，大多数旅游产品都具有季节性的特点。在产品定价过程中，应该考虑产品的季节性因素。

（9）特别促销价格

向消费者提供优惠价格或一次性特别价格有助于产品推广和传播，这是一个很好的策略，但一定要深思熟虑，必须保证这种做法能够起一定作用，不要将其发展成经常性打折。

（10）心理因素

心理因素是旅游产品定价必须考虑的一个重要因素。心理定价法也是一种常见的定价方法，这是由于数字往往在不同的文化中具有一定的隐含寓意，而不同的数字给消费者带来不同的感受。

3. 营销渠道

营销渠道是指将旅游产品从旅游产品供给者手中转移到旅游消费者的整个流通过程，这是一个由供给者及其选择的所有中间商所组成的流通网络。① 营销渠道的选择往往是旅游市场营销管理者面临的一个艰难的决策。显然，不同的营销渠道会带来不同的营销效果。

4. 促销

促销，是指通过宣传旅游产品以及企业的优点，努力说服消费者进行购买所进行的一系列活动，主要包括：广告宣传、营业推广、人员推销与公共关系五种形式，每种形式的特征与适用性各有差异。促销主要是进行说服，期望可以影响最终消费者的购买行为与消费方式，其根本目的在于提高旅游经营主体及其旅游产品的知名度与市场形象，从而最终扩大销售。这是提高旅游企业经济效益的重要途径。②

20世纪80年代，营销学大师菲利普·科特勒根据形势的发展提出了"大营销"的理念，改进了"4Ps"营销组合理论，将其增加到"6Ps"，即增加了政治力量（Political power）和公共关系（Public relation）这两个对企业影响至关重要的外部因素。

（二）4Cs 理论

1990年罗伯特·劳特朋（Robert Lauterborn）在专业杂志《广告时代》上发表文章提出了"4Cs"营销组合理论。所谓4C，即指消费者的需求与欲望（Consumer's needs and wants）、满足消费者需求与欲望的成本和价值（Cost and value to satisfy Consumer's needs and wants）、购买便利（Convenience to buy）、与消费者沟通（Communication with consumer）。1994年，科特勒在其著作《营销管理》中引用了4Cs 理论。此后，4Cs 便逐步有取代4Ps 的趋势。

市场营销组合理论对于旅游市场营销具有良好的指导意义，也是运用广泛的市场营销理论之一。

三、旅游目的地形象定位

旅游目的地形象（Tourism Destination Image，简称TDI）是旅游地对客源市场产生吸引力的关键因素，是旅游地的象征，同时也是旅游资源开发的重要内容。旅游目的地形象定位的

---

① 参见宋刚主编《旅游市场营销：理论·实务·案例》，首都经济贸易大学出版社（北京），1999年版，第118页。
② 参见宋刚主编《旅游市场营销：理论·实务·案例》，首都经济贸易大学出版社（北京），1999年版，第119页。

准确与否直接关系旅游目的地的发展命运,鲜明准确的定位会大大吸引旅游者的光临从而促进旅游业的发展,反之,模糊甚至错误的定位则会阻碍一地旅游业的发展。

(一)旅游目的地形象

旅游目的地形象是人们对于非定居地的综合印象,是旅游主体(潜在和现实旅游者)主观感知、认知和旅游客体(旅游目的地)特质释放与表现综合作用的结果。一般而言,旅游目的地形象主要表现为一种群体印象,即大多数旅游者对旅游目的地的感知。

国内外旅游目的地形象的定义很多,目前也没有统一的定义。正如伊格特纳和里奇Echtner & Ritchie(1991)所说,不同的定义体现了旅游目的地形象的不同方面。但总体来看,目前的研究主要倾向于认为,旅游目的地形象是旅游主体的主观感受和认知,即旅游者对目的地的观点、印象、看法等。[①] 王晨光认为:旅游目的地形象是指一定时期一定环境下,人们对旅游目的地的各种感知印象、看法、感情和认识的综合体现。它包含两层含义:一是情感和价值上的形象,即人们对旅游目的地在情感上的认同程度;二是风格、特征上的形象,即人们对旅游目的地形象独特性的评价。[②]

(二)旅游目的地形象定位

在旅游资源开发中,旅游地策划有着至关重要的作用,策划的有无与质量的优劣都会极大影响旅游资源开发的效果。杨振之认为旅游地策划主要包括形象策划、产品策划、市场策划三大要素,而旅游目的地形象策划是旅游地整体策划的重要和前导内容,旅游目的地形象定位则为旅游目的地形象策划的核心。因此,旅游目的地形象定位有着至关重要的地位,忽视其重要地位将会导致"一步错,步步错"的连环影响。旅游目的地形象定位的确立绝不仅仅是策划者或规划者"灵光一现",其定位确立的过程关涉诸多方面,不但涉及策划者或规划者的主观认知,还要牵涉目的地资源禀赋、旅游者感知等诸多方面。综合起来说,旅游目的地形象定位的确立主要有旅游资源禀赋、旅游者感知与认知、旅游目的地空间竞争、旅游市场定位、区位条件五大支撑要素。[③]

1. 旅游资源禀赋

旅游资源禀赋,是指旅游资源自身的特质及其表现能力。旅游目的地形象定位绝非"无源之水、无本之木",必须以旅游资源为基础。长期的历史文化积淀、自然景观赋存、社会风貌习染赋予了目的地独特的资源禀赋,从而具有某种区别于他处的独特特质,这种特质是目的地的性格和基因,在旅游目的地形象定位中具有决定性作用。斩断历史、割裂社会文化和脱离自然赋存的形象定位无法得到当地文化的濡养和支撑,必然失败。如成都的"东方伊甸园"形象定位从开始就注定了其命名,必然草草收场、不了了之。很多旅游目的地的形象定位至今没有定论,朝令夕改、不断变化,就其根源就是缺乏对旅游资源禀赋的深度解读与把握,因而没有建立支撑其形象的根基,所以大多如"空中楼阁",绚丽的外包装下难掩"体格"的孱弱与病态,不得不频繁更换。

旅游目的地的历史文化传统构成旅游目的地的"文脉",它是发展旅游的灵魂所在;旅游目的地的自然赋存,如气候、植被、生物、地形地势等构成旅游目的地的"地脉",它是发展旅

[①] 参见毛端谦、刘春燕撰《旅游目的地映像研究述评》,《旅游学刊》(北京),2006(08)。
[②] 参见王晨光主编《旅游营销管理》,经济科学出版社(北京),2004年版,第368~369页。
[③] 参见杨振之著《旅游原创策划》,四川大学出版社(成都),2006年版,第18~27页。

游的前提条件。"文脉"和"地脉"是旅游目的地形象定位须首先考虑的因素，是形象定位确定基调的重要依据，因此深入准确地把握和客观公允地权衡二者是形象定位的重要工作。仅仅把握"脉"还不够，形象定位还需要对当地各类资源的丰度、品位等方面展开评价，尤其应该抓住那些具有唯一性、排他性和特殊性的资源。同时还要正确评价旅游资源的表现力，即旅游资源展现、释放其魅力和吸引力的能力。有些资源价值虽然高，但其表现力不强，需在形象定位时对其地位进行降格评价。如同样是世界遗产的北京周口店猿人遗址和北京故宫，二者资源价值都非常高，但从表现力看，猿人遗址就大大逊色于故宫。

2. 旅游者感知与认知

旅游者感知是指旅游者对旅游目的地的资源所展现出来的特质所持有的印象。这一印象的形成过程经历了从"想象的形象"到"真实的形象"的演变。所谓"想象的形象"，是指旅游者在到达目的地之前，建立在自身生活经历、知识水准、信仰等基础上，通过各种载体的描述（文本、影响、口碑等）对旅游地的"神游"（精神游历）印象。这种形象由于受到旅游者长期文化和环境的熏染，因此很多时候具有很强的生命力，并对"真实的形象"的形成产生不可忽视的影响。所谓"真实的形象"，是指旅游者达到目的地后，通过对目的地的所观、所感、体验后形成的对旅游目的地的初步印象，其对"想象的形象"具有修正的作用。

旅游者认知，是比感知高一级的认识形式，是比感知理性和客观的认识。它是在感知对象后，在游历过程中和旅游行为结束后，对旅游地这一对象的属性、特征、品质的深入而理性的认识。经过认知阶段后，旅游者就容易在大脑中形成旅游目的地的最终定格印象。

旅游者的感知、认知是对旅游目的地的印象和评价，实际上是对旅游资源的本质属性、特质的认同，归根结底是市场的认同。因此在旅游目的地形象定位中，其起到了重要的参考作用。

3. 旅游目的地的空间竞争

旅游目的地的空间竞争，是指在一定的区域范围内，不同的旅游景区（点）之间的竞争关系，这种竞争关系主要表现在对于旅游者的争夺上。这种竞争首先表现在目的地形象上，形象鲜明而具有吸引力的目的地往往占得先机。因此，在确定目的地形象时，考虑竞争者的形象是确定旅游目的地形象的重要手段。通过比较，往往能够很快得出结论。如具有休闲特质的成都，曾想定位为"休闲之都"，但之前已有杭州夺得先机，所以不得不忍痛割爱。

4. 旅游市场定位

旅游市场定位就是确定旅游景区（点）的目标顾客群体，对客源市场进行细分，以便进行有针对性的营销，并开发出适应目标市场的旅游产品。旅游目的地形象定位的目的是吸引旅游者、开拓旅游市场，因此其定位成功与否需由消费者最终投票。在定位之前就考虑迎合目标顾客群体的需求是取得成功的要诀。旅游目的地形象定位通常应具有持久性，而目标市场却可能不断变化，因此旅游目的地形象定位不宜将目标市场需求放在太重要的地位。具有唯一性和垄断性资源的旅游目的地形象本身对旅游市场有一定的号召力和影响力。好的产品不是围着市场转，而是在考虑市场需求的前提下，树立自身特质，合理引导市场。

5. 区位条件

区位条件综合反映一地区与其它地区的交通、经济、社会联系。依托一定区位是目的地旅游业发展的先决条件。合理评价区位条件对目的地形象定位具有重要的参考作用。

旅游目的地形象定位是旅游资源开发中的重要一环，其定位准确与否将关系地区旅游业的发展，因此宜予以重视。

【问题探讨】

1. 请问什么是旅游产品,你怎么理解这个概念?
2. 请问旅游产品有哪些构成要素,你如何理解旅游产品的特征?
3. 请将旅游产品的种类用图表展示出来?
4. 请问景点开发有哪些类型?
5. 从景点策划的角度应该如何认识景点的旅游资源?
6. 请问应如何把握景点策划中的资源因素?
7. 旅游线路有哪些类型,在旅游线路开发中应注意哪些问题?
8. 什么是4Ps和4Cs营销组合理论,它们有什么区别?
9. 旅游市场细分非常重要,请解释什么是普洛格模型和VALS模型?
10. 什么是旅游目的地形象定位,旅游目的地形象定位有哪些支撑要素?
11. 请以某目的地的形象定位为例,评价其定位优劣?

【补充阅读建议】

书本

维克多·密德尔敦著,向萍等译:《旅游市场营销》,中国旅游出版社,2001
杨振之:旅游原创策划,四川大学出版社,2006
林南枝主编:《旅游市场学》,南开大学出版社,2002
肖星主编:《旅游策划教程》,华南理工大学出版社,2005
肖星、严江平:旅游资源与开发,中国旅游出版社,2002
魏小安著:《旅游目的地发展实证研究》,中国旅游出版社,2002
陈放著:《顶尖营销》,中国农业出版社,2005
邹统钎主编:《旅游景区开发与管理》,清华大学出版社,2004
吴必虎著:《区域旅游规划原理》,中国旅游出版社,2001
查尔斯·R.戈尔德耐、J.R.布伦特·里奇、罗伯特·W.麦金托什著,贾秀海等译:《旅游业教程:旅游业原理、方法和实践》,大连理工大学出版社,2003

论文

袁平:论节庆旅游对海南国际旅游岛建设的影响及其发展,城市发展研究,2009(09)
吴垠:关于中国消费者分群范式(China – Vals)的研究,南开管理评论,2005(08)
毛端谦、刘春燕:旅游目的地映像研究述评,旅游学刊,2006(08)
杨永德、百丽明:旅游目的地形象概念体系辨析,人文地理,2007(05)
黄震方、李想:旅游目的地形象的认知与推广模式,旅游学刊,2002(03)
李蕾蕾:旅游目的地形象的空间认识过程与规律,地理科学,2000(12)

网站

http://www.marketingpower.com 美国营销协会(AMA)
http://www.strategicbusinessinsights.com 美国SBI网站
http://www.unwto.org 世界旅游组织官网
http://www.chinata.com.cn 中国旅游协会官网

第八章 旅游资源开发与可持续发展

【章节概述】

旅游资源开发是一种在特定环境下的资源开发活动,其开发行为对旅游资源和环境均有很强的依赖性。独具魅力的旅游资源是旅游资源开发的物质基础,而良好的环境则是旅游资源开发的重要条件。科学地有计划地旅游资源开发可以实现旅游业的可持续发展,即既满足当代人的旅游需求,又不影响我们的后代满足其旅游需求。但是不科学地盲目地旅游资源开发则可能导致旅游资源的破坏甚至毁灭,同时对环境造成负担和负面影响,遭致当地人的反感甚至抵制。本章主要讨论的是旅游可持续发展框架下的旅游资源保护和实现手段。

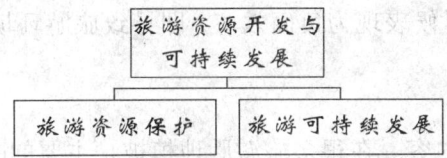

【目的要求】

1. 理解旅游资源开发如何导致环境污染与破坏的。
2. 熟悉旅游资源保护的主要举措。
3. 理解旅游可持续发展的涵义。
4. 了解旅游可持续发展的实现途径。

第一节 旅游资源开发与保护

众所周知,旅游资源开发是一种动力,能够促进旅游业的发展,从而能为目的地带来直接的经济收益、能赚取外汇、能为名胜古迹和文化遗产提供保护资金、能提高当地的就业率、能有助于消除贫困、能促进社会和谐……但同时它也是一种破坏力,如果缺乏一定的保护措施和科学的开发手段,旅游资源开发会造成很多负面影响,其中最主要的就是资源的破坏和环境的污染,严重的还可能导致资源毁灭。因此,在开发之前考虑保护措施,是维护旅游业长远发展的基础。

一、旅游资源开发与环境污染

毫无疑问,可观赏性是旅游资源的本质属性,即旅游资源必须对旅游者具有观赏价值,从而满足其审美体验,否则就不成其为旅游资源。无论是自然旅游资源还是人文旅游资源,其观赏价值都是以自然美①与和谐美为其最高准则。然而旅游资源本身并不是为了吸引旅游

---

① 这里的"自然"是指自然而然、不事雕琢的意思。

者而存在的，秀丽的山川、幽静的峡谷、肃穆的古楼、苍凉的故道都是先于旅游因其它用途和功能而存在的①，只是旅游者发现了它们的独特魅力，因此不畏迢迢之途来欣赏它、玩味它。当地政府和旅游开发商发现商机，故拓宽道路、修建宾馆、兴建娱乐设施……尽其所能吸引旅游者前来消费。道路宽阔了、服务设施齐备了、旅游者多了，于是鲜艳刺眼的缆车"点缀"在幽静的山林、宽阔的道路成为山体的"伤疤"、昔日的宁静与幽远变成了人群的喧嚣与嘈杂。更有甚者，没有规划和缺乏科学规划的旅游资源开发使旅游地的自然与和谐美荡然无存。1998年武陵源被世界遗产委员会（WHC）亮黄牌警告，武陵源的自然美景遭到旅游开发的严重破坏。于是一个旅游悖论产生了：人们前去旅游是为了追寻原始的美和宁静，然而，随着越来越多的旅游者涌向旅游地却带来了旅游地的喧嚣和环境的污染，旅游地的和谐、宁静和天然性遭到了破坏。② 这就是西方所谓的"旅游破坏旅游"（Tourism Destroys Tourism）。

环境，无论其主导是自然还是人为的，都是一种最基本的旅游资源及旅游产品的一个核心因素，同时也是许多旅游通信和市场营销手段的中心部分。然而旅游资源开发必然导致环境的改变。③ 这种改变很多时候表现为负面效应，即导致旅游环境污染。这种污染和破坏主要表现为以下方面：④

（一）植被与土壤

植被是旅游资源的重要内容。在很多旅游胜地植被是主要的吸引物之一，如北京香山、南京栖霞山、四川米亚罗的红叶，如美国加利福利亚州的红杉林，新西兰北部的贝壳杉树林等；在具有核心旅游吸引物和活动的各种环境（包括湖泊、森林、草原、山脉和海洋生态系统）中，植被也是非常重要的。作为重要的旅游资源，在兴建旅游设施、改善游览条件、旅游者进行各种旅游活动时，植被均不可避免地会受到破坏。除了兴建旅游设施、拓宽游览道路需要砍伐植被以提供建筑空间和建筑材料外，旅游者的旅游活动也会不可避免地对目的地植被、土壤造成破坏。如成熟树木被砍伐去用做走道建设和露营地；露营搜集柴薪以及游客攀折花木会破坏植被、导致物种成分的变化；野外摩托车、骑马活动以及旅游者的足迹会压紧土壤的孔隙度和改变土壤结构，从而改变植物的生长和影响植物种群；旅游者野营以及旅游工作人员生活用火均可能导致火灾，并致使植被的大规模破坏，这是对植被的最大威胁。

（二）水体

水体，包括湖泊、溪流、河口及海洋，都是旅游吸引物；正因为如此，其堤岸也是旅游开发和基础设施之所在，同时也是很多动植物典型的栖息地。在兴建旅游设施、进行水上及沙滩娱乐项目时，不可避免会对水体的水质、水中生物、水域面积等造成影响。其中最为典型的对水体造成影响的旅游开发行为主要有两类：其一，在水边、堤岸建设各种旅游设施会减少水域面积、污染水质、影响水中生物的生长，如果规划不当，建筑与环境不协调造成的危害更大，直接破坏旅游景观。其二，开展的各种沙滩、堤岸、水上旅游活动项目会造成大量人工污染。如游憩交通工具的燃油和燃料产物会增加水体的毒性，对水生植物和野生生命都是有害的；如旅游者和旅游工作人员的生活排污会污染水质，严重的会使水中富营养化，破坏水体生态系统，污染的

---

① 旅游资源的这种属性就是其"自在性"。
② 参见杨振之著《旅游资源开发与规划》，四川大学出版社（成都），2003年版，第211页。
③ 参见 Geoffrey Wall、Alister Mathieson 著《旅游：变化、影响与机遇》，肖贵蓉译，高等教育出版社，2007年版，第117页。
④ 参见 Geoffrey Wall、Alister Mathieson 著《旅游：变化、影响与机遇》，肖贵蓉译，高等教育出版社，2007年版，第127~148页。

水质还会同时传播病菌。

(三) 空气质量和噪音污染

旅游资源开发是为了吸引旅游者前来目的地,因此交通设施尤为重要,旅游者从事旅游活动需要借助各种交通工具来实现从"家"到"家外"的空间置换,因此,大量旅游者的流动意味着交通工具的数量和往返频率的增加。交通工具的运行会造成大量废气和噪声,对人类的生存环境造成危害。公路、铁路、水上交通工具由于发动机燃油燃烧会产生大量有害气体排进空气,并且发动机的轰鸣声还会形成噪音污染。飞行器对空气的污染非常小,如美国的航空交通只是空气的一个次要的污染源,产生的空气污染物仅占总数的1%。伦敦的西斯罗机场以及东京和洛杉矶的研究表明,那里的二氧化碳水平不足城市中心区的1/3。但是飞行器会产生大量噪音。

(四) 垃圾污染

垃圾是人类生存环境的一大公害。由于旅游活动是人们日常生活的"溢出",旅游者具有自律性差、道德意识薄弱等特点;同时旅游又是一种高消费活动,旅游者在旅游时消费行为活跃,排放的废弃物特别多,因此,旅游垃圾成为目的地管理部门和旅游经营者最为头疼的一件事。在山地旅游区,由于游览区域面积较大,地形复杂,垃圾问题显得更加棘手。旅游业是环境依托型产业,旅游活动对于环境有很大的依赖性。而垃圾会直接破坏环境,使目的地不再成为环境优美的旅游者向往之地。如2007年中央电视台焦点访谈节目报道的三亚湾变成"垃圾湾",使美丽的三亚湾变成了垃圾场,给三亚旅游带来了巨大损失。

(五) 建筑物文物破坏

新建的旅游建筑(包括仿古的直接作为旅游景观的建筑和旅游服务建筑两大类)在建筑的过程中不可避免地要造成环境的破坏,这一点前面已经叙及。而具有一定历史年代的古建筑、仿古建筑等虽然也是人工建造物,但已经与自然环境构成和谐的统一体并为人们所认可,因此成为环境不可分割的一部分。建筑文物破坏也是环境污染的一个重要的表现方面。

旅游资源开发造成建筑文物破坏的实例非常多,主要有自然破坏和人为破坏两大类,人为破坏可以分为旅游业破坏和非旅游业破坏。自然破坏,是指因自然因素导致建筑物或文物外表脱色、表层脱落、结构朽败等,如日照雨淋、自然灾害导致的建筑文化破旧和毁坏。人工破坏,是指因人为因素导致建筑物或文物破败、损坏。其中人工破坏中的旅游业破坏属于旅游资源开发导致的,主要有旅游开发商、旅游者、旅游从业人员破坏等几种因素。非旅游业破坏范围非常广泛,如盗墓贼盗墓、当地居民无知破坏等都属于这类范畴。旅游环境中的建筑物文物破坏包括重修建筑或修复建筑与原建筑不协调(这主要涉及古建筑重建、修复),新修建筑破坏原建筑总体风格和文物意境,新修建筑破坏原景观建筑和文物实体,旅游者、旅游从业人员等破坏建筑或文物(如在木柱、石碑等旅游景观上乱写乱画)等。

综上,旅游资源开发会带来各种各样的环境污染和破坏问题,这里既有对自然生态环境的威胁,也有对人文环境的破坏。其实,环境的污染和破坏不光是旅游资源开发带来的负面效应,也有自然原因(如火山喷发、泥石流、洪水、地震等自然灾害和风蚀与雨蚀等)所致,因此,旅游环境与资源非常脆弱,在旅游资源开发的之前、之中及之后应加强保护措施。

二、旅游资源与环境的保护

旅游资源是环境的一部分,而环境又是旅游资源的一种,两者密不可分。旅游资源与环境是旅游业赖以生存的基础所在;同时,旅游资源中又有很大一部分属于我们的祖先留下来的遗产,而环境是人类的生存环境,因此,保护旅游资源和环境不但有利于旅游资源的长远发展,而且保护旅游资源和环境就是珍视祖先遗产、传承文化,就是保护人类自身的生存环境。其具体措施主要有:

(一)加强旅游资源环境保护的立法与执法

到目前为止,我国与旅游资源环境相关的法律有《中华人民共和国环保法》、《中华人民共和国森林法》、《中华人民共和国土地法》、《中华人民共和国矿产法》、《中华人民共和国草原法》、《中华人民共和国水法》、《中华人民共和国文物保护法》、《中华人民共和国野生动物保护法》、《中华人民共和国固体废物污染环境防治法》等多部法律,以及《风景名胜区管理条例》、《中华人民共和国自然保护区管理条例》、《建设项目环境保护管理办法》等法规条文。此外,各个地方也都出台了一些规范旅游资源开发行为和环境保护的地方法规。范围涉及较广,已经较有体系。目前,《中华人民共和国自然遗产保护法》正在征集意见阶段,其最终确立与颁布实施对自然旅游资源的保护将发挥重要作用。但是,旅游资源环境保护立法的不足之处主要在于,众多的关于旅游资源保护的法规没有一部基本法来统摄,在具体法律执行时还有诸多弊端和难题。

旅游资源环境的保护除了立法要完备,出现各种污染破坏行为要有法可依予以处罚之外,在执法环节,还必须有法必依、执法必严。但目前出现的实际情况是,旅游资源环境保护执法力度不够,无法达到惩戒、警示作用。执法也不能仅仅靠环保部门,毕竟旅游资源的破坏行为有自身特点,因此旅游行政主管部门应该成立相应的执法部门,约束旅游资源环境污染与破坏行为。

(二)加强环保部门的监督、管理力度

各级政府环保部门应加大对旅游资源环境监督的技术力量,增加监管力度。环保部门的监管首先应加强监管系统的构建,形成科学的监管制度,同时,在监管过程中要提高人员素质,增加客观公正性、避免执行过程中出现以公肥私、因私损公等情况。我国于2006年发布了《国家级自然保护区监督检查办法》,从法律法规层面规范环保部门的监管,是一个伟大的进步。

(三)加强公民旅游资源保护意识及保护知识的培训

在旅游资源的人为破坏中,相当多的情况是由于对旅游资源价值的无知所造成的。这就要求我们通过各种途径大力宣传旅游资源的价值和旅游资源保护的知识,提高全民素质,使宝贵的旅游资源免遭无知的摧残。[1] 此外,加强旅游资源环境法律法规的宣传和教育也是非常重要的内容。只有全民保护意识提高、具有强烈的法律意识和公德心、具有丰富的环境保护知识,旅游资源才能真正得到良好的保护,这是旅游资源保护的根本点。

(四)加强旅游资源保护人才的培养和大力开展相关研究

旅游资源的保护是一项专业性非常强的工作,涉及到建筑科学、生物科学、环境科学、文物学、地理学等各方面知识,不仅要有良好的愿望,而且应建立在科学的基础之上。随着旅游业大规模深入发展,旅游资源开发的范围、深度也会逐日增加,因此旅游资源保护的专门人才的培养迫在眉睫。同时,由于我国旅游资源范围大、门类多,与国际通常情况有诸多不

---

[1] 参见鄢志武主编《旅游资源学》,武汉大学出版社(武汉),2003年版,第205页。

同，因此，要大力开展旅游资源保护的相关研究，用适用于我国的科学理论来指导旅游资源保护。当然，合理借鉴国际先进经验是研究的开始，只有站在别人成功的经验或失败的教训之上，我们才能尽快探索出一条适合自己的旅游资源保护之路。

（五）国家建立相应机构进行统一、强制保护

由于有些旅游资源是跨地理区域的，某一地区管理单位或部门是无权进行综合管理的，因此，国家对其进行统一、强制保护变得非常必要。我国目前主要是采取以下措施进行保护：

1. 设立自然保护区

自然保护区，顾名思义，其所保护的主要是自然环境与生态系统。在国家对旅游资源实施的统一、强制性保护措施中，最行之有效的就有设立自然保护区。这种做法在世界各国广泛推广，获得大家的一致认同。我国的国家级自然保护区①由国家环境保护部评审，后报国务院批准。截至2007年底，全国已建立2531个自然保护区，总面积15188万公顷。其中，国家级自然保护区303个，面积9365.6万公顷，分别占全国自然保护区总数和总面积的12%、61.7%。② 虽然，我国国家级自然保护区的设立不断增长，无论是在数量还是在保护功能的发挥上都取得了巨大进步，但与国际先进水平相比较，我们依然存在诸多不足。

2. 设立国家重点风景名胜区

国家级风景名胜区与国家级自然保护区相比，自然保护区带有明显的自然生态保护性质，而风景名胜区则更多表现为旅游资源的保护与开发。③ 从1982年至2009年，我国先后公布了七批次208处国家级风景名胜区。（详情参见附录3）

3. 其它

此外，我国还设立有历史文化名城、国家重点文物保护单位、国家地质公园等。建立了许多统一保护和管理旅游资源的项目。这些项目在一定程度上使旅游资源得到了较好保护，并使旅游资源保护纳入到一个行政管辖的合理框架中。但事实上，各种类别的保护单位权责不明、范围交叉，往往出现遇利益就趋之若鹜、遇责任就互相推诿，严重阻碍了旅游资源的开发和保护。

第二节　旅游可持续发展

旅游资源开发必然导致程度不同的旅游资源破坏，二者是一对矛盾统一体。如何寻求二者的和谐统一点，既发展旅游又保护旅游资源与环境，是人们一直探讨的焦点问题。

一、可持续发展

（一）可持续发展概念解析

1987年联合国世界环境与发展委员会（World Commission on Environment and Development）发表《我们共同的未来》的声明，将"可持续发展"（Sustainable Development）界定为"是

---

① 除国家设有国家级自然保护区，省（市、自治区）、县（市）级也分别设有省级和县级自然保护区。
② 数据来源：国家环境保护部官网 http://sts.mep.gov.cn/zrbhq/zrbhq/200811/t20081117_131296.htm。
③ 杨振之著：《旅游资源开发与规划》，四川大学出版社，2003年版，第224页。

既满足当代人需要，同时又不危及后代人满足自身需求的能力的发展"。此后，这一定义被广泛接受，成为促进未来经济繁荣和环境质量共存的一种手段。当然随着历史的不断发展，"可持续发展"的概念内涵和外延也在不断发生变化。概念内涵从关注同代人际公平到"代际公平"①，从关注人际公平到人与世界其它生物的公平，内容也从经济的持续发展逐渐扩展到文化。

"可持续发展"无论怎么演变，但有四条基本原则是贯穿其理念始终的：其一，是总体规划和决策思想，不是狭隘的经济指标或社会指标或环境指标，而是三者的协调和统一；其二，强调保护生态过程的重要性；其三，强调保护人类遗产和生物多样性的必要性；其四，发展的同时要保证目前的生产率持续到将来很长一段时间，几代或几十代，这是可持续发展的核心和立足点，即强调资源利用的"代际公平"。②

可持续发展要求具有高瞻远瞩，致力于人与人之间、人与地球上其它生物之间的平等，并支持人们有权利参与影响自己生活质量的决策。后来还涉及文化的可持续性。于是，普遍都主张采取经济上可靠、环境上敏感、文化上可行的举措。可持续发展已经写入了许多国家和地区的法律，成为无论是全球还是地区范围内讨论理想未来的共同话题。③

（二）可持续发展思想的演化过程

可持续（Sustainability）思想历史由来已久，早在两千多年前我国春秋时期的老子就提出了"道法自然"的思想，即指社会发展应顺应自然、不违天命。老子主张"无为"，不鼓励经济发展，其实就是朴素的可持续发展思想。Stephen W. Boyd 将可持续发展思想分为四个阶段：

1. 第一阶段

指前工业化时期，此时社会发展处于可持续状态。此时发展与自然处于一种共生关系，相互没有矛盾冲突。人们很自然地生存在可持续状态，其主要原因有三：其一，因为过度使用资源和环境要导致迁徙和饥荒；其二，由于人口稀少而资源（主要指自然资源）相对充足，因此人类的发展对环境的影响甚微；其三，由于生产力相对低下，因此对环境的破坏有限，而且破坏的环境容易恢复。

2. 第二阶段

指工业化时期，此时社会发展处于有限的可持续状态。此时尚未过分强调经济增长，发展的同时强调保护。人类生存处于这一状态，主要是人们认为不必限制人类对自然的影响，经济才是第一动力。

3. 第三阶段

指后工业化时期，此时社会发展处于非可持续状态。经济是明确以增长为导向的，单方面关注经济增长而忽视环境成本导致环境恶化、人类生存环境恶化。同时，人类后代赖以生存的自然资源基础遭到损害。

4. 第四阶段

指目前及不远的将来这段时期，此时社会发展逐渐回归到可持续状态。这一阶段，人们在生态限制范围内实现经济增长与发展，环境保护与经济发展互相促进。人们处于这一状态

---

① 代际公平：是指当代人和后代人在利用自然资源、满足自身利益、谋求生存与发展上权利均等。是可持续发展的重要原则。
② 参见谢彦君撰《永续旅游：新观念、新课题、新挑战》，《旅游学刊》（北京），1994（01）。
③ 参见 Geoffrey Wall、Alister Mathieson 著《旅游：变化、影响与机遇》，肖贵蓉译。

主要是因为此时环境问题已经非常严重、刻不容缓,同时人们需要向后代承担经济与道德责任。①

二、旅游可持续发展

旅游资源开发是以资源与环境作为依托的,而旅游业的发展也仰赖与一定的自然环境和旅游资源。同时,旅游需要是现代人类与未来人类的基本需要之一,越来越多的旅游者涌向世界各地对很多地方的自然生态环境和生活环境造成了很大影响,导致了旅游资源和环境的污染与破坏。因此,将可持续发展理念运用于旅游业发展变得非常必要。

(一)旅游可持续发展概念

尽管联合国世界环境与发展委员会针对可持续发展问题进行了广泛的讨论,遗憾的是一直没有提到旅游。但在其它的地方,可持续思想在旅游中逐渐发展了起来。

1. 旅游可持续发展溯源

旅游可持续发展来源于可持续发展思想。1980年,在马尼拉举行的国际旅游会议通过了《马尼拉宣言》,宣言强调:"自然资源是吸引旅游者的最根本的力量。"1990年,加拿大温哥华"全球可持续发展大会旅游组织行动策划委员会会议"提出了一个旅游可持续发展行动战略草案。1995年,在西班牙兰沙罗召开的"可持续旅游发展国际会议",通过了《可持续旅游发展宪章》和《可持续旅游发展行动计划》两个文件。它们充分阐述了以下三个原则:旅游和环境保护结合起来才能实现可持续发展;发展旅游必须克服短期行为,放眼未来;可持续发展要与经济、文化等其它领域相结合。作为对联合国1992年的《里约环境与发展宣言》(即《21世纪议程》)的回应,世界旅游组织(UNWTO)、世界旅游与旅行理事会(WTTC)与地球理事会(EARTH COUNCIL)联合制定了《关于旅游业的21世纪议程》(AGENDA 21 FOR TRAVEL & TOURISM INDUSTRY:Towards Environmentally Sustainable Development),并于1996年在伦敦记者招待会上首次披露。这份纲要将《21世纪议程》转化为一个关于旅游业的行动纲领,要求各国政府和旅游业各个部门采取一致行动,实现旅游的可持续发展。

2. 定义

Butler认为,可持续旅游,是指旅游能够在一个地区无限期保持其生存能力的形式。②

这里"无限期"是指这种旅游发展能实现"代际公平",时间上具有持续性,而其"保持其生存能力的形式"则指出了这种旅游的发展能力,必须保持一定水平的发展。

可持续旅游是可持续发展理念在旅游发展中的一种运用,是一种兼顾"发展"与"公平"的旅游资源开发哲学和理念。其定义也可以表述为:可持续旅游(Sustainable Tourism),也称"永续旅游",是一种具有延时性的旅游发展模式,其既考虑当前的旅游发展,同时不危及未来的旅游发展机会和能力。

可持续旅游实质上是通过减轻环境压力来平衡经济利益,通过保持旅游区旅游资源和文化的完整性来实现代间和代际的利益共享的公平性。它是以实现旅游资源可持续利用为基本前提,③通过保护并改善旅游业赖以生存的自然环境和营造良好的社会环境,来达到为旅

---

① 参见谢彦君著《基础旅游学》,中国旅游出版社(北京),2004年版,第397页。
② 参见Geoffrey Wall、Alister Mathieson著《旅游:变化、影响与机遇》,肖贵蓉译,高等教育出版社(北京),2007年版,第222页。
③ 参见吕永龙撰《生态旅游发展与规划》,《自然资源学报》(北京),1998(01)。

目的地居民提供就业机会，提高生活质量，为游客提供高质量的自然、人文游览经历，为旅游业发展提供决策参考，即以实现所谓的经济可行、生态负责、社区妥帖、个人心理上能接受的旅游业为其基本出发点。①

3. 内容②

尽管"旅游可持续发展"的概念至今没有达成统一表述，但其基本内容大致在五个方面：

（1）增进人们对旅游所产生的环境效应与经济效应的理解，强化其生态意识；

（2）促进旅游的公平发展；

（3）改善旅游接待地区的生活质量；

（4）向旅游者提供高质量的旅游经历；

（5）保护未来旅游开发赖以存在的环境质量。

（二）旅游可持续发展的实现途径③

虽然旅游可持续发展的概念并不难以理解，但是其实现却是一个漫长的艰难过程。因为实现长远的经济、社会、环境发展协调的旅游发展目标，往往牵涉诸多行政区、不同的部门和行业、不同的利益相关者，同时还要跨越长时间，因此变数太多，难以持续协调平衡所有方面。其具体的实现有如下途径：

1. 加强法制建设，通过法律法规规范旅游资源开发

大多的旅游环境污染和旅游资源破坏是由于旅游法规的缺位所导致的。由于没有有力的法律依据与保障，很多旅游资源开发商不讲社会公德，对旅游资源过度开发以实现其最大的经济利益。在我国旅游发展的历史中，对旅游活动（包括旅游产业活动和旅游者活动）缺乏从可持续发展高度进行法律规范，这是影响我国可持续旅游发展目标实现的最重要和最紧迫的问题。没有法律的约束，旅游活动在满足当前和考虑长远利益之间，在寻求旅游发展与环境保护之间，就缺乏行为规范，就会导致对环境和资源的掠夺性使用，就会毫无顾忌地向我们的子孙后代借债。目前我国所颁布实行的法律法规，虽然数量逐渐增多、逐渐完备，但缺乏系统性，其作用还是比较有限的。

2. 发展各种符合可持续旅游发展哲学思想的旅游方式

从旅游本身讲，实现旅游可持续发展需要改变旅游的发展模式，发展一些对环境影响较小、资源破坏少的旅游方式。这些方式中包括：替代性旅游、生态旅游、绿色旅游等。

（1）替代性旅游

替代性旅游（Alternative Tourism），是针对传统大众旅游而提出的一个旅游概念。其在二战后大众旅游热潮中就已经为少数旅游者所推崇，但将其作为一个表示关注环境和旅游资源保护、比大众旅游更有道德感和更有持续性的特殊旅游形式是在20世纪七八十年代的事。直至目前，学术界对于替代性旅游的定义还无定论。但倡导这种旅游形式的人都强调几个共同的主题，如可持续性与环境保护；小规模的、朴素的住宿设施；质朴而醇厚的主客关系；以及当地人对旅游产业的控制地位等。

---

① 参见陈忠晓、王仰麟、刘忠伟等《可持续旅游及其区域实现途径探讨——以井冈山风景名胜区为例》，《长江流域资源与环境》（武汉），2001（02）。

② 参见谢彦君著《基础旅游学》，中国旅游出版社（北京），2004年版，第398页。

③ 参见 Geoffrey Wall、Alister Mathieson 著《旅游：变化、影响与机遇》，肖贵蓉译，高等教育出版社（北京），2007年版，第402~408页。

第三世界旅游同盟编印了一本关于可替代性旅游的资料书,并对相关的模式和活动加以推广。其中的模式包括:其一,与当地人的短暂接触;其二,对当地家庭和社区的更长时间的访问,并对当地人的生活进行深入了解;其三,非商业性的学习方式(学习旅游、工作宿营、交流访问等);其四,关心第三世界旅游的各国组织和团体;其五,旅游目的地和客源地的可替代性旅游代理机构,这些机构旨在致力于让旅游者分享,而不是掩盖目的地的文化和问题。①

替代旅游的主要目标包括:提供可以取代大众旅游的剥削和破坏成分的变通旅游方式;保证旅游的经济效益得以在目的地国家的所有人民当中公平分配;构筑旅游者与目的地居民之间以及他们在人的尊严和权利方面的互惠关系;确保对所访问的宗教、文化、社会和自然环境的尊重;支持人们在旅游政策方面为寻求自决所做出的努力;激发旅游者和目的地居民之间在旅游之后做出行动上的反应;探索和开发新的替代旅游方式;鼓励国内旅游的发展。可见,替代性旅游是一种实现旅游可持续发展的较好的旅游形式。

(2)生态旅游

生态旅游(Ecotourism),是指一种以保护环境生态为导向的旅游方式。加拿大学者R. W. Butley关于生态旅游的八大特征是:必须与积极的环境道德相一致,并促进专项旅游的发展;不破坏资源,资源综合体没有损失;注重内在的而不是外在的价值;在理论上以生物为中心,生态旅游者应接受自然原生状态,而不能因图便利大肆改变自然环境;必须促进资源保护;是对自然环境的第一手体验;期望得到欣赏和教育的满足,而不是寻求刺激或历险(后者应属于历险旅游,是自然环境的另一类型);是高信息和高情感的体验,要求领导者和参与者有较高水平、较高质量的准备。这些生态旅游特征可总结为四个方面:保护资源,特别是保护生物的多样性,维持资源利用的可持续性;促进地方经济发展,经济发展后才能真正重视保护自然;对游客进行相应的生态保护教育和宣传,经营和管理者更应该自我重视生态保护;有一个不破坏自然的规划。②

3. 鼓励社区参与,重视利益平衡

重视旅游业各相关利益群体间的利益均衡有利于旅游可持续发展和生活和谐。尽管旅游发展在当今被很多发展中国家视为推动经济发展、改善人们生活的重要途径,但在世界各国,大量的例子说明,如果不能在旅游发展过程中充分考虑到各方的利益并努力求得这种利益的平衡,旅游的可持续发展就会受到威胁。鼓励社区参与,可以减少旅游开发商、旅游者、旅游从业人员与当地人的冲突,从而实现旅游的可持续发展。

4. 发挥教育功能,增强公众意识

旅游是一种大众参与的活动,涉及到当地居民、旅游者、旅游从业者、旅游行政管理人员等多种角色。要实现旅游可持续发展,需要协调多方,调动多方的积极性。在大多数的旅游资源破坏和环境污染行为中,破坏或污染者并非故意所为。不良的行为习惯和缺乏相关知识是行为的主要原因。因此,加强公共宣传,加强对旅游从业者、行政管理人员、当地居民进行相关的培训和教育可以杜绝很多旅游资源破坏和环境污染行为。

5. 筹集资金

---

① 参见威廉·瑟厄波尔主编《全球旅游新论》,张广瑞等译,中国旅游出版社(北京),2001年版,第147页。
② 参见刘家明、崔凤军撰《生态旅游及其规划的研究进展》,《中国旅游业可持续发展研究》,河北科学技术出版社(石家庄),1999年版,第109~113页。

如前所述,旅游资源开发与环境保护之间是一对矛盾统一体,有开发必有破坏。关键是看我们怎样去寻求二者的结合点,将破坏和污染降到最低。为了达到这个目的,有三种选择:第一,不发展,不发展就不会增加污染和破坏资源;第二,改变发展途径,减少对旅游资源破坏较大和环境污染严重的旅游形式;第三,对发展产生的副产品进行技术处理。当然,对于大多数国家,包括发达国家,不发展旅游是不可能的。但是其余两种选择都需要投入大量资金作为支持。

6. 重视科学技术

重视科学技术在旅游资源开发和旅游发展中的作用,对于实现旅游可持续发展具有重要意义。从全球来看,环境的变化在最近几个世纪要比以往任何时候都更为快速而激烈。在下个世纪,这种变化会更为明显,甚至会出现意想不到的突变。同时,人类对能源、洁净的淡水和不可再生资源的消费正在增加,即使环境维持不变,也可能在世界的许多地区都出现这些资源的短缺。所以,要想在环境和资源管理方面做到富有成效和远见,要想保证人类的日常生存和未来发展,科学知识就变得十分重要。科学家对诸如气候变化、资源消费的增长、人口趋势和环境退化等问题的理解已经日益深刻,这些信息应该有助于长期目标的可持续发展战略的形成。为此,对于政府部门而言,就需要积极支持有关环境问题的科学研究,期待这种研究对地球的承载力的判断,以便在制定产业发展政策时有所依循。在制定不同的发展方针时,政府需要运用能够刻画生态系统状况与人类健康之间关系的信息来权衡这些方针的利弊得失。为了达到这样的目的,各国都需要建立相应的政策机制,其中包括,完善用以衡量人类生活质量的指标体系,这些指标应涵盖健康、教育、社会福利、环境和经济状态等方面;建立旨在鼓励改进资源管理的经济刺激机制;鼓励可以减少环境污染和资源消耗的技术的开发和应用。

建立在环境导向基础上的技术不仅仅是指硬件方面,还包括有关的诀窍(know-how)、服务、设备、组织和管理技能。这些技术问题对各个国家尤其是发展中国家而言都是十分重要的。政府和国际性组织对环境技术的国际和区际转移应该加以鼓励,以便推动可持续发展的步伐。

【问题探讨】

1. 旅游资源开发会导致怎样的环境后果?
2. 旅游资源的破坏与环境污染除了因旅游资源开发导致外还有哪些因素?
3. 什么是可持续发展,什么又是旅游可持续发展?
4. 旅游可持续发展有哪些实现途径?
5. 什么是生态旅游和替代性旅游?

【补充阅读建议】

书本

威廉·瑟厄波尔主编,张广瑞等译:全球旅游新论,中国旅游出版社,2001

Geoffrey Wall、Alister Mathieson 著,肖贵蓉译:旅游:变化、影响与机遇,高等教育出版社,2007

肖星、严江平:旅游资源与开发,中国旅游出版社,2002

杨振之:旅游资源开发与规划,四川大学出版社,2002

徐嵩龄:第三国策:论中国文化与自然遗产保护,科学出版社,2005
肖笃宁:景观生态学,科学出版社,2003

论文

甄翌、康文星:三种旅游可持续发展评价模式述评,商场现代化,2008(23)
杨桂华、李鹏:旅游生态足迹:测度旅游可持续发展的新方法,生态学报,2005(6)
陈忠晓、王仰麟等:可持续旅游及其区域实现途径探讨——以井冈山风景名胜区为例,长江流域资源与环境,2001(03)
周彬、董杰、刘庆友等:可持续旅游在快速发展期旅游地的实现途径探讨——以周庄古镇为例,北京第二外国语学院学报,2005(03)
邬建国:景观生态学——概念与理论,生态学杂志,2000(01)
曾珍香、傅惠敏等:旅游可持续发展的系统分析,河北工业大学学报,2000(06)

网站

http://www.sach.gov.cn 国家文物局官网
http://www.landscape-ecology.org 国际景观学会(IALE)
http://www.unwto.org 世界旅游组织官网

附录1：旅游资源分类、调查与评价（GB/T 18972－2003）①

中华人民共和国国家标准（GB/T 18972－2003）
旅游资源分类、调查与评价
Classification, investigation and evaluation of tourism resources
（2003－02－24 发布 2003－05－01 实施）
中华人民共和国国家质量监督检验检疫总局发布

前 言

本标准文本包括三个核心内容：旅游资源分类、旅游资源调查、旅游资源评价。

本标准的附录A、附录B、附录C为规范性附录。

本标准由国家旅游局提出。

本标准由全国旅游标准化技术委员会归口并解释。

本标准起草单位：中国科学院地理科学与资源研究所、国家旅游局规划发展与财务司。

本标准主要起草人员：尹泽生、魏小安、张吉林、汪黎明、陈田、牛亚菲、李宝田、潘肖澎、周梅、石建国。

引 言

旅游资源是构成旅游业发展的基础，我国旅游资源非常丰富，具有广阔的开发前景，在旅游研究、区域开发、资源保护等各方面受到广泛的应用，越来越受到重视。

旅游界对旅游资源的涵义、价值、应用等许多理论和实用问题进行了多方面的研究，本标准在充分考虑了前人研究成果，特别是1992年出版的《中国旅游资源普查规范（试行稿）》的学术研究和广泛实践的基础上，对旅游资源的类型划分、调查、评价的实用技术和方法，进行了较深层次的探讨，目的是为了更加适用于旅游资源开发与保护、旅游规划与项目建设、旅游行业管理与旅游法规建设、旅游资源信息管理与开发利用等方面的工作。

本标准是一部应用性质的技术标准，主要适用于旅游界，对其他行业和部门的资源开发也有一定的参考意义。

旅游规划通则

1. 范围

本标准规定了旅游资源类型体系，以及旅游资源调查、等级评价的技术与方法。

本标准适用于各类型旅游区（点）的旅游资源开发与保护、旅游规划与项目建设、旅游行业管理与旅游法规建设、旅游资源信息管理与开发利用等方面。

2. 规范性引用文件

下列文件中的条款通过本标准的引用而成为本标准的条款。凡是注日期的引用文件，其随后所有的修改单（不包括勘误的内容）或修订版均不适用于本标准，然而，鼓励根据本标准

---

① 根据中国国家旅游局官网相关资料整理：http://www.cnta.com。

达成协议的各方研究是否可使用这些文件的最新版本。凡是不注日期的引用文件,其最新版本适用于本标准。

GB/T 2260 中华人民共和国行政区代码

3. 术语和定义

下列术语和定义适用于本标准。

3.1 旅游资源 tourism resources

自然界和人类社会凡能对旅游者产生吸引力,可以为旅游业开发利用,并可产生经济效益、社会效益和环境效益的各种事物和因素。

3.2 旅游资源基本类型 fundamental type of tourism resources

按照旅游资源分类标准所划分出的基本单位。

3.3 旅游资源单体 object of tourism resources

可作为独立观赏或利用的旅游资源基本类型的单独个体,包括"独立型旅游资源单体"和由同一类型的独立单体结合在一起的"集合型旅游资源单体"。

3.4 旅游资源调查 investigation of tourism resources

按照旅游资源分类标准,对旅游资源单体进行的研究和记录。

3.5 旅游资源共有因子评价 community factor evaluation of tourist resources

按照旅游资源基本类型所共同拥有的因子对旅游资源单体进行的价值和程度评价。

4. 旅游资源分类

4.1 分类原则

依据旅游资源的性状,即现存状况、形态、特性、特征划分。

4.2 分类对象

稳定的、客观存在的实体旅游资源。

不稳定的、客观存在的事物和现象。

4.3 分类结构

分为"主类"、"亚类"、"基本类型"3个层次。

每个层次的旅游资源类型有相应的汉语拼音代号,见表1。

表1 旅游资源分类表

主类	亚类	基本类型
A 地文景观	AA 综合自然旅游地	AAA 山丘型旅游地 AAB 谷地型旅游地 AAC 沙砾石地型旅游地 AAD 滩地型旅游地 AAE 奇异自然现象 AAF 自然标志地 AAG 垂直自然地带
	AB 沉积与构造	ABA 断层景观 ABB 褶曲景观 ABC 节理景观 ABD 地层剖面 ABE 钙华与泉华 ABF 矿点矿脉与矿石积聚地 ABG 生物化石点
	AC 地质地貌过程形迹	ACA 凸峰 ACB 独峰 ACC 峰丛 ACD 石(土)林 ACE 奇特与象形山石 ACF 岩壁与岩缝 ACG 峡谷段落 ACH 沟壑地 ACI 丹霞 ACJ 雅丹 ACK 堆石洞 ACL 岩石洞与岩穴 ACM 沙丘地 ACN 岸滩
	AD 自然变动遗迹	ADA 重力堆积体 ADB 泥石流堆积 ADC 地震遗迹 ADD 陷落地 ADE 火山与熔岩 ADF 冰川堆积体 ADG 冰川侵蚀遗迹
	AE 岛礁	AEA 岛区 AEB 岩礁

续表

主类	亚类	基本类型
B 水域风光	BA 河段	BAA 观光游憩河段 BAB 暗河河段 BAC 古河道段落
	BB 天然湖泊与池沼	BBA 观光游憩湖区 BBB 沼泽与湿地 BBC 潭池
	BC 瀑布	BCA 悬瀑 BCB 跌水
	BD 泉	BDA 冷泉 BDB 地热与温泉
	BE 河口与海面	BEA 观光游憩海域 BEB 涌潮现象 BEC 击浪现象
	BF 冰雪地	BFA 冰川观光地 BFB 长年积雪地
C 生物景观	CA 树木	CAA 林地 CAB 丛树 CAC 独树
	CB 草原与草地	CBA 草地 CBB 疏林草地
	CC 花卉地	CCA 草场花卉地 CCB 林间花卉地
	CD 野生动物栖息地	CDA 水生动物栖息地 CDB 陆地动物栖息地 CDC 鸟类栖息地 CDE 蝶类栖息地
D 天象与气候景观	DA 光现象	DAA 日月星辰观察地 DAB 光环现象观察地 DAC 海市蜃楼现象多发地
	DB 天气与气候现象	DBA 云雾多发区 DBB 避暑气候地 DBC 避寒气候地 DBD 极端与特殊气候显示地 DBE 物候景观
E 遗址遗迹	EA 史前人类活动场所	EAA 人类活动遗址 EAB 文化层 EAC 文物散落地 EAD 原始聚落
	EB 社会经济文化活动遗址遗迹	EBA 历史事件发生地 EBB 军事遗址与古战场 EBC 废弃寺庙 EBD 废弃生产地 EBE 交通遗迹 EBF 废城与聚落遗迹 EBG 长城遗迹 EBH 烽燧

续表

主类	亚类	基本类型
F 建筑与设施	FA 综合人文旅游地	FAA 教学科研实验场所 FAB 康体游乐休闲度假地 FAC 宗教与祭祀活动场所 FAD 园林游憩区域 FAE 文化活动场所 FAF 建设工程与生产地 FAG 社会与商贸活动场所 FAH 动物与植物展示地 FAI 军事观光地 FAJ 边境口岸 FAK 景物观赏点
	FB 单体活动场馆	FBA 聚会接待厅堂(室) FBB 祭拜场馆 FBC 展示演示场馆 FBD 体育健身馆场 FBE 歌舞游乐场馆
	FC 景观建筑与附属型建筑	FCA 佛塔 FCB 塔形建筑物 FCC 楼阁 FCD 石窟 FCE 长城段落 FCF 城(堡) FCG 摩崖字画 FCH 碑碣(林) FCI 广场 FCJ 人工洞穴 FCK 建筑小品
	FD 居住地与社区	FDA 传统与乡土建筑 FDB 特色街巷 FDC 特色社区 FDD 名人故居与历史纪念建筑 FDE 书院 FDF 会馆 FDG 特色店铺 FDH 特色市场
	FE 归葬地	FEA 陵区陵园 FEB 墓(群) FEC 悬棺
	FF 交通建筑	FFA 桥 FFB 车站 FFC 港口渡口与码头 FFD 航空港 FFE 栈道
	FG 水工建筑	FGA 水库观光游憩区段 FGB 水井 FGC 运河与渠道段落 FGD 堤坝段落 FGE 灌区 FGF 提水设施
G 旅游商品	GA 地方旅游商品	GAA 菜品饮食 GAB 农林畜产品与制品 GAC 水产品与制品 GAD 中草药材及制品 GAE 传统手工产品与工艺品 GAF 日用工业品 GAG 其他物品
H 人文活动	HA 人事记录	HAA 人物 HAB 事件
	HB 艺术	HBA 文艺团体 HBB 文学艺术作品
	HC 民间习俗	HCA 地方风俗与民间礼仪 HCB 民间节庆 HCC 民间演艺 HCD 民间健身活动与赛事 HCE 宗教活动 HCF 庙会与民间集会 HCG 饮食习俗 HGH 特色服饰
	HD 现代节庆	HDA 旅游节 HDB 文化节 HDC 商贸农事节 HDD 体育节
数 量 统 计		
8 主类	31 亚类	155 基本类型

[注] 如果发现本分类没有包括的基本类型时,使用者可自行增加。增加的基本类型可归入相应亚类,置于最后,最多可增加2个。编号方式为:增加第1个基本类型时,该亚类2位汉语拼音字母+Z,增加第2个基本类型时,该亚类2位汉语拼音字母+Y。

5. 旅游资源调查

5.1 基本要求

5.1.1 按照本标准规定的内容和方法进行调查。

5.1.2 保证成果质量，强调整个运作过程的科学性、客观性、准确性，并尽量做到内容简洁和量化。

5.1.3 充分利用与旅游资源有关的各种资料和研究成果，完成统计、填表和编写调查文件等项工作。调查方式以收集、分析、转化、利用这些资料和研究成果为主，并逐个对旅游资源单体进行现场调查核实，包括访问、实地观察、测试、记录、绘图、摄影，必要时进行采样和室内分析。

5.1.4 旅游资源调查分为"旅游资源详查"和"旅游资源概查"两个档次，其调查方式和精度要求不同。

5.2 旅游资源详查

5.2.1 适用范围和要求

5.2.1.1 适用于了解和掌握整个区域旅游资源全面情况的旅游资源调查。

5.2.1.2 完成全部旅游资源调查程序，包括调查准备、实地调查。

5.2.1.3 要求对全部旅游资源单体进行调查，提交全部"旅游资源单体调查表"。

5.2.2 调查准备

5.2.2.1 调查组

5.2.2.1.1 调查组成员应具备与该调查区旅游环境、旅游资源、旅游开发有关的专业知识，一般应吸收旅游、环境保护、地学、生物学、建筑园林、历史文化、旅游管理等方面的专业人员参与。

5.2.2.1.2 根据本标准的要求，进行技术培训。

5.2.2.1.3 准备实地调查所需的设备如定位仪器、简易测量仪器、影像设备等。

5.2.2.1.4 准备多份"旅游资源单体调查表"。

5.2.2.2 资料收集范围

5.2.2.2.1 与旅游资源单体及其赋存环境有关的各类文字描述资料，包括地方志书、乡土教材、旅游区与旅游点介绍、规划与专题报告等。

5.2.2.2.2 与旅游资源调查区有关的各类图形资料，重点是反映旅游环境与旅游资源的专题地图。

5.2.2.2.3 与旅游资源调查区和旅游资源单体有关的各种照片、影像资料。

5.2.3 实地调查

5.2.3.1 程序与方法

5.2.3.1.1 确定调查区内的调查小区和调查线路

为便于运作和此后旅游资源评价、旅游资源统计、区域旅游资源开发的需要，将整个调查区分为"调查小区"。调查小区一般按行政区划分（如省级一级的调查区，可将地区一级的行政区划分为调查小区；地区一级的调查区，可将县级一级的行政区划分为调查小区；县级一级的调查区，可将乡镇一级的行政区划分为调查小区），也可按现有或规划中的旅游区域划分。

调查线路按实际要求设置，一般要求贯穿调查区内所有调查小区和主要旅游资源单体所在的地点。

5.2.3.1.2 选定调查对象

选定下述单体进行重点调查：具有旅游开发前景，有明显经济、社会、文化价值的旅游资源单体；集合型旅游资源单体中具有代表性的部分；代表调查区形象的旅游资源单体。

对下列旅游资源单体暂时不进行调查：明显品位较低，不具有开发利用价值的；与国家现行法律、法规相违背的；开发后有损于社会形象的或可能造成环境问题的；影响国计民生的；某些位于特定区域内的。

5.2.3.1.3 填写《旅游资源单体调查表》

对每一调查单体分别填写一份"旅游资源单体调查表"（见本标准附录B）。调查表各项内容填写要求如下：

① 单体序号：由调查组确定的旅游资源单体顺序号码。

② 单体名称：旅游资源单体的常用名称。

③ "代号"项：代号用汉语拼音字母和阿拉伯数字表示，即"表示单体所处位置的汉语拼音字母—表示单体所属类型的汉语拼音字母—表示单体在调查区内次序的阿拉伯数字"。

如果单体所处的调查区是县级和县级以上行政区，则单体代号按"国家标准行政代码（省代号2位—地区代号3位—县代号3位，参见GB/T2260-1999中华人民共和国行政区代码）—旅游资源基本类型代号3位—旅游资源单体序号2位"的方式设置，共5组13位数，每组之间用短线"—"连接。

如果单体所处的调查区是县级以下的行政区，则旅游资源单体代号按"国家标准行政代码（省代号2位—地区代号3位—县代号3位，参见GB/T 2260-1999中华人民共和国行政区代码）—乡镇代号（由调查组自定2位）—旅游资源基本类型代号3位—旅游资源单体序号2位"的方式设置，共6组15位数，每组之间用短线"—"连接。

如果遇到同一单体可归入不同基本类型的情况，在确定其为某一类型的同时，可在"其他代号"后按另外的类型填写。

填表时，一般可省略本行政区及本行政区以上的行政代码。

④ "行政位置"项：填写单体所在地的行政归属，从高到低填写政区单位名称。

⑤ "地理位置"项：填写旅游资源单体主体部分的经纬度（精度到秒）。

⑥ "性质与特征"项：填写旅游资源单体本身个性，包括单体性质、形态、结构、组成成分的外在表现和内在因素，以及单体生成过程、演化历史、人事影响等主要环境因素，提示如下：

a. 外观形态与结构类：旅游资源单体的整体状况、形态和突出（醒目）点；代表形象部分的细节变化；整体色彩和色彩变化、奇异华美现象，装饰艺术特色等；组成单体整体各部分的搭配关系和安排情况，构成单体主体部分的构造细节、构景要素等。

b. 内在性质类：旅游资源单体的特质，如功能特性、历史文化内涵与格调、科学价值、艺术价值、经济背景、实际用途等。

c. 组成成分类：构成旅游资源单体的组成物质、建筑材料、原料等。

d. 成因机制与演化过程类：表现旅游资源单体发生、演化过程、演变的时序数值；生成和运行方式，如形成机制、形成年龄和初建时代、废弃时代、发现或制造时间、盛衰变化、历史演变、现代运动过程、生长情况、存在方式、展示演示及活动内容、开放时间等。

e. 规模与体量类：表现旅游资源单体的空间数值如占地面积、建筑面积、体积、容积等；个性数值如长度、宽度、高度、深度、直径、周长、进深、面宽、海拔、高差、产值、数量、生长期等；比率关系数值如矿化度、曲度、比降、覆盖度、圆度等。

　　f. 环境背景类：旅游资源单体周围的境况，包括所处具体位置及外部环境如目前与其共存并成为单体不可分离的自然要素和人文要素，如气候、水文、生物、文物、民族等；影响单体存在与发展的外在条件，如特殊功能、雪线高度、重要战事、主要矿物质等；单体的旅游价值和社会地位、级别、知名度等。

　　g. 关联事物类：与旅游资源单体形成、演化、存在有密切关系的典型的历史人物与事件等。

　　⑦"旅游区域及进出条件"项：包括旅游资源单体所在地区的具体部位、进出交通、与周边旅游集散地和主要旅游区(点)之间的关系等。

　　⑧"保护与开发现状"项：旅游资源单体保存现状、保护措施、开发情况等。

　　⑨"共有因子评价问答"项：旅游资源单体的观赏游憩价值、历史文化科学艺术价值、珍稀或奇特程度、规模丰度与几率、完整性、知名度和影响力、适游期和使用范围、污染状况与环境安全。

5.3 旅游资源概查

5.3.1 适用范围和要求

5.3.1.1 适用于了解和掌握特定区域或专门类型的旅游资源调查。

5.3.1.2 要求对涉及到的旅游资源单体进行调查。

5.3.2 调查技术要点

5.3.2.1 参照"旅游资源详查"中的各项技术要求。

5.3.2.2 简化工作程序，如不需要成立调查组，调查人员由其参与的项目组织协调委派；资料收集限定在与专门目的所需要的范围；可以不填写或择要填写"旅游资源单体调查表"等。

6. 旅游资源评价

6.1 总体要求

6.1.1 按照本标准的旅游资源分类体系对旅游资源单体进行评价。

6.1.2 本标准采用打分评价方法。

6.1.3 评价主要由调查组完成。

6.2 评价体系

本标准依据"旅游资源共有因子综合评价系统"赋分。

本系统设"评价项目"和"评价因子"两个档次。

评价项目为"资源要素价值"、"资源影响力"、"附加值"。

其中：

"资源要素价值"项目中含"观赏游憩使用价值"、"历史文化科学艺术价值"、"珍稀奇特程度"、"规模、丰度与几率"、"完整性"等5项评价因子。

"资源影响力"项目中含"知名度和影响力"、"适游期或使用范围"等2项评价因子。

"附加值"含"环境保护与环境安全"1项评价因子。

6.3 计分方法

6.3.1 基本分值

6.3.1.1 评价项目和评价因子用量值表示。资源要素价值和资源影响力总分值为100分，其中：

"资源要素价值"为85分，分配如下："观赏游憩使用价值"30分、"历史科学文化艺术价值"25分、"珍稀或奇特程度"15分、"规模、丰度与几率"10分、"完整性"5分。

"资源影响力"为15分,其中:"知名度和影响力"10分、"适游期或使用范围"5分。

6.3.1.2 "附加值"中"环境保护与环境安全",分正分和负分。

6.3.1.3 每一评价因子分为4个档次,其因子分值相应分为4档。

旅游资源评价赋分标准见表2。

表2 旅游资源评价赋分标准

评价项目	评价因子	评价依据	赋值
资源要素价值(85分)	观赏游憩使用价值(30分)	全部或其中一项具有极高的观赏价值、游憩价值、使用价值。	30-22
		全部或其中一项具有很高的观赏价值、游憩价值、使用价值。	21-13
		全部或其中一项具有较高的观赏价值、游憩价值、使用价值。	12-6
		全部或其中一项具有一般观赏价值、游憩价值、使用价值。	5-1
	历史文化科学艺术价值(25分)	同时或其中一项具有世界意义的历史价值、文化价值、科学价值、艺术价值。	25-20
		同时或其中一项具有全国意义的历史价值、文化价值、科学价值、艺术价值。	19-13
		同时或其中一项具有省级意义的历史价值、文化价值、科学价值、艺术价值。	12-6
		历史价值、或文化价值、或科学价值、或艺术价值具有地区意义。	5-1
	珍稀奇特程度(15分)	有大量珍稀物种,或景观异常奇特,或此类现象在其他地区罕见。	15-13
		有较多珍稀物种,或景观奇特,或此类现象在其他地区很少见。	12-9
		有少量珍稀物种,或景观突出,或此类现象在其他地区少见。	8-4
		有个别珍稀物种,或景观比较突出,或此类现象在其他地区较多见。	3-1
	规模、丰度与几率(10分)	独立型旅游资源单体规模、体量巨大;集合型旅游资源单体结构完美、疏密度优良级;自然景象和人文活动周期性发生或频率极高。	10-8
		独立型旅游资源单体规模、体量较大;集合型旅游资源单体结构很和谐、疏密度良好;自然景象和人文活动周期性发生或频率很高。	7-5
		独立型旅游资源单体规模、体量中等;集合型旅游资源单体结构和谐、疏密度较好;自然景象和人文活动周期性发生或频率较高。	4-3
		独立型旅游资源单体规模、体量较小;集合型旅游资源单体结构较和谐、疏密度一般;自然景象和人文活动周期性发生或频率较小。	2-1
	完整性(5分)	形态与结构保持完整。	5-4
		形态与结构有少量变化,但不明显。	3
		形态与结构有明显变化。	2
		形态与结构有重大变化。	1

续表

评价项目	评价因子	评价依据	赋值
资源影响力(15分)	知名度和影响力(10分)	在世界范围内知名,或构成世界承认的名牌。	10-8
		在全国范围内知名,或构成全国性的名牌。	7-5
		在本省范围内知名,或构成省内的名牌。	4-3
		在本地区范围内知名,或构成本地区名牌。	2-1
	适游期或使用范围(5分)	适宜游览的日期每年超过300天,或适宜于所有游客使用和参与。	5-4
		适宜游览的日期每年超过250天,或适宜于80%左右游客使用和参与。	3
		适宜游览的日期超过150天,或适宜于60%左右游客使用和参与。	2
		适宜游览的日期每年超过100天,或适宜于40%左右游客使用和参与。	1
附加值	环境保护与环境安全	已受到严重污染,或存在严重安全隐患。	-5
		已受到中度污染,或存在明显安全隐患。	-4
		已受到轻度污染,或存在一定安全隐患。	-3
		已有工程保护措施,环境安全得到保证。	3

6.3.2 计分与等级划分

6.3.2.1 计分

根据对旅游资源单体的评价,得出该单体旅游资源共有综合因子评价赋分值。

6.3.2.2 旅游资源评价等级指标

依据旅游资源单体评价总分,将其分为五级,从高级到低级为:

五级旅游资源,得分值域≥90分。

四级旅游资源,得分值域≥75-89分。

三级旅游资源,得分值域≥60-74分。

二级旅游资源,得分值域≥45-59分。

一级旅游资源,得分值域≥30-44分。

此外还有:

未获等级旅游资源,得分≤29分。

其中:

五级旅游资源称为"特品级旅游资源";

五级、四级、三级旅游资源被通称为"优良级旅游资源";

二级、一级旅游资源被通称为"普通级旅游资源"。

7. 提交文(图)件

7.1 文(图)件内容和编写要求

7.1.1 全部文(图)件包括《旅游资源调查区实际资料表》、《旅游资源图》、《旅游资源调查报告》。

7.1.2 旅游资源详查和旅游资源概查的文(图)件类型和精度不同,旅游资源详查需要完成全部文(图)件,包括填写《旅游资源调查区实际资料表》,编绘《旅游资源地图》,编写《旅游资源调查报告》。旅游资源概查要求编绘《旅游资源地图》,其他文件可根据需要选择编写。

7.2 文(图)件产生方式

7.2.1 《旅游资源调查区实际资料表》的填写

7.2.1.1 调查区旅游资源调查、评价结束后,由调查组填写。

7.2.1.2 按照本标准附录C规定的栏目填写,栏目内容包括:调查区基本资料、各层次旅游资源数量统计、各主类、亚类旅游资源基本类型数量统计、各级旅游资源单体数量统计、优良级旅游资源单体名录、调查组主要成员、主要技术存档材料。

7.2.1.3 本表同样适用于调查小区实际资料的填写。

7.2.2 《旅游资源图》的编绘

7.2.2.1 类型

——"旅游资源图",表现五级、四级、三级、二级、一级旅游资源单体。

——"优良级旅游资源图",表现五级、四级、三级旅游资源单体。

7.2.2.2 编绘程序与方法

7.2.2.2.1 准备工作底图

①等高线地形图:比例尺视调查区的面积大小而定,较大面积的调查区为1:50000－1:200000,较小面积的调查区为1:5000－1:25000,特殊情况下为更大比例尺。

②调查区政区地图

7.2.2.2.2 在工作底图的实际位置上标注旅游资源单体(部分集合型单体可将范围绘出)。各级旅游资源使用下列图例(表3)。

表3　　　　　　　　　　　旅游资源图图例

旅游资源等级	图例	使用说明
五级旅游资源	■	1. 图例大小根据图面大小而定,形状不变。 2. 自然旅游资源(旅游资源分类表中主类A、B、C、D)使用蓝色图例; 人文旅游资源(旅游资源分类表中主类E、F、G、H)使用红色图例。
四级旅游资源	●	
三级旅游资源	◆	
二级旅游资源	□	
一级旅游资源	○	

7.2.2.2.3 单体符号一侧加注旅游资源单体代号或单体序号。

7.2.3 《旅游资源调查报告》的编写

各调查区编写的旅游资源调查报告,基本篇目如下:

前言

第一章　调查区旅游环境

第二章　旅游资源开发历史和现状

第三章　旅游资源基本类型

第四章　旅游资源评价

第五章　旅游资源保护与开发建议

主要参考文献

附图:《旅游资源图》或《优良级旅游资源图》

国家旅游局信息中心

附录 2：中国的世界遗产名录表①

中国的世界遗产名录

* 截至 2010 年 5 月，《世界遗产名录》共列入 890 处世界遗产，其中包括 148 个国家和地区的 689 处文化遗产，176 处自然遗产和 25 处自然与文化双重遗产，截至 2009 年 4 月，全世界有 186 个国家和地区加入了联合国教科文组织《世界遗产公约》。目前，中国拥有 38 处世界遗产排名第三，意大利以 44 处排名第一，西班牙以 41 处排名第二。欧洲和北美以 440 处占总数的 49% 排地区第一，占据半壁江山；亚洲和太平洋地区以 186 处列第二，占 21%；拉丁美洲和加勒比海地区以 121 处，占 14%，列第三；其次非洲 78 处，占 9%；阿拉伯地区 65 处，占 7%。

序号	遗产类别	英文名称	中文名称	列入年代
1	文化遗产	Imperial Palaces of the Ming and Qing Dynasties in Beijing and Shenyang	明清皇宫（北京故宫、沈阳故宫）	1987.12（2004.07）
2	文化遗产	Mausoleum of the First Qin Emperor	秦始皇陵	1987.12
3	文化遗产	Mogao Caves	敦煌莫高窟	1987.12
4	文化与自然双重遗产	Mount Taishan	泰山	1987.12
5	文化遗产	Peking Man Site at Zhoukoudian	周口店北京猿人遗址	1987.12
6	文化遗产	The Great Wall	长城	1987.12
7	文化与自然双重遗产	Mount Huangshan	黄山	1990.12
8	自然遗产	Huanglong Scenic and Historic Interest Area	黄龙风景名胜区	1992.12
9	自然遗产	Jiuzhaigou Valley Scenic and Historic Interest Area	九寨沟风景名胜区	1992.12
10	自然遗产	Wulingyuan Scenic and Historic Interest Area	武陵源风景名胜区	1992.12
11	文化遗产	Ancient Building Complex in the Wudang Mountains	武当山古建筑群	1994.12

① 根据联合国教科文组织世界遗产委员会官网相关资料整理：http://whc.unesco.org。

续表

序号	遗产类别	英文名称	中文名称	列入年代
12	文化遗产	Historic Ensemble of the Potala Palace, Lhasa 1	拉萨布达拉宫历史建筑群	1994.12（2001.12）
13	文化遗产	Mountain Resort and its Outlying Temples, Chengde	承德避暑山庄及周围寺庙	1994.12
14	文化遗产	Temple and Cemetery of Confucius and the Kong Family Mansion in Qufu	曲阜孔府、孔庙及孔林	1994.12
15	文化景观	Lushan National Park	庐山风景区	1996.12
16	文化与自然双重遗产	Mount Emei Scenic Area, including Leshan Giant Buddha Scenic Area	峨眉山—乐山大佛风景区	1996.12
17	文化遗产	Ancient City of Ping Yao	平遥古城	1997.12
18	文化遗产	Classical Gardens of Suzhou	苏州古典园林	1997.12
19	文化遗产	Old Town of Lijiang	丽江古城	1997.12
20	文化遗产	Summer Palace, an Imperial Garden in Beijing	北京颐和园	1998.11
21	文化遗产	Temple of Heaven: an Imperial Sacrificial Altar in Beijing	北京天坛	1998.11
22	文化遗产	Dazu Rock Carvings	大足石刻	1999.12
23	文化与自然双重遗产	Mount Wuyi	武夷山	1999.12
24	文化遗产	Ancient Villages in Southern Anhui – Xidi and Hongcun	西递和宏村皖南古村落	2000.11
25	文化遗产	Imperial Tombs of the Ming and Qing Dynasties	明清皇家陵寝	2000.11

续表

序号	遗产类别	英文名称	中文名称	列入年代
26	文化遗产	Longmen Grottoes	龙门石窟	2000.11
27	文化遗产	Mount Qingcheng and the Dujiangyan Irrigation System	青城山和都江堰	2000.11
28	文化遗产	Yungang Grottoes	云冈石窟	2001.12
29	自然遗产	Three Parallel Rivers of Yunnan Protected Areas	云南三江并流	2003.07
30	文化遗产	Capital Cities and Tombs of the Ancient Koguryo Kingdom	高句丽王城、王陵及贵族墓葬	2004.07
31	文化遗产	Historic Centre of Macao	澳门历史城区	2005.07
32	自然遗产	Sichuan Giant Panda Sanctuaries – Wolong, Mt Siguniang and Jiajin Mountains	四川大熊猫栖息地	2006.07
33	文化遗产	Yin Xu	殷墟	2006.07
34	文化遗产	Kaiping Diaolou and Villages	开平碉楼与村落	2007.06
35	自然遗产	South China Karst	中国南方喀斯特	2007.06
36	文化遗产	Fujian Tulou	福建土楼	2008.07
37	自然遗产	Mount Sanqingshan National Park	三清山风景区	2008.07
38	文化遗产	Mount Wutai	五台山	2009.06

Notes（注释）：
Extension of "The Potala Palace and the Jokhang Temple Monastery, Lhasa" to include the Norbulingka area.
1994年12月拉萨布达拉宫以文化遗产被列入《世界遗产名录》，2000年11月，大昭寺作为增补项目列入，并将其更名为"拉萨布达拉宫古建筑群"，2001年12月罗布林卡作为增补项目列入。

附录

附录3：我国国家级风景名胜区名单

国家级风景名胜区，由国家住房和城乡建设部评定，由国务院批准颁布。始于1982年，截至2010年5月，我国共产生208处国家级风景名胜区。这些风景名胜区都是我国旅游资源中最为精华的部分，基本涵盖了所有被列入《世界遗产名录》的中国项目。具体如下：

第一批国家重点风景名胜区（共44处，1982年审定公布）：

北京八达岭—十三陵风景名胜区	河北承德避暑山庄外八庙风景名胜区
河北秦皇岛北戴河风景名胜区	山西五台山风景名胜区
山西恒山风景名胜区	辽宁鞍山千山风景名胜区
黑龙江镜泊湖风景名胜区	黑龙江五大连池风景名胜区
江苏太湖风景名胜区	江苏南京钟山风景名胜区
浙江杭州西湖风景名胜区	浙江富春江—新安江风景名胜区
浙江雁荡山风景名胜区	浙江普陀山风景名胜区
安徽黄山风景名胜区	安徽九华山风景名胜区
安徽天柱山风景名胜区	福建武夷山风景名胜区
江西庐山风景名胜区	江西井冈山风景名胜区
山东泰山风景名胜区	山东青岛崂山风景名胜区
河南鸡公山风景名胜区	河南洛阳龙门风景名胜区
河南嵩山风景名胜区	湖北武汉东湖风景名胜区
湖北武当山风景名胜区	湖南衡山风景名胜区
广东肇庆星湖风景名胜区	广西桂林漓江风景名胜区
四川峨眉山风景名胜区	长江三峡风景名胜区
四川黄龙寺—九寨沟风景名胜区	重庆缙云山风景名胜区
四川青城山—都江堰风景名胜区	四川剑门蜀道风景名胜区
贵州黄果树风景名胜区	云南路南石林风景名胜区
云南大理风景名胜区	云南西双版纳风景名胜区
陕西华山风景名胜区	陕西临潼骊山风景名胜区
甘肃麦积山风景名胜区	新疆天山天池风景名胜区

第二批国家级风景名胜区（共40处，1988年审定公布）：

河北野三坡风景名胜区	河北苍岩山风景名胜区
黄河壶口瀑布风景名胜区	辽宁鸭绿江风景名胜区
辽宁金石滩风景名胜区	辽宁兴城海滨风景名胜区
大连海滨—旅顺口风景名胜区	吉林松花湖风景名胜区
吉林"八大部"—净月潭风景名胜区	江苏云台山风景名胜区
江苏蜀岗瘦西湖风景名胜区	浙江天台山风景名胜区
浙江嵊泗列岛风景名胜区	浙江楠溪江风景名胜区
安徽琅琊山风景名胜区	福建清源山风景名胜区
福建鼓浪屿—万石山风景名胜区	福建太姥山风景名胜区
江西三清山风景名胜区	江西龙虎山风景名胜区

山东胶东半岛海滨风景名胜区　　湖北大洪山风景名胜区
湖南武陵源风景名胜区　　　　　湖南岳阳楼洞庭湖风景名胜区
广东西樵山风景名胜区　　　　　广东丹霞山风景名胜区
广西桂平西山风景名胜区　　　　广西花山风景名胜区
四川贡嘎山风景名胜区　　　　　四川金佛山风景名胜区
四川蜀南竹海风景名胜区　　　　贵州织金洞风景名胜区
贵州㵲阳河风景名胜区　　　　　贵州红枫湖风景名胜区
贵州龙宫风景名胜区　　　　　　云南三江并流风景名胜区
云南昆明滇池风景名胜区　　　　云南丽江玉龙雪山风景名胜区
西藏雅砻河风景名胜区　　　　　宁夏西夏王陵风景名胜区

第三批国家重点风景名胜区（共35处，1994年1月10日审定公布）：
天津盘山风景名胜区　　　　　　河北嶂石岩风景名胜区
山西北武当山风景名胜区　　　　山西五老峰风景名胜区
辽宁凤凰山风景名胜区　　　　　辽宁本溪水洞风景名胜区
浙江莫干山风景名胜区　　　　　浙江雪窦山风景名胜区
浙江双龙风景名胜区　　　　　　浙江仙都风景名胜区
安徽齐云山风景名胜区　　　　　福建桃源洞——鳞隐石林风景名胜区
福建金湖风景名胜区　　　　　　福建鸳鸯溪风景名胜区
福建海坛风景名胜区　　　　　　福建冠豸山风景名胜区
河南王屋山——云台山风景名胜区　湖北隆中风景名胜区
湖北九宫山风景名胜区　　　　　湖南韶山风景名胜区
海南三亚热带海滨风景名胜区　　四川西岭雪山风景名胜区
四川四面山风景名胜区　　　　　四川四姑娘山风景名胜区
贵州荔波樟江风景名胜区　　　　贵州赤水风景名胜区
贵州马岭河峡谷风景名胜区　　　云南腾冲地热火山风景名胜区
云南瑞丽江——大盈江风景名胜区　云南九乡风景名胜区
云南建水风景名胜区　　　　　　陕西宝鸡天台山风景名胜区
甘肃崆峒山风景名胜区　　　　　甘肃鸣沙山——月牙泉风景名胜区
青海青海湖风景名胜区

第四批国家重点风景名胜区（共32处，2002年5月审定公布）：
北京石花洞风景名胜区　　　　　河北西柏坡——天桂山风景名胜区
河北崆山白云洞风景名胜区　　　内蒙古扎兰屯风景名胜区
辽宁青山沟风景名胜区　　　　　辽宁医巫闾山风景名胜区
吉林仙景台风景名胜区　　　　　吉林防川风景名胜区
浙江江郎山风景名胜区　　　　　浙江仙居风景名胜区
浙江浣江——五泄风景名胜区　　　安徽采石风景名胜区
安徽巢湖风景名胜区　　　　　　安徽花山谜窟——渐江风景名胜区
福建鼓山风景名胜区　　　　　　福建玉华洞风景名胜区
江西仙女湖风景名胜区　　　　　江西三百山风景名胜区

山东博山风景名胜区　　　　　　　　　山东青州风景名胜区
河南石人山风景名胜区　　　　　　　　湖北陆水风景名胜区
湖南岳麓风景名胜区　　　　　　　　　湖南崀山风景名胜区
广东白云山风景名胜区　　　　　　　　广东惠州西湖风景名胜区
重庆芙蓉江风景名胜区　　　　　　　　四川石海洞乡风景名胜区
四川邛海—螺髻山风景名胜区　　　　　陕西黄帝陵风景名胜区
新疆库木塔格沙漠风景名胜区　　　　　新疆博斯腾湖风景名胜区

第五批国家重点风景名胜区(共26处，2004年2月审定公布)：
江苏三山风景名胜区　　　　　　　　　浙江方岩风景名胜区
浙江百丈漈——飞云湖风景名胜区　　　安徽太极洞风景名胜区
福建十八重溪风景名胜区　　　　　　　福建青云山风景名胜区
江西梅岭——滕王阁风景名胜区　　　　江西龟峰风景名胜区
河南林虑山风景名胜区　　　　　　　　湖南猛洞河风景名胜区
湖南桃花源风景名胜区　　　　　　　　广东罗浮山风景名胜区
广东湖光岩风景名胜区　　　　　　　　重庆天坑地缝风景名胜区
四川白龙湖风景名胜区　　　　　　　　四川光雾山——诺水河风景名胜区
四川天台山风景名胜区　　　　　　　　四川龙门山风景名胜区
贵州都匀斗篷山——剑江风景名胜区　　贵州九洞天风景名胜区
贵州九龙洞风景名胜区　　　　　　　　贵州黎平侗乡风景名胜区
云南普者黑风景名胜区　　　　　　　　云南阿庐风景名胜区
陕西合阳洽川风景名胜区　　　　　　　新疆赛里木湖风景名胜区

第六批国家重点风景名胜区(共10处，2005年12月审定公布)：
浙江方山—长屿硐天风景名胜区　　　　安徽花亭湖风景名胜区
江西高岭—瑶里风景名胜区　　　　　　江西武功山风景名胜区
江西云居山—柘林湖风景名胜区　　　　河南青天河风景名胜区
河南神农山风景名胜区　　　　　　　　湖南紫鹊界梯田—梅山龙宫风景名胜区
湖南德夯风景名胜区　　　　　　　　　贵州紫云格凸河穿洞风景名胜区

第七批国家级风景名胜区名单(共21处，2009年12月28日审定公布)：
黑龙江太阳岛风景名胜区　　　　　　　浙江天姥山风景名胜区
福建佛子山风景名胜区　　　　　　　　福建宝山风景名胜区
福建福安白云山风景名胜区　　　　　　江西灵山风景名胜区
河南桐柏山—淮源风景名胜区　　　　　河南郑州黄河风景名胜区
湖南苏仙岭—万华岩风景名胜区　　　　湖南南山风景名胜区
湖南万佛山—侗寨风景名胜区　　　　　湖南虎形山—花瑶风景名胜区
湖南东江湖风景名胜区　　　　　　　　广东梧桐山风景名胜区
贵州平塘风景名胜区　　　　　　　　　贵州榕江苗山侗水风景名胜区
贵州石阡温泉群风景名胜区　　　　　　贵州沿河乌江山峡风景名胜区
贵州瓮安江界河风景名胜区　　　　　　西藏纳木措—念青唐古拉山风景名胜区
西藏唐古拉山—怒江源风景名胜区

参考文献

1. 苏文才，孙文昌主编：《旅游资源学》，高等教育出版社，1998。
2. 陈福义、范保宁主编：《中国旅游资源学》，中国旅游出版社，2005。
3. 高峻主编：《旅游资源规划与开发》，清华大学出版社，2007。
4. 肖星、严江平主编：《旅游资源与开发》，中国旅游出版社，2002。
5. 邓爱民、刘代泉：《旅游资源开发与规划》，旅游教育出版社，2000。
6. 黄羊山、王建萍编著：《旅游规划》，福建人民出版社，1999。
7. 约翰·斯沃布鲁克著，张文译：《景点开发与管理》，中国旅游出版社，2001。
8. 马耀峰、宋保平、赵振斌编著：《旅游资源开发》，科学出版社，2005。
9. 明庆忠：《旅游地规划》，科学出版社，2003。
10. 骆高远等编著：《旅游资源学》，浙江大学出版社，2006。
11. 吴肖淮、李重：旅游资源规划与开发，电子工业出版社，2009。
12. 保继刚主编：《旅游地理学》，高等教育出版社，1993。
13. 杨振之：《旅游资源开发与规划》，四川大学出版社，2003。
14. 王德刚、焦连安等著：《旅游资源开发与利用》，山东大学出版社，1997。
15. 冯学钢、黄成林主编：《旅游地理学》，高等教育出版社，2006。
16. 吴必虎著：《区域旅游规划原理》，中国旅游出版社，2001。
17. 喻学才主编：《旅游资源》，中国林业出版社，2002。
18. 邹统钎主编：《旅游景区开发与管理》，清华大学出版社，2004。
19. 马勇、舒伯阳主编：《区域旅游规划—理论·方法·案例》，南开大学出版社，1999。
20. 李燕琴、张茵主编：《旅游资源学》，清华大学出版社、北京交通大学出版社，2007。
21. 国家旅游局人事劳动教育司编：《旅游规划原理》，旅游教育出版社，1999。
22. 谢彦君著：《基础旅游学》，中国旅游出版社，2004。
23. 克里斯·库铂等著：张莉莉、蔡利平等译：《旅游学》，高等教育出版社，2004。
24. 查尔斯·R.戈尔德耐、J.R.布伦特·里奇、罗伯特·W.麦金托什著，贾秀海等译：《旅游业教程:旅游业原理、方法和实践》，大连理工大学出版社，2003。
25. 李伟主编：《旅游学通论》，科学出版社，2006。
26. 张广海、方百寿编著：《旅游管理综论》，经济管理出版社，2004。
27. 威廉·瑟厄波尔主编，张广瑞等译：《全球旅游新论》，中国旅游出版社，2001。
28. 杨学峰主编：《旅游资源学》，中国发展出版社，2009。
29. 孙月婷、蔡红主编：《旅游学概论》，首都经济贸易大学出版社，2008。
30. 李天元主编：《旅游学概论》，南开大学出版社，2003。
31. 国家旅游局资源开发司和中国科学院地理研究所：《中国旅游资源普查规范》，中国旅游出版社，1992。

32. 王必达:《后发优势与区域发展》,复旦大学出版社,2004。
33. 徐嵩龄:《第三国策:论中国文化与自然遗产保护》,科学出版社,2005。
34. 黄继忠著:《区域内经济不平衡增长论》,经济管理出版社,2001。
35. 林南枝、陶汉军主编:《旅游经济学》,南开大学出版社,2002。
36. 魏小安著:《旅游目的地发展实证研究》,中国旅游出版社,2002。
37. 魏小安主编:《旅游行业管理工作纲要》,旅游教育出版社,1996。
38. 杨振之著:《旅游原创策划》,四川大学出版社,2006。
39. 肖星主编:《旅游策划教程》,华南理工大学出版社,2005。
40. Geoffrey Wall、Alister Mathieson 著,肖贵蓉译:《旅游:变化、影响与机遇》,高等教育出版社,2007。
41. Christian Gr?nroos. From Marketing Mix to Relationship Marketing – towards a Paradigm shift in Marketing[J]. Management Decision. London:1997。
42. 吴季松:《现代水资源管理概论》,中国水利水电出版社,2002。
43. 林南枝主编:《旅游市场学》,南开大学出版社,2002。
44. 肖笃宁等编著:《景观生态学》,科学出版社,2003。
45. 赵西萍主编:《旅游市场营销》,南开大学出版社,1998。
46. 维克多·密德尔敦著,向萍等译:《旅游市场营销》,中国旅游出版社,2001。
47. 魏敏主编:《旅游市场营销》,中南大学出版社,2005。
48. 于成国主编:《旅游市场营销》,中国科学技术出版社,2009。
49. 陈放著:《顶尖营销》,中国农业出版社,2005。
50. 赵西萍主编:《旅游市场营销学:原理·方法·案例》,科学出版社,2006。
51. 宋刚主编:《旅游市场营销:理论·实务·案例》,首都经济贸易大学出版社,1999。
52. 王晨光主编:《旅游营销管理》,经济科学出版社,2004。
53. 罗兹柏、张述林:《中国旅游地理》,南开大学出版社,2000
54. 刘振礼、王兵编著:《新编中国旅游地理》,南开大学出版社,2007。
55. 威廉·A·哈维兰著,瞿铁鹏等译:《文化人类学(第十版)》,上海科学出版社,2006。
56. 辞海编辑委员会:《辞海(缩印本)》,上海辞书出版社,1979。
57. 地质矿产部地质辞典办公室编辑:《地质大辞典》,地质出版社,2005。
58. 邱家骧主编:《岩浆岩岩石学》,地质出版社,1985。
59. 陈蔚德主编:《导游讲解实务》,旅游教育出版社,2004。
60. 黄海德、李刚编著:《简明道教辞典》,四川大学出版社,1991。
61. 俞锦标:《中国名洞》,中国旅游出版社,1994。
62. 伍光和等:《自然地理学》,高等教育出版社,2000。
63. 中国大百科全书总编辑委员会《中国地理》编辑委员会编:《中国大百科全书·中国地理》,中国大百科全书出版社,1998。
64. 中国大百科全书总编辑委员会《建筑·园林·城市规划》编辑委员会编:《中国大百科全书·建筑、园林、城市规划》,中国大百科全书出版社,2004。

65. 中国大百科全书总编辑委员会《文物·博物馆》编辑委员会编:《中国大百科全书·文物、博物馆》,中国大百科全书出版社,2004。
66. 金元欢主编:《中国名瀑—中国旅游风光丛书》,中国旅游出版社,1998。
67. 章小平主编:《九寨沟完全手册》,四川人民出版社,2003。
68. 张琪、董学文编著:《高中地理实用词典》,中国国际广播出版社,1989。
69. 周瘦鹃著:《花影》,山东画报出版社,2003。
70. 北京大学国情研究中心编纂:《世界文明百科全书》,山西教育出版社,1992。
71. 王辑梧著:《空气的故事》,上海教育出版社,1965。
72. 陈基余著:《黄山灵胜甲天下》,香港书画出版社,1988。
73. 邹逸麟主编:《中国历史人文地理》,科学出版社,2006。
74. 王柯平:《旅游美学纲要》,旅游教育出版社,1997。
75. 胡兆量、阿尔斯朗、琼达等编著,《中国文化地理概述》,2006。
76. 李晋宏编著:《导游知识背景的理论与实践》,中国旅游出版社,2006。
77. 麦克·哈特:《影响人类历史进程的100名人排行榜》,南海出版社,1999。
78. 王发堂:《建筑审美学》,东南大学出版社,2009。
80. 全国导游人员考试教材编写组:《导游基础知识》,旅游教育出版社,2001。
81. 何金铠、高殿芳主编:《新编老年百科全书》,中国人事出版社,1993。
82. 刘耀、白祯祥等主编:《五台山旅游辞典》,团结出版社,1993。
83. 楼庆西著:《中国古建筑二十讲》,生活·读书·新知三联书店出版,2004。
84. 梁思成著:《中国建筑史》,百花文艺出版社,2005。
85. 国家旅游局人事劳动教育司编:《导游知识专题》,中国旅游出版社,2006。
86. 王世仁著:《中国古建探微》,天津古籍出版社,2004。
87. 方广锠著:《中国佛教文化大观》,北京大学出版社,2001。
88. 孙大章主编:《中国古今建筑鉴赏辞典》,河北教育出版社,1995。
89. 中国旅游文化大辞典编辑委员会编:《中国旅游文化大辞典》,江西美术出版社,1994。
90. 王恩涌等主编:《人文地理学》,高等教育出版社,2000。
91. 蓝翔等主编:《华夏民俗博览》,陕西人民教育出版社,1991。
92. 国家旅游局人事劳动教育司编:《全国导游基础》,旅游教育出版社,1995。
93. 北京美术出版社编:《北京四合院画册:中英文对照》,北京美术摄影出版社,2003。
94. 孙大章主编:《中国古代建筑史第五卷—清代建筑》,中国建筑工业出版社,2002。
95. 张茂华、亓宏昌主编:《中华传统文化粹典》,山东人民出版社,1996。
96. 朱晓明:《古村落的保护发展的理论与实践》,同济大学出版社,2000。
97. 孙大章编著:《中国古代建筑史话》,中国建筑工业出版社,1987。
98. 潘谷西主编:《中国古代建筑史第四卷—元明建筑》,中国建筑工业出版社,2001。
99. 黄景略、吴梦麟、叶学明著:《丧葬陵墓志》,上海人民出版社,1998。
100. 王会昌,王云海著:《中国旅游文化》,重庆大学出版社,2001。

101. 陈从周著：《中国园林》，广东旅游出版社，2004。
102. 计成：《园冶》，中国建筑工业出版社，2007。
103. 楼庆西著：《中国园林》，五洲传播出版社，2004。
104. 储椒生、陈樟德编著：《园林造景图说》，上海科学技术出版社，1988。
105. 王玉成主编：《旅游文化概论》，中国旅游出版社，2005。
106. 陈锋仪主编：《中国旅游文化》，陕西人民出版社，2005。
107. 李乡状主编：《中国园林艺术与欣赏》，吉林音像出版社，2006。
108. 甘枝茂、马耀峰主编：《旅游资源与开发》，南开大学出版社，2000。
109. 胡维革主编：《中国传统文化荟要4》，吉林人民出版社，1997。
110. 梅立崇等编写：《祖国文化（二）》，人民日报出版社，1983。
111. 刘纯主编：《导游与旅游必读》，上海科学技术出版社，1994。
112. 华强著：《古代典章礼仪百问》，上海古籍出版社，2004。
113. 毛泽东著：《毛泽东著作选读》，人民出版社，1986。
114. 杨振之主编：《旅游项目策划》，清华大学出版社，2009。
115. 全华主编：《旅游资源开发及管理》，旅游教育出版社，2006。
116. 刘雪巍、刘震田著：《旅游项目可行性研究》，杭州出版社，2007。
117. 李贻鸿著：《观光行政与法规》，五南图书出版公司，1996。
118. 郭跃主编：《旅游资源概论》，重庆大学出版社，1998。
119. 封志明编著：《资源科学导论》，科学出版社，2004。
120. 江金波著：《旅游景观与旅游发展》，华南理工大学出版社，2008。
121. 全华主编：《旅游规划实务》，中国科学技术出版社，2009。
122. 李俊清等编著：《生态旅游学》，中国林业出版社，2003。
123. 张武、陈学军主编《旅游资源学》，哈尔滨地图出版社，2007。
124. 葛慧明：层次分析法在专业技能评估中的应用，无锡南洋学院学报，2008(03)。
125. 方幼君：旅游资源定量评价体系及方法研究，浙江大学理学院，2006年硕士学位论文。
126. 冯燕：人文旅游资源评价研究，山西大学历史文化学院，2007年硕士学位论文。
127. 王雁、陈鑫锋：心理物理学方法在国外森林景观评价中的应用，林业科学，1999(05)。
128. 周凤杰：旅游资源评价标准与方法新探，中国市场，2007(40)。
129. 郭来喜、吴必虎：中国旅游资源分类系统与类型评价，地理学报，2000(5)。
130. 张立生：旅游资源概念及谱系研究，经济经纬，2003(5)。
131. 郭来喜：一门新兴的学科——旅游地理学，旅游地理文集，1982。
132. Neil Leiper: Tourism Attraction Systems, Annals of Tourism Research, 1990。
133. 丁华、郭威、董亚娟：论自然旅游资源的分类和形成，西安工程学院学报，2002(12)。
134. 唐云松等：张家界砂岩峰林景观形成机制，山地学报，2005.05。
135. 袁林：水体旅游功能及开发初探，江西社会科学，2004.04。
136. 江璐明等：瀑布旅游资源评价与广州增城白水仙瀑开发，地域研究与开发，2008(04)。
137. 江玉祥：人文旅游资源的可持续利用，中国文化论坛，2000(2)。

138. 王亚力：南方长城与"长城文化之旅"的开发，旅游学刊，2003（03）。

139. 张敏、高发：盗墓者的悲哀，走进神秘乾陵，各界杂志社乾陵博物馆特刊，2000。

140. 罗辑：试析BOT方式在旅游资源开发中的应用，社会科学家，2005.03。

141. 方远平、闫小培："服务业区位论：概念、理论及研究框架"，人文地理，2008（05）。

142. 张廷海：现代商务中心区产业集聚效应与机制分析，经济问题探索，2008（03）。

143. 王宝均、宋翠娥：区域分异理论刍议，云南地理环境研究，2007（03）。

144. 陈红梅：市场营销观念的演变历程探析，技术与市场，2008（11）。

145. 邬建国：景观生态学——概念与理论，生态学杂志，2000（01）。

146. 袁平：论节庆旅游对海南国际旅游岛建设的影响及其发展，城市发展研究，2009（09）。

147. 方增福：旅游景点规划的基本原则和方法探析，云南地理环境研究，2007（09）。

148. 吴垠：关于中国消费者分群范式（China-Vals）的研究，南开管理评论，2005（08）。

149. 毛端谦、刘春燕：旅游目的地映像研究述评，旅游学刊，2006（08）。

150. 谢彦君：永续旅游：新观念、新课题、新挑战，旅游学刊，1994（01）。

151. 吕永龙："生态旅游发展与规划"，《自然资源学报》，1998（01）。

152. 陈忠晓、王仰麟、刘忠伟等："可持续旅游及其区域实现途径探讨——以井冈山风景名胜区为例"，《长江流域资源与环境》，2001（02）。

153. 刘家明、崔凤军："生态旅游及其规划的研究进展"，《中国旅游业可持续发展研究》，河北科学技术出版社，1999。

154. 何效祖：对国家标准《旅游资源分类、调查与评价》的若干修订意见，旅游学刊，2006（10）。

155. 孟慧霞：4Ps营销组合理论的演进及争论解析，山西大学学报（哲学社会科学版），2009（07）。

156. 肖笃宁、钟林生，生态旅游的景观生态学研究，全国第三届景观生态学学术会议论文集[C]，1999。

读者反馈意见

亲爱的读者:

感谢您对《旅游资源开发与管理》的学习和热爱!为了今后能给您提供更优质的服务,请您抽出宝贵时间填写下面意见反馈表,以便我们更好地对本书做进一步的改进。同时如果您在使用本书的过程中遇到了什么问题,或者有什么好的建议,也请您来信、来电告诉我们。

地址:北京市丰台区科学城南极星大厦108室

电话:010-61229894 / 83794403

电子邮箱:caikai6223@263.net　　QQ:649319527　　发行QQ:1694299827

教材名称:《旅游资源开发与管理》

个人资料:

姓名:_____ 年龄:_____ 所在院校/专业_____

文化程度:_____ 通讯地址:_____

联系电话:_____ 电子信箱:_____

您使用本书是作为:□指定教材、□选用教材、□辅导教材

您对封面设计的满意度:

□很满意、□满意、□一般、□不满意　改进建议_____

您对本书印刷质量的满意度:

□很满意、□满意、□一般、□不满意　改进建议_____

您对本书的总体满意度:

从语言质量角度看:□很满意、□满意、□一般、□不满意

从科技含量角度看:□很满意、□满意、□一般、□不满意

本书最令您满意的是:

□指导明确　□内容充实　□讲解详尽　□实例丰富

您认为本书在哪些地方应进行修改?(可附页)

_____

_____

您希望本书在哪些方面需进行改进?(可附页)

_____

_____